Alexander Mitscherlich (Hg.)
Aggression und Anpassung

SERIE PIPER
Band 1557

Zu diesem Buch

Nach der friedlichen »Wende« in Europa und weltweiten Abrüstungsvorhaben schien der Frühling einer friedfertigen »Neuen Weltordnung« anzubrechen. Der Schein trog. Das Modell der »Neuen Weltordnung« mußte sich mit aggressiven Mitteln im Nahen Osten behaupten, der Zusammenbruch überkommener Mächte führte zu Putsch und kriegerischen Nationalitätskonflikten, die Öffnung von Grenzen zu aggressivem Gruppenverhalten gegenüber Fremden im Innern. Dies alles bestätigt einmal mehr die notwendige Auseinandersetzung mit dem Phänomen der menschlichen Aggression.

1964 kamen auf Einladung von Alexander Mitscherlich führende Psychologen und Psychiater zu einem Symposium über das Thema »Aggression und Anpassung« zusammen. 1969 hat Alexander Mitscherlich die von den Teilnehmern weiter diskutierten und überarbeiteten Beiträge unter dem Titel »Bis hierher und nicht weiter. Ist die menschliche Aggression unbefriedbar?« herausgegeben. Da diese Fragestellung bis heute nicht ihre Bedeutung verloren hat, wurde der Band unverändert wieder aufgelegt, auch wenn sich Alexander Mitscherlich in Einleitung und Nachwort auf die aktuelle Situation des Jahres 1969 bezieht.

Die Aggression, eines der eindrucksvollsten Merkmale menschlichen Verhaltens, ist bis heute wissenschaftlich umstritten. Sind es freie Entschlüsse, denen Kriege entstammen? Sind der »Ehekrieg«, die Schikane im Büro, heimtückische Verleumdung vermeidbar? Oder sind sie Streitfälle, die freiwillig vom Zaun gebrochen werden? Die Auseinandersetzung wird dabei nicht allein aus psychoanalytischer Sicht geführt, sondern bezieht sich auch auf Erkenntnisse der modernen Verhaltensforschung.

Alexander Mitscherlich, 1908–1982. Studium der Medizin in München, Prag, Berlin, Freiburg, Zürich und Heidelberg. 1941 Promotion zum Dr. med. 1946 wurde er Privatdozent für Neurologie an der Universität Heidelberg. 1967 Professor für Psychologie an der Universität Frankfurt/M., 1959–1976 Direktor des Sigmund-Freud-Instituts in Frankfurt. Friedenspreisträger des Deutschen Buchhandels 1969.

Alexander Mitscherlich (Hg.)

Aggression und Anpassung

Vorwort von Margarete Mitscherlich

Mit Beiträgen von
Alois M. Becker
Tobias Brocher
Edith Buxbaum
Paula Heimann
Piet C. Kuiper
Hans Kunz
Harold Lincke
Alexander Mitscherlich
Fritz Morgenthaler
Paul Parin
Fritz C. Redlich
René A. Spitz
Helm Stierlin

Piper
München Zürich

Von Alexander Mitscherlich liegen in der Serie Piper
außerdem vor:
Auf dem Weg zur vaterlosen Gesellschaft (45)
Die Unfähigkeit zu trauern (168)
(zus. mit Margarete Mitscherlich)

ISBN 3-492-11557-8
Neuausgabe Juli 1992
von »Bis hierher und nicht weiter«
© R. Piper & Co. Verlag, München 1969
Umschlag: Federico Luci,
unter Verwendung der Graphik
»Die feindlichen Brüder« von Alfred Kubin
Wien, Graphische Sammlung Albertina
© 1989 edition Spangenberg, München 40
Gesamtherstellung: Clausen & Bosse, Leck
Printed in Germany

Inhalt

Vorwort

Das Problem, die offenbar unbezähmbare menschliche Aggression in den Griff zu bekommen, ist bis heute ungelöst. Die zwölf Beiträge dieses Bandes, die sich mit dem Entstehen und den verschiedenen Formen der Aggression beschäftigen, wurden ursprünglich auf einem Symposion über »Aggression und Anpassung«, zu dem das Sigmund-Freud-Institut 1964 eingeladen hatte, vorgetragen. Ist die Aggression das Böse schlechthin oder nur das »sogenannte Böse«? – so der Titel eines Buches von Konrad Lorenz, das damals gerade erschienen war und auf Aggression als unabdingbar zur Selbsterhaltung und Selbstbehauptung hinweist, zumindest in der Welt der Tiere. Aber lassen sich diese Erfahrungen auf den Menschen übertragen? Das wird eher verneint. Dennoch wird über die Notwendigkeit auch von menschlicher Aggression ebenso diskutiert wie über das Problem offenbar unbeeinflußbarer, sich stets wiederholender Destruktion.

Nach einem Beitrag über die unterschiedlichen Äußerungsformen von Aggressionen der Geschlechter sucht der/die Leser/in vergebens. Was aus heutiger Sicht verwundert, denn destruktive Aggression und Gewalt, um die es doch vor allem ging, geht seit jeher fast ausschließlich von Männern aus. Hier einige Fragen zu diesem Thema einzufügen sei mir deswegen erlaubt. Ist destruktive Aggression geschlechtsgebunden, und wenn ja, warum? Haben nur Männer – Frauen nicht – einen Aggressionstrieb, oder warum äußert sich der weibliche Aggressionstrieb fast nie in Gewalttätigkeit? Ist Aggression also doch weitgehend Anpassung an bestehende Werte und Rollenvorschriften? Zumindest ist die destruktive Aggression kein dem Menschen innewohnender unveränderbarer Trieb, der einem Wiederholungszwang hilflos ausgeliefert ist, denn sonst wäre es ja unverständlich, warum nur die eine Hälfte der Menschheit gewalttätig ist und die andere so gut wie gar nicht. Daß diese Frage 1964 überhaupt nicht erörtert wurde, zeigt m. E., daß manches sich geändert hat in den letzten zwanzig bis dreißig Jahren.

»Aggression und Anpassung« – an welche Aggressionsform paßt sich das jeweilige Individuum, das Kollektiv oder auch das Geschlecht und in welcher Gesellschaft an? Denn destruktive Aggression und Anpassung sind keine Gegensätze. Kollektive können sich destruktiven Aggressionsausbrüchen ohne weiteres anpassen, wie die ungezählten Kriege und gesellschaftlich sanktionierte Gewalt über die Jahrtausende gezeigt haben. Das Individuum kann sich dem Zugriff eigener blinder Aggressionen nur durch Nachdenklichkeit entziehen. Das »Erkenne dich selbst« – das Bedürfnis, nach den Quellen der eigenen Aggression zu suchen, ob diese nun ihren Ursprung in Frustrationen oder in Triebbedürfnissen haben – ist nur dem Menschen eigen. Die narzißtische Kränkung mit ihrer Folge, der narzißtischen Wut, die nur noch zerstören will, was sie so verletzt hat oder von dem sie sich verletzt wähnt, ist beispielsweise eine verbreitete Ursache destruktiv-aggressiven Verhaltens, und das natürlich nicht nur beim Individuum, sondern auch beim Kollektiv. Unsere jüngste Vergangenheit, die zwölf Jahre Hitlerismus, ist beispielhaft für die Zerstörung, die narzißtische Wut herbeiführen kann. Der in seinem Selbstwert gekränkte »Führer« konnte sich in die Wünsche und Frustrationen des narzißtisch gekränkten Volkes, das sich nach dem verlorenen Krieg als zweitrangig erlebte, besonders gut einfühlen und dessen Wünsche nach Rache und Kompensation durch Größengefühle befriedigen. Destruktive Aggression in höchstem Ausmaß war die Folge.

Wir müssen uns dennoch davor hüten, nur die destruktiven Formen der Aggression zu sehen. Man braucht Aggression bekanntlich, um sich durchzusetzen, ein eigenes Ich aufzubauen, sich die notwendige Distanz in seinen mitmenschlichen Beziehungen zu erobern, »nein« sagen zu können, Liebesverluste zu ertragen (was Frauen bekanntlich besonders schwerfällt).

Entscheidend ist die Art des Umgangs mit den eigenen Aggressionen. Es gilt zu verhindern, daß diese in einem dumpfen Wiederholungszwang sich blind-zerstörerisch oder selbstzerstörerisch austoben, sich entweder gegen das eigene Ich wenden oder Feindbilder aufbauen, um diese dann reuelos zu verfolgen und zu vernichten. Verbotsmoralen, so sagte schon Freud, unterdrücken zwar Aggressionen, verhindern aber nicht, daß diese sich dann andere und noch gefährlichere Auswege suchen.

Daß die Aggressionsbereitschaft eines narzißtisch gekränkten Individuums oder Kollektivs ausgenutzt werden kann, ist bekannt. In »Massenpsychologie und Ich-Analyse« hat Freud dargestellt, daß sich zweitrangig fühlende oder als zu kurz gekommen erlebende Völker mit Hilfe eines Führers leicht zu massenhaften, vom Führer – gleich Über-Ich oder Ich-Ideal – gebilligten oder initiierten destruktiven Aggressionen zu bewegen sind. Aus der Geschichte zu lernen ist offenbar schwer. Aber ohne Erinnerung bleiben die Menschen dem Wiederholungszwang unterworfen und damit letztlich auch der Selbstzerstörung.

Beim Individuum entscheidet das Einfühlungsvermögen der Erzieher weitgehend über dessen Aggressionsentwicklung. Aber wie »erzieht« man ein Kollektiv? Beim Individuum ist es das Erleben der Enttäuschung, des Nicht-verstanden-Werdens, Nicht-erkannt-Werdens oder die Verinnerlichung pathogener Beziehungen zu den Eltern, der Eltern untereinander und deren Beziehung zum Kind, die das Triebschicksal der Aggression bestimmen. Vom Narzißmus eines Menschen, d.h. von seiner Selbstbezogenheit, seinen Kontaktstörungen, seinen verinnerlichten pathogenen Beziehungen, von den Kränkungen seines Selbstwertes ist die Art und Weise seiner Aggressivität abhängig. Aber der Narzißmus eines Menschen braucht nicht unbedingt pathogen zu sein und sich destruktiv im Sinne eines kalten Rachebedürfnisses zu äußern; er kann auch die Durchsetzungsfähigkeit eines Menschen fördern.

Warum – um zur kollektiven Aggression zurückzukehren – ist der Ausgang von Revolutionen so häufig negativ, auch wenn die Revolution als Ganzes einen Fortschritt im Kampf um Menschenrechte bedeutet? Sind die Revolutionsführer immer Opfer ihres Narzißmus, ihrer eigenen Gekränktheit und, um diese zu kompensieren, ihres übertriebenen Machttriebes, der sich überall durchsetzen will, gleich um welche Sache es geht? Aggression in ihrer Äußerungsform als Machtbedürfnis kann die Intelligenz durchaus fördern, pflegt aber, wenn sie ohne Selbstreflexion bleibt oder diese verliert, letztlich dem destruktiven Wiederholungszwang zu verfallen.

Die Beherrschung der eigenen Aggression gelingt dem Individuum oft nur so lange, bis seine Fähigkeit zur kritischen Einsicht dem Druck seiner narzißtischen Wut unterliegt. Dann wächst das Bedürfnis der Zerstörung desjenigen, der einen gekränkt und enttäuscht hat, oder man projiziert die eigene Wut, die eigenen Aggressionen auf diesen oder auf ein beliebiges Feindbild, das man dann reuelos verfolgen und zerstören darf. Eine andere Art von Projektion – man erlebt die eigenen Schmerzen, die eigenen Enttäuschungen, die eigenen Verletzungen oder eigene Verlassenheit in anderen – kann wiederum die Identifikation mit deren Leiden fördern, auch wenn dieses gleichzeitig das eigene Leid ist, und deswegen zum Mitleid und zur Einfühlung fähig machen. Dadurch läßt sich die ungehemmte Aggression aufgrund von Selbstwertkränkungen verhindern.

Es ist klar: Die destruktive Aggressivität kann nur durch Selbstreflexion gemildert werden oder eben durch das Erkennen des eigenen Leidens auch im anderen. Diese Fähigkeiten finden wir allerdings im Kollektiv selten. Kollektive Frustrationen, kollektive narzißtische Kränkungen sind der kollektiven Selbstreflexion kaum zugänglich, durchbrechen in ihrer Identifikation mit der Masse ähnlich Gekränkter die notwendigen Hemmungen und unterliegen dadurch allzuoft dem Bedürfnis nach Befriedigung der destruktiven Wünsche.

So kann denn auch Anpassung eine Anpassung an kollektive Destruktionsmuster sein, wie auch im positiven Sinne Anpassung an kulturelle Forderungen, z.B. an gesellschaftliche Umgangsformen der gegenseitigen Rücksicht. In diesem Sinne kann Anpassung dazu beitragen, dem Wiederholungszwang zu entrinnen und weniger mittels Triebunterdrückung als mit Hilfe gedanklicher Zustimmung zu einem Rücksichtsverhalten dem anderen gegenüber fähig zu werden. Die Gesellschaft zu verändern ist gut, aber besser ist es, die Fähigkeit zur Selbstkritik zu stärken und das eigene Nachdenken dem Ansturm von Frustrationsaggressionen entgegenzusetzen.

Feindbilder, das wissen wir, verhindern zwar den Selbsthaß und mildern die narzißtische Kränkung, sie führen aber zur Destruktion eben jenes zum Feind gemachten Mitmenschen oder des zum Feind gemachten Kollektivs. Verhinderte Aggression, sagt Freud, würde eine schwere Schädigung des Menschen deswegen bedeuten, weil sie den gegen das eigene Ich gerichteten Todestrieb aktiviere. Ungehemmte Aggressionen, destruktive Projektionen, ob sie individuell oder kollektiv ausgelebt werden, enden jedoch in der massenhaften Zerstörung anderer und letztlich auch in der Selbstzerstörung.

Freud hat ein weiteres Problem angesprochen: daß wir uns mit Hilfe der Idealisierung den Forderungen einer autoritären Gesellschaft anpassen und dadurch zur Projektion unserer Aggressionen auf andere angeleitet werden. Diese Art von Herrschaft kann nur aufrechterhalten werden, wenn sie sich auf sadomasochistische Befriedigung aufbaut. Die Herrschenden werden idealisiert, man genießt die Unterwerfung und projiziert seine Aggressionen auf andere, die auch die Feinde der Herrschenden sind.

Zusammenfassend geht es also nicht nur darum, individuelle Aggressionsentwicklung mit kollektiver zu vergleichen bzw. voneinander zu unterscheiden. Es geht auch darum, die unterschiedlichen Äußerungsformen der Aggression von Mann und Frau besser zu verstehen. Frauen neigen nach wie vor dazu, ihre untergründigen Aggressionen in Vorwurfs- oder Opferhaltungen umzuwandeln und nicht selten eine für die Betroffenen wenig erfreuliche passive Aggression auszuüben. Dadurch werden Männer ihren trostlosen Projektionen der eigenen Verbogenheit und Wut überlassen, ohne daß sich Frauen dagegen erheben.

Denn warum haben Frauen zugelassen, daß in allen geschichtlichen Zeiten Männer ihre Kriege und Gewalttaten unbehindert durchführen konnten? Ohne die sadomasochistische Gesellschaftsstruktur des Patriarchats hätten diese Kriege nur schwerlich geführt werden können. Aber Frauen waren bisher nicht nur machtlos, sie haben auch nicht um Macht gekämpft. Wer als Frau Macht hat, muß mit Liebesverlust rechnen. Da aber Geliebtwerden für die Frau die einzige ihr bekannte und zugängliche Macht bedeutet, wird sie nur schwer darauf verzichten. Sie ist dann nämlich nicht nur dem Haß der Männer, sondern auch dem der Frauen, die sich machtlos fühlen, ausgesetzt. Sie muß ihre »Unschuld« aufgeben. Das aber haben Frauen von ihren Müttern bisher nicht gelernt – das Vermächtnis der Mütter, so Phyllis Chesler, ist die Kapitulation. Anpassung an das Diktat der Geschlechtsrollen verewigt das Patriarchat und damit den Wiederholungszwang der destruktiven Aggressivität.

Man sieht: »Aggression und Anpassung« – in diesem Buch vielfältig und differenziert untersucht – ist ein Thema von zentraler Bedeutung, das noch keineswegs ausdiskutiert oder über das genügend geforscht worden ist. Darauf wieder aufmerksam zu machen war die Aufgabe dieses Vorworts.

Frankfurt am Main,   Margarete Mitscherlich
im April 1992

Einleitung

Aggression ist eines der eindrucksvollsten Merkmale menschlichen Verhaltens, vor allem deshalb, weil sich so viel aggressives Geschehen zwischen Menschen abspielt. Dennoch ist sie wissenschaftlich umstritten und bis heute nur unbefriedigend geklärt. Wir kennen Aggression an uns selbst und an anderen; seit die Menschheit sich erinnern kann, ächzt sie unter den Stürmen wildester Aggression, die über sie hinziehen. Aber während dies von den Orkanen und Tornados entlehnte Bild die Natur anthropomorph sieht – wohl um das Schuldgefühl aus der menschlichen Zerstörungswut zu besänftigen und so zu tun, als handle es sich um unabänderliches Naturgeschehen –, stellt sich uns die Frage, ob denn diese aggressiven Ausbrüche zufällig, willkürlich geschehen. Oder ist das Eingeständnis nach aggressiven Durchbrüchen: »Ich konnte nicht anders«, doch auch ein berechtigtes Gefühl? Handelt es sich bei den großen Epidemien aggressiven Verhaltens um einen eingeborenen Rhythmus, in dem sich Aggression, die sich weder vom Individuum noch von der Gesellschaft als ganzer auffangen läßt, explosiv in todestrunkener Wut, in einem zerstörerischen Rausch, in kalter Berechnung entlädt?

Die Ethologen haben bestätigt, daß es Tierarten gibt, die für ihre Feinde gefährlich sind, ihre Beutelust jedoch nicht zu vergleichen sei mit der menschlichen Zerstörungslust, dem Zerstörungswahn, dem Außer-sich-Geraten. Man möchte dieser Erregung geradezu die Qualität eines Orgasmus der Destruktion zusprechen; sie kann gleichermaßen den einzelnen Menschen, Gruppen, ganze Nationen überkommen. Die wichtigste Einsicht aus dem Vergleich aggressiver Äußerungen bei Tier und Mensch ist also das Ausmaß der Unterschiedlichkeit: beim Menschen kann in einem sonst unbekannten Maß »der Artgenosse zur ›Beute‹ werden« (Lincke, s. u. S. 42). Das gleiche gilt von der Rivalitätsaggression. Keine Ritualisierung vermag wirkungsvoll kollektive Durchbrüche durch die Schranke der Tötungshemmung für Artgenossen zu verhindern.

Um so wichtiger ist es, sich Rechenschaft über die Eigentümlichkeit dieser menschlichen Aggression zu geben. Wieweit ist es Willkür und wieweit Zwang, wenn sich hierzulande irritierte Automobilisten androhen? Unter

welchen Voraussetzungen könnten sie sich anders, höflicher verhalten? –
Sind es freie oder relativ freie Entschlüsse, denen Kriege entstammen?
Wären sie vermeidbar? Sind der »Ehekrieg«, die Schikane im Büro, die
heimtückische Verleumdung, die das Leben vergiften, sind sie vermeidbar,
Streitfälle, die freiwillig vom Zaun gebrochen werden und ebenso freiwillig beendet werden können oder erst gar nicht anfangen müßten? Und
wenn dies nicht der Fall ist, wenn es mit unserer Freiheit zunächst nicht so
weit her sein sollte, bleiben wir diesen aggressiven Verstrickungen lebenslang ausgeliefert, können wir uns höchstens als Individuen ein Stück weit
distanzierten Überblick besorgen, während die Gesellschaft als solche in
unendlich multiplizierten Zwängen – im tiefsten Sinn des Wortes – hilflos befangen bleibt?·

Ist also Aggression ein triebgespeistes Geschehen? Nach der klassischen
Definition Freuds in den ›Drei Abhandlungen zur Sexualtheorie‹ [1] ist ein
solches triebhaftes Geschehen ein Verhalten, das hervorgebracht wird von
der »psychischen Repräsentanz einer kontinuierlich fließenden innersoma-
tischen Reizquelle«. Wenn Aggression triebhaft zu verstehen ist, dann haf-
tet ihr, wie Freud später in ›Triebe und Triebschicksale‹ formulierte, eine
weitere Eigentümlichkeit an, nämlich ihre »Unbezwingbarkeit durch
Fluchtaktionen«. Wir können unserer Natur nicht entspringen.

Freilich gibt es die weit verbreitete behavioristische Gegentheorie [2], die
es sich verbietet, von einem Aggressions*trieb* zu sprechen. Gemäß dieser
Theorie entsteht aggressives Verhalten aus Enttäuschung; es wird sozial
hervorgelockt und dann wieder in die Gesellschaft hinein agiert. Woraus
sich leicht ein Teufelskreis entwickeln kann: Aggressives Verhalten entspringt Enttäuschungen; es erweckt selbst neue Aggressionen bei den Partnern, was neue Enttäuschung bringt, so daß eine nicht von aggressiven
Durchkreuzungen gestörte Erfahrung immer seltener wird.

Diese Modellskizze bewegt sich an der Grenze der erlaubten Vereinfa-
chung. Lassen wir sie für die erste Verständigung noch einen Augenblick
gelten. Nach der zuletzt genannten Frustrationstheorie müßte man nur
die unvollkommene menschliche Gesellschaft zweckmäßiger einrichten,
dann ließe sich vermeiden, was bisher so viel Elend, Tod und Verzweiflung unter den Menschen verbreitet hat. Betrachtet man es so, dann wäre

1 S. Freud, Ges. Werke, Bd. V. London, Imago Publ. 1942, S. 67.
2 Vgl. Dollard – Doob – Miller – Mowrer – Sears, Frustration and Aggression,
New Haven 1939.

die erste, die Triebtheorie der Aggression, die pessimistische, die fatalistische: Es ist ein angeborener Zug des Menschen, zerstören zu müssen. Bei der zweiten Theorie, welche Aggresivität aus dem Ärger über erfahrene Enttäuschungen herleitet, wird man entdecken, was vielleicht ein optimistisches Vorurteil ist, das sich so formulieren ließe: Es ist zwar schrecklich, daß die Menschen sich derart durch die Triebunterdrückungen ihrer Gesellschaften von sich selbst entfremden müssen und deshalb immer wieder in aggressives Verhalten verfallen, aber es läßt sich doch eine aggressionsfreie Gesellschaft denken. Die Menschheit, wie sie ist, hätte dann die Möglichkeit, ihre Lage zu bessern; Aggression ist keine Notwendigkeit, kein Fatum, sie ist ein Ausdruck der historischen Unzulänglichkeit, mit der die Menschen ihre Geschäfte bisher betrieben haben. So leicht es ist, diese beiden Konzepte einander als Alternativen gegenüberzustellen, so schwierig wird es, im Einzelfall zu beurteilen, welcher aggressive Beitrag überwiegt, der primär destruktive oder der aus Enttäuschung oder Angst stammende. Denn es ist doch unwahrscheinlich, daß es nur die eine oder die andere Aggressionsart gibt.

Sei es mit der Herkunft der Aggression, wie es wolle, ihr Ausmaß, ihr Anteil an den Verhaltensweisen des sozialen Lebens ist keine fixe Größe. Es gibt Gesellungsformen, in denen sie permanent gereizt, andere, in denen sie eher gedämpft wird. In der zukünftigen Verwaltung der Aggressivität durch die bürokratisierte Gesellschaft wird sich viel entscheiden. Durch die Einwirkung auf frühe Erziehungsmanöver werden die Weichen gestellt, wie gleichförmig oder ungleichförmig libidinöse, aggressive und Ich-Entwicklung verlaufen [3]. Nach einem dreiviertel Jahrhundert genauer klinischer Beobachtung scheint uns der *gesellschaftliche* Einfluß mehr ins Gewicht zu fallen als erbgenetisch unveränderlich sich auszeugende Anlagen. Natürlich sind wir dabei in Gefahr, nach der Ideologie der »Erblichkeit« nun einer Ideologie unbegrenzter Veränderbarkeit des Menschen durch erzieherische Einflüsse aufzusitzen. Es ist im übrigen nicht notwendig, sich düsteren Ahnungen zu überlassen; die Aussicht, ein mehr oder ein weniger freundliches Leben führen zu können, wird dadurch entschieden, wie eine Sozietät ihre Kinder aufnimmt und ihrer Trieb- und ihrer Autonomiebedürfnisse sich annimmt, und schließlich, wieviel Vernunft in diesem Geschehen der Erziehung herrscht.

3 Vgl. A. Freud, Wege und Irrwege in der Kinderentwicklung. Stuttgart, Klett 1968, S. 66 ff.

Erik Erikson hat mit einem Wort formuliert, was wir uns nicht mehr leisten können: Geschichte. Das heißt, Geschichte, wie sie bisher war – eine Folge tödlicher Verstrickungen. Hört irgend jemand auf diese Mahnung? – Im Gegenteil: lokale Konflikte lassen sich beim gegenwärtigen Stand der Technik leichter global ausweiten als begrenzen, und so besteht die Gefahr, daß Rivalitätsaggressionen zur Gefährdung der Menschheit als ganzer werden.

Unsere Fähigkeit, die naturgeschichtlich gewordene menschliche Aggression in einen bekannteren Faktor der Zeitgeschichte zu verwandeln als bisher, wird darüber entscheiden, in welche Richtung Atomenergie – überhaupt aggressiv verwendbare Materie, z. B. in der Form von Gelbfieber-Erregern – in Zukunft konventiert werden *muß*: in friedliche oder in lebensvernichtende. Sie wird in der einen oder anderen Richtung genützt werden, je nachdem, wie ungemildert sich aggressive Regungen im Verkehr der Menschen untereinander durchsetzen können. Die Beherrschung gelingt dem Ich immer solange, bis seine Kapazität zur kritischen Einsicht dem Druck der Frustrationsaggression nicht mehr gewachsen ist. Einen nicht geringen Zustrom erfährt die Frustrationsaggression aus der Bremsung und Verdrängung primär destruktiver Tendenzen. Diese Unlust kann keine Gesellschaft vermeiden, wohl aber die zusätzliche aus fahrlässigen, rücksichtslosen Kränkungen. Je destruktiv aggressiver die zum großen Teil unbewußt verlaufenden Bedürfnisse einer Gesellschaft sind, desto zwingender nehmen viele technische Instrumente und Hilfsmittel den Charakter der Waffe an. Pflastersteine können Waffe werden, aber auch Wissen, das gar nicht unter dem Gesichtspunkt der Brauchbarkeit als Waffe erworben wurde.

Die Theorie von der sozialen Verursachung der Aggression verlangt konsequenterweise eine Durchleuchtung der sozialen Mißstände. Bedeutet Durchleuchtung aber nicht gerade, daß wir auf die triebhaften Motivationen vieler Mißstände stoßen werden? Jeder Versuch, den Mißständen unserer Gesellschaft auf den Grund zu kommen, ist zum Scheitern verurteilt, wenn er nicht bis zu den seelischen Prozessen vordringt, in denen unsere Einstellungen sich bilden. Damit haben wir uns mit der Dynamik des Trieblebens zu beschäftigen – wobei dieses Triebleben immer in Dialektik zu der Vielfalt der Ich-Leistungen zu sehen ist und zu der Nachdrücklichkeit, mit welcher das Ich sie zu vollbringen vermag. Aber auch dann wird die Durchleuchtung in der gewünschten Richtung scheitern, wenn man nichts von der *biologischen* Gesetzlichkeit weiß, mit der sich triebhaftes Geschehen in der menschlichen Natur vollzieht, regeneriert, auf Abfuhr drängt, neutralisierbar ist. In solchem Fall kommt man, wie bereits angedeutet, zu Vorstellungen, in denen die Veränderbarkeit des sozialen Verhaltens – in Richtung aggressionsarmer Reaktionen und damit auch weniger konfliktreicher Anpassungsvorgänge – bei weitem überschätzt wird. Wobei, anders als im Konzept der Verbotsmoralen, eine Auflösung (rätselhaft, wie sie geschehen soll) des aggressiven Potentials keineswegs angestrebt wird, vielmehr seine Milderung durch Aktivität. Aktivität ist dem Ich nähergebrachte Energie. Sie untersteht und dient seinen Absichten, die meist weit ab von den ursprünglichen Triebzielen liegen.

Die Ausführungen in den einzelnen Beiträgen dieses Buches können in einen gemeinsamen Bezugsrahmen eingeordnet werden: Für jede Generation, für unsere aber vielleicht mit besonderer Berechtigung, ist es wichtig, vorherzusehen, was aus der nicht konvertierten, primär destruktiven Aggression und was aus der ressentimentgeborenen Frustrationsaggression in unserem persönlichen Umkreis und auf der Ebene der Weltgeschichte wird, an der wir soviel bewußter teilhaben. Es wird offenbar an eine entscheidende Ausweitung der Mittel gedacht, diesen aggressiven Triebüberschuß – zum Beispiel über lebenslang laufende Lernprozesse, an denen zukünftig die Mehrzahl der Menschen und nicht nur eine Minderheit teilnehmen wird – zu sublimieren und neutralisieren.

Ein Grund der immer erneut entstehenden katastrophalen aggressiven Verwicklungen lag bisher doch in dem Mißverständnis darüber, bis zu welch hohem Ausmaß das Leben des Einzelnen unbemerkt, durch unbewußt bleibende Triebansprüche bestimmt wird. Die Gefahr, die uns bevorsteht, ist eine technisch perfektionierte Manipulation dieser unserer Triebnatur. Es ist doch nicht mehr utopisch, die »großen Konstrukteure des Artwandels«, von denen Konrad Lorenz spricht, wenn nicht selbst, so doch in ihren Gehilfen als Biochemiker oder Biophysiker sich vorzustellen, die in das Geschehen an den Chromosomen eingreifen und mit Mutationen an der menschlichen Erbsubstanz »Planspiele« betreiben. Das aus der Territorialverteidigung stammende Wort »Bis hierher und nicht weiter« könnte auch in bezug auf die Machtansprüche, die sich in diesen modernsten Naturwissenschaften bilden, angewandt werden.

In einer späteren Fußnote hat Freud in den ›Drei Abhandlungen zur Sexualtheorie‹ bekannt: »Die Trieblehre ist das bedeutsamste, aber auch das unfertigste Stück der psychoanalytischen Theorie.«[4] Dies muß man bei den unvermeidlich komplizierten Darstellungen, die jetzt folgen, im Auge behalten. Die neuere Psychologie außerhalb der Psychoanalyse hat nicht mehr viel für »Triebe« und diese Art »Mythologie« übrig. Sie untersucht Dinge, von denen sie meint, sie seien leichter zugänglich, leichter zu verifizieren – zum Beispiel Lernvorgänge. Sicher werden wir auf diese Weise von den Einzelbedingungen, den Einzelprozessen, die seelisches Leben ausmachen, erfahren. Aber es fragt sich doch, ob wir etwas von jenen komplexen Problemen erfahren werden, für die sich – und das wäre zu betonen – bisher kein brauchbareres, kein einfacheres Modell als das des Triebes und seiner Schicksale im ganzen der Persönlichkeit und im Verlauf des menschlichen Lebens hat finden lassen.

Die folgenden Kapitel geben die Möglichkeit, das Aggressionsproblem, vornehmlich aus psychoanalytischer Sicht, in ziemlicher Differenziertheit entfaltet zu sehen. Die Beiträge gehen auf Referate zurück, die auf einer Konferenz zum Thema »Aggression und Anpassung« auf Einladung des Sigmund-Freud-Instituts in Frankfurt schon im Jahre 1964 gehalten wurden. Inzwischen sind die Gespräche weitergegangen, und die Autoren haben ihre Beiträge ergänzt und bearbeitet. Da sie in den vergangenen fünf Jahren nichts an Aktualität verloren haben, eher umgekehrt, haben die Autoren dem Vorschlag zur Publikation zugestimmt.

Neben den psychoanalytischen Prämissen tauchen immer wieder Hinweise auf die Verhaltensforschung, insbesondere auf das zur damaligen Zeit neu erschienene Buch von Konrad Lorenz ›Das sogenannte Böse‹ auf. Der Verfasser nahm ebenfalls an den Diskussionen teil. Manche Wiederholungen, in denen sich die Mitwirkenden auf dieses Buch beziehen, wurden mit Absicht nicht getilgt, weil sie die Bereitwilligkeit oder das Zögern bei der Rezeption ethologischer Gedanken in die spezifischen Wissenschaften vom Menschen, insbesondere in das psychoanalytische Denken, widerspiegeln. Ethologen und Psychoanalytiker sind sich jedoch mit anderen Forschergruppen darüber einig, daß am Gelingen einer stetigeren Einordnung aggressiver Regungen in konstruktive Handlungszusammenhänge – stetiger, als es in der Vergangenheit möglich war – viel vom künftigen Wohl und Wehe der Menschheit hängt.

Alexander Mitscherlich

4 S. Freud, Ges. Werke, Bd. V. London, Imago Publ. 1942, S. 67.

Alois M. Becker

Der operative Aspekt
menschlicher Aggression

Unter der Voraussetzung, daß alle Verhaltensweisen, die man dem Begriff
der Aggression umgangssprachlich subsumiert, letztlich miteinander zu-
sammenhängen, erscheint es sinnvoll, aggressives Verhalten auf seine operativen Strukturen hin zu betrachten, weil sich aus den daraus gewonnenen Einsichten die Möglichkeit ergeben könnte, auf Erscheinungsformen
und Vollzugsmedien der Aggression Einfluß zu nehmen. Letzten Endes
bedeutet jede kritische Befassung mit einem Phänomen eine – wenn auch
noch so kleine – potentielle Beeinflussung desselben.

Als »Aggression« werden hier innere und äußere Vorgänge definiert,
die ein Schädigung von Aggressionsobjekten implizieren, sei diese phantasiert, geplant, gedroht oder vollzogen. Die Intensität der Schädigung
reicht von partieller Destruktion [1] bis zu totaler, zum Beispiel durch physische Vernichtung. Somit ist »Schädigung« hier in einem sehr weiten
Umfang verstanden, denn sie umfaßt unter anderem zum Beispiel vielfältige Formen des subtilen Zwanges, der Einschränkung fremder und der
Erweiterung eigener Machtsphären, gleichzeitig aber auch dagegen gerichtete Wirkungen des Widerstandes, der Verweigerung und der Abweisung. Solche Vorgänge lassen sich als Elemente in sehr vielen, wenn nicht
in allen sozialen Wechselwirkungen einfacher und komplexer Art nachweisen, zum Beispiel auch in so positiv bewerteten Prozessen wie der Erziehung. Objekte der Aggression sind Menschen, allerdings mit Einschluß
aller ihnen irgendwie, sei es materiell, personell oder ideell, verbundenen
Objekte. In dieser »intraspezifischen« [2] Definition sind zum Beispiel un-

1 Kunz (115), S. 73.
2 Lorenz (125).

belebte Objekte im Maße ihrer Entfernung vom Menschen Ersatzobjekte
der Aggression. Tiere, insbesondere stammesgeschichtlich höhere Arten,
können dem Menschen durch Einfühlung so angenähert sein, daß deren
Quälerei ethisch mißbilligt, in manchen Rechtsordnungen sogar strafrechtlich verfolgt wird.

»Aggressivität« nennen wir die Fähigkeit zu aggressivem Verhalten,
die sich bei manchen Menschen in besonders intensiven Neigungen dazu
äußert, zuweilen mit Vorlieben für besondere operative Modalitäten. Wir
schreiben der Aggressivität physiologische Antriebsquellen als Grundlagen
zu, wobei von Lernprozessen, die sowohl individuelle als auch überlieferte
soziale Erfahrungen verwerten, abhängt, welche Objekte unter welchen
äußeren Umständen zu Anreizen werden, die aus der Verhaltensdisposi-
tion »Aggressivität« entsprechende Stimmungen, Affekte sowie zugehö-
rige Aktivitäten – »Operationen« – hervorgehen lassen.

Gründe des Umfanges beschränken unsere Erörterungen nur auf die
eine der beiden *Grundrichtungen* der Aggression, nämlich auf die *gegen
äußere Objekte* gerichtete. Diese wird als die ursprüngliche angesehen [3].
Hingegen bleibt der ganze *große Bereich der Wendungsformen gegen die
eigene Person*, mit dem extremen Beispiel im Selbstmord des Melancholi-
kers, außer Betracht. Das Problem menschlicher Aggressionen ist von verschiedenen Gesichtspunkten her angehbar. Man kann zum Beispiel die
somatischen Antriebsgrundlagen, die Prozesse bewußter und unbewußter
Motivationsdynamik, die Stimmungs- und Affektvorgänge oder schließlich – wie in den folgenden Erörterungen – die aggressiven Operationen,
die mentalen bzw. motorischen Endhandlungen, in den Vordergrund stellen. Indem wir letzteres tun und vorerst die aggressive Handlung in den
Mittelpunkt der Überlegungen rücken, werden wir an das Gleichnis S.
Freuds vom Denken als innerem Probehandeln erinnert und erweitern das
Konzept der motorischen und mentalen Aktivität im Sinne der Auffassung J. Piagets (147), der das Denken in seiner operativen Theorie der Intelligenz gleichfalls als verinnerlichte Handlung begreift. Da jedes Handeln in irgendeinem Maße von Affekten getragen und begleitet ist, kann
sinnvolles Fragen nur lauten, in welchem Grade dies der Fall ist. Beherrschen bestimmte aggressive Affekte die Situation, wie zum Beispiel bei
einem akuten Wutausbruch, dann haben wir es mit vegetativ-motorischem

3 Fenichel (44), S. 57; Lorenz (125).

Ausdrucksverhalten einer Alarmreaktion zu tun, die bestenfalls lockere Handlungsansätze, doch keine intelligent-aggressiv zusammenhängenden Operationsabfolgen aufweisen [4]. Im Gegensatz zum *affektiven* Anteil aggressiven Verhaltens besteht somit der *operative* Anteil aus Handlungen bzw. aus hierarchisch gegliederten Handlungskonzepten und -abfolgen, die durch Denkprozesse gesteuert werden, wobei diese in ihrer Gesamtheit keineswegs bewußt zu sein brauchen, sondern oft als vorbewußtautomatisierte Vorgänge wirksam sind [5]. Operative Aggression ist somit auf das engste mit den organisierenden, adaptiven und synthetisierenden Funktionen des Ichs im Sinne der psychoanalytischen Strukturtheorie verbunden.

Hinsichtlich ihrer Erscheinungsform lassen sich aggressive Vollzüge mit Anwendung eines topischen Modells in folgende drei *operative Manifestationsebenen* gliedern:

1. Aggressionen können auf der *real-operativen* Ebene *äußerer Handlungen* mit allen ihren sozialen Konsequenzen und Gegenwirkungen ablaufen. *Aggressive Realhandlung.*

2. Sie können auf der *mental-operativen* Ebene *inneren Probehandelns* verlaufen, das von lockeren Entwürfen über relativ stabile Pläne bis zu festen Handlungsentschlüssen reicht und sich in weiterer Folge schließlich als äußere Handlung zu realisieren vermag. Bloße Gedanken sind – weil nicht entdeckbar – straffrei, während die Entdeckung mitgeteilter Probehandlungen als sogenanntes Absichtsdelikt unter Umständen strafrechtlich relevant sein kann. *Aggressive Mentalhandlung.*

3. Sie können sich auf der *mental-operativen* Ebene *freier Phantastik*, deren Erzeugnisse von relativ unverbindlichen Spielen bis zu sehr aktionsnahen Bildungen reichen. *Aggressive Phantastik.*

Das Überwechseln von einer dieser Ebenen zu einer anderen sowie die Art ihres Zusammenwirkens sind von erheblicher Bedeutung für die Psychopathologie. In manchen Fällen impulsiver Perversionshandlungen, die zum Teil mit Strafe bedroht sein können, erfolgt der Übergang aus der Ebene freier Phantastik in die aggressive Realhandlungsebene oft ziemlich unvermittelt, wodurch ein Abwägen weitgehend ausgeschaltet ist. Unabhängig von der jeweils gegebenen Manifestationsebene ist allen

4 Heiss (96).
5 Hartmann (86 a, 88).

diesen aggressiven Operationen eine *unreflektiert-zielende*, somit durchaus *ursprüngliche* Einstellung auf das Aggressionsobjekt gemeinsam, die schließlich in einer Endhandlung (wir verwenden hier einen Begriff der vergleichenden Verhaltensforschung), die mit verschiedenen Mitteln auf verschiedenen Wegen ihr Ziel sucht, zum schädigenden Erfolg gelangt.

Wenn hingegen aggressive Prozesse – infolge der menschlichen Fähigkeit der Reflexion – ihrerseits zum Gegenstand der Betrachtung werden, dann haben wir es mit *abgeleiteten, reflexiven* Einstellungen auf eigene aggressive Relationen und Vorgänge zu tun. Doch wird eine solche, ihrer Intention nach auf Einsicht zielende Reflexion in dem Maße getrübt und täuschend sein, in dem der Betrachtende seinerseits in die fraglichen aggressiven Vorgänge direkt oder mittelbar verstrickt ist. Einsicht und Urteil werden durch die dem Subjekt selbst nicht bewußte und damit auch nicht aufhebbare *Befangenheit* gestört sein.

Wir sind berechtigt, eine *naiv-parteiische, befangene Reflexion* festzustellen, sofern der Versuch einer selbstbezogenen Einsicht in Aggressionsverhältnisse durch unkontrollierte Selbstbeteiligung getrübt und verfälscht wird. Wir werden hingegen von *kritisch-objektiver, unbefangener Reflexion* aggressiver Verhältnisse dann sprechen, wenn es einem einsichtbereiten Subjekt, das den Versuch einer objektivierenden Klärung unternimmt, gelingt, der Täuschung durch Befangenheit zu entgehen.

Bei Befassung mit diesen Problemen ist unumgänglich notwendig, von der Annahme auszugehen, daß parteiische Befangenheit, deren Übergewicht nicht hoch genug veranschlagt werden kann, jede Reflexion unweigerlich in Täuschung verführt. Dabei übersieht das Subjekt die Verflechtung von Selbstbetrug und Fremdtäuschung, was jedoch nicht ausschließt, daß durch geschickte Zurechtlegungen zudem bewußt geschwindelt werden kann. *Feststellungen empirischer* Daten und *Ableitungen logischer* Zusammenhänge auf der einen Seite, *praktische Wertungen* – ideologische, »weltanschauliche« Voraussetzungen – auf der anderen Seite werden nicht geschieden, im Gegenteil: undeklarierte Werthaltungen verschiedener Art haben tendenziöse Auswahl und pseudo-logische Verknüpfung der Sachverhalte zur Folge. Der Voreingenommenheit kommt die Eigenheit der Alltagssprache entgegen, daß ihr Gebrauch sehr oft »askriptiv« ist [6], statt deskriptiv zu sein, indem Eigenschaften wertend zugeschrieben wer-

6 Hart, zit. nach Hartnack (91), S. 147.

den, anstatt sie sachlich zu beschreiben. Ein Beispiel: es ist bekannt, um wieviel mehr Zeugen vor Gericht geneigt sind, ihre – in dem Zusammenhang unmaßgeblichen – globalen Bewertungen eines fraglichen Sachverhaltes vorzubringen als brauchbare konkrete Auskünfte zu liefern. Die Phraseologie aggressiver Schlagworte durch Sprachregelungen – aus zahlreichen Beispielen der jüngeren und jüngsten Geschichte bekannt – fügt sich in die Auffassung L. Wittgensteins (190) von Sprachsystemen als komplizierten Spielen nach Regeln, die aus der Situation den Gebrauch und damit den Sinn der Worte bestimmen [7]. Es handelt sich in den hier gemeinten Fällen tatsächlich um »aggressive Sprachspiele«, mit denen, zum Teil unter dem Schein objektiver Reflexion, nur ursprüngliche, parteiisch-befangene Aggressionen fortgesetzt werden, allerdings mit sprachlich subtileren operativen Mitteln, wobei sich die offensiven Tendenzen in offen oder suggestiv polemischer, die defensiven Bemühungen in euphemistischer Wortwahl äußern [8]. Über euphemistische Phraseologik siehe spätere Ausführungen.

Rekapitulierend sei festgehalten: Unsere Überlegungen gingen von der ursprünglichen, direkten, unreflektierten Aggression aus, die sich auf verschiedenen Manifestationsebenen gegen Aggressionsobjekte richtet. Sofern diese Aggressionsvorgänge in der Gesamtheit ihrer inneren und äußeren Gegebenheiten zum Gegenstand einer betrachtenden Einstellung werden, schließen sich ihnen zusätzlich Reflexionsprozesse an. Allerdings besteht Grund zur Annahme, daß nur die kritisch-objektivierende Reflexion einer tatsächlichen, grundlegenden inneren Umkehr entspricht, während aus parteiischer Befangenheit bloße Scheinreflexionen hervorgehen, die nur ursprüngliche Aggressionsziele mit raffinierteren, sprachlich verdeckenden und rationalisierenden Mitteln verfolgen.

Wir sahen das wesentliche Merkmal jeder kritischen Reflexion in dem Bemühen, die Darstellung aggressiver Sachverhalte soweit als möglich von den verschiedenen wertenden Stellungnahmen, die mit denselben Aggressionsvorgängen verbunden sein können, zu trennen. Dazu gehört ein gewisses Maß an Einsicht in affektive Vorgänge des eigenen Innenlebens, die, wie verschiedene Interessen, Sympathien, Aversionen und ähnliches mehr imstande sind, das Denken befangen zu halten. Solche Einsicht, die

7 Hartnack (91); Spitz (165).
8 Pullmann (148).

ohnedies dem Widerstand der Eigenliebe abgerungen werden muß, erfordert zusätzlich eine Ergänzung durch die Fähigkeit, der Einsicht gemäß intellektuell zu handeln, d. h. zu urteilen. Es handelt sich hier um innere Gegebenheiten, die über das intellektuelle Unterscheidungsvermögen hinaus auf eine Selbstkontrolle angewiesen sind, die ihrerseits »Affektbildung« – Bildung hier im Sinne der Entfaltung und Formung verstanden – voraussetzt [9].

Die dargestellte Abhängigkeit des Erkennens von der Befangenheit ihrer Träger, die durch die soziale Situation der Erkenntnissubjekte verursacht ist, führt unweigerlich in die Fragestellungen der Ideologielehre und -kritik [10], da ja alle aggressiven Beziehungen als besondere Formen sozialer Verhältnisse und Situationen aufgefaßt werden können. Hingegen verweist die Befangenheit in Sprachsystemen auf zusätzliche semantische bzw. semiotische Klärungen [11].

Wertfreiheit im Sinne M. Webers sagt bekanntlich keineswegs, daß sich der kritisch objektivierende Betrachter jeglicher letzten wertenden Stellungnahmen enthalten müsse, sondern impliziert nur die Forderung, daß Wertungen nicht unkontrolliert und somit täuschend in die Darstellung empirischer Sachverhalte oder in den Lauf logischer Ableitungen eingemischt werden sollten. Wertende Beteiligung ist, sofern sie sich aus dem Zusammenhang nicht eindeutig ergibt, ausdrücklich zu deklarieren. Das Klären der Voraussetzungen eigenen Handelns und damit auch der verdeckenden Befangenheit bei der Reflexion eigener und fremder Aggressionsvorgänge ist eine Aufgabe, der sich die Psychoanalyse methodisch widmet, indem sie den Vorurteilsprämissen individueller »Privatideologien« auf den Grund geht.

Nach diesen Überlegungen sollen zwei Begriffe, die im Zusammenhang der Aggression zweifellos eine wichtige Rolle spielen, nämlich: »Offensive« und »Defensive«, auf ihren Bedeutungsgehalt hin betrachtet werden, wobei askriptivwertende Implikationen besonderes Augenmerk verdienen. Das geschieht zweckmäßigerweise an Hand eines einfachen räumlichen Modells, das durch Angaben relativer Annäherungen bzw. Entfernungen und zeitlicher Beziehungen beschrieben wird.

Eine feindselige Näherung von A in Richtung auf das Objekt B kann

9 Mitscherlich (131), S. 36 ff.
10 Geiger (72); Topitsch (183, 182); Weber (186, 187, 188).
11 Stegmüller (172).

folgendermaßen beschrieben werden: A aggrediert B in offensiver Weise, kurz: A führt gegen B einen Angriff. Dem kann nun B seinerseits auf folgende Weisen begegnen:

1. B kann sich bei der ersten Wahrnehmung der Näherung in Richtung auf A bewegen, um dem drohenden Angriff durch Gegenangriff zuvorzukommen. Zwar hat A den Angriff begonnen, doch antwortet B gleichfalls durch das operative Mittel der Offensive, allerdings in reaktiver, gegenoffensiver Weise. Beispiel eines offensiven Widerstandes von B.

2. B kann die Annäherung von A in der Absicht abwarten, seinen Angriff durch Halten der Stellung abzuwehren, den Angreifer anlaufen zu lassen. Beispiel einer defensiven Widerstandtaktik von B.

3. B kann es für geraten halten, sich der Annäherung von A durch Zurückweichen zu entziehen. Die eben gewählte sprachliche Art der Darstellung dieser aggressiven Relation schließt Flucht in landläufigem Sinne aus, auch wenn das Verhalten von B unter dem Scheine einer solchen verläuft. Beispiel einer Rückzugsdefensive.

Operativ, d. h. strategisch-taktisch betrachtet, ist die Frage, welche der drei Maßnahmen – *Gegenoffensive, Widerstand, Rückzug* – allein oder in Kombinationen auf längere Sicht die erfolgreichste sei, ausschließlich vom Grad der Einsicht in die Gesamtlage und deren intelligenten Berechnungen abhängig. Nur unter der Annahme, die bei unserer Darstellung gar nicht zutrifft, daß in allen drei Fällen überstarke Affekte das Feld beherrschen, ließe sich z. B. der erste Modellfall unter Umständen als Angst-Wut-Angriff durch »Flucht nach vorne«, der zweite als Unbeweglichkeit infolge Mischung von lähmender Angst mit ohnmächtiger Erbitterung, der dritte als Umkippen einer labilen Abwehrtendenz in panische Flucht auffassen. Nimmt man hingegen an, daß eine »aggressive Intelligenz« überwiegt, dann haben wir Operationen vor uns, die Angriff, Verteidigung oder Rückzug als »taktische Mittel« und deren Kombinationen als »strategische Maßnahmen« im Rahmen langfristig umfassender Planungen einzusetzen vermögen. Der Umfang und die richtige Auswertung aggressionsrelevanter Informationen, zu denen auch das realistische Abschätzen eigener und fremder Innenfaktoren – zum Beispiel Kampfmoral, Angriffslust, Opferbereitschaft usw. – gehört, bestimmen schließlich den Erfolg eines Unternehmens.

Bei unserem ersten Beispiel setzt sich das aggressive Gesamtgeschehen aus dem Angriff und dem prompten Gegenangriff zusammen. Man wird

beiden Vorgängen gleicherweise aggressiven Charakter zuschreiben dürfen, da Aggressivität als energetische Disposition in beiden Fällen für den
Vollzug des Handelns mobilisiert werden muß. Denselben Charakter wird
man aber auch bei unserem zweiten Beispiel dem Verhalten des angegriffenen B zuerkennen müssen, der gegenüber dem Angriff von A die Haltung defensiven Widerstandes einnimmt, um so mehr, als abwehrendes
Standhalten nicht nur seiner räumlichen Logik nach eine Relativbewe-
gung, ein relatives »aggredere« auf A hin impliziert. Abwehr fordert
gleichzeitig eine seelisch-körperliche Alarmspannung, die es überhaupt
ermöglicht, sich im Anprall räumlich-physisch zu behaupten und seelisch
standzuhalten, sie fordert aber darüber hinaus aktiv abwehrende Handlungen, d. h. das Mobilisieren gegenaggressiver, nicht nur relativ, sondern
in taktischem Rahmen absolut offensiver Operationen. Mit gutem Grund
hat daher v. Clausewitz (27) die Verteidigung »die stärkere Form« einer
speziellen Aggressionsbeziehung, nämlich des »Kriegführens«, genannt.

In unserem dritten Beispiel schließlich mag das Zurückweichen unter
den Zeichen von Eile, die Flucht vortäuschen können, unter Umständen
die weitaus zweckmäßigste aggressive Operation sein, besonders dann,
wenn sie B ermöglicht, günstigere Bedingungen des Ortes und der Zeit
abzuwarten, sei es für eine Defensive, sei es für einen überraschenden
Gegenangriff aus vorteilhafter Position. Das Vortäuschen von Flucht als
Kriegslist ist übrigens ein aggressives Mittel eigener Art. Es ist wohl kaum
zu leugnen, daß derartige Rückzüge als planmäßige Operationen von
aggressivem Charakter anzusprechen sind. Nur bei kopflos-panischer
Flucht werden aggressive Regungen von übermäßiger Angst, die geordnete Überlegungen gar nicht mehr zuläßt, zurückgedrängt.

Die Gegenüberstellung des affektiven und des operativen Aspektes der
Aggression an Hand der drei Modellfälle hat die Unterschiede deutlich
hervortreten lassen. Mag auch in allen drei Beispielen das Aggressionsobjekt B, das, wie wir sahen, immer auch gleichzeitig Aggressionssubjekt ist,
von einem affektiven Zustand erfaßt sein, in dem sich Erbitterung, Wut,
Angst und vielleicht auch andere Gemütsbewegungen in verschiedenen
Verhältnissen miteinander mischen: Der springende Punkt ist, ob die Intensität der Angst nur soweit geht, im betreffenden Wesen gespannten
Scharfsinn und »gescheute« Wachsamkeit zu alarmieren, die Einsicht und
Berechnung zulassen, oder ob die Affekte so überwältigend sind, daß sie
zwangsläufig panische Kopflosigkeit und damit operative Ohnmacht her-

beiführen. Dasselbe gilt auch für die spezifisch aggressiven Affekte und Stimmungen, wie zum Beispiel Ärger, Groll, Zorn, Wut usw., die bis zu einer bestimmten Intensität eine durchaus brauchbare Spannung hervorrufen, darüber hinaus aber in zunehmendem Maße »Blindheit«, die der Sprachgebrauch zum Beispiel »verbohrter« oder »rasender« Wut zuschreibt, zur Folge haben.

Somit legen unsere Überlegungen den Schluß nahe, sowohl offensive als auch defensive Aktionen, einschließlich mancher Rückzugsunternehmungen, die auf den ersten Blick gar nicht »aggressiv« imponieren, aus Gründen der Zweckmäßigkeit und der »aggressiologischen« Konsequenz als grundlegende operative Teilmomente aggressiven Verhaltens anzusehen. Diese Auffassung von Angriff und Verteidigung als zwei unterscheidbaren, aber zusammengehörigen und oft ineinander übergehenden Teilmomenten aggressiven Operierens wird auch durch Erwägungen über die zugehörigen Antriebsquellen nahegelegt: Man befände sich ansonsten in der mißlichen Konsequenz, für offensive und defensive Aktivitäten jeweils qualitativ verschiedene Antriebsenergien zu supponieren. Trotzdem ist anzunehmen, daß die These, es sei zweckmäßig, Angriff und Verteidigung als zwei Seiten der Einheit aggressiven Operierens zu sehen, auf Ablehnung stoßen wird, da sie unter anderem dem Sprachgebrauch widerstrebt. Es sei hier auch an S. Freuds (64) Bekenntnis seiner eigenen Abwehr, die Aggression als selbständige Triebgruppe anzuerkennen, erinnert.

Tatsächlich neigt der Sprachgebrauch dazu, Angriffe mit dem Ausdruck »Aggression« zu benennen und beide Begriffe synonym zu verwenden, während Vorgänge der Verteidigung und des Widerstandes so betrachtet werden, als stünden sie völlig außerhalb jedes Aggressionsgeschehens. Auf die Frage nach möglichen Gründen für diese eigenartige Sprachregelung bietet sich die naheliegende Vermutung an, daß hier verborgene Wertungen im Spiele seien. Man wird mit der Annahme nicht fehlgehen, daß den beiden Begriffen »Aggression« und »Angriff«, die durch den Gebrauch unversehens gleichgesetzt werden, das Odium des Rechtsbruches und der Friedensstörung gemeinsam anhängt. Aus einer solchen sprachlich vorgefaßten Wertung ist »Aggressor« eine Person, die eine Aggression begonnen, einen Streit vom Zaune gebrochen hat und damit »Angreifer« und gleichzeitig schuldtragender Teil ist. Es hat den Anschein, als wären hier, in verborgener Weise, strafrechtliche Gedanken- und Gefühlselemente wirksam. Tatsächlich gilt jedes Verbrechen als Angriff auf ein Wertsystem, als offensive Verletzung der Rechtsordnung. Obwohl die Verletzung von Rechtsnormen in der abstrakten Form des Angriffes auf ideelle Objekte meist weit weniger affektive Teilnahme hervorruft als das konkrete Schädigen einer Person, ist sie, die abstrakte Verletzung, durchaus geeignet, als aggressionslogisches Modell die Gleichsetzung von Aggression und schuldhaftem Angriff, die der Sprachgebrauch ohnedies nahelegt, weiter zu fördern.

Jede Notwehrhandlung ist, selbst in der Form eines begrenzten Gegenangriffes, erlaubter Widerstand gegen bedrohlichen Übergriff. Daß dazu aggressive Antriebe nötig sind, die gegen den Angreifer gerichtet sind, ergibt die banale Überlegung, daß zum Beispiel Melancholiker, deren gesamte Aggression von der Außenwelt gegen die eigene Person gewendet ist, zu keiner wie immer gearteten Aktivität nach außen fähig sind, weder in Form abwartend-widerständigen noch gegenoffensiven Operierens. Wer Notwehr erfolgreich übte, mag zwar dem Angreifer in mancher Hinsicht und verschiedener Intensität Schaden zugefügt haben: er gilt dennoch für das durchschnittliche Rechtsempfinden meist als unschuldig und ist es auch oft dem Strafrecht nach. Die Schuldfrage stellt sich somit im Zusammenhang von Angriff, Verteidigung und Aggression als wesentlich heraus, ihre Wirksamkeit bestimmt den Sprachgebrauch, der sich als anklagend und schuldmäßig askriptiv, inkulpierend, erweist. Ein solcher Sprachgebrauch ist jedoch für begriffliche Unterscheidungen im Dienste theoretischer Überlegungen völlig ungeeignet. Hingegen sind Elemente aus dem Strafrecht und der Kriminologie infolge des Umstandes, daß sie schuldhaftes Handeln als Tatbestände definieren, sehr wohl geeignet, der Grundlegung einer kriminologischen Aggressionslehre zu dienen [12], auch wenn ihr Begriffsapparat letzten Endes aus kriminalpolitisch umschriebenen Zielsetzungen hervorgegangen ist.

»Destruktion« verschiedenen Grades, sei es im Sinne partieller Schädigung oder totaler Vernichtung, ist ein wesentlicher Bestandteil unserer Aggressionsdefinition. Daß z. B. die Tötung oder die Verletzung von Menschen, die Zerstörung kultureller Objekte und ähnliches als destruktive Handlungen gelten, erscheint fraglos. Der Gegensatz dazu wird als konstruktive, aufbauende Tätigkeit bezeichnet.

Die Sachlage wird jedoch sogleich fragwürdig, sobald man z. B. die Tö-

12 Heintz (95).

tung eines Menschen im Zusammenhang der Todesstrafe zur Diskussion stellt. Die Antwort auf die Frage, ob Hinrichtungen konstruktive oder destruktive Rechtsakte seien, wird zweifellos, je nachdem, ob sie von Anhängern oder Gegnern der Todesstrafdrohung und ihres Vollzuges kommt, sehr verschieden ausfallen. Sind Hinrichtungen überhaupt aggressive Maßnahmen, und wenn ja: defensiver oder offensiver Natur?

Drohungen sind ihrerseits besondere Operationsformen im Bereich psychosozialer Machtausübungen, durch die versucht wird, den eigenen Willen auch gegen Widerstreben durchzusetzen [13]. Die kriminelle Erpressung mit der Drohung als ihrem spezifischen Mittel ist zweifellos eine offensive Handlung, die einen ideellen Rechtsbruch mit dem konkreten Angriff auf das Opfer im Feld psychosozialer Wechselwirkungen vereinigt [14]. »Destruktion« bedeutet hier die Wirkung auf die Willenssphäre des Opfers, die, durch Zwang beengt und damit in ihrer Freiheit vermindert, partiell vernichtet wird. Was für eine Bewandtnis hat es jedoch mit den Drohungen, die zum Beispiel von befugten, doch nicht immer befähigten Inhabern der Erziehungsgewalt ausgehen, oder mit jenen, die in Gemeinwesen mit Gewaltenteilung durch die Strafgesetze definiert sind und über die gerichtliche Verurteilung zur Exekution durch die Vollzugsbehörden führen? Inwieweit sind sie konstruktiv, inwieweit destruktiv?

Ähnliche Fragen, nun auf ein weiteres Austragungsfeld verschoben, stellen sich bezüglich intellektueller Streitvorgänge, in denen mit sogenannten »geistigen Waffen« der Argumente, die Anspruch auf Wahrheit erheben, operiert wird. Jede Kritik, die imstande ist, bestehende Annahmen und Meinungen zu widerlegen, droht tatsächlich, Meinungsbesitz zu stören oder zu zerstören, bestreitet bisher gültige Wahrheitsansprüche, bezweifelt Positionen des Wissens und schafft dadurch, bis sich die neuen Ansichten durchgesetzt und assimiliert haben, allgemeine Beunruhigung, nicht nur intellektuelle Unruhe. Positionen des Meinens und vermeintlichen Wissens werden von Wortführern und Anhängern, die sich mit deren Bestand oft leidenschaftlich solidarisch fühlen, »gehalten« und »verfochten«. Daher ist verständlich, daß eine Kritik von Annahmen, die von ihren gläubigen Verteidigern für wahr gehalten werden, in der Regel als destruktiver, zersetzender Angriff erlebt, dementsprechend genannt und

13 Vgl. dazu die Definition von Macht bei Max Weber (188), S. 38.
14 v. Hentig (97).

beantwortet wird. Oft weitet sich das Urteil von der Kritik auf den Kriti-
ker aus, der dann, im Extremfall, zum destruktiven Angreifer und damit
erlebnismäßig zum Feind wird, dem seinerseits Vernichtung gebührt.

Somit zeigt sich, daß die Frage, ob kritische Operationen als destruktiv
oder als konstruktiv anzusehen seien, in dieser Form überhaupt falsch gestellt ist. Sie ist, wie aus unseren Überlegungen hervorgeht, nur dann
sinnvoll, wenn sie sich von vornherein an einem konkret definierten Bezugssystem orientiert. Es ist nun einmal so: Kritische Angriffe werden, je
nachdem, von welcher Position ausgegangen wurde, einmal als destruktiv
geschmäht, weil ihre »gedanklichen Offensiven« bestehende Wissensgüter
mindern oder zerstören, das andere Mal als konstruktiv gerühmt, weil sie
durch Zerstörung des Irrtums ermöglichen, an seine Stelle richtige Annahmen zu setzen und durch solche Aufklärungsoperationen überdies den Anspruch der Wahrheit gegen den Irrtum verteidigen.

Der Pseudoreflexion des Alltags, die in parteiisch-moralisierenden
Sprachspielen befangen ist, gilt alles unmittelbar als »destruktiv« im Sinne des Bösen, was als Angriff gegen die eigene Person oder Gruppe, die
das Gute verkörpern, erlebt wird. Die analogen Sprachspiele hingegen
nennen Zerstörungen, die dem Feind, der ja *das Böse* verkörpert, zugefügt werden, niemals »destruktiv«; solche Vernichtungen finden vielmehr,
in euphemistischer Phraseologik, Umschreibung durch Ausdrücke wie
»Ordnen«, »Säubern«, »Befrieden« usw.[15] oder werden durch verschiedene, oft stehende Wendungen als Verteidigung von Hochwerten, wie: Wahrheit, Freiheit, Gerechtigkeit usw., ausgegeben. Diese Überlegungen machen deutlich, wie sehr »Destruktion« in der Umgangssprache negativ-
vorurteilend belastet ist, wodurch die Begriffe »Aggression« und »Angriff«
nur noch mehr in die Nähe des »Bösen« rücken. Damit ist »Das sogenannte Böse« von K. Lorenz in voller Breite der Problematik erreicht.

Unsere relativierende Betrachtung schließt jedoch nicht aus, daß »Destruktion«, ungeachtet seines negativen Wertakzentes, dennoch sprachlich
sinnvoll verwendet werden kann. So zum Beispiel, wenn ausdrücklich oder
aus dem Zusammenhang eindeutig klar ist, um welche Wertpositionen es
sich handelt, deren Gefährdung oder Zerstörung in Frage stehen[16]. Oder
wenn die Bezeichnung dazu dienen soll, die Unverhältnismäßigkeit zwi-

15 Hartnack (91).
16 v. Baeyer-Katte (5).

schen einer destruktiven Reaktion und ihrem Anlaß hervorzuheben. Schließlich wird man diesen Ausdruck verwenden, wenn es sich um destruktive Akte perversen Charakters handelt, die normaler Einfühlung nicht ohne weiteres zugänglich sind.

Nachdem wir Behauptung und Widerlegung, Konstruktion und Destruktion subjektiver Wahrheitsansprüche im Kampf gegensätzlicher Meinungen betrachtet haben, soll im folgenden die bedeutende Rolle untersucht werden, die Ansprüchen in menschlichen Aggressionsbeziehungen überhaupt zukommt. Der Begriff »Anspruch« impliziert, daß er mit dem Charakter subjektiven Zurechtbestehens erhoben wird. Aus dieser Ansprüchen innewohnenden Tendenz, sich an Recht, Gerechtigkeit und – in letzter Konsequenz – an »das Gute« schlechthin anzulehnen, erwachsen ihnen Stützen parteiisch-moralisierender Art, die dem Anspruchsproblem im Zusammenhang der Aggression prinzipielles Gewicht verleihen.

Vor weiteren Überlegungen folgender Exkurs: Die Sättigung periodischer Bedürfnisse hat, innerhalb einer gegebenen Variationsbreite, arteigene, natürlich-physiologische Grenzen. Für Mensch und Tier gilt, daß nicht mehr Nahrung aufgenommen werden kann, als der Magen faßt. Aber auch höhere, komplexere Bedürfnisse, wie zum Beispiel »Sicherheitsansprüche« mancher Tiere, sind durch kritische Distanzen [17] artmäßig festgelegt, deren Verlaufsgrenze zwei gegensätzliche Reaktionen, nämlich Rückzug und Angriff, voneinander trennt.

Hingegen läßt sich ähnliches von Sicherheitsansprüchen menschlicher Individuen oder Sozietäten keineswegs sagen, weil, wie noch zu zeigen sein wird, die Anspruchsumfänge ungemein große Unterschiede aufweisen. Nehmen wir z. B. den nach außen abgrenzenden, nach innen abstimmenden Faktor, der durch Gleichschaltung der Meinungen und Gesinnungen erhöhte Sicherheit erstrebt: Diese scheint im Falle *einer* Sozietät durch geringe Abweichung von einer schmalen Meinungslinie verletzt zu werden, während ein anders geartetes Gemeinwesen ohne weiteres imstande ist, offen und weit abweichende Meinungsgruppen zu tolerieren, ohne sein Sicherheitsbedürfnis bedroht zu sehen.

Phantasiereichtum und Abstraktionsfähigkeit des Menschen erlauben in Hinblick auf soziale Beziehungen, und hier speziell auf aggressive Relationen, das Ausdenken unbegrenzter Möglichkeiten, die sich von spieleri-

17 Hediger (92, 93).

schen Wunschvorstellungen bis zu relativ festen Plänen mit dem Charakter mehr oder minder fundierter Ansprüche verdichten können. Es sei daran erinnert, was über die mental-operative Ebene der aggressiven Phantastik gesagt wurde. Wünsche, Ansprüche, Forderungen mit aggressiven Implikationen, die sich im Recht wähnen oder auf Rechte zu stützen vorgeben, sind ohne Macht, die ihnen zur Durchsetzung verhelfen könnte, aktuell wirkungslos. Aggressive Wünsche suchen Machthilfe und versuchen, vorfindbare Machtpotentiale für ihre Zwecke zu mobilisieren, wie zum Beispiel manche Querulanten die prozessualen Möglichkeiten des Rechtsstaates erschöpfend mißbrauchen. Das erwähnte Fehlen natürlicher, durch Anlagen zwingend gezogener Grenzen im Bereich menschlicher Bedürfnisse und Ansprüche macht Kulturleistungen notwendig, denen obliegt, diese überschießenden Neigungen einzudämmen und zu regeln. Zu diesen Leistungen gehören die sittlichen Wertsysteme sowie die darauf sich stützenden Rechtsordnungen, die allerdings nur so lange ihre ordnenden Wirkungen entfalten, als effektive Drohungen durch faktische Macht ihre Herrschaft sichern. Die Bestimmungen der Rechtsordnungen erfassen nur einen kleinen Teil aggressiver Pläne und Handlungen als strafbare Tatbestände, ein anderer Teil wird mit Konsequenzen von sehr unterschiedlichem Gewicht sittlich mißbilligt, aber nicht strafrechtlich verfolgt. Der Rest entzieht sich, prinzipiell oder faktisch, überhaupt jeder Sanktion. Es ist zu erwarten, daß aggressive Operationen in diesem Bereich, der nicht durch Sanktionen bedroht ist, sich besonders üppig entfalten.

Wenn *Macht* imstande ist, aggressive Operationen verschiedener Art zu realisieren, dann ermöglicht *Allmacht* die Verwirklichung aller nur denkbaren Wünsche auf diesem Gebiet. Das Reich der Phantasie ist der Rückzugswinkel der Allmachtstendenzen. Die Rolle magischer *Allmachtsphantasien* ist insbesondere aus pathologisch abgewandelten Wünschen infantiler, aber auch erwachsener Individuen bekannt. Zwar vermag der Druck der Wirklichkeit, gemeinsam mit inneren Leistungen der Realitätsprüfung und -anpassung, die Grenzenlosigkeit der Allmachtsphantastik so weit zu reduzieren, daß sie nur innerhalb bestimmter Sektoren überschießen, und auch das in beschränktem Ausmaße. Dennoch bleibt die Gefahr, daß die verhältnismäßig realistisch gewordenen reduzierten Wünsche, die »gezähmten« Ansprüche und Forderungen wieder in Richtung auf grenzenlose, zum Teil phantastische Allmacht zu wuchern und zu exzedieren beginnen, was unter verschiedenen Bedingungen, zum Beispiel im Rahmen pathologischer Regression oder unter dem enthemmenden Auftrieb erworbener Macht – man denke an das Wort »Machtrausch« –, der Fall sein kann. Wünsche nach Besitz, Prestige, Zuneigung, Vergeltung, Sicherheit, um nur, unsystematisch, einige Tendenzen zu nennen, die relativ stabilen menschlichen Ichinteressen (H. Hartmann) bzw. Quasibedürfnissen (K. Lewin) entsprechen, können durchaus in der geschilderten Weise megaloman exzedieren, wobei, wie ein Durchdenken der Beispiele zeigt, erhebliche aggressive Folgen unvermeidbar sind. So ist z. B. Sicherheit über eine bestimmte Grenze hinaus nur durch intensivste Kontrolle, im äußersten Falle durch vorsorgliche Vernichtung aller möglichen Gefahrenquellen zu erreichen. Eine bedeutende offensive Verschärfung erhalten in Expansion begriffene Wünsche, sobald ihnen der Charakter subjektiv rechtmäßiger Ansprüche zuwächst, weil das Hinzukommen der moralischen Qualität, wie noch zu zeigen sein wird, weitreichende Konsequenzen für die Stärke und die Stetigkeit der mit ihr verknüpften aggressiven Operationen nach sich zieht.

Aus dieser Natur menschlicher Anspruchsexpansionen ergeben sich für aggressive Beziehungen folgende Konsequenzen:

Der Angreifer A braucht dem Objekt B nicht räumlich näher zu treten, wie in unserem, relativ einfachen, bisherigen Modell, sondern es genügt, wenn er sein *Anspruchsfeld so weit ausbreitet*, daß B in einer oder in mehrfacher Hinsicht *innerhalb der Grenzen dieses Feldes* gerät. Welche konkreten aggressiven Wechselwirkungen sich in diesem Machtanspruchsfeld in weiterer Folge ergeben, hängt naturgemäß von der Gesamtlage ab. Sie können sich auf verschiedenen *operativen Medien* der Aggression abspielen.

1. Das augenfälligste Medium ist das der – mehr oder minder – primitiven *physischen Gewalt*.

2. Subtiler ist das *Medium psychosozialer Machtwirkungen*, das sich durch eine große Fülle operativer Möglichkeiten der Aggression auszeichnet. Hier lassen sich wieder zwei wichtige operative Einwirkungsformen unterscheiden, und zwar einerseits

a) die bloß warnende, reine Drohung, die nicht »wahrgemacht« zu werden braucht, weil sie ohnedies ihren Zweck der Willensbeugung erfüllt, und andererseits

b) die exemplarische Drohung, die ihren Zweck nur durch partielle oder vollkommene Exekution zu erreichen meint. Hier spielen oft unerfüllbare Forderungen eine Rolle, die dazu dienen, die Exekution zu rechtfertigen.

3. Schließlich gibt es das *Medium argumentativer Operationen*. Dieses verkörpert sich im Wettstreit der Beweisführungen, in denen der Zwang, den aufweisbare Fakten und logische Ableitungen auszuüben vermögen, zur Wirkung kommt.

Wir wenden uns wieder unserem Modell aggressiver Anspruchsoperationen zu, die sich hauptsächlich im Medium psychosozialer Machtwirkungen bewegen. Ist B nun einmal in das beschriebene Feld offensiver Ansprüche geraten, das Drohungen offen heranträgt oder versteckt impliziert, dann gibt es, in Analogie zum räumlichen Modell, für B folgende Möglichkeiten, dem Angriff zu begegnen:

1. B kann gegenoffensiv Ansprüche geltend machen, die jene von A aufheben oder übertrumpfen. Die Kontrahenten können auf sehr verschiedenen Stufen der sozialen Komplexität stehen, es kann sich um geschäftlich konkurrierende Einzelpersonen, um Tarifpartner oder um Regierungen handeln, die Forderungen und Gegenforderungen manipulieren: kompensieren, zedieren, in Reserve halten usw.

2. B kann sich entschließen, die von A erhobenen Ansprüche zu bestreiten, ihnen Widerstand im Bereich aller operativen Medien, die zugänglich und dienlich sind, entgegenzustellen und dabei auch verschiedene Arten und Weisen des Vorgehens, d. h. aggressive Operationsmodi, einzusetzen.

3. B kann sich durch den Angriff, den die Ansprüche von A implizieren, veranlaßt sehen, auf einen Widerstand zu verzichten und sich der Expansion von A zu unterwerfen. Die Unterwerfung kann eine defensive Rückzugoperation mit der Hoffnung auf gegenoffensive Revanche sein oder eine definitive, totale Kapitulation bedeuten.

Derartige Anspruchsexpansionen wird man mit Recht als taktische bzw. strategische Vorgangsweisen von offensivem Charakter bezeichnen dürfen oder zumindest als Präliminarien dazu. Diese Auffassung teilt allerdings jene Streitpartei, von der, wie in unserem Beispiel von A, eine Anspruchsexpansion ausging, meist nicht. Ihr erscheinen nämlich Ansprüche mit aggressiven Implikationen meist nicht als neu erhoben, sondern – dieser Umstand erscheint besonderer Beachtung wert – als alte, seit jeher bestandene Rechte, die prinzipiell unverzichtbar sind. Derartige Ansprüche werden als alte, unverjährte, weil unverjährbare »offene Rechnungen« aufgefaßt, die nur, infolge besonderer Gegebenheiten, aktuell eingefordert werden. Was zum Vollgefühl heiliger Rechtsansprüche fehlt, wird selbst- und fremdsuggestiv ergänzt. Aus der Sicht derartiger naiv-»selbstverständlicher« Einstellungen, die in eigenartiger Weise die Weihe der Tradition, der Gewohnheit und der Gerechtigkeit ineinander verweben, verkehren sich die Verhältnisse in scheinbar paradoxer Weise: Sofern sich nämlich B in den – de facto offensiven – Anspruch von A nicht fügt, Widerstand leistet, wird er zum Angreifer vermeintlich wohlerworbener Rechte und damit zum Friedensstörer.

Solche Anspruchssysteme mit obligaten offensiven Implikationen und aggressiven Konsequenzen sind Täuschungsfallen von beträchtlicher Gefährlichkeit, deren Bedeutung durch ihre Ubiquität nur noch vergrößert wird. Sie täuschen nicht bloß die Angreifer über die offensive Natur ihres Vorgehens, was ihnen nebenbei noch ein gutes Gewissen bewahrt, sondern führen zudem, durch suggestive Einschüchterung ergänzt, besonders jene Bedrohten in die Irre, denen es an Kritik oder Widerstandsgeist mangelt. Es besteht eine gewisse Analogie zu Wahnsystemen offensiv-gegen-offensiver Paranoiker, in deren System Opfer als verfolgte Verfolger ohne eigenes Dazutun hineingeraten können. Manche komplexe Anspruchsexpansionen lassen sich mit der Strategie weit ausholender Umfassungsoperationen vergleichen, von deren Planung und Durchführung man annehmen darf, daß sie in erheblichem Maße von automatisch ablaufenden Beurteilungs- und Verrechnungsprozessen gelenkt werden.

Manche Betrachtung über vergangenes und gegenwärtiges Weltgeschehen, die Historiker, Soziologen, Philosophen, von den alerten Ideologen im Dienste des Tages zu schweigen, betreiben, erinnern in ihrer Tendenz an die Tätigkeit von Advokaten, die vorsorglich, gleichsam auf Vorrat, an der Konstruktion gerechter Ansprüche arbeiten, denen »ihre Zeit« aktuelle Virulenz verleihen könnte. Es sei auf V. Paretos (141) Auffassung von den Residuen und Derivationen im sozialen Leben hingewiesen [18].

Hier bietet sich Gelegenheit, die Formen *aggressiver Kooperation* im sozialen Bereich zu betrachten, die von den befangen-scheinreflexiven Höhen der Ideologen (»wissenschaftlich« fundierten Zeloten bis einfältigen Schwätzern) über die Inhaber der Macht bis in die Niederungen der physischen Exekutoren, Schinder und Henkersknechte reichen und damit

18 Parsons (144), S. 178 ff.

Funktionsglieder einer »*Arbeitsteilung*« im Wechselspiel von Angriff und Verteidigung miteinander verbinden [19]. Aggressive Arbeitsteilung gibt es sowohl innerhalb eines einzigen operativen Mediums als auch in der Kombination, die physische, psychosoziale und argumentative Wirkungsmittel vereinigt. Aggressive Kooperation und Arbeitsteilung beruhen oft auf einer *hierarchischen Struktur*, mit Führungsspitze und breiter exekutiver Basis, können aber auch in *Koalitionen* beigeordneter Kräfte entstehen und sich durch Umgruppierungen von Koalitionen wandeln. Der »Festlandsdegen« als gegebene Koalitionsform der Seemacht.

Alle unmäßig expandierenden Ansprüche und Anspruchssysteme enthalten – und erhalten in zunehmendem Maße – utopische Züge. Indem sich diese anreichern, nähert sich die Expansion immer mehr der Allmachtsmagie in Form des Machtrausches oder der Gewißheit kommender Machtfülle [20]. Dadurch verschärfen sich die fremd- und selbstdestruktiven Konsequenzen, die aus den Prämissen bestimmter Vorurteile in den Deduktionen einer *Vernichtungsideologik* hervorgehen. Sie steigern sich in dem Maße, in dem chiliastische Verheißungen [21] zu radikalen Operationen vom Charakter der Endlösungen, zur »*letzten* Gewalt, die dann den Zustand der Vernichtung *aller* Gewaltsamkeit bringen würde«, aufzurufen [22].

Aus der bisher geübten Betrachtungsweise ergeben sich in der weiteren Folge Fragen, die der Relation aggressiven Verhaltens zum Zweck-Mittel-Gefüge menschlichen Handelns gelten.

Ein überaus wichtiges, fundamentales Verhältnis liegt überall dort vor, wo aggressive Operationen als Mittel verwendet werden, um bestimmte Zwecke zu erreichen, oder wo sie im Dienste eines hierarchisch gegliederten Systems von Zwecken stehen. Wobei »Zwecke« sowohl ausdrücklich intendierte als auch ungefähre und unausdrückliche Endpunkte einer Handlungsfolge bezeichnen, die sich im letzteren Falle aus Prämissen und Ablauf des Handelns näher bestimmen lassen. Alle diese Zwecke stehen in sinnmäßigem Zusammenhang vielfältiger Beweggründe, Motive und motivierenden Konstellationen, die ihrerseits nur teilweise bewußt sind [23].

19 Dahrendorf (29), S. 349.
20 Ebd. S. 85 ff.
21 Mühlmann (139).
22 Weber (186), S. 177.
23 Zu »sinnhaftem Handeln« siehe Weber (188).

Wir haben es in diesen Fällen mit »*instrumentaler Aggression*« zu tun [24], die als Werkzeug eingesetzt wird, mit dem, in mehr oder minder geschickter »zweckmäßiger« Handhabung, ein übergeordneter Zweck, der seinerseits Mittel zu höherem Zweck sein kann, erreicht werden soll. Zur Illustration des hier Gemeinten sei folgendes Beispiel angeführt: Ein Räuber braucht sein Opfer gar nicht zu hassen, besonders dann nicht, wenn es gefügig ist. Sein Angriff zielt ja nicht auf ein Individuum in seiner persönlich-einmaligen Besonderheit, sondern nur auf ein möglichst geeignetes Objekt der Beraubung, um Beute zu erzielen. Die Schädigung des Opfers durch Beraubung, d. h. durch Wegnahme der Beute, ist zwar hier ein unvermeidbarer Effekt, doch nicht der eigentliche Zweck des räuberischen Unternehmens. Dieser »Idealtyp« instrumental-aggressiver Zweckrationalität ist naturgemäß ein Grenzfall, den es in voller Reinheit wahrscheinlich gar nicht gibt, doch liefert er eine brauchbare Grundlage der Gliederung.

Ein zweites Verhältnis, in dem sich das Zweck-Mittel-Gefüge der Aggression in einer spezielleren Weise verwirklicht, beruht auf der Sonderstellung jener aggressiven Operationen, die im Zusammenhang eines besonders hervorragenden Zweckes, nämlich des *Vergeltungs*zweckes, stehen. Die besondere Bedeutung der Vergeltung hat H. Kelsen (110, S. 49 ff.) zu einer eingehenden Untersuchung veranlaßt. Vergeltungstendenzen sind mit »aktionsspezifischen« Bedürfnisspannungen und zugehörigen, unverwechselbaren Gefühlsregungen verknüpft. Der Zweck, auf den diese Spannung zielt, ist eine Endhandlung, eine »consummatory action«, durch die einer bestimmten, nicht ohne weiteres auswechselbaren Person ein *Übel zugefügt* wird, das erlittene Übel zurückgeben, »heimzahlen« soll. *Vergeltungsoperationen* sind somit normalerweise exquisit *objektbezogen* und ihrem Zweck nach *schadenorientiert*. Der *Schaden* durch Zufügen von Übel ist *als solcher* Zweck des aggressiven Vorgehens, das seinerseits in der Vergeltungsabsicht begründet ist. Im Bereich der Vergeltung sind Aggressionshandlungen ihrem Zweck nach einzig und allein Schadeninstrumente, sind bloß Mittel, um gerechtfertigt erscheinende Übel zuzufügen [25].

Während private Rache die Grenzen des Schadens, der Genugtuung zu

24 Berkowitz (11), S. 31.
25 Radbruch (149), S. 264.

leisten vermag, subjektiv bestimmt, ist Vergeltung als Vorgang, der ausgleichende Gerechtigkeit üben soll, an Maßstäbe gebunden. Vergeltungs-
übel müssen quantifiziert werden, um dem entsprechenden Unrecht angemessen zu sein. Die menschliche Phantasie – und Abstraktionsfähigkeit
– hat, wie die Geschichte der Strafe zeigt [26], das Maß der Strafübel, um
einer »mathematica miserarum« der Zumessung gerecht zu werden, in
einer Weise steigern müssen, die uns zuweilen monströs anmutet [27]. Wie
immer auch die Strafe beschaffen sein möge, meint K. Binding, (13, S. 430)
»stets ist ihr Vollzug in auffälliger Weise eine Handlung, welche, wie
Tötung, Freiheitsberaubung, Vermögensbeschädigung, regelmäßig verboten und nur ausnahmsweise erlaubt ist«. Den »von Menschenhand gefer-
tigten Schmerz« der Strafe nennt v. Hentig schlicht »amtliches Wehtun«
(98, S. 5 ff.). Alles das schließt natürlich nicht aus, daß die vorbeugend-ab-
schreckende Funktion der Strafe, deren Drohung freilich erst durch die
Höhe der Entdeckungschancen und die Konsequenz des Vollzuges wirksam wird, sowohl als Mittel der Erziehung als auch zur Wahrung der
Rechtsordnung unerläßlich ist. Ob mißliche Auflagen »Strafen«, »Vergeltung« der »Maßnahmen« genannt werden, ist für ihren Effekt weit weniger wichtig als die Art und Weise ihres Vollzuges, von der insbesondere
die individuell-vorbeugende Wirksamkeit abhängt. Die Betrachtung aggressiver Operationen von ihrem »*exekutivem Ende*« her rückt Vorgänge,
die ihrer Intention nach nichts Gemeinsames zu haben scheinen, in be-
fremdliche Nähe zueinander, wie der Hinweis K. Bindings aus dem Jahre
1890 zeigt.

Die Bluträcher früherer Zeiten hatten das tradierte Gesetz in sich, das
sie zur Vergeltung anhielt, sie haßten und exekutierten in einer Person.
Das »arbeitsteilige« Strafwesen reiht vielerlei Funktionsglieder, von den
Gesetzgebern bis zu den Henkern, aneinander. Aus dem Gesagten ist es
verständlich, daß jede Angriffshandlung, wenn sie schon nicht imstande
ist, zureichende Rechtsgründe zu konstruieren, zumindest versuchen wird,
sich den Mantel der Notwehr, im schlimmsten Fall den einer knappen
Notwehrüberschreitung, zu borgen. Nicht umsonst führten die Römer nur
»bella justa«.

Rechtstitel oder Anspruchsgründe für Vergeltungsoperationen, d. h. für
»Strafen« in einem weiteren Sinne, sind relativ leicht zu konstruieren und

26 v. Hentig (98).
27 Spitz (170).

haben außerdem einen unschätzbaren Vorteil, nämlich jene nachhaltigen und aktionsbereiten Stimmungen für sich zu haben, die aus moralischen Ansprüchen erwachsen. Jeder Zelotismus eröffnet ungeahnte neue Strafmöglichkeiten und verschärft die bereits vorhandenen. Es ist somit kein Wunder, daß diese Möglichkeiten ausreichend genützt werden. Zweifellos kann unter der Rationalisierung von Vergeltung und Strafe eine große Menge Aggression an die Umwelt gebracht werden. Es existieren wohl kaum soziale Beziehungen, in denen Vergeltungsgesichtspunkte keine Rolle spielen, um so mehr, als es neben der strafenden auch eine positive, belohnende Vergeltung gibt.

Nun gibt es Denksysteme, aus deren Höhen sich die Vernichtung menschlicher Individuen und Gruppen nicht aus strafwürdiger Schuld, sondern aus allgemeinen Prinzipien ableiten lassen, die zwingend bestimmen, was daseinsberechtigt ist und was nicht, wer erhaltenswert ist und wer nicht. Vernichten ist hier ein Vorgehen im Dienst hoher und höchster Zwecke. Diese können zum Beispiel in der aktiven Beschleunigung eines ohnedies natur- oder kulturnotwendigen Geschichtsverlaufes oder in einer biologischen Neuordnung bestehen, die als Preis die Liquidierung bestimmter Menschengruppen fordert. Der Charakter des »Delendum« ist nicht mit dem des Bösen identisch, doch meist kaum trennbar. Strafen kann man, zumindest im Prinzip, dadurch entgehen, daß man sich den entsprechenden Drohungen fügt, Unterwerfungsansprüche erfüllt, seinen Sinn vom Bösen abwendet. Ist das ideologische Amalgam des Bösen und Delendum konzipiert, muß es sich vorerst, um den Vernichtungskonsequenzen die Angriffspunkte zu liefern, in konkreten Personen, Gruppen, Institutionen usw. als ihren Trägern verkörpern. Nach dem schuldfreien Konzept des Delendum hängt die Bewertung einer Person nicht mehr von ihrem Tun, Lassen oder Dulden ab, sondern hängt an ihr als Wesensmerkmal der Nichtswürdigkeit, gleichsam als »character indelebilis«. Dies kann sich in Definitionen oder impliziten Unterstellungen äußern, daß bestimmte Individuen oder Gruppen gar nicht Menschen seien, sondern Unmenschen oder Untermenschen. Der Begriff »Strafe« verliert hier seinen Sinn: an seine Stelle treten »Ausrottung«, »Vertilgung« oder auch »Säuberung« und ähnliche Euphemismen. Personen, die in das prinzipielle Negierungssystem des Delendum oder in ein radikales Argwohnsystem des Bösen geraten, droht konsequente Vernichtung ohne Chance, ihr durch Unterwerfung und Wohlverhalten zu entgehen.

Schließlich gibt es, wenn man den Zusammenhang der Aggression im Zweck-Mittel-Gefüge betrachtet, die Möglichkeit, daß aggressive Operationen *weder* durch irgendeinen der zahlreichen Zwecke, die, wenn nicht gebilligt, doch einfühlbar und verständlich erscheinen, *noch* durch den besonderen Zweck der Vergeltung eine ausreichende Begründung finden. In dem Maße jedoch, in dem aggressives Handeln einer plausiblen Begründung aus verstehbaren Zwecksetzungen zu ermangeln beginnt, verliert es seinen instrumentalen Charakter als Mittel zum – welch immer einem – Zweck und wird zunehmend *Selbstzweck*, der *Aggressionen* aus nicht ersichtlichen Gründen *um ihrer selbst willen* vollzieht. Der Eindruck des Abnormen erwächst dem geschilderten Umstand, daß die Wahl der Aggressionsobjekte weder aus rationalen Zwecksetzungen noch aus nachfühlbaren Vergeltungsbedürfnissen ausreichend adäquat begründbar erscheint. »Selbstzweckaggression« wirkt – je nach Ausprägung – undurchsichtig, befremdend, zuweilen abstrus und kann als qualitativ abnorm triebhaft bezeichnet werden. In seinen leichtesten Formen begegnet uns der Charakter aggressiven Selbstzweckes in Phänomenen, die man am ehesten als selbstzweckhafte Fixierungen an bestimmte aggressive »modi operandi«, als »modale Fixierungen«, bezeichnen könnte. Hier wird die Virtuosität der »technischen« Beherrschung einzelner, ursprünglich instrumentaler Aggressionen sekundär zu einem zunehmend autonomen Anreiz ihres Vollzuges, was für die Kriminologie nicht ohne Bedeutung sein kann und für die ärztliche Behandlung bestimmter krimineller Typen von ziemlicher praktischer Wichtigkeit ist. Schwer verständliche Bosheitsakte, sonstige unklare aggressive Deliktsmotivationen leiten über zu monströs-erschreckenden, sinnlos erscheinenden Destruktionshandlungen. Das Verhalten solcher Personen rechtfertigt – wenn man von den relativ seltenen psychotischen oder neurotischen Ursachen absieht – eine Bezeichnung, die zwar neuartig erscheint, deren Berechtigung aber wohl bedacht werden sollte, nämlich: *aggressive Perversionen*.

Was die Arten und Weisen aggressiven Vorgehens betrifft, lassen sich folgende Gruppen von Operationsmodi unterscheiden, deren Beachtung einiges zur Vertiefung unserer Einsichten in die Aggression beitragen dürfte.

1. Der *Operationsmodus der Heimlichkeit* besteht in einseitigem Zufügen von Schaden innerhalb eines kriminologischen Repertoirs, das von der Magie über den Giftmord bis zum Betrug reicht. Heimlichkeitsaktivitäten

können freilich auch Teilmomente defensiver Operationen sein, insbesondere zum Schutz gegen terroristische, offene Übermacht: Heuchelei, Notlüge, Untergrundaktivität usw.

2. Die Neigung zum *Operationsmodus der offenen Aggressionswirkung* charakterisiert die zweite große Gruppe. »Offen« ist hier der Gegensatz zu heimlich. Dieser offene Modus zeigt zweierlei Entfaltungsrichtungen.

a) Es kann das Aufsuchen und Herstellen von Situationen im Vordergrund stehen, die eine eigene *entschiedene Übermacht* mit der Chance gewährleisten, diese Überlegenheit offen, aber *einseitig*, mit geringer oder fehlender Gegenwirkung, zum Beispiel in schrankenlosem Terrorismus, auszukosten.

b) Das vorherrschende aggressive Streben kann sich aber auch auf immer wiederkehrende *offene*, zugleich *noch unentschiedene*, d. h. *wechselseitige* Kampfsituationen richten, die, im pathologischen Bereich, von Kampffanatikern und Querulanten aufgesucht werden.

Es ist anzunehmen, daß hier, so wie in Formen latenter und manifester »aggressiver Perversion«, verschobene und gestaute Aggressionsspannungen, insbesondere aber chronisch zurückgehaltene Vergeltungsbedürfnisse, die sich unter dem Begriff des »Ressentiments« zusammenfassen lassen, eine wichtige Rolle spielen. (M. Scheler, bekanntlich bei Nietzsche bedeutsam.)

Schließlich soll eine Form opportunistischer Anpassung dargestellt werden, die einen extremen Aspekt operativer Aggression zeigt. Die soziale Gefährlichkeit der hier gemeinten Individuen, die von mir einmal Anpassungs- bzw. Erfolgspsychopathen genannt wurden, die ich jetzt lieber als »raffiniert triebhafte abnorme Persönlichkeiten« bezeichnen möchte, liegt auf der Hand [28]. *Raffinierung* heißt jene opportunistische Beherrschung, die Angriffsoperationen in ihrer Intensität so weit dosiert und in ihrer Qualität derart modifiziert, daß sie unter jener Schwelle verbleiben, von der an Gegenmaßnahmen ausgelöst werden und anzulaufen beginnen. Der ursprüngliche Aggressionszweck wird dabei keineswegs aufgegeben, sondern nur ein scheinbarer Umweg eingeschlagen, der schließlich doch maximalen Erfolg mit minimalem eigenem Schaden oder Risiko erreichen und vereinigen soll. Eine Person, die derartige Leistungen nicht nur zeit-

28 Becker (8).

weilig zustande bringen *kann*, sondern, aus innerer Getriebenheit, nach
diesem aggressiven Muster ständig leben *muß*, wäre, nach unserer Definition, in überspitzt erscheinender Nomenklatur, als »raffiniert-anpassungs-
aggressive Perversion« zu bezeichnen. Die Affektentfaltung ist hier nur
bis zu einer »Partialsozialisierung«[29] gediehen, die Scheinbeziehungen
erlaubt und durch die Fähigkeit zu kalter operativer Berechnung ergänzt
wird. Triebtheoretisch wäre es interessant, den von mir dargelegten »Raf-
finierungsprozeß« den schon bekannten Vorgängen der Sublimierung
bzw. der Neutralisierung (»Desaggressivierung«) von aggressiven Energien nach H. Hartmann gegenüberzustellen.

Weiter erscheint es sehr naheliegend, den hier angeschnittenen Fragen-
komplex mit der von J. v. Neumann und O. Morgenstern entwickelten
mathematisch-statistischen Spieltheorie in Beziehung zu setzen. Hier trifft
man auf Probleme der Voraussehbarkeit und der Voraussicht sowie auf
Modelle, die durch die Spiele der Strategie angeregt wurden. d. h. durch
jene sozialen Spiele, deren Ausgang nicht nur, wie bei den Glücksspielen,
vom Zufall, sondern vom Verhalten der Spielteilnehmer und meist bloß
zusätzlich von einer Zufallskomponente abhängt[30]. Man kann feststellen,
daß auch die übliche Sprache der Politik und der Wirtschaft Ausdrücke
von Spielerfahrungen gebraucht: Man spricht zum Beispiel von einem »ge-
wagten« Spiel, von »hohem Einsatz«, von den »Spielregeln der Goldwäh-
rung« und, in direkter Anlehnung an das Pokern, vom »Bluffen« und davon, daß man »die Karten auf den Tisch legt«, wenn gewisse geschäftliche
oder politische Entscheidungen getroffen werden. Man spricht auch im
Geschäftsleben von der Strategie, die im Konkurrenzkampf angewendet
werden soll[31]. Der Autor weist darauf hin, daß »all dies nicht zufällig«
sein könne. Weitere Vorgänge, die von der Spieltheorie unter anderem
aufgegriffen werden, sind z. B. die Bildungen von Koalitionen sowie die
Analyse bestimmter Arten von Kämpfen, die für das Geschäftsleben typisch seien[32]; weiter die Wichtigkeit der Informationen in diesem Zusammenhang. Es besteht wohl kein Zweifel, daß die hier nur kurz erwähnten Forschungen eine mathematische Bearbeitung dessen sind, was wir
den operativen Aspekt menschlicher Aggression genannt haben.

29 Mitscherlich (130).
30 Morgenstern (137), S. 77.
31 Ebd. S. 78.
32 Ebd. S. 92, 114 ff.

Zusammenfassung

»Aggressionen« werden als schadenorientierte innere und äußere Vorgänge oder Zustände definiert, während »Aggressivität« die entsprechenden Verhaltenspositionen meint.

Aggressionen zeigen zwei entgegengesetzte Grundrichtungen: einerseits die hier behandelte, primäre Richtung auf Außenobjekte, andererseits die sekundäre Rückwendung gegen die eigene Person.

Im operativen Aspekt der Aggressionen sieht man ihre handlungsmäßig bzw. -analog gegliederten Anteile, die geringe taktische und hohe strategische operative Spannweiten umfassen. Im affektiven Aspekt hingegen wird man der qualitativ verschiedenen inneren Zustände der Aggression als Gemütsbewegungen und Stimmungsabläufe gewahr.

Hinsichtlich der operativen Ebenen der Aggressionen lassen sich unterscheiden: a) real-äußere, b) mental-innere, c) frei-phantastische Niveaus.

Die operativen Medien realer äußerer Aggressionen lassen folgende Gliederung erkennen: a) das Medium physischer Gewalt, b) das Medium psychosozialer Wirkungen, c) das Medium rational-argumentativen Zwanges.

Was die Zweck-Mittel-Relation aggressiver Operationen anlangt, sind folgende Idealtypen unterscheidbar: a) zweckreational-instrumentale, b) vergeltungsinstrumental-einfühlbare, c) perversiv-selbstzweckhafte Typen des Zweck-Mittel-Verhältnisses.

Die Modi aggressiven Operierens umfassen folgende Vorgangsweisen: a) die Modi heimlich-einseitigen aggressiven Einwirkens, b) die Modi offener Einwirkungsweisen. Diese äußern sich entweder in vorwiegend wechselseitigen, d. h. noch unentschiedenen Antagonismen vom Charakter des Kampfes, oder in bereits einseitig gewordenen Übermachtswirkungen vom Charakter terroristischer Überlegenheit.

Bezüglich der mentalen Selbstobjektivierung aggressiver Vorgänge kann man unterscheiden: a) fehlende Reflexion über eigene aggressive Operationen, b) das Bestehen reflexiver Begleitvorgänge, die mit verschiedenem Wirkungsgrad auf eigene Aggressionsäußerungen gerichtet sind.

Die reflexive Einstellung auf eigene Aggression kann in folgenden Formen geschehen: a) als kritisch-objektivierende Reflexion von wirksamem Erkenntniswert, b) als naiv-befangene Reflexion, deren polemischer und parteiischer Charakter die Bezeichnung Scheinreflexion rechtfertigt. Die naiv-befangene Scheinreflexion wird an euphemistischen und polemischen Äußerungen von Sprachspielen in den Gegensätzen von Destruktion und Konstruktion, Offensive und Defensive dargestellt.

Die Bedeutung des »Ressentiments« als eines aggressiven energetischen Stauungsprozesses wird hervorgehoben. Die »Raffinierung« der Aggression kann als besonderer, zweckrational-opportunistischer Anpassungsvorgang beschrieben werden.

Das räumlich-physikalische Modell aggressiver Relativbewegungen im Sinne von Annäherung und Entfernung zweier Partner wird auf ein komplexes psychosoziales Feldmodell von Machtansprüchen übertragen, wobei jene Folgen, die aus der Maßlosigkeit und der rechtlich-moralischen Fundierung menschlicher Ansprüche erwachsen, besondere Beachtung erfahren.

Harold Lincke

Aggression und Selbsterhaltung

Bevor Freud seine zweite Triebtheorie einführte, welche die Aggression in den Rang eines Grundtriebs erhob, gehörten aggressive Regungen zu den wichtigsten Komponenten der Ich- oder Selbsterhaltungstriebe, etwa des »Bemächtigungstriebs« und anderer Tendenzen, deren Ziel die Herrschaft über die Umwelt ist. Diese Auffassung ergab sich unter anderem aus den besonders engen und vielfältigen Beziehungen zwischen Ich und Aggression. Mit der gleichzeitigen Einführung der zweiten Trieblehre und der Strukturtheorie verloren die Selbsterhaltungstriebe – die nach Freud (62) alles umfaßten, »was mit der Erhaltung, Behauptung, Vergrößerung der Person zu tun hat« und deren repräsentativster Vertreter, der Hunger, in der ersten Trieblehre den libidinösen Bedürfnissen gegenübergestellt wurde – ihre Selbständigkeit. Sie wurden wegen ihres Narzißmus den libidinösen Trieben zugeordnet. Die Selbsterhaltung blieb zwar weiterhin Aufgabe des Ichs, doch blieb die Frage, woher diese nicht-defensiven Ich-Leistungen ihre Energie beziehen, ungelöst. Die Vorstellung einer primär neutralen, den Ich-Aktivitäten – Handlungen, Äußerungen, Geschicklichkeiten – dienenden Energie war mit den Ich-Trieben fallengelassen worden. Die Triebe wurden der vitalen Substruktur der Psyche, dem Es, zugeteilt, die Beziehung der Aggression zum Ich und seinen der Selbsterhaltung dienenden Aktivitäten wurde dadurch dunkler. Hartmann (86 a) und Hartmann – Kris – Loewenstein (89) überbrückten weitgehend die zwischen dem Trieb- und dem Ich-Aspekt der Selbsterhaltung entstandene Lücke durch ihre grundlegenden Arbeiten über die adaptiven und organisierenden Leistungen der Aggression, durch die Theorie des autonomen, nicht-defensiven, konfliktfreien Teils des Ichs und durch die Hypothese der Neutralisierbarkeit aggressiver Energien. Sollte man nun annehmen, daß alle Aggression primär gegen das menschliche Objekt gerichtet ist und sich nur sekundär durch Neutralisierung nicht-defensiven Ich-Tätigkeiten zuwendet?

Lantos (118) schlug dagegen die Unterscheidung zweier in ihrem Ursprung und Modus verschiedener Aggressions-Arten vor. Sie unterscheidet aggressive Energien, die der Selbsterhaltung dienen, von der Aggression, die sich primär gegen das menschliche Objekt richtet (Rivalitätsaggression und Reaktion auf Frustrierung). Nur die erstgenannte, affektlose Aggressionsart erscheint strukturiert auf der Ich-Ebene als primäre Ich-Aktivität.

Die folgenden Bemerkungen sollen diesen Gedanken Lantos' näher beleuchten und dem Diskussionsthema ›Aggression und Anpassung‹ als Basis dienen. Eine vollständige Darstellung ihrer sorgfältig durchdachten und gedankenreichen Arbeit ist nicht beabsichtigt. Ich werde mich auf jene Punkte beschränken, die mir für unser Thema wichtig scheinen.

Um die Besonderheiten der beiden erwähnten Arten von Aggression zu verstehen, ist es zweckmäßig, die Begriffe der subjektiven und objektiven Aggression einzuführen. Beim Tier ist die Trennung der beiden Aggressionsarten leichter. Die objektive, gegen die Beute gerichtete Aggression der Fleischfresser wird subjektiv nicht als Aggression erlebt. Sie ist von der stark subjektiven Aggression gegen Artgenossen – etwa aus Rivalitäts-, Rangordnungs- oder Territoriumsgründen – zu unterscheiden. »Das Tier erlebt, wenn es seine Beute jagt, fängt, zerreißt, zerbeißt und verschlingt, keine subjektive Aggression. Es stillt seinen Hunger, eine Libidobefriedigung« (Lantos, 118). »Der Büffel«, schreibt Lorenz (125), »den der Löwe niederschlägt, ruft dessen Aggression so wenig hervor, wie der schöne Truthahn, den ich soeben voll Wohlgefallen in der Speisekammer hängen sah, die meinige erregt.«

Die beiden Aggressionsarten unterscheiden sich auch in ihrer »Plastizität«. Da die Art der Beute oft mit den örtlichen Verhältnissen wechselt und daher ein vielfältiges, veränderliches Verhalten zeigen kann, erfordert der Beute-Erwerb ein hohes Maß an Anpassung und Übung. Raubtiere betreiben nach Kortlandt (114 a) in ihrer Jugend ausgiebig Jagdspiele, um die erforderlichen sensorischen und motorischen Geschicklichkeiten zu entwickeln und der Beute-Aggression eine optimale Wirksamkeit zu sichern. Ihr Ziel ist das Töten und Verschlingen der Beute.

Die Aggression gegen Artgenossen unterliegt beim Raubtier hingegen verschiedenen Einschränkungen und Hemmungen [1]. Diese sind zwar auch zum Teil von Lernprozessen (Gewöhnung, persönliche Bindung usw.) abhängig, doch führt dieses Lernen kaum zu einem nennenswerten Zuwachs an Geschicklichkeiten. Die vielfältigen Auswirkungen und Funktionen der inner-artlichen Aggression regeln vor allem eine opitmale Verteilung und Beziehung der einzelnen Individuen einer Art innerhalb ihres Lebensraums oder einer Sozietät. Sie führt, obwohl subjektiv von starken Haß- und Wutgefühlen begleitet, in der Regel nicht zur Vernichtung von Artgenossen.

Wir sollten, meint Lantos, auch beim Menschen diese beiden Arten der Aggression unterscheiden: »Die menschlichen Ich-Aktivitäten, welche darauf abzielen, von der Umwelt alle jene Objekte zu erlangen, welche für die Befriedigung der angeborenen oder kulturell erworbenen Bedürfnisse notwendig sind, benützen die Energie der aggressiven, tierischen Selbsterhaltungstriebe und sublimieren sie durch Identifikation mit dem Liebesobjekt zu menschlichen Aktivitäten (manuelle Fertigkeiten, Sprache, differenzierte Bewegungsmöglichkeiten usw.). Diese Aggression stammt also nicht von jener anderen her, die sich primär gegen das menschliche Objekt richtet. Wir sollten daran festhalten, diese neutralisierte tierische Aggression mit *Aktivität* [2] zu bezeichnen und sie metapsychologisch von jener Aggression zu unterscheiden, die sich primär gegen das menschliche Objekt richtet und nach der anderen Verhaltensweise tierischer Aggression, nämlich der Rivalitäts-Aggression, abläuft.«

Diese Unterscheidung ist allerdings beim Menschen nicht immer leicht. Das hat vor allem zwei Gründe. Erstens hat die zunächst vollständige Abhängigkeit des Kindes von den Eltern bei der Befriedigung der körperlichen und libidinösen Bedürfnisse zur Folge, daß die Eltern zu frustrieren-

---

1 Vgl. Lorenz (125). – Tinbergen (181) stellt fest, daß die meisten Kampfhandlungen unter Tieren zwischen Angehörigen derselben Spezies stattfinden. Gefährliche Kämpfe sind relativ selten, Bluffen und Drohen überwiegen. Das ist ein Ergebnis der natürlichen Selektion. Raubtiere, die sich gegenseitig dezimieren, haben geringe Überlebenschancen. Bei Raubtieren schützen daher angeborene Hemm-Mechanismen vor ernsthaften gegenseitigen Verletzungen.

2 Auch Mitscherlich (130) betont die Notwendigkeit, Aggression und Aktivität zu unterscheiden. Er faßt jedoch die beiden Arten von Aggression als genetisch miteinander verknüpft auf; sie stehen in einem ähnlichen Verhältnis zueinander wie die prägenitale Sexualität zur genitalen.

den und gehaßten Objekten werden können. Später ist die »Rivalitäts-
Aggression um des Lebensunterhalts und Fortkommens willen... so eng
mit Liebe oder Haß gegen das konkurrierende oder frustrierende menschliche Objekt verbunden, daß die zugrunde liegende Selbsterhaltungsmoti-
vation verdeckt sein kann«[3].

Zweitens hat der Mensch die Möglichkeit und Neigung, seine Mitmenschen auszubeuten. Bei ihm kann der Artgenosse zur »Beute« werden. Die
Wendung der gierig-oralen, höchst leistungsfähigen und destruktiven
»Beute«-Aggression gegen Artgenossen kann, in Verbindung mit anderen
menschlichen Eigenschaften, zu Manifestationen des Aggressionstriebs
von sonst unbekanntem Ausmaß führen.

Die Neigung, Mitmenschen im Dienste der Selbsterhaltung auszunüt-
zen, entwickelte sich vermutlich im Zusammenhang mit der stammesgeschichtlich zunehmend enger werdenden Kopplung zwischen den sexuellen und den selbsterhaltenden Strebungen. Diese Kopplung ist ihrerseits
wieder eine Folge der außergewöhnlichen Abhängigkeit des Menschen-
kindes von seinen Eltern. Ihre weitreichenden Konsequenzen rechtfertigen
es, im folgenden näher auf sie einzugehen. Zunächst sei kurz einiges re-
kapituliert, was wir über die ontogenetischen Anfänge dieser Verbindung wissen.

Die ersten – phänomenologisch objektgerichteten – Aktivitäten des Kindes sind noch ohne Rücksicht auf das Objekt, das subjektiv noch nicht
existiert. Die Mutter wird einseitig als »Nahrung« benützt, hat »Beute-
charakter«. Es fehlt noch der gegenseitige libidinöse Austausch. Die biologisch, hauptsächlich durch propriozeptive Reize (Spitz, 165), determinierten
Triebbeziehungen zum Objekt zielen auf dessen orale Inkorporation, das
heißt auf Verschlingen und (objektiv) Zerstören des Objekts. Das Kind befindet sich also zunächst im Stadium des primären Narzißmus und oralen
Kannibalismus[4]. Die aus angeborenen, elementaren sensomotorischen
Reflexen mittels Lernprozessen sich entwickelnden Aktivitäten[5] kommen
jedoch bald unter die Herrschaft des Lustprinzips. Dieses operiert mit Hilfe der ebenfalls angeborenen Bereitschaft, eigene Aktivitäten und die

---

3 Lantos (118) schlägt vor, für den Menschen das tierische Verhaltensmuster
der Rivalitäts-Aggression zu erweitern, so daß es die Aggression gegen das frustrierende Objekt mit umfaßt.

4 Freud (56); Abraham (1 a).

5 Piaget, siehe Wolff (191).

gleichzeitig allmählich Gestalt annehmenden Objekte, welche lustvolle Erfahrungen vermitteln, libidinös zu besetzen (A. Freud, 52). Die libidinöse Besetzung lehnt sich an die Befriedigung der organischen Bedürfnisse an (Freud, 56).

Das Ergebnis kann als Sexualisierung aggressiver, der Selbsterhaltung dienender Triebregungen beschrieben werden. Die objektiv aggressiven, auf Einverleibung und Zerstörung des Objekts gerichteten Tendenzen erhalten somit schon früh einen libidinösen Zuschuß. Die gleichsinnige Ausrichtung und enge Verknüpfung zwischen den beiden Arten von Trieben macht zunächst eine klare Unterscheidung zwischen den Manifestationen der Libido und denen der oralen Aggression unmöglich [6]. Infolge unserer bleibenden Abhängigkeit von den Mitmenschen ist es auch später oft schwierig, Sexualität und Selbsterhaltung in ihren engeren Verbindungen auseinanderzuhalten.

Dieser Sachverhalt trug dazu bei, daß Freud (62) zu der Feststellung gelangte, daß die bisher unter dem Begriff der Ich-Triebe zusammengefaßten und ursprünglich als aggressiv bezeichneten Aktivitäten zu einem mehr oder weniger ausgeprägten Ausmaß durch Libido hervorgerufen werden und wegen ihres Narzißmus den libidinösen Trieben zuzuordnen sind. Auch ausdrucksmäßig sind oral-aggressive und libidinöse Zuwendung zum Objekt kaum zu unterscheiden. »Der Hund« – schreibt Lorenz (125) – »der sich voll Jagdpassion auf den Hasen stürzt, macht dabei genau dasselbe gespannt-freudige Gesicht, mit dem er seinen Herrn begrüßt oder ersehnten Ereignissen entgegensieht.« Diese Feststellung gilt zweifellos auch für den Ausdruck konfliktfreier oraler Aggression beim Menschen.

Wir sehen also, wie oral-aggressive und libidinöse Strebungen zunächst das gleiche Objekt besetzen, dasselbe Ziel haben und Hand in Hand arbeiten. Sie gehen im Laufe der Entwicklung – und je nach Umständen – die verschiedensten Verbindungen ein, so daß es oft schwer fällt, die beiden Komponenten in unseren Aktivitäten zu unterscheiden. Beute-Objekt und Liebesobjekt fallen im Es zusammen.

Die Möglichkeit, phänomenologisch zwischen Sexualität und Aggression zu unterscheiden, ergibt sich nach Spitz (165) erst etwa im zweiten, ein-

6 Vgl. Hartmann – Kris – Loewenstein (89); Spitz (165).

deutiger im dritten Lebensmonat. Das Kind reagiert nun auf die Versagung seiner libidinösen, oral-aggressiven und organischen Bedürfnisse mit wütendem Weinen und Schreien. Soll man nun mit Spitz und anderen annehmen, daß sich der Aggressionstrieb von den libidinösen Trieben differenziert hat und dadurch manifest geworden ist, oder tritt mit diesen ersten eindeutig aggressiven Äußerungen jene andere Art Aggression in Erscheinung, die sich primär gegen das menschliche Objekt richtet und nach Lantos von dem archaischen, einverleibenden aggressiven Energien zu unterscheiden ist?

Ich bin der Meinung, daß die Annahme zweier verschiedener Arten von Aggression sehr zweckmäßig ist und sich unter anderem auch durch ihre unterschiedlichen Beziehungen zur Libido rechtfertigt. Wir haben die enge Wechselwirkung und gleichsinnige Ausrichtung zwischen den libidinösen und oral-aggressiven Strömungen betont. Die durch Versagung und später auch Rivalität ausgelöste Aggression verhält sich jedoch den libidinösen Strebungen gegenüber nicht synton. Libido und Frustrations-Aggression besetzen verschiedene innere Repräsentanzen: Die Libido wird einem als »gut« etikettierten Objekt (dem Ich) zugeführt, die Aggression einem als »schlecht« etikettierten Objekt (dem Nicht-Ich)[7]. Das Auftreten der Frustrations-Aggression, die Abgrenzung zwischen Ich und Nicht-Ich (genauer: Selbst und Nicht-Selbst) und das Auftauchen des Objekts (Prae-Objekts) sind eng miteinander verknüpfte Entwicklungsaspekte. Ein Ansatzpunkt zur Regulierung der sozialen Beziehungen ist geschaffen.

Im Gegensatz zu den erwähnten aggressiven Äußerungen des Kindes im dritten Lebensmonat haben die in der zweiten Hälfte des ersten Lebensjahres auftauchenden aggressiven Behandlungen und Manipulationen von belebten und unbelebten Objekten (Schlagen, Beißen, Kratzen, Reißen) ihren dynamischen Ursprung wieder in der oralen Aggression. Hoffer (104) stellt sehr überzeugend dar, wie die Hand schon im intrauterinen Leben zur Spannungslösung dem Mund eng verbunden ist und im Laufe des zweiten und dritten Viertels des ersten Lebensjahres sich von einem Mittel der oralen Spannungsentladung zu einem Werkzeug entwickelt, das die äußere Welt beherrscht. Er nimmt an, »daß die Hände, nachdem sie während der Periode des intensiven Fingerlutschens libidinös besetzt wurden, nunmehr unabhängig vom oralen Bereich funktionieren...«.

7 Vgl. Spitz (165).

Wir dürfen wohl vermuten, daß sich gleichzeitig auch die oral-aggressiven Energien vom Mund auf die Hände ausbreiten und die enge Kopplung der beiden Triebarten bestehen bleibt. In dieser Entwicklungsphase nimmt nun der Umfang der manuellen Aktivitäten rasch zu und erstreckt sich nicht mehr länger ausschließlich auf die orale Zone. Diese Tätigkeiten dienen dem Aufbau des senso-motorischen Apparates, der Entwicklung von Geschicklichkeiten, der Differenzierung des Selbst (Körper-Ich) und der Welt der Objekte, aber auch der Entwicklung von Ich-Funktionen (Objektivierung, Intentionalität, Sekundärprozeß, Denken). Sie sind der Keim jener Ich-Aktivitäten, »welche darauf abzielen, von der Umwelt alle jene Objekte zu erlangen, welche zur Befriedigung der angeborenen und kulturell erworbenen Bedürfnisse notwendig sind« (Lantos, 118).

Ich glaube, damit die unterschiedliche Beziehung der beiden Arten von Aggression zur Libido deutlich gemacht zu haben. Ihre begriffliche Trennung wird aber außerdem auch durch ihre verschiedenen Affinitäten gegenüber dem Ich und Über-Ich nahegelegt. Die oral-aggressiven Strebungen sind, infolge ihrer besonderen Beziehung zur Selbsterhaltung, relativ Ich-synton. Für sie ist die Kluft zwischen Lust- und Realitätsprinzip (Selbsterhaltung) weniger schwer zu überbrücken als für die Sexualität und die Rivalitäts- und Frustrations-Aggression. Bei den oral-aggressiven Regungen führt der Weg über den Lustgewinn, der den Ich-Leistungen – zum Beispiel im Sinne der »Funktionslust« Ch. Bühlers (23) – entspringt, die durch den Trieb aktiviert werden. Diese Lust, die das Kind den Ich-Funktionen und -Aktivitäten verdankt, spielt eine wichtige Vermittlerrolle zwischen dem Lust- und dem Realitätsprinzip, worauf schon Hartmann (82) hinwies. Freuds Bemerkung, der Weg vom Lustprinzip zur Selbsterhaltung sei lang, gilt daher vor allem für die sexuellen Bedürfnisse und die primär gegen das menschliche Objekt gerichtete Aggression; weniger, wie mir scheint, für die oral-aggressiven Triebe und ihre Abkömmlinge. Triebökonomisch kann die Annäherung zwischen Lust- und Realitätsprinzip durch die enge Verbindung zwischen den libidinösen und oral-aggressiven Tendenzen erklärt werden. Die plastischen, durch Erfahrung und Lernen leicht modifizierbaren oral-aggressiven Regungen erhalten durch die libidinöse Beimischung den lustvollen Charakter, und umgekehrt werden libidinöse Strebungen durch ihre oral-aggressiven Komponenten in Richtung Realität orientiert.

Während also die der oralen Aggression entstammenden Triebregungen eine besondere Affinität zum Ich zeigen, weist die Frustrations- und die Rivalitäts-Aggression engere Beziehung zum Über-Ich auf. In einer ersten schematisierenden Annäherung kann man sagen, daß internalisierte »Beute-Aggression« Ich, internalisierte Frustrations- und Rivalitäts-Aggression Über-Ich bildet. Die Rivalitäts- und Frustrations-Aggression hat dadurch, ähnlich wie beim Tier, einen wichtigen Anteil an der Regelung der sozialen Beziehung. Die Mittel zur Erreichung dieses Ziels haben sich allerdings geändert: Beim Tier handelt es sich weitgehend um instinktgebundene Vorgänge; beim Menschen kommt es zur Aufrichtung eines Über-Ichs: Die gegen die Eltern gerichtete Aggression richtet sich nach erfolgter Introjektion gegen das eigene Ich. Charakteristische Unterschiede zwischen den Ich- und Über-Ichforderungen – hinsichtlich Plastizität, Realitätsbezogenheit, Neutralisierungsgrad der investierten Energie – werden so verständlicher. Es ist anzunehmen, daß das Mischungsverhältnis zwischen den libidinösen und den beiden Arten von aggressiven Energien, die den Introjekten anhaften, den Charakter des Über-Ich entscheidend beeinflußt [8]. Schließlich stellt sich mit der Annahme zweier Aggressionsarten noch die Frage nach ihrer gegenseitigen Beziehung. Lantos weist darauf hin, daß Aktivität – »das reinste Derivat der Selbsterhaltungstriebe« – das Individuum relativ unabhängig von den bedürfnisbefriedigenden, versorgenden Objekten macht, Neid und Gier vermindert und auf diese Weise Rivalitäts- und Frustrations-Aggression mildert. Sie mildert diese Aggressionsart aber nicht nur, indem bedürfnisbefriedigende Objekte entbehrlicher werden; sie erleichtert auch den Aufschub von Triebbedürfnissen. Denn wir dürfen vermuten, daß die aus der Aktivität gewonnene Lust nicht nur die Etablierung des Realitätsprinzips fördert (vgl. oben), sondern auch einen entscheidenden Beitrag zur Erlangung einer gewissen Frustrationstoleranz liefert. Sie wäre damit zugleich für die Erreichung der Objektkonstanz von Bedeutung.

8 Schließlich ist noch die Möglichkeit der Besetzung von Selbstrepräsentanzen mit Frustrations- und Rivalitäts-Aggression in Betracht zu ziehen, falls es, wie etwa in der Melancholie, zu einer narzißtischen Identifizierung mit dem verlorenen (enttäuschenden, frustrierenden) Liebesobjekt kommt. Die schweren psychischen Störungen der Melancholie (Ich-Verlust, narzißtischer Rückzug, Selbstanklagen, Selbstmordneigung) hängen möglicherweise mit der Aufnahme schwer neutralisierbarer Frustrations-Aggression ins Selbst zusammen.

Es scheint mir daher sehr wahrscheinlich, daß oral-aggressive Energien und ihre späteren Derivate eine wichtige Rolle bei der Herstellung der Kontrolle über die Frustrations- und Rivalitäts-Aggression spielen. Die von uns vermutete relative Ich-Nähe der aggressiven, der Selbsterhaltung dienenden Triebe besagt ja zugleich, daß diese Triebe verhältnismäßig leicht neutralisierbar sind. Deshalb treten sie klinisch auch weniger in Erscheinung. Sie dürften den Hauptbeitrag der Reserven an neutralisierter Energie liefern, über die das Ich verfügen muß, um die nötige Unabhängigkeit gegenüber innerem und äußerem Druck aufrechtzuerhalten (Hartmann, 85, Introduction). Hartmann betont den Einfluß der nichtdefensiven, konfliktfreien Ich-Sphäre auf die Bedingungen und Schicksale der Konflikte (86 a), er weist auf die Bedeutung des Verhältnisses zwischen triebhafter und nicht-triebhafter Energie (83) und – mit Freud – auf die konfliktfördernde Wirkung freier Aggression hin (83). Ferner nimmt er eine Art neutralisierter Aggression als Energiequelle der Abwehr – vor allem der Gegenbesetzung – an. Wenn wir also an der Ich-Nähe der oralen Aggression und ihrer Derivate festhalten, so ergibt sich für uns hieraus der Schluß, daß das quantitative Verhältnis zwischen den beiden Aggressionsarten für die psychische Entwicklung und Gesundheit von entscheidender Bedeutung ist. In dieser Konzeption von der Beziehung der beiden Aggressionsarten zueinander ist die Feststellung mitenthalten, daß bei der Strukturierung oral-aggressiver Regungen die Libidio wegweisend ist.

Ich neige daher zu der Auffassung, daß das Verhältnis zwischen den beiden Aggressionsarten und die Schwankungen, denen es im Laufe der Persönlichkeitsentwicklung unterworfen ist, in verschiedenen klinischen Erscheinungen eine Rolle spielt. Die betonte Konfliktbereitschaft etwa der ödipalen, durch ihre Rivalitätsproblematik gekennzeichneten Phase, könnte auch von dieser Seite aufgehellt werden. Möglicherweise ließe sich von hier aus auch das zentrale Problem der Bedingungen der Neutralisierung von Triebenergie und der Entwicklung stabiler Gegenbesetzungen neu aufrollen, das besonders auch in der Schizophrenieforschung von Bedeutung ist (Hartmann, 83). Es ist zu bedenken, daß Situationen, wie sie R. Spitz (167) bei hospitalisierten Kindern beschrieben hat, nicht nur ein Übermaß an libidinöser Frustration für das Kind mit sich bringen, sondern gleichzeitig den oral-aggressiven Bedürfnissen Objekt und Anreiz entziehen und dadurch die geordnete Entwicklung dieser primär destruktiven Energien an ihrem Ursprung lahmlegen. Sie treten im ungünstigen

Fall statt in den Dienst der Selbsterhaltung in den der Selbstzerstörung. Im »günstigeren« Fall wenden sich die zerstörerischen Kräfte nach außen und können sich dann in ungehemmten, gefühlskalten, mörderischen Aktionen entladen, die sich von der tierischen Beute-Aggression phänomenologisch wohl nur durch den Wegfall des Verschlingens des Opfers und durch die Wendung gegen die eigenen Artgenossen unterscheiden.

Lorenz schränkt in seinem Buch: ›Das sogenannte Böse‹ (125) den Begriff der Aggression auf den gegen Artgenossen gerichteten Kampftrieb ein. Er grenzt die Auseinandersetzungen zwischen Raubtier und Beute klar von »echter« Aggression ab. Diese Abgrenzung entspricht formal derjenigen von Lantos zwischen subjektiver und objektiver Aggression. Freuds erste Trieblehre (»Hunger« und »Liebe«) umfaßte beide Arten von Aggression – der Akzent lag vielleicht aber auf der objektiven Aggression (»Hunger«). Seine zweite Trieblehre befaßt sich, worauf Lantos hinwies, hingegen nur mit der subjektiven, gegen den Mitmenschen gerichteten Aggression. Sie schreibt:

»Wenn man die Beziehungen zwischen den zwei Trieblehren betrachtet, könnte man annehmen, daß Freud lediglich eine Umgruppierung desselben Materials vornahm. Ich fühlte mich aber veranlaßt anzunehmen, daß die zweite Trieblehre sich nur mit einem Teil der ersten befaßt, nämlich mit den Sexualtrieben. In anderen Worten, die Libidio und Aggression der zweiten Trieblehre sind die Libido und Aggression, welche auf das sexuelle, also menschliche Objekt gerichtet sind. Das würde erklären, warum Freud in der zweiten Trieblehre die Selbsterhaltung als ein Anhängsel, als Teil der Libido einschob, und warum ihre stärkere aggressive Komponente, welche Freud in seiner ersten Trieblehre erkannte und betonte, vernachlässigt wurde.«

Die Änderung, die Freud in der psychoanalytischen Trieblehre vornahm, steht in engster Beziehung zur klinischen Erfahrung, und diese zeigt in aller Deutlichkeit die destruktive Wirkung der subjektiven, intraspezifischen Aggression. Sie zeigt die zerstörerische Gewalt von Haß, Neid und Eifersucht in den zwischenmenschlichen Beziehungen und die möglichen pathologischen Folgen verinnerlichter Frustrations- und Rivalitäts-Aggression. Die affektlose aggressive Komponente, die sich in den der Selbsterhaltung dienenden Aktivitäten findet, wurde hingegen von der Psychoanalyse vorübergehend vernachlässigt.

Die enge Kopplung der beiden Aggressionsarten beim Menschen zwingt uns nun aber, bei der Beurteilung »echter« Aggression den Einfluß jener Energien zu berücksichtigen, die der Beute-Aggression der Fleischfresser entsprechen. Wir haben auf den Beitrag hingewiesen, den die neutralisierten, den Ich-Aktivitäten zur Verfügung stehenden aggressiven Energien zur Einschränkung und Kontrolle der Rivalitäts- und Frustrations-Aggression liefern. Weiter wurde auf die pathologischen Folgen schwerer früher Frustrationen und Traumen hingewiesen. Eine weitere Wechselwirkung wurde von Lantos hervorgehoben: Die neutralisierte und sublimierte Aggression (Aktivität) kann in den Dienst der Rivalitäts-Aggression gestellt werden:

»...je mehr die Zivilisation fortschreitet, um so mehr ›Aktivität‹ [wird] dazu verwendet, um die Aggression gegen das menschliche Objekt auf möglichst neutralisierte und sublimierte Weise zu vollziehen. Die schrecklichsten Folgeerscheinungen der Rivalitäts-Aggression, die Kriege auf weltweiter Ebene, werden mittels unserer höchsten Sublimierungsfähigkeiten durchgeführt.«

Die vielfach geäußerte Ansicht, die ökonomische Ausnützung sei eine Modifikation und Milderung von ursprünglich roheren Formen der Destruktion (vgl. Waelder, 184), stimmt zweifellos, jedenfalls in qualitativer Hinsicht. Doch scheint die Tendenz zu bestehen, diese »Qualitätseinbuße« durch Quantitätsgewinn wett zu machen (»Aggressionsvermehrung der Zivilisierten«, Mitscherlich, 130). Zudem bietet die ökonomische Unterdrückung, wie die Erfahrung zeigt, keine Gewähr gegen den Rückfall in brutalere Formen der Aggression. Vor allem aber hat die Ersetzung primitiver Aggression durch kühle, unpersönliche »Aktivität« zur Folge, daß sonst wirksame aggressionseinschränkende Mechanismen außer Spiel gesetzt werden.

Die Libido nimmt in diesem Geschehen eine Schlüsselposition ein. Sie steuert der oralen Aggression die Lustprämie bei, zieht sie damit aber gleichzeitig in ihre Konflikte, lähmt sie oder steigert sie zur Unersättlichkeit.

Piet C. Kuiper

Aggression und das metapsychologische Modell

Mein Versuch besteht darin, einige Hinweise zu geben über die Bedeutung, die unsere Auffassungen über Aggression für die psychoanalytische Arbeit haben, für das Verstehen unserer Mitmenschen und insbesondere unserer Analysanden; außerdem werde ich versuchen darzustellen, welche Bedeutung der Aggressionsbegriff innerhalb der psychoanalytischen Theorie hat.

Wir können darauf verzichten, eine historische Darstellung der Entwicklung von Freuds Gedanken über dieses Thema zu geben. Dies haben Hartmann – Kris – Loewenstein in ihrem klassischen Beitrag ›Notes on the Theory of Aggression‹ (89) in hervorragender Weise getan. Weiterhin brauchen wir nicht den Versuch zu machen, auf die Bedeutung des Begriffs *Aggressionstrieb* für unser metapsychologisches Modell einzugehen – insofern in ihm die Hypothesen hinsichtlich der Umwandlung von Energie gearbeitet wird. Die genannten Autoren haben auch dies hervorragend getan. Sie haben beschrieben, welches Konzept, welche Begriffe wir brauchen, wenn wir eine Brücke zwischen dem Erleben und den biologischen Kräften schlagen wollen, die das Erleben bestimmen, und welche Rolle dabei dem Aggressionstrieb zukommt. Derartige Hypothesen sind notwendig, weil die Psychoanalyse als biologisch orientierte Psychologie dem Rechnung trägt, daß der Mensch ein lebendiger Organismus ist. Freilich führen solche Hypothesen über den Bereich der Psychologie im engeren Sinne hinaus. Freud hat darum ganz zutreffend diese Erwägungen über die Beziehungen zwischen dem Körpergeschehen und dem Erleben *Metapsychologie* genannt; sie führen uns über die Grenzen des Psychischen hinaus, dort wo es sich im Forschungsbereich der Biologen verliert. Begriffe, die auf Übergänge hindeuten, auf Grenzgebiete und die Vorgänge in ihnen, sind immer spekulativ und schwer zu verifizieren. Aber niemand kann uns daran hindern, darüber nachzudenken, was dort geschieht. Die Metapsychologie hat noch eine andere Funktion, die wir am besten eine heuristische nennen können; sie hilft uns, psychologische Erklärungen zu finden, und erinnert uns stets daran, daß wir die verschiedenen Aspekte psychischer Phänomene systematisch und in ihren wechselseitigen Abhängigkeiten untersuchen müssen; dabei berücksichtigen wir den dynamischen, genetischen, strukturellen, ökonomischen und adaptiven Gesichtspunkt. Wir wollen uns in diesen Ausführungen auf die klinische psychoanalytische Theorie konzentrieren, wobei wir uns bemühen wollen, die psychischen Funktionen und die Motivation des Verhaltens und Erlebens zu erläutern.

Die Frage, die wir uns hinsichtlich des Aggressionstriebes stellen, lautet dann: *Vertieft die Annahme eines Aggressionstriebes unsere psychologische Einsicht, und wenn ja, in welcher Weise?* Auf einen Streitpunkt will ich vorweg eingehen: Gelegentlich wird gefragt, ob es einen Aggressionstrieb gibt so wie einen libidinösen Trieb. Oder man hört die Frage: Ist denn Aggression nicht immer eine Antwort auf Frustration; und wenn dem so ist, wozu brauchen wir dann einen Aggressions*trieb* anzunehmen? Doch wenn wir das tun, dann müssen wir für jedes Erleben und Verhalten einen besonderen Trieb annehmen, der unser Verhalten bestimmt oder Erlebensweisen motiviert. Es gibt doch keinen Musiktrieb, der uns in den Konzertsaal treibt, keinen Wassertrieb, der uns an den Strand lockt und über die Meere zu fahren nötigt, obgleich das Verlangen danach schon einen triebhaften Eindruck machen kann.

Frijling-Schreuder (70) hat mit der folgenden Bemerkung einen Ausweg aus diesem Dilemma gewiesen: Ob wir die Aggression als selbständigen Trieb oder ausschließlich als Reaktion auf Frustration ansehen, diese Frage beruht zum Teil auf einer mißverständlichen Formulierung. Als Reaktion auf Frustration entsteht ein aggressiver Affekt, und unsere Frage ist, woher die Energie dieses Affekts rührt. Wir möchten diesen Standpunkt mit einem Hinweis auf das sexuelle Triebleben verdeutlichen.

Menschen können sexuell erregt werden, wenn eine Situation dazu Anlaß gibt; das Auftreten von Empfindungen und Verhaltensweisen ist dann eine Reaktion auf diese Situation. Dabei nehmen wir doch ganz gewiß einen Trieb an, der uns zu diesem Erleben und Verhalten »treibt«; die

Situation mobilisiert also die triebhaften Handlungen und Erlebnisweisen.

Wenn wir über Aggression sprechen, müssen wir angeben, ob wir damit ein psychisches Phänomen, einen Trieb, einen Affekt oder ein Verhalten meinen; das gleiche gilt auch, wenn wir Aggression als Erklärungsprinzip verwenden. Oft nehmen Diskussionen darüber, ob wir in der Psychoanalyse einen einzigen oder zwei Triebe annehmen müssen, eine unfruchtbare Wendung dadurch, daß man sich nicht genug klar macht, was das Wort »gibt« bei der Frage: »Gibt es einen Aggressionstrieb« bedeutet. In derartigem Zusammenhang haben solche Worte wie *geben* und *sein* nicht die gleiche Bedeutung wie in der Frage: Ist dort ein Fahrrad? oder: Hat es gehagelt? Das Wort *geben* ist hier nicht im unmittelbaren Sinn gebraucht, sondern in dem Sinn etwa: *ist es fruchtbar, das Bestehen eines Aggressionstriebes anzunehmen?* Können wir durch ihn Erscheinungen erklären, in die wir ohne ihn keine Klarheit bringen könnten? Meines Erachtens müssen wir diese Frage positiv beantworten: die Annahme eines Aggressionstriebes ist sinnvoll. Um dies zu zeigen, wollen wir eine Reihe psychischer Phänomene aufzählen, die ohne die Annahme eines Aggressionstriebes nicht zu verstehen wären (Kuiper, 114 b).

Zuerst wollen wir aber näher erläutern, was wir unter Trieb verstehen. Dabei wollen wir den Triebbegriff in psychologischem Sinne benützen, d. h. wir suchen nach den Kriterien des Triebes im Erleben, betrachten den Trieb als psychologische Erscheinung und verwenden ihn nicht einfach als Erklärungsprinzip hinter den Erscheinungen. Also, wir sprechen von einem Trieb, wenn die folgenden Erscheinungen in wechselseitiger Beziehung miteinander auftreten: a) Spannungsunlust, b) Entspannungslust, c) das Antizipieren der Entspannungslust und dies alles d) mit deutlichen Körpersensationen gepaart. Wohlgemerkt Körpersensationen, aber keine Sensationen, von denen wir annehmen, daß somatische Prozesse beteiligt sind, das Erleben als solches ist körperlich. Denken wir zum Beispiel an den Hunger: Spannungsunlust, dabei Sensationen in Mund und Magen, und selbst in den Beinen als Schwächegefühl. Entspannungslust: die Lust an den Speisen, das Probieren, Kauen, Schlucken; das Gefühl von Sättigung, welches sich wohltuend über den ganzen Körper ausbreitet. Die Antizipation der Entspannungslust bedarf kaum einer Erläuterung. Man kann genießen, wenn man, die Speisekarte vor sich, auswählt und der Hunger nicht gar zu groß ist.

Auch für den sexuellen Trieb ist das alles sehr klar, und Freud hat gezeigt, daß das gleiche auch für die Vorstadien der erwachsenen Sexualität gilt. Hartmann – Kris – Loewenstein (89) weisen auch noch auf Freuds Feststellung hin, daß der Trieb eine *Quelle*, ein *Ziel*, ein *Objekt* und einen *Drang* hat, eine *treibende Kraft*. Das alles – darauf möchte ich noch einmal mit Nachdruck hinweisen – findet sich auch im Erleben wieder. Wir können im Erleben auch etwas von der Triebkraft wahrnehmen. Dies bildet die psychologische Grundlage unserer Betrachtungen über seelische Energie. Denken wir noch einmal an den Hunger. Wenn wir die dort genannten Kriterien verwenden, können wir dann von einem Aggressionstrieb sprechen? Werden aggressive Spannungen körperlich erlebt? Gibt es hier Spannungsunlust, Antizipation von Entspannungslust, Entspannungslust; können wir von Triebziel und Triebobjekt sprechen? Meiner Ansicht nach berechtigt uns unsere Erfahrung, diese Fragen zu bejahen. Auch beim Aggressionstrieb können wir von einem Triebziel sprechen. Wir wollen doch unsere Wut in Handlung umsetzen, entladen in welcher Form auch immer. Auch von einem Triebobjekt können wir sprechen; sind wir doch auf jemand Bestimmten böse. Wir spüren Muskelempfindungen, und man hört sagen: »Es juckte mich in den Fingern, ich hätte ihm eine Tracht Prügel geben können«, oder sogar, »Ich hätte ihm den Schädel einschlagen können«. Frauen berichten von ihrer Lust zu kratzen und zu beißen, und viele Kinobesucher genießen es, wenn sie im Film Frauen sich so verhalten sehen. Einer meiner Patienten zeigte mir überzeugend, wie stark die motorischen Impulse sind, die bei dem Erleben aggressiver Spannungen bewußt werden können. Mit geballter Faust auf der Couch sitzend und heulend vor Wut fluchte er: »Ich will meine Wut richtig austoben.« Wiederholt steckte er seine Faust in den Mund und biß darauf, einmal sogar bis sie blutete. Daß die Analyse auch in dieser Hinsicht in »Abstinenz durchgeführt« werden muß, ist für den Patienten recht mühsam. – Auch sublimierte Formen von Aggression zeigen manchmal doch deutlich diesen körperlichen Ausdruck.

Wir haben genug psychologische Argumente für die Annahme eines Aggressionstriebs. Kann man die Lust am Zerstören, Beschädigen, Plündern und Morden verstehen, ohne einen Trieb dabei anzunehmen? Ich glaube nicht.

Viele, die keinen Aggressionstrieb anerkennen wollen, verwenden die Verleugnung als Abwehrmechanismus, denn tatsächlich ist es erschreckend, so viel Zerstörungssucht und Grausamkeit zu sehen, die nicht tierisch, sondern so spezifisch menschlich ist, zum Beispiel Stierkämpfe, sinnloses Töten, Konzentrationslager, um nur einiges unter vielem zu nennen. Ist nicht das, was die Menschen sich und ihren Mitmenschen antun, ausreichend, um uns vom Bestehen eines Aggressionstriebes zu überzeugen?

Wir können zusammenfassen: die Hypothese, daß es einen Aggressionstrieb gibt, wird durch Tatsachen gestützt. Ich bin ein Anhänger des Sparsamkeitsprinzips in der Wissenschaft: *Principia interpretationis praeter necessitatem non sunt multiplicanda;* das schließt jedoch ein, daß man auf notwendige Erklärungsprinzipien nicht verzichtet.

Die Betrachtung einiger Phänomene kann uns zeigen, daß sie ohne die Annahme eines Aggressionstriebes und seiner Folgen nicht zu verstehen sind.

1. Zunächst wollen wir über Depression sprechen. Der depressive Kranke lebt die Wut auf sein eigenes Ich aus. Beim Kind sehen wir auch noch die körperlichen Auswirkungen davon, es zerstört sein Spielzeug, einen Teil von sich selbst, es schlägt und beißt sich selbst; der Erwachsene aber zerstört sein Leben entweder völlig oder begeht einen andauernden Mord an seinem psychischen Selbst, indem er sich die Lebensfreude zerstört. Wir sprechen hier zu Recht von Selbstbestrafungstendenzen. Diese dynamische Erklärung bleibt jedoch unvollständig ohne eine genetische. Die strafenden Eltern sind ein Teil unserer eigenen Persönlichkeit geworden, und die Wut, die ursprünglich gegen unsere Eltern gerichtet war, leben wir gegenüber dem eigenen Ich aus. Diese Erklärung impliziert wiederum eine strukturelle Betrachtung. Wir sehen hier eine psychologische Beziehung zwischen Aggression, die auf das eigene Ich gerichtet ist, und der Strukturierung der Persönlichkeit. Konflikte zwischen Eltern und Kind wurden zu innerseelischen Konflikten; dieser Konflikt in der Persönlichkeit bekommt eine feste Form, und auch die beteiligten Kräfte, die Parteien zeigen ein konstantes Verhalten; das berechtigt uns, von einer bestimmten Strukturierung zu sprechen.

Wir können den Aggressionstrieb auch fruchtbar benutzen, um Inhalte des Ideal-Ich zu erklären. Man denke nur an die Allmachtsphantasien, die ein Kind als Reaktion auf verletzende Erfahrungen haben kann: Es wird sich rächen, es wird schon zeigen, wer der Stärkste ist.

Lampl de Groot hat auf die Größenphantasien bei depressiven Kranken hingewiesen. Ich kann mir nach den genannten Erwägungen zur Depression etwa die folgenden Einwände vorstellen: Es kann ja sein, daß bei der Depression das Ausleben von Wut und Aggression gegenüber der eigenen Person eine wichtige Rolle spielt. Aber ist nicht die Frustration der passiven Liebesbedürfnisse ebenso bedeutsam für die Entwicklung der Depression? Zweifellos spielt diese Frustration eine Rolle. Fenichel hat nicht umsonst die zur Depression neigende Persönlichkeit »love addict« genannt. Jedoch können wir zur Erklärung der Depression den Aggressionstrieb nicht entbehren. Die Frustration der passiven Liebesbedürfnisse bei Erwachsenen wird unerträglich, weil die Wut, die infolge der Frustration geweckt wurde, nicht verarbeitet werden kann.

Außerdem aber, und das dürfen wir nicht vergessen, hat das starke passive Liebesbedürfnis – die Haltung, die ich die passive Anpassungsform genannt habe – die Funktion, Aggression abzuwehren. Es ist gut, immer wieder auf den *circulus vitiosus* bei neurotischen und psychotischen Störungen hinzuweisen. Wir dürfen nicht vergessen, daß die ganze Einstellung des prae-depressiven Kranken, seine Abhängigkeit von Liebesbeweisen seiner Umgebung nur eine Abwehrform seiner Wut darstellt, die es ihm ermöglicht, seine Eifersucht, Todeswünsche und andere aggressive Impulse nicht hochkommen zu lassen. Diese Haltung läßt ihn so sehr angewiesen sein auf Liebe und Wertschätzung; wird er darin aber frustriert und darum wütend, kann er seine Wut nicht äußern, sondern wird noch abhängiger.

Aus dem bisher Gesagten wird deutlich, daß wir den Aggressionstrieb in Beziehung zu der Persönlichkeitsstruktur untersuchen müssen, aber nicht weniger auch in Beziehung zu den libidinösen Problemen. Das dürfen wir nicht vergessen, und es ist gerade das Studium der Wechselbeziehung der beiden Triebe, der Folgen dieser Wechselwirkung hinsichtlich der Anpassung, das unsere Einsichten so erweitert hat und die psychoanalytische Denkweise so fruchtbar werden läßt.

2. Wir kommen nun zu einem zweiten Punkt, wo die Berücksichtigung aggressiver Impulse unser Verständnis vertieft: das ist der *moralische Masochismus.* Wir können die Frage beantworten, warum der Patient mit moralischem Masochismus nicht nur aggressive Behandlung erträgt, sondern auch dauernd provoziert. Ich erinnere an Freuds geniale Darstellung. Die Frage, warum erträgt und provoziert der Mensch soviel Unrecht, hat weitreichende Bedeutung, und die Antwort darauf ist für die Sozialpsy-

chologie so entscheidend. Mitscherlich hat darauf hingewiesen, wie viele Vorgänge im öffentlichen Leben erst verständlich werden, wenn wir psychoanalytische Erklärungen benützen. Warum lassen sich Menschen unterdrücken? Warum lassen sie sich durch ihre Machthaber betrügen, bestehlen, ihr Glück zerstören, ja selbst das Leben nehmen? Sie ertragen aggressive Behandlung, weil eine innere Instanz – die in die eigene Persönlichkeit aufgenommenen Elternbilder – sie dazu zwingt.

Auch hier stoßen wir wieder auf die Beziehung zwischen Aggression und Strukturierung der Persönlichkeit. Das Motiv, aggressive Mißhandlung zu akzeptieren, ist das Bedürfnis, bestraft zu werden. Wir müssen die Strukturierung der Persönlichkeit, Aggression und Libido in Beziehung zueinander untersuchen.

3. Wie intensiv die Wechselbeziehung zwischen Libido und Aggression ist, zeigt sich, wenn wir nun den Bemerkungen über Depression und moralischen Masochismus einige über Sadismus folgen lassen. Hier gehen Aggression, Zerstörungssucht und sexuelle Befriedigung in merkwürdiger Weise Hand in Hand. Wir können dabei an zusammenfließende Energien denken, an die Fusion von Trieben, und tatsächlich gibt eine solche metapsychologische Erklärung einige Einsicht; aber wir dürfen uns nicht mit Worten zufriedengeben. Wir haben zwar mit dem Begriff Fusion eine Erklärung gefunden, aber wir haben noch nichts begriffen, verstanden. Wir möchten den Sadismus psychologisch und nicht nur metapsychologisch verstehen. Freud hat darauf hingewiesen, daß der sexuelle Trieb eine Komponente von Erobern enthält. Dieser Drang zu erobern kann frustriert werden. Sadismus kann eine Reaktion auf so entstandene Gefühle der Machtlosigkeit sein – eine Reaktion, die wir in Worten etwa so ausdrükken können: »Jetzt kann sich der andere einmal nicht wehren, jetzt werden wir nicht abgewiesen wie der machtlose kleine Junge durch eine überlegene Person, nein, nun sind wir der Herr über den anderen und über die Situation, und das wollen wir sehen und auch fühlen lassen.« Bei sadistischen Handlungen kann das Zerstörenmüssen gerade desjenigen, was einem am liebsten ist, eine Rolle spielen. Es mag ein wenig apokryph klingen, aber wir könnten von einem Aspekt moralischen Masochismus' beim Sadismus sprechen. Wenn wir den anderen beleidigen und verletzen, verderben wir auch das eigene Glück und die Möglichkeiten für das eigene Glück. Wie dem auch sein mag, im sadistischen Erleben, in seinem aggressiven Aspekt, stoßen wir auf ein deutlich triebhaftes Element, die Zer-

störungssucht, das Kaputtmachenwollen mit der in ihm liegenden Befriedigung, die sich auf unheilvolle Weise mit libidinöser Befriedigung vermischt.

Am Beispiel der Depression, des Masochismus und Sadismus haben wir auf die Beziehungen zwischen Struktur, Libido und Aggression hingewiesen. Die folgende Konklusion können wir daraus gewinnen:

Es empfiehlt sich, beim Studium psychischer Phänomene die verschiedenen Aspekte zu berücksichtigen, und wir können dies auf systematische Weise tun, indem wir uns die Fragen vorlegen: Welche Bedeutung hat ein Phänomen für die libidinöse Befriedigung, welche Abwehrfunktion hat es, welche Rolle spielen Über-Ich und Ideal-Ich bei seinem Zustandekommen; und bestimmt auch, in welchem Ausmaß beeinflussen Derivate des aggressiven Triebgeschehens ein Phänomen bzw. bestimmen sie sein Auftreten? Das ist wichtig für das Verstehen unserer Patienten in welcher Situation auch immer, ganz gewiß aber ist es von großer Bedeutung für das Durcharbeiten der Konflikte in der analytischen Therapie. Gerne schließe ich mich hierbei einer Äußerung Anna Freuds an, die ich einmal von ihr hörte, daß wir nämlich auf alle Aspekte der Persönlichkeit achten müssen, auf Es, Ich und Über-Ich. Das ist heuristisch verwendete Metapsychologie – und so verwendet, muß die Betonung nicht auf Meta, sondern auf Psychologie gelegt werden.

4. Wir kommen zum nächsten Punkt. In ihrer bedeutenden Abhandlung über das Problem der Aggression erörtert Frijling-Schreuder (70) die verschiedenen Auffassungen über Mischung und Entmischung von Libido und Aggression. Sie weist darauf hin, daß Gefühle, Affekte sich vermischen; wir nehmen als Hypothese an, daß Libido und Aggression zusammen bestimmte psychische Phänomene hervorrufen.

Die Frage hat sich gestellt, ob eine derartige Mischung pathologisch ist. Ist die Entmischung von Sexualität und Aggression das Ziel einer gesunden Entwicklung? Man kann sagen, daß bei der angepaßten Persönlichkeit ein Zusammenspiel von sexuellen Triebkräften mit Derivaten des Aggressionstriebes zu beobachten ist. Mehr noch. Es läßt sich sehr wohl vertreten, daß ein derartiges Zusammenspiel für die gesunde Anpassung zwingend notwendig ist. Gehört nicht zum gesunden Verhalten des Mannes, der sich verliebt hat – ein Phänomen, das doch gewiß etwas mit dem sexuellen Triebleben zu tun hat –, eine gesunde Dosis Eroberungslust? Und wenn wir Vergnügen haben am Studium einer Sache, die uns lieb und wert ist, dann ist es doch bestimmt auch nötig, uns an dieser Arbeit festzubeißen. Es scheint mir, daß für die verschiedenen Aktivitäten, die das Leben von uns fordert, beide Triebquellen ihre Beiträge leisten.

Mit der folgenden Konklusion kann die Kontroverse über das Problem beendet werden: *Wir müssen unterscheiden zwischen pathologischen und angepaßten Formen der Mischung von Libido und Aggression.*

Der Leser mag den Eindruck bekommen haben, daß ich anstelle einer psychologischen Betrachtung zu einer metapsychologischen übergegangen bin, und tatsächlich habe ich mich durch metapsychologische Konzepte leiten lassen. Das Problem der Mischung von Libido und Aggression könnte als Beispiel dafür dienen, wie eine metapsychologische Betrachtung helfen kann, psychologische Einsicht zu gewinnen. Selbstverständlich muß in der Arbeit mit dem Patienten die metapsychologische Einsicht in eine für ihn verständliche Sprache übersetzt werden; anders gesagt, sie muß in der verstehenden Form der psychoanalytischen Psychologie ausgedrückt werden, die nämlich die Zusammenhänge zwischen Affekten, Konflikten und Motiven untersucht, insbesondere deren unbewußte Aspekte, von denen her die Symptombildungen und Charakterdeformierungen erklärt werden können.

5. Wenn wir über kranke und gesunde Verhaltensweisen sprechen, die zur Entspannung sexueller wie auch aggressiver Impulse führen – so wie wir es beim Sadismus in einer pathologischen Form, bei der gesunden Eroberungslust in einer angepaßten Form getan haben –, müssen wir gewiß auch eine andere Form des Zusammenspiels von Derivaten des sexuellen und aggressiven Trieblebens bedenken, insbesondere *Konstellationen, bei denen die eine Triebäußerung als Abwehr gegenüber der anderen dient und umgekehrt.* Das mag etwas abstrakt klingen, aber ein Beispiel aus der täglichen Klinikpraxis wird es gleich verdeutlichen.

Wenn ein Mann die Gewohnheit an sich hat, zu bramarbasieren, einem Tier, das ihm in den Weg kommt, einen Tritt zu geben oder es mit seinem Auto zu überfahren, wenn er grob und grausam ist und auf diese Weise eine manifest aggressive Haltung an den Tag legt, dann kann diese als Abwehr dienen gegenüber seinen passiv-femininen Strebungen und den daran geknüpften Affekten, seinem Verlangen nach Zärtlichkeit und Liebe, die er von Geschlechtspartnern bekommen möchte. Die aggressiven Äußerungen sind hier unangepaßt, sie stehen im Dienst der Abwehr sexueller Strebungen. Ein herausfordernd aggressives Verhalten kann auch im Dienst eines unbewußten Strafbedürfnisses stehen, und dieser Masochismus kann wiederum seine Wurzel in dem gleichen, obengenannten Problem haben. Bergler spricht von Pseudoaggression, womit er aber nicht meint, derartiges Verhalten sei nicht aggressiv, sondern daß wir hier keine Äußerung gesunder und angepaßter Kampflust vor uns haben. Auch das Umgekehrte ist möglich, nämlich erotisches Verhalten als Abwehr von Aggression; als Beispiel dafür erwähne ich Abrahams Rachetypus. Diese in ihrem Handeln und ihrer Erscheinung stark an die Gefühle des Mannes appellierenden Frauen benützen Äußerungen des sexuellen Trieblebens mit als Abwehr einer starken Feindseligkeit gegenüber dem Mann, die sich zu passender Zeit sehr schmerzlich äußern wird. Es sind noch andere Beispiele zu erwähnen. Wir kennen den Typ Mann, der immer auf Liebespfaden ist, dessen Leben aus einer Aneinanderreihung von Verliebtheiten und sexuellen Abenteuern besteht, die jedoch nie zu Befriedigung und Glück führen, weil nämlich diese große Aktivität auf diesem einen Gebiet vehemente Eifersucht gegenüber Vaterfiguren, Todeswünsche und aggressive Phantasien niederhalten muß. Frijling-Schreuder verwendet hier in Analogie zu Bergler den Begriff »Pseudosexualität«, womit gemeint ist, daß das eigentliche Problem eines solchen Mannes, der seine Zeit mit sexuellen Aktivitäten zubringt und seine Energie auf dieses Gebiet verwendet, kein sexuelles Problem ist und durch das beschriebene Verhalten auch niemals gelöst werden kann. Es stellt eine äußerst wichtige Einsicht dar, daß sexuelle und aggressive Spannungen deshalb so unstillbar sind, weil sie als Abwehrreaktionen und Abwehrmanöver dienen. Lampl de Groot hat darauf hingewiesen, daß manche perverse Patienten ihre sexuelle Perversion, die an sich gar nicht besonders aggressiv erscheinen mag, aufgeben können, wenn sie einsehen gelernt haben, daß ihre Perversion als Rache an einer Vater- oder Mutterfigur dient. Aus einer Kontrollanalyse kenne ich den Fall eines verwöhnten jungen Mannes, der homosexuelle Beziehungen hatte, um damit der Mutter vorzuwerfen: »Du hast mich verlassen, Du hast mich sexuell gereizt und dann enttäuscht. Du hast mir nichts von den Schwierigkeiten von Jungens in der Pubertät erzählt, und nun will ich Dir zeigen, was aus mir geworden ist. Ich werfe mich weg an Diebe und Gesindel, ich lasse mich anal coitieren und tue eine Menge unschicklicher Dinge mit solchem Pack. Meine sexuellen Partner sind so, daß ich immer ein Messer bei mir haben muß. Ich weiß genau, mit was für Leuten ich verkehre, aber ich habe doch Spaß mit ihnen. Es besteht kein Unterschied zwischen dem Penis eines Pastors und dem eines Zuhälters, ich kann es wenigstens nicht sehen, aber Du« – so monologisierte er in der Phantasie mit seiner Mutter – »genauso nicht, soviel sexuelle Erfahrung hast Du gar nicht.« Dem Analytiker ist klar, daß das sexuelle Verhalten dieses Mannes die Bedeutung einer Rache an jemand, insbesondere an seiner Mutter hatte. Manchmal ist der Rachecharakter sehr verborgen und wird erst während einer langen Analyse sichtbar. Eine solche Konstellation fand ich bei einem jungen Mann, der etwas schüchtern und gehemmt war, als er seine Analyse begann, der seine Abenteuer sehr idealisierte und sicher auch sexuelle Befriedigung in ihnen fand. Auffällig war jedoch, daß er nur Verhältnisse mit Männern haben konnte, die er eigentlich geringschätzte; und später wurde in der Phantasie bei ihm sichtbar, was der andere Patient in seinem Verhalten gezeigt hatte.

6. Wir kommen nun zu grundsätzlichen Erwägungen und müssen dem Aggressionstrieb seinen Platz innerhalb der Neurosenlehre geben. Ich erinnere daran, daß eine Neurose zustande kommt, wenn infantile sexuelle Triebäußerungen abgewehrt werden und derartige Abwehr zu Anpassungsstörungen führt, die sich in neurotischen Symptomen, Charakterveränderungen und Verhaltensstörungen äußern. Als Beispiel sei die Frigidität genannt. Eine befriedigende Sexualbeziehung ist darum unmöglich, weil sexuelle Befriedigung an den Ödipuskomplex gebunden geblieben ist und darum verboten. Es findet eine Veränderung im Ich statt, insofern es von dem Konflikt betroffen ist; auch Ideal-Ich und Über-Ich werden beeinflußt, die Verbote sind streng, das Ideal-Ich beinhaltet die reine Frau, die sich einer derartigen niederen Lust nicht ausliefert, sondern die nach Höherem strebt. Die Abwehr ist nicht gegen erwachsene sexuelle Triebäußerungen gerichtet, nicht auf sie beziehen sich die Schuldgefühle, sondern auf infantile Triebäußerungen, infantil geblieben und bleibend infolge der Verdrängung. Das Triebleben hat sich nicht entwickelt, es ist fixiert geblieben an oder regrediert auf frühere Stadien. Dies alles ist klinisch psychoanalytische Theorie, verifizierbar mit psychologischen Mitteln. Der Analysand kann es erleben und zugleich verstehen, womit es auch erklärt ist.

Nur dann können wir den Aggressionstrieb analog dem sexuellen Trieb betrachten, wenn wir feststellen können, daß das Ich mit aggressiven und sexuellen Triebimpulsen in vergleichbarer Weise umgeht. Das ist nun tatsächlich der Fall. Abwehrmechanismen werden auch gegenüber den

Derivaten des Aggressionstriebes benützt. Ich zähle einige auf: Verkehrung ins Gegenteil – z. B. im Falle der übermäßig besorgten Mutter –, Verdrängung und Projektion. Manchmal wird sehr zum Schaden der psychoanalytischen Einsicht vergessen, daß diese Abwehrmechanismen gegen die *Vorläufer* der *erwachsenen* Äußerungen des Aggressionstriebes gerichtet sind, genauso wie Abwehrmechanismen gegen die Vorläufer des erwachsenen Sexualtriebes gerichtet sind. Dies ist eine vollgültige Analogie, da stets nicht die erwachsene, sondern die infantile Sexualität abgewehrt wird. Das macht es erforderlich, wenn wir konsequent an unserem Gesichtspunkt festhalten wollen, daß auch für den Aggressionstrieb Entwicklungsphasen anzugeben sein müssen, wie wir sie für den sexuellen Trieb seit Freuds klassischen ›Drei Abhandlungen zur Sexualtheorie‹ kennen. Eine derartige Phasenbeschreibung ist tatsächlich in gesichertem Umfang möglich. Wir können annehmen, daß der Säugling ein Gefühl kennt, bei dem Angst, Machtlosigkeit und Wut noch nicht unterschieden sind. Wir kennen die »temper tantrums«, die wieder verschwinden, wenn die Beherrschung der Sprache es dem Kind ermöglicht, seinen Gefühlen Ausdruck zu geben. In der analen Phase sehen wir – als eine typische Äußerung des sich entwickelnden Aggressionstriebes – Trotz und Grausamkeit, die in dem Bemühen des Kindes wurzeln, die Machtlosigkeit, welche es fühlt, dadurch abzuwehren, daß es andere machtlos macht, grausam behandelt, böse macht und quält. Die Fixierung an dieses Stadium ist für die Charakterbildung darum so gefährlich. Kommt das Kind in die ödipale Phase, dann ist es eifersüchtig, hat eine starke Rivalitätsneigung und Todeswünsche gegen den Elternteil, den es als Konkurrenten erlebt, und gegenüber dem anderen, von dem es sich so bitter enttäuscht fühlt. Die Kastrationsproblematik beeinflußt bei der gegebenen Situation das aggressive Triebleben; die Wut des Mädchens, wenn es entdeckt, daß es das nicht hat, was der Junge besitzt, hat schon in der frühen Zeit der Psychoanalyse die Aufmerksamkeit der Untersucher auf sich gezogen.

An der Psychologie der Arbeitshemmung soll das Besprochene nun noch einmal erläutert werden. Wir hatten die Frigidität erwähnt. Hier ist die Sexualität verdrängt, die an die ödipale Situation fixiert geblieben war. Ein analoger Gedankengang kann auf die Arbeitshemmung angewendet werden. Arbeiten bedeutet, einem anderen den Rang ablaufen, auf Vaters Platz sitzen wollen. Das ist aufs strengste verboten, und darum wird auf alle Aktivität verzichtet. Auch hier wieder finden wir Abwehr, die nicht gegen erwachsene, sondern gegen infantile Äußerungen des Aggressionstriebes gerichtet ist. Regelmäßig spielt auch die Abwehr gegenüber passiven Liebesbedürfnissen eine Rolle: Arbeiten bedeutet arbeiten für andere, zuhören, sich ausliefern. In allen Fällen muß die Wechselwirkung von sexuellen Trieben und Aggression untersucht werden, wie wir es unter Absatz 5 erläuterten. Wir nehmen an, daß das Triebleben, aus der Verdrängung befreit, erwachsene Formen bekommt und in den Dienst einer gesunden Anpassung gestellt wird, die darin besteht, daß man arbeiten und lieben kann – eine nüchterne Beschreibung von Gesundheit, die Freud in unübertroffener Weise gegeben hat [1].

7. Wer neben der großen Bedeutung der Psychoanalyse als einer Psychologie, die imstande ist, viele Verhaltenszüge und Erlebnisformen begreiflich zu machen auch noch metapsychologischen Erwägungen Wert beimißt, der wird bei dem Vorangehenden auch an die metapsychologische Erhellung des Heilungsprozesses gedacht haben: Energie, die bis dahin in neurotischen Konflikten gebunden war, kann nun für ein normales Funktionieren verwendet werden. Man kann hierbei von *Sublimierung* sprechen, aber für die metapsychologische Betrachtungsweise eignet sich der Begriff *Neutralisierung* besser. Aggression und Libido, nun nicht mehr an direkte Triebäußerungen gebunden, werden für die Anpassung an das tägliche Leben verwendet. Auf diese Weise wird es möglich, Erscheinungen miteinander in Verbindung zu bringen, bei denen wir vorher keinen Zusammenhang entdecken konnten. Es ist gut, sich klar zu machen, daß es keine sprunghaften Übergänge zwischen Triebäußerungen und sublimierten Befriedigungen gibt, sondern eine Anzahl Zwischenstadien. Wir kennen das Beispiel des kleinen Kindes, das mit Dreck schmiert, dann zu malen anfängt und schließlich schreibt. Man kann sich gut vorstellen, wie das Schreiben eines Artikels noch Beziehungen hat zum Füllen eines leeren Papiers mit den Erzeugnissen – fast möchte ich sagen von Körper und Geist. Da es nun geschehen ist, will ich es stehen lassen, denn es gibt treffend wieder, was ich meine. Ich habe von Gegnern der metapsychologischen Theorie noch nie eine Erklärung gehört, die mich so befriedigt hat wie die eben genannte. Reich hat darauf hingewiesen, daß die Sublimierung viel besser gelingt, wenn auch direkte Triebbefriedigungen möglich bleiben. Wir haben allen Grund anzunehmen, daß er einen tatsächlich bestehenden Zu-

1 Vgl. hierzu Hartmann (85), Kap. I.

sammenhang wahrgenommen hat. Dem ist nur hinzuzufügen, daß die Frustration direkter Triebäußerungen wohl auch gerade deshalb so schwer zu ertragen und so störend für die gesunde Anpassung ist, weil das Maß an Aggression als Antwort auf solche Frustration die Persönlichkeit noch vor ein besonderes Problem stellt. Sie entbehrt nicht nur viel, sie muß auch lernen, mit ihrer durch den Ärger geweckten Wut umzugehen; nur dann wird sie in Befriedigungen nicht direkt triebhafter Art Erfüllung finden können – das ist keine leichte Aufgabe, aber wie die Erfahrung zeigt, auch keine unmögliche.

Zum Schluß will ich einiges über die Bedeutung des Aggressionstriebes für die Metapsychologie anmerken. Die Metapsychologie hat verschiedene Funktionen, auch als Begriff hat sie mehr als eine Bedeutung. Freud gab den Betrachtungen, die wir metapsychologische nennen, den Namen *Metro*psychologie. Es ist sehr sinnvoll, Hypothesen aufzustellen, die begreifen lassen, wie die Beziehung zwischen körperlichen und seelischen Funktionen ist. Man spricht dann von Energieverwandlung, Neutralisierung von Energie, und es wird gefragt, ob wir eine oder zwei Arten von Triebenergie annehmen müssen. Ich habe ausgeführt, daß wir zur Erklärung psychischer Phänomene gewiß neben der Libido auch einen Aggressionstrieb annehmen müssen. Ob diese zwei Triebe Verzweigungen von einer Energie sind, das ist kein psychologisches, sondern ein metapsychologisches, ein biologisches Problem. Van der Waals machte die Bemerkung, daß im Tierexperiment Sexualität und Aggression nicht durch verschiedene Energiearten, sondern durch denselben Stromreiz geweckt werden, lediglich an verschiedenen Reizstellen. Man neigt dazu, eine Kraft anzunehmen, die sich aufteilt und die Energie liefert sowohl für die sexuellen wie für die aggressiven Triebäußerungen. Wir sagten bereits, das ist kein psychologisches, sondern ein metapsychologisches Problem.

Wie ist die Beziehung des metapsychologischen Modells zum Aggressionstrieb? Hartmann u. a. (89, S. 13) haben darauf hingewiesen, daß die Selbstbehauptung in erster Linie Aufgabe der Ich-Funktionen ist: »For our purposes it is not necessary to enumerate all the comparisons between ›instinct‹ and ›drive‹, but only to note that ›instinct‹ in the ideal case guarantees the survival of the individual, at least in lower animals, while in man the guarantee of survival rests with the ego. We no longer assume the existence of an independent ›instinct of self-preservation‹ or drive for survival but stress amongst factors contributing to survival the functions

of the ego.« Dieser Gedankengang scheint mir nicht fruchtbar. Für die
Triebäußerungen sind Es, Ich und die Über-Ich-Funktion notwendig. Das
Ich hat adaptive Funktionen, aber alle Instanzen haben adaptive *Bedeutung.* Wenn wir biologisch, metapsychologisch denken, können wir sagen:
das sexuelle und das aggressive Triebleben sind dazu da, den Fortbe-
stand der Art und des Individuums zu garantieren. Viele Äußerungen des
Aggressionstriebes sind leichter zu begreifen, wenn wir sie als Äußerungen zur Selbsterhaltung betrachten. Das Gegenargument wäre: das Streben nach Selbsterhaltung hat nicht in genügendem Maße die psychologischen Kennzeichen des Triebes. In vielen Äußerungen des sexuellen
Trieblebens findet man genausowenig die psychologischen Kennzeichen
des Triebes als solchen wieder, aber das ist kein Grund, der Sexualität
den Charakter eines Triebes abzusprechen. Wir befinden uns hier nicht
auf psychologischem, sondern auf metapsychologischem Gebiet. Hierzu
bemerken Hartmann u. a. (89, S. 18): »What should we assume the aims
of aggression to be? It has been said that they consist in total destruction
of objects, animate or inanimate, and that all attempts to be ›satisfied with
less‹, with battle or with domination of the object, or with its disappea-
rance imply restrictions of the original aims. It seems that at the present
stage in the development of psychoanalytic hypotheses the question as
to the specific aims of the aggressive drive cannot be answered.« Diese
Antwort bleibt aus, weil man keine Verbindungen zu anderen biologischen
Betrachtungen knüpft. Es spricht alles dafür, das noch zu tun. Ziel des
Aggressionstriebes ist die Erhaltung des Individuums und in bestimmten
Formen der Vermischung mit Libido die Erhaltung der Art. Die Aufgabe
der metapsychologischen Betrachtung ist es, die Beziehung zwischen biologischen und psychischen Lebensvorgängen in ein Konzept zu bringen,
das uns vermehrte Einsicht vermittelt.

Die Metapsychologie hat noch eine andere Funktion, und hier will ich
-psychologie unterstreichen. Sie hat eine wichtige heuristische Bedeutung
für die *klinische* Arbeit, was oftmals vergessen wird. Wenn wir ein psychisches Phänomen untersuchen, tun wir gut, uns die Frage vorzulegen:
Welche Bedeutung hat das Phänomen, wenn wir es sehen im Hinblick auf
seine Beziehungen zu Ich, Über-Ich und Es, zu Aggression und Libido?
Wir tun auch gut daran, nach der narzistischen Bedeutung eines Phänomens zu fragen. Diese ist im übrigen mit Hilfe von Libido und Aggression
zu erhellen, vorausgesetzt, der Aggressionstrieb wird nicht zu eng gefaßt.

Die psychologische, »heuristische« Brauchbarkeit des als metapsychologisch bezeichneten Modells bedeutet für den Kliniker eine überaus wichtige Orientierungshilfe in dem vielgestaltigen Feld der neurotischen Erkrankungen.

Alexander Mitscherlich

Aggression-Spontaneität-
Gehorsam*

I

1. Die Überschichtung der Anpassungsforderungen

Bis weit über die Epoche der Aufklärung hinaus zählte Gedankenfreiheit
– besonders im Hinblick auf den herrschenden religiösen Konformismus
– zu jenen Forderungen, zu denen die Vortrupps der Gesellschaft standen.
In der breiten Masse der Bevölkerung überdauerte die aus dem Mittelalter
überlieferte Tradition, die im Alltag einen tief verästelten Zwang auf
Glauben und Gesittung ausübte. Als dann in einer unabsehbaren Reihe
von Erfindungen und Entdeckungen sich die Produktionsverhältnisse wan-
delten und die Entwicklung der technisch-industriellen Produktionsmög-
lichkeiten einsetzte, begann das Wachstum der Städte. Für viele Menschen stellte sich damit eine Anpassungsaufgabe, der sie nicht gewachsen
waren. Rohe Ausbeutung griff um sich, faktisch ungehemmt durch den
moralischen Einspruch der Kirchen; im Gegenteil, ihre psychologischen
Rationalisierungen zum Beispiel der Kinderarbeit und des Sklavenhan-
dels arbeiteten Hand in Hand mit den Interessen derer, die Macht und
Ausbeutung praktizierten. In diesen neuen Härten lag begründet, was
später die romantische Kulturkritik in »Entwurzelung« umfabulierte; es
blieb dabei freilich unklar, wer die Wurzeln ausgerissen hatte.

Noch immer, wie etwa in der Entscheidung des Papstes zur Frage der
Geburtenkontrolle im Jahre 1968 (*Humanae vitae*), zeigt sich dieser um-
zingelnde Griff der Kirchen, mit dem sie Glaubensmacht durchzusetzen
und zu institutionalisieren suchen. Bei den Gläubigen entsteht dabei ein
vielfach homogenes Verhalten auf einem einheitlichen Untergrund von

---

* Unter dem Titel ›Aggression und Anpassung‹ abgedruckt in: Aggression und
Anpassung in der Industriegesellschaft. Mit Beiträgen von H. Marcuse, A. Ra-
poport, K. Horn, A. Mitscherlich, D. Senghaas, M. Marković. edition suhrkamp
282, Frankfurt 1968, S. 80–127. Alle Rechte beim Suhrkamp-Verlag.

unduldsamer, aggressiver Gereiztheit. Es kommt leicht zu feindseliger Haltung gegenüber Gruppen anderer Observanz – eine Folge der Unfreiheit der persönlichen Entscheidung und der allgemeinen Gehorsamslast.

Im Zusammenhang mit der neuen technisch-industriellen Umwelt sind wesentlich neue Anpassungsforderungen aufgetaucht; alte werden neu formuliert, manche von ihnen dauern jedoch gänzlich unverändert wie rätselhafte Rituale fort. Neu ist der Adaptationszwang, der vom technischen Fortschritt und der Vermehrung der Lebenden wie auch von ihrer erhöhten Lebenserwartung ausgeht. Neu im ungemildert brutalen Sinn des Anfangs, alt in der Phantasie überzeitlicher Macht ist der Glaubensterror in »erwachenden«, d. h. zur Industrialisierung und zum Aufgeben überkommener Lebensformen gezwungenen Kontinenten und Subkontinenten. Von der großen Leistung der Aufklärung, die zweimal, im Hellenismus und im 18. Jahrhundert, das europäische Geschichtsbewußtsein bestimmt hat, ist bei diesen neuen Ethnozentrismen nichts zu spüren.

Es hat dem europäischen Bewußtsein eine besondere Fülle und Struktur gegeben, daß es den Zweifel und das Unbehagen an allen zwischenmenschlichen Einrichtungen kennengelernt hat. Die Aggressivität der *natura humana* freilich ist durch diese Erfahrung nicht verringert, kaum gemildert worden. Das bedeutet psychologisch, daß Reflexion, etwa auf eigene Roheit, und rationales Vorausplanen idealen Verhaltens das wirkliche Geschehen, das wirkliche Verhalten in kritischen Situationen, in welchen Reflexion leicht (z. B. unter dem Druck der Angst) verlorengeht, nicht ohne weiteres zu beeinflussen vermögen. Zu den unbestrittenen Errungenschaften der Aufklärung gehört aber, daß das Fremde in ihr nicht mehr automatisch als feindlich erlebt werden mußte. Andererseits muß es unsere Aufmerksamkeit erwecken, daß beide Male, in der Antike wie in der Epoche des Toleranzgedankens, das selbstbewußte Ich, das in seiner eigenen Gesellschaft so viel Einfühlung zeigte, sich neue Weltgegenden unterworfen hat. Beide Male blieb keines der betroffenen Völker vom imperialen Zugriff innerlich unberührt. Regelhaft folgten auf die Einordnung in ein Großreich mit überlegener technischer und organisatorischer Entwicklung Steigerungen des nationalen Selbstgefühls. Hinzu kommt, daß Toleranz und Einfühlung fast ausschließlich Individuen der eigenen Klasse, des eigenen Standes gegenüber geübt wurden und daß Bauern und später das industrielle Proletariat hiervon ausgenommen blieben. Was heute an

Aggression in den bisher nur oberflächlich vom europäischen technischen Denken beeinflußten Welträumen sichtbar wird, ist *auch* das Ergebnis einer beginnenden Infektion mit europäisch-aggressivem Denken und Handeln, das sich nicht selten zu den autochthonen Motiven für destruktives Verhalten hinzuaddiert. Wie immer in geschichtlichen Prozessen ist es so gut wie unmöglich, Reiz und Reaktion, Verstärkung und *feed-back* klar auseinanderzuhalten. In beständiger Wiederholung scheint jedoch beim Auseinanderbrechen traditioneller Lebensgefüge die ganze Summe der Aggressivität fühlbar zu werden, die bis dahin in differenzierten sozialen Beziehungen kanalisiert und zuweilen auch neutralisiert war; jedenfalls war sie sanktioniert und wurde ertragen. Im Umbruch der Anpassung an neue Bedingungen scheint Aggressivität nun bei weitem das Maß dessen zu übersteigen, was auf vernünftige Weise und befriedigend tatsächlich sozialisiert werden kann. Es fehlen der Gesellschaft die Vorerfahrungen für die so tiefgreifende Anpassungsforderung.

Alle Gesellschaften weisen einen mehr oder weniger beträchtlichen *Aggressionsüberschuß* auf, sowohl auf der Ebene des Gruppenverhaltens wie auf der des individuellen Lebens. Es scheint uns allerdings fraglich, ob dieser Aggressionsüberschuß mit dem in der neueren Anthropologie für die Menschennatur reklamierten »Antriebsüberschuß« gleichgesetzt werden darf. Aggressives Verhalten hat zwei Grundaspekte. Es ist einerseits, wie Karl Menninger es formulierte, Ausdruck einer primären Bedürfnisrichtung: »Das Wesen der Aggression ist das Zufügen von Verletzung oder wenigstens Schmerz«[1]; es ist andererseits rein reaktiv und stellt eine Antwort auf signalisierte Gefahr dar. Für das Selbst, das dabei sich bedroht sieht, ist es gleichgültig, ob diese Gefahr eine innere ist, also von Triebspannungen herrührt, oder eine, die von der äußeren Realität ausgeht. Innere aggressive Bedürfnisse, die das Individuum in einen schweren Konflikt mit der Gesellschaft und deren Moral zu verwickeln drohen, werden häufig paranoid verarbeitet, d. h. ein Abwehrmechanismus der Projektion setzt ein, mittels dessen sich das Erlebnis verändert. Was bisher eine dunkel verspürte Drohung war, erscheint plötzlich als ein Verhalten von Fremdgruppen, die damit automatisch zu aggressionsgeladenen Feinden werden. Diese paranoide Realitätsverkennung bringt in der Tat eine rasche Spannungsentlastung. Was bisher ungreifbar und in einem selbst

1 Menninger (126 b), S. 219.

war, ist nun greifbar, sichtbar und draußen in der Welt. Indes ist mit solcher Entlastung immer Realitätsverkennung verknüpft. Beobachtet man zum Beispiel, mit wieviel Sicherheit die sogenannten Primitiven mit wahrhaft primitiven Waffen und Ausrüstungen Realgefahren meistern, und wie es den bis an die Zähne bewaffneten technischen Kollektiven nicht gelingt, ihre wechselseitigen paranoiden Verkennungen zu kontrollieren, so wird einem der Unterschied zwischen dem, was notwendige Aggressivität zur Lebensbewältigung, und dem, was neurotische – unter Umständen kollektiv neurotische – Aggressionsprojektion ist, sogleich klar.

Wir haben Aggression als ein vitales Grundvermögen, als eine Triebausstattung zu verstehen, die in der sozialen Realität die vielfältigsten Umwandlungen erfährt. Hat sie sich einmal mit dem Abwehrmechanismus der Projektion liiert, so wird sie zur »Wunschbefriedigung mit Gewalt«[2]. Frustrierte Aggression nährt intensive Wünsche; diese jedoch sind von Sanktionen bedroht und müssen unerfüllt weiterhin ertragen werden. Aber gerade das scheint in der Breite der Einzelfälle nur durch Zwang, nicht durch Aufgeben des Wunsches erreicht zu werden.

In den Großräumen technischer Umwelt entsteht nun ein neues, bedrängendes Gefahrenmoment für das innere Gleichgewicht des einzelnen. Je undurchschaubarer seine soziale Außenwelt ist, desto leichter verwischt sich für das Individuum im Angsterlebnis, ob es sich um »Angst vor sich selbst«, vor den unbekannten Triebmächten in ihm, handelt oder um Angst vor einer durch »Projektion« entfremdeten Aggression, deren Dynamik man nun im Gegner mit paranoider Gewißheit kontrollieren zu können glaubt. Von den riesigen Apparaten der militärischen Rüstung ist nicht auszumachen, was primär und stärker ist: die eigene Aggressionsprojektion oder die Reaktion auf projizierte Fremdaggression. »Angst ist die Reaktion des Organismus auf Gefahr. Weil feindseliger Angriff die Gefahr der Vergeltung in sich schließt, ist die feindselige Haltung bereits mit der Angst gekoppelt. Diese Verflechtungen sind wechselseitig.«[3]

Das Spannungsverhältnis, das so entsteht, ist von einem doppelten Mißtrauen genährt, einem relativ zugänglichen und einem weniger zugänglichen. Das Mißtrauen gegen die Gefahren und Gefährdungen der ständig im Umbau begriffenen Außenwelt ist im Erleben des einzelnen deutlich;

2 Alexander (2 b).
3 Ebd.

es ist an die Ausbeutungsverhältnisse geknüpft, welche die Menschen aller Geschichtsperioden vorgefunden haben. Durch die ungewöhnliche neue Lage – den permanent sich beschleunigenden Fortschritt von Wissenschaft und Technik mit seinen Rückwirkungen auf das Sozialgefüge – wird dieses Mißtrauen zusätzlich herausgefordert. Das bedeutet: die Anpassungsaufgabe des Individuums ist kaum noch durch Initiationsriten an der Schwelle zur Erwachsenheit abschließbar. Anpassung wird zu einem Problem für alle Altersstufen, zumal in Lebensaltern, die in früheren Zivilisationen der Durchschnitt der Mitglieder einer Gesellschaft überhaupt nicht erreichte.

Für die gewöhnliche Selbstbesinnung fast nicht – oder jedenfalls höchst ungenügend – erfahrbar ist dagegen das Mißtrauen, das der einzelne sich selbst, seiner Triebnatur gegenüber hegt. Viele der frustrierten Bedürfnisse werden niemals – auch nicht in bescheidener Form – befriedigt; sie bleiben ein Leben lang als Tendenzen wirksam, denen man nur scheinbar abgeschworen hat, die aber in mannigfachen Versuchungssituationen die Kontrollmöglichkeit und Kontrollfähigkeit des Ich überrumpeln, so daß dieses Ich sich nur noch *a posteriori* und mit Scheinargumenten zu helfen weiß. Die Abwehrmechanismen der Verleugnung, Verkehrung ins Gegenteil, insbesondere der Projektion schaffen die Voraussetzungen hierfür. Diese den Kodex der Gesellschaft ignorierenden Neigungen oder Taten befördern im Betrachter den Wunsch, sie nachzuahmen, wo immer es ihm möglich scheint. Soweit das Ich aktionsfähig bleibt, wird es die Ausführung der Tat verhindern, aber wenigstens nach Teilbefriedigungen – wie sie etwa die Projektion verschafft – Ausschau halten. Die ambivalente Gefühlsspannung, die mit der ödipalen Konfliktsituation im Individuum entsteht, bleibt daher für die große Zahl der Menschen ein Leben lang unschwer weckbar. Steigert sich im Individuum das Gefühl, daß seine Verzichte im Grunde nichts bewirken, daß sie ihm keine tatsächliche Erleichterung seines sozialen Lebens bringen, so findet häufig eine Regression, eine sekundäre Besetzung des Selbst statt – also eine narzißtische Gefühlsverschiebung. Ein gut Teil der heute zu beobachtenden allgemeinen politischen Interesselosigkeit dürfte mit diesem unbewußt vor sich gehenden Rückzug aus der Verantwortung im Zusammenhang stehen. Und die Forderung der Anpassung an eine sich unabsehbar verändernde Umwelt begünstigt ihrerseits die Abwendung von dem, was außerhalb des eigenen egoistischen Interessenbereiches in der Welt sich abspielt.

In Wirklichkeit verschlingt diese Realitätsverleugnung jedoch viel Energie, die vor allem den libidinösen Objektbesetzungen entzogen wird. Das Unwissen verstärkt nun seinerseits das Unbehagen an der Realität und damit die Neigung zur Regression. Es handelt sich um einen *circulus vitiosus*, der vernünftige Anpassung behindert.

Sehr deutlich läßt sich das an der Aktualisierung der Minderheitenproblematik in zahlreichen zeitgenössischen Gesellschaften beobachten. Es besteht die Tendenz, Minoritäten, die eine gewisse unersetzliche Funktion in der Gesellschaft ausüben, in Gettos zu isolieren, d. h. auszustoßen, und sie zugleich zu einem für die innere Ökonomie der Mehrheit außerordentlich wichtigen Haßobjekt zu stempeln. Die Juden haben in der christlichen Welt lange diese Rolle gespielt, die Inder spielen sie heute in vielen afrikanischen Gesellschaften, die Neger in den USA. Zum Sündenbock stempeln heißt Anpassung unmöglich machen, gerade sie wird verboten. Der Jude, der Neger müssen die bleiben, die sie sind; es herrscht der Zwang einer negativen Imago. In Wirklichkeit produziert dann das Getto tatsächlich deformierte Persönlichkeiten, »Opfer«, für die es nur aggressive Reaktionen – von wechselnder Sublimiertheit oder brutaler Direktheit – zur Erleichterung der Lage gibt. Und diese Reaktionen wiederum werden als Rassencharakter zur Aufrechterhaltung der negativen Imago schematisiert und verschärfen die paranoiden Ängste. So bilden sich schließlich Feindseligkeit und Mißtrauen, für die es keine Lösung mehr zu geben scheint, nachdem die Informationsbrücken einmal abgebrochen sind; Information über die äußere Realität wäre aber eine der Voraussetzungen jeder Anpassungsleistung. Das tatsächliche Verhalten und die wirkliche Einstellung werden jetzt von unbewußt vorbereiteten Phantasien gesteuert. »Die feindselige Haltung erzeugt Angst, die ihrerseits die Anpassungsfähigkeit lähmt und das Ich zwingt, sich auf frühere Anpassungsformen zurückzuziehen, die jetzt allerdings ihre Aufgabe nicht mehr erfüllen.«[4] Dem Analytiker sind von seinen Kranken her die narzißtischen und aggressiven Züge der Kontaktunfähigkeit (Asozialität, Verwahrlosung, mangelnde Einfühlung) bekannt. Ihm ist die Angstabwehr im perfektionistischen Zwangsritual (Verwaltungszwang, Kontrollzwang) bekannt. Schließlich weiß er sowohl von ungezügelten Angstausbrüchen wie von Vergeltungsphantasien. Konnten sie sich erst einmal in einer Gesellschaft unter

4 Ebd.

vielen Individuen verbreiten, so waren die Möglichkeiten für Massen-
morde angelegt.

Niemand kann leugnen, daß Einschüchterung, also die Hemmung des
Neugierverhaltens, zu den konstanten Erziehungselementen unserer Gesellschaft gehört. Damit wird aber nicht nur die faktische Informations-
möglichkeit beschnitten, sondern auch die Informationsbereitschaft selbst
mehr oder weniger gelähmt. Konsequenterweise kann nunmehr nur eine
Partialsozialisierung des Menschen erfolgen; denn was ich nicht kenne,
daran vermag ich mich auch nicht gemäß dem Realitätsprinzip verstehend
anzupassen. Primärprozeßhafte Triebrepräsentanzen bleiben in der Phantasie überstark mit beiden Triebkomponenten, der libidinösen und der
aggressiven, besetzt. Massenhaft bahnen sich frustrierte Wünsche in reali-
tätsverleugnender, soziale Kontakte zerstörender Weise den Weg. Für den
Zeitgenossen, der zur Stellungnahme herausgefordert ist, bleibt – gemes-
sen an seinem kritischen Vermögen – die Aufgabe oft unlösbar, den großen
Wellen der Illegalität, der Usurpation, der bedenkenlosen Manipulation,
der Tabuvernichtung und der zynischen Lancierung neuer Tabus anzumerken, wes Geistes Kind sie sind. Wo gehören sie lediglich in einen re-
gressiv-illusionären und wo trotz ihren revolutionären oder zerstörerischen
Tendenzen in einen progressiv-gestaltenden Zusammenhang der fort-
schreitenden Geschichte? In der Überschichtung der Anpassungsforderungen, die unser zeitgenössisches Schicksal ist, auf jeden Fall dort, wo wir
uns nicht hinter geschickt vorgefertigten Vorurteilen und Glaubensgewiß-
heiten verschanzen, erleben wir diese Ohnmacht deutlicher als alles andere. Weil uns aber nichts so erschreckt hat, wie die feindseligen Gewalt-
akte, denen auch höchst entwickelte Intelligenzen sich dienend unterwar-
fen, und weil uns kaum etwas so mit Zweifeln erfüllt wie die Ideologien,
denen wir begegnen und die gezeigt haben, daß sie Menschen zu hypno-
tisieren (d. h. in scheinbar kindliche Geborgenheit und Verantwortungs-
freiheit zurückzuführen) vermögen, wollen wir hier zusammentragen, was
wir an Vorstellungen über das Wesen der Aggressivität zu sehen und in
seiner Bedeutung einzuschätzen imstande sind. Es geht darum, die Ent-
wicklungsgesetze der Aggression mit jener Tätigkeit in Verbindung zu
bringen, die uns, wo immer wir unter unseresgleichen leben, nicht erspart
bleiben: der Anpassung. Wo stört Aggression die Anpassung; wo kann
Aggression bestenfalls das verändern, woran wir tätig in der Anpassung
teilhaben, den Kodex unserer Gesittung?

2. Zur Wesensbestimmung der Aggression

Die psychoanalytische Triebtheorie ist eine »von Anfang an« dualistische; die Neuformulierung in Freuds Alterswerk behält diese Trennung bei, faßt sie sogar noch »schärfer als zuvor, seitdem wir die Gegensätze nicht mehr Ich- und Sexualtriebe, sondern Lebens- und Todestriebe«[5] nennen.

In ihrer Darstellung ›Notes on Aggression‹ hat Anna Freud[6] noch einmal die Trieblehre in ihren theoretischen Grundzügen zusammengefaßt. Die funktionelle Verschlungenheit der beiden Grundtriebe in den Anfängen der Individualentwicklung macht es jedoch schwer, hier Aggression von der prägenitalen Sexualität säuberlich zu trennen. Die Beobachtungen zeigten immer wieder, daß Aggression in den ersten Lebensjahren der Befriedigung der libidinösen Strebungen dient. Solange eine klare Abgrenzung des Ich von der Umwelt nicht existiert, und solange keine bewußt erlebte Identifizierung mit nächsten Beziehungspersonen (also eine Du-Erfahrung) besteht, ist die Aggression ungezügelt und rücksichtslos. Von den Bewegungskoordinationen zur Erlangung des Objektes her betrachtet ist sie *ungekonnt.*

Der erste große Aggressionskonflikt findet in der anal-sadistischen Phase statt; das Kind muß sich Korrekturen oft schmerzlicher Art von der Realität gefallen lassen. Der Begriff »anal-sadistisch« zeigt jedoch auch, daß die Beziehungspersonen die Aggressivität des Kindes meist allzu leicht als »böse« einzuschätzen bereit sind. Je ernster die »Angriffe« genommen werden und je untoleranter die Erwachsenen sie beantworten, desto nachhaltiger ist die einschüchternde Wirkung auf das Kind, desto gehemmter das freie Erfahrungsspiel eines expansiven Eindringens in die Umwelt. Als solcher bewußt, d. h. der Reflexion einigermaßen zugänglich, wird der Aggressionskonflikt erst in der Phase des Ödipuskonfliktes. Hier erscheint er in den schuldhaft verarbeiteten Todeswünschen gegen einen Elternteil: die Aggression ist nun ganz und gar auf ein Objekt gerichtet, und auch noch in der Phantasie wird sie als schuldhaft erlebt.

Bis zu dieser Entwicklungsstufe wird Aggression wegen der mangelnden Ich-Kontrolle in den spontanen Interaktionen zwischen Erwachsenem und Kind häufig als früh sich äußernder, also vererbter Charaktermangel miß-

5 Freud (60 a), S. 57.
6 Freud (54 b).

verstanden. Die Art, wie kindliche Lebensäußerungen verstanden oder
falsch gedeutet werden, hängt u. a. auch von den objektiven Umweltfak-
toren ab. Je bevölkerter der Ort ist, an dem ein Kind aufwächst, desto geringer ist seine Aktionsfreiheit, desto stärker wird das Abklingen seiner
Bewegungsunruhe als Zeichen der »Gutartigkeit« und als vorbildlich interpretiert. Der kritische Beobachter aber muß genauer zwischen Aggression und *Aktivität* unterscheiden, wobei im Wortsinn das zerstörerische
Zugreifen als Aggression *sensu strictuori* vom *Tun* zu trennen wäre. Die
Aktivität ist sicher etwas Triebhaftes; der Organismus stellt Handlungs-
organe bereit, die dem anfänglich diffusen Tätigkeitstrieb Ausdruck und
Entspannung ermöglichen.

Es hat wenig Sinn, neue Grundbegriffe einzuführen. Will man also
bei der Benennung der triebhaften *Tätigkeit* als Aggression bleiben, so
sollte diese Begriffserweiterung deutlich markiert werden, wie es bei dem
anderen Grundtrieb Sexualität auch geschehen ist. Unterscheidet man
hier prägenitale von genitaler Sexualität, so sollte man dort mit ebenso
deutlicher Abgrenzung die *ungekonnte* von der *gekonnten* Aggressivität
abheben. Die letztere wäre die ziel- oder sachgerechte Aktivität. Die regressiven Akte zu der ersteren, die in der Ausdruckssphäre der Aggressivität
ebenso wie in jener der Sexualität möglich sind, ließen sich dann als sach-
und zielungerechte, undifferenzierte Handlungen begreifen – Handlungen, die einstmals befriedigende Entspannung brachten.

Nach der Konzipierung des Todestriebs hatte Freud um so weniger
Grund, den Begriff der Aggressivität aufzuheben, als dieser damit zum
Repräsentanten der eingeborenen zerstörerischen Tendenzen geworden
war. Es bleibt freilich unklar, auf welchem Weg die Lebenstriebe zum Ziel
kommen sollen, wenn man ihnen nicht selbst eine triebhaft gespeiste Energie zu konstruktivem, zielgerechtem Handeln zuordnet. Eine derart scharfe Begriffstrennung ist aber für das Modell der Triebdynamik nicht notwendig. Denn in der täglichen Beobachtung kann weder Sexualität noch
Aggressivität in reiner Form untersucht werden. »Die zwei Grundtriebe
bilden vereinte Kräfte oder handeln *gegeneinander*, und gerade durch diese Kombination entstehen die Phänomene des Lebens.« Jedenfalls scheint
festzustehen, »daß ohne die Beimengung von Aggression die sexuellen
Antriebe unfähig zur Erreichung irgendeines ihrer Ziele bleiben«[7].

7 Ebd.

Es gibt also zwei Zielsetzungen: die Aggression einmal phänomenologisch und triebdynamisch verfeinert zu beschreiben, und zum andern die Frage aufzuwerfen, welche Triebkombinationen oder Reifungsvorgänge im psychischen Apparat eintreten müssen, damit die differenziertere Ausdrucksform des Triebgeschehens die weniger differenzierte ablösen kann. Wenn Aggression der libidinösen Strebung beigemengt sein muß, damit diese ihr Ziel, die Entspannung, erreicht, so mildert umgekehrt der Zuschuß von Libido, wie dies Freud betont hat, die aggressiven Impulse. Das heißt: nur die doppelte Umfassung des Triebobjektes, aggressiv-aktiv und libidinös (im Sinne sexueller oder sublimierter Zuwendung), bringt die optimale, Aktion mit Einfühlung verschmelzende Spannung hervor, der eine das Ich und das Es befriedigende Entspannung folgen kann.

Umgekehrt bleiben für das Individuum die nicht zu verschmerzenden Hemmungen seiner frühen, ungezügelten und noch ungekonnten Aktivitätsäußerungen nicht ohne Rückwirkung auf seine libidinöse Triebreifung. Dem Kind, das gehindert wird, expansiv sich zu verhalten, wird gleichzeitig verwehrt, Realität zu testen und in ihren Gesetzen zu erfahren. Mit jeder Objekteroberung wird ein Stück Welt für das Kind zur Wirklichkeit. So überwindet es seine primär-narzißtische Selbstbezogenheit. Bei dieser langsamen Entwicklung zur bewußten Auffassung einer Viel-Personen-Situation spielen Reaktionsbildungen in den Handlungspartnern eine wichtige Rolle. Da ist zunächst die übertriebene Abhängigkeit (mit ihrer unbewußt bleibenden Ambivalenz) beim Kind zu erwähnen. Sie ist das Anzeichen für Überidentifikation, für Über-Gehorsam, und wirkt damit auf motorische Einschüchterung zurück. Andererseits kann sich das krankhaft gesteigerte Streben der Eltern, das Kind durch vielfältige Verbote vor Gefahren zu schützen – was dessen expansives motorisches Bedürfnis qualvoll einschränkt –, in einer pathologischen Abwehr destruktiv-aggressiver Gefühle und Neigungen ausdrücken.

Blickt man über das Kindheitsschicksal des einzelnen, im Laufe dessen sich seine Verhaltensmuster prägen, hinweg auf den großen Gang der Geschichte, in dem in »ewiger Wiederkehr des Gleichen« libidinöse Strebungen von aggressiven durchkreuzt werden, in dem kollektive Ausbrüche der destruktiven Triebtendenzen alle Gegenwünsche und Gegenbesetzungen überwältigen, so scheint die Annahme eines primären Destruktionstriebes hinreichend gerechtfertigt. Hier erhebt sich allerdings die Frage, ob das Vorherrschen zerstörerischer Antriebe im Verhalten vieler Menschen, ihre Einübbarkeit in Haß zum Beispiel, mit der nur partiell schematisierten Instinktregulation in Zusammenhang steht. Der fortwährende Umbau der Umwelt nötigt zur Zerstörung alter Leistungen, um neuen Leistungen Raum zu geben. Das macht klar, warum die Kontroverse, die unter den Psychoanalytikern seit Freuds Definition des Todestriebes stattfindet, nicht einfach pragmatisch (etwa durch genaueste Beobachtungen der ersten Triebregungen auf biologischem Niveau) zu schlichten ist.

Neben diesen offen bleibenden Grundfragen steht nun die sichere Erfahrung, daß ein flexibles Antworten, ein verstehendes Eingehen auf die Bedürfnisse des Kindes gerade in den allerersten Lebensabschnitten die gekonnte, auf verfeinerte Triebobjekte sich richtende Aktivität gegenüber der destruktiven Aggressivität in Führung zu bringen vermag – in der ungekonnten repräsentieren sich primärprozeßhafte Strebungen, die auf den Gegendruck der kulturellen Sozialordnung stoßen. Das Problem scheint uns unlösbar, ob das Akzeptieren der Wurzel der Aggressivität notwendig den Todestrieb mobilisiert; nicht zu unterschätzen ist indes die Chance, daß der Todestrieb in der Verschränkung mit libidinösen Objektbesetzungen gezwungen werden kann, dem Eros zu dienen, und daß eben darin – in der Entwicklung von »Daseinspraktiken« (Hans Thomä), welche diese Legierung fördern – die überindividuelle Kulturaufgabe besteht. Das bedeutet einmal, daß Beimengungen von Destruktion im Verhalten ertragbar sein müssen, ohne zu große Angst zu erwecken; zum zweiten, daß die unausweichliche Notwendigkeit, in der sozialisierenden Hilfestellung für das Kind – also in der Erziehung – frustrieren zu müssen, nicht einen unbemerkt bleibenden Anschluß an eigene, aggressiv-destruktive Tendenzen des Erwachsenen gewinnen darf. Die Frustrationen, die zur Realitätsanpassung gehören, müssen sachbezogen sein. Dazu ist anzumerken, daß niemandem dies zu allen Zeiten und gleich erfolgreich gelingt. Wohl fällt aber ins Gewicht, ob der störende Affekt als solcher vom Erwachsenen selbstkritisch wahrgenommen wird; erst diese innere Erfahrung bahnt dem Kind den Weg, durch Identifikation entsprechende Erfahrungen an sich selbst zu machen.

Diese beiden Verhaltensaspekte, die wir erst aufgrund der psychoanalytischen Einsicht in die Mannigfaltigkeit trieb-dynamischer Abläufe als *erlernte* (nicht nur als kategorisch geforderte) erkannten, zeigen die eigentliche, aktuelle Schwäche unserer kollektiven Verhaltensprägung. Wir sind weit von einer Ich-Stärke oder Bewußtseinsweite entfernt, die uns relativ angstfrei und destruktiven Triebansprüchen überlegen machen würde, so daß Anpassung, die wir sozial fordern müssen, einer Anpassung an »reife«, d. h. relativ vorurteilsfreie Lebensformen entspräche. Solange aber Anpassung vor allem darin besteht, Abwehrmechanismen gegen Triebregungen zu erlernen – und gerade dies als »Daseinspraktik« von den Erwachsenen vermittelt wird – und solange dadurch die Wahrnehmung von Triebregungen in der bewußten Erfahrung ausgespart wird, bleibt der ganze Anpassungsvorgang zweischneidig. Er führt zu Formen der Partialsozialisierung, bei welcher der nichtsozialisierte Hintergrund nicht etwa in einem natürlichen Urzustand, reines Es, bliebe, sondern vielmehr bestimmt ist durch die Verdrängung von deformierten, energiebesetzten Inhalten, die die Kommunikation des Es mit dem Ich blockieren.

Eine der entscheidenden Grenzen der Anpassung ist dort erreicht, wo der Kern primärer Triebbefriedigung in Frage gestellt wird. Eine beständige, gegen Frustrierungen wie Versuchungen widerstandsfähige Anpassung an den sozialen Kodex kann nur gelingen, wenn ein Kern primärer Triebrichtungen und -befriedigungen kulturell anerkannt ist. Das totale Abdrängen jeder sexuellen, naturhaften Äußerung, zum Beispiel in Bereiche des Wertlosen, Wertwidrigen, »Niedrigen« – eine derart überspannte Sublimierungs- und Neutralisierungsforderung, wie sie etwa im Calvinismus und Puritanismus kulturbestimmend war –, führt nicht nur zu einer lebenzerstörenden kollektiven Neurotisierung mit faktischer Doppelmoral, sondern auch zu einer ungezügelten (entmischten, libidinös ungebunden) Aggressivität. Diese hat zwar die Dynamik des technischen Fortschritts beschleunigt, aber auch die Ideologie des »Besitzanspruchs« befördert. Und auf Triebentmischung geht wohl auch die grausame Indifferenz in den Beziehungen zu »unterentwickelten«, d. h. schwächeren Partnern zurück. Nachweisbare unerträgliche und pervertierte Frustrierungen und Einschüchterungen des Kindes als eines »schwächeren Partners« haben die ungekonnte destruktive Aggression in unserer »christlichen« Kultur allgegenwärtig gemacht. Aggression, die an das Es gebunden blieb, und Aggression, die im Über-Ich gegen das Selbst gerichtet ist, haben uns den Reichtum, den die technische Zivilisation schuf, kalt und höchstens manisch erleben, kaum aber genießen lassen.

Die Transformation von behinderter Aktivität in Aggression wird am

Beispiel der Isolierung eines einzelnen oder einer Gruppe von einem brei-
teren Sozialkontakt sehr deutlich. Konrad Lorenz spricht von »Kumulation
aggressiver Reaktionen«, wenn kleine Gruppen von »artgenössischer Umgebung [...], an der die gestauten Triebe hätten abreagiert werden können«, isoliert werden. Das ist zum Beispiel an der Besatzung kleiner Schif-
fe zu beobachten, auf denen die »Polarkrankheit« ausbricht. In solchen
Situationen, in denen »lächerliche Reize schließlich als zornerregend wirken«, war eine »gewaltige Schwellenerniedrigung der Verhaltensweisen
des Wutausbruchs« erfolgt. Der zunehmenden Aufstauung der Triebenergie geht eine Schwellenerhöhung der Antriebsmeisterung offenbar nur
bis zu einem bestimmten Punkt parallel, dann sinkt die letzere ruckartig
ab. Psychodynamisch läuft dabei ein Regressionsvorgang ab. Aktivitäts-
bedürfnisse werden in der Frustrierungsphase immer stärker affektiv auf-
geladen; je mehr sich der primäre Triebdrang an den Barrieren, die ihm
entgegenstehen, entzündet, desto realitätsunwilliger (d. h. sublimierungs-
oder neutralisierungsunfähiger) entlädt er sich schließlich. Sobald die Reizschwelle sinkt, überflutet ein primitiver affektiver Bewegungssturm die
Kontrollinstanzen des Ich. Daß Isolierung von der artgemäßen Umwelt
auch in der Tierwelt die Destruktionstendenzen »sinnlos« entbindet, zeigt
Lorenz am gleichen Ort [8] am Verhalten eines isoliert gehaltenen Zichli-
denpärchens: »Mangels der seine Familie bedrohenden und zu vertreiben-
den Artgenossen« greift das Männchen sein Weibchen an und tötet es.
(»Besonders bei Geophagus ist diese Reaktionsweise typisch, man kann sie
verhindern, indem man dem Männchen einen Spiegel ins Becken stellt,
an dem es seine Aggression abreagieren kann.«)

Die Rolle der tolerablen Frustrierungen in der menschlichen Gesellschaft
zu erkennen wird zur obersten Aufgabe zeitgenössischer Kultur- bzw. So-
zialanalyse. Nicht jede schwere Versagung braucht zur Enthemmung der
Aggression oder zu einer verhängnisvollen innerseelischen Auswirkung,
zum Beispiel zu Apathie, Resignation, Depression oder gar zu einer Psychose zu führen. Kollektiv sich demonstrierende Asozialität, das Verküm-
mern der Einfühlung, der Rückzug in sekundären Narzißmus – all das
hat seine Grundlage überwiegend in der sozialen Konstellation, welche
das Individuum vorfindet, und nicht in seiner psychischen Erbkonstitu-
tion. Die Einsicht in die Formen des nicht artspezifisch geregelten, sondern

8 Lorenz (124 b).

entwicklungsoffenen Sozialverhaltens hat den Mythos der Erblichkeit von Charakterstrukturen wenn auch nicht endgültig zerstört, so doch erheblich geschwächt. Die Aufmerksamkeit der Forscher hat sich, in Konsequenz der psychoanalytischen Funde, immer nachdrücklicher auf die Früherfahrungen in der Kindheit und ihre Folgen gerichtet.

Die Veränderungen der zivilisatorischen Umwelt im ganzen haben die Situation gewandelt, in die das Kind hineingeboren wird und in der seine ersten Lebensjahre verstreichen. Geburt im Krankenhaus, die Mutter ohne Rückhalt im Sippenzusammenhang und dessen Tradition, Beschränkung des Aktionsradius des Kleinkindes in der städtischen Wohnung, verringerte Anregung durch Beobachtung der außerhäuslichen Arbeitsvorgänge, häufige Ortswechsel, das weitgehende Unsichtbarwerden des Vaters[9] und mehr und mehr auch der Mutter, das Eindringen mechanischer Spielwaren in die Welt des Kindes – dieser gesamte Umbau der Erfahrung ist zu berücksichtigen, wenn von Frustration gesprochen wird. Denn es könnte sich erweisen, daß die affektive Anregung, die im ersten Lebensabschnitt heute immer ausschließlicher von der Mutter her erfolgt, die Zuwendung, die sie libidinös zu leisten, und die Art der Verbote, die sie zu setzen hat, die durchschnittliche Leistungsfähigkeit einer einzelnen Person übersteigt. Wenn alles auf die eine Beziehung Mutter–Kind ankommt, dann muß deren Versagen katastrophale Folgen zeitigen. Denn in der Umwelt sind keine adäquaten Ersatzfiguren vorhanden.

Es ist keine böse Absicht, wenn Mütter und Väter heute den Kindern nur mangelhafte Identifikationsmöglichkeiten bieten, vielmehr hängt dieser Mangel mit dem gesamtgesellschaftlichen Prozeß des Übergangs von einer technisch-revolutionären Veränderung der Umwelt in eine andere zusammen. Es ist daher ohne moralische Wertung gemeint, wenn wir feststellen, daß Erziehung häufig auf eine vom Kind als sinnlos erlebte Frustration hinausläuft, daß so etwas wie ein »frustration behavior« (Norman Maier) um sich greift. Eine Art Kaspar-Hauser-Situation entsteht; durch die mangelnde affektive Anregung und durch Einschüchterung (aufgeklärte Eltern stellen eine winzige Minorität dar) wird die Fixierung auf primär-narzißtische Triebbefriedigungen begünstigt. Affektstumpfheit, Lernhemmung, Rücksichtslosigkeit drücken das Insistieren auf sofortiger Triebbefriedigung aus; die Unfähigkeit, Triebaufschub zu er-

9 Vgl. Mitscherlich (131).

tragen, erzeugt ein unplastisches, zielloses Verhalten. Dieser Sachverhalt ist oft und nicht nur für unsere Zeit beschrieben worden. Seine Häufigkeit und progressive Vermehrung ist kaum zu bestreiten. Die Revision der ihm zugrunde liegenden Bedingungen wird freilich immer dringlicher. »Das einzige Mittel, die Funktionsstörung eines Systems zu beseitigen, liegt in der kausalen Analyse des Systems und der Störung« (K. Lorenz [10]). Es mag sein, daß frühere Epochen Grausamkeit, Haß, Sadismus schamloser ausagiert haben; der Hinweis darauf ist erlaubt, wenn auf die Ausstattung des Menschen mit einem arteigentümlichen und formbaren Aggressionstrieb abgehoben wird, wenn die Permanenz dieser Formungsaufgabe unterstrichen werden soll. Nicht erlaubt ist der Hinweis jedoch, wenn damit der Humanisierung der Aggression als einem historischen Prozeß die Aussicht auf Erfolg bestritten wird.

Unleugbar wird hier die Grenze sichtbar, die der psychologischen Hilfe gezogen ist. Nicht wenige traumatisierende Faktoren liegen in den »Umständen«, die sich die Gesellschaften geschaffen haben. Die psychologische Analyse dieser Verhältnisse bringt – sehr langsam – eine Erweiterung des Bewußtseins mit sich, die es gestattet, das Prekäre der gesellschaftlichen Realität und der von ihr geforderten, oft intolerablen, Zumutungen zu erkennen; vielleicht sogar den falschen Zirkel von Reiz und Reaktion, von Versagungen und Enthemmungen, der auf diese Weise in Gang kommt. Die Apotheose des »integralen Menschen«, die keine Zeichen des Leidens mehr an ihm wahrhaben möchte, eines »well adjusted member of the society«, ist ein Wunschbild der Ideologie mit »objektiv verdeckender Funktion« (Theodor W. Adorno [11]). Sieht man genauer zu, so entdeckt man, daß dieser friedliche, mit der Gesellschaft versöhnte Prototyp sowohl für die »freie« wie für die diktatorisch unterjochte Welt attraktiv ist. Einmal soll sich Triebverhalten in beschützter Freiheit von selbst den Realforderungen einfügen, das andere Mal soll der Mensch ein Wesen sein, das nichts anderes als eiserne Strenge zu seinem Glück braucht.

Bezogen auf die Gegenwart kann das nichts anderes heißen, als daß die Mobilisierung und Spezialisierung, die aus der Massenhaftigkeit und den Bedürfnissen der Industrialisierung sich ergeben haben, durch *seelische Konfektionierung* zu ergänzen seien, als müßten nur einige Frustrierun-

10 Lorenz (124 b).
11 Adorno (1 b).

gen gemildert werden, um ein praktikables Arbeits- oder Konsumindividuum heranzuzüchten, das leicht zu manipulieren und jederzeit »einsatzfähig« ist. Adorno sagt im Hinblick auf diesen »überwältigten« Menschen, er »verwechsele die zufällige Chance seiner seelischen Ökonomie mit dem objektiven Zustand«, »seine Integration wäre die falsche Versöhnung mit der unversöhnten Welt und sie liefe vermutlich auf ›Identifikation mit dem Aggressor‹ hinaus«[12]. In allen Diktaturen, in denen immerhin der Ansatz zu einer kritisch sich fundierenden Denkopposition besteht, wurde bislang die Psychoanalyse verboten. Das kann nur bedeuten, daß sie als Mittel gegen verdeckende und das Bewußtsein verfälschende Manipulation gefürchtet wird. Die »integrale Persönlichkeit« mag es in Ausnahmefällen geben, als geplantes Wesen kann sie nur eines sein, das sich selbst mit der Propaganda, die mit ihm gemacht wird, verwechselt. Für die gegenwärtige Gesellschaft wie für alle vorangegangenen gilt: je stärker der Zwang zum Konformismus ist, vorbezeichnete Teile der Realität zu leugnen, desto unausweichlicher ist Leiden, zum Beispiel Isolierung als Ketzer, als Feind, mit der Aufhebung der Verdrängung verbunden. Dieser Zusammenhang spielt aber den Machthabern in die Hände, weil Menschen ohne eine überlegte Zielvorstellung schmerzliche Konfrontationen mit sich selbst vermeiden und in Ruhe mit falschem Bewußtsein weiterleben.

3. Spontaneität und Ambivalenz

Die Autoren Hartmann, Kris und Loewenstein unterscheiden an der Aggression den anpassenden (adaptive) und den organisierenden (organizing) Aspekt[13]. Auch Gordon W. Allport lehnt eine »monolithische Konzeption der Aggression« ab; der Begriff decke »mehrere unterschiedliche Arten der Tätigkeit, die aus mehreren unterschiedlichen Gründen ausgeübt werden«[14]. Andere Autoren wiederum versuchen, das Problem des Zusammenhangs von Tätigkeit und Zerstörung im Phänomen Aggression durch Einschränkung der Begriffsanwendung zu umgehen (so etwa J. P. Scott[15], der nur die unmittelbare Angriffshandlung als Aggression ver-

12 Ebd.
13 Hartmann – Kris – Loewenstein (89).
14 Allport (2 c), vgl. besonders S. 354 ff.
15 Scott (158 b).

standen wissen will). Ähnlich formuliert Karl Menninger [16]: »Das Wesen der Aggression ist das Zufügen von Verletzung oder wenigstens Schmerz.« In vielen Studien ist überdies die Frage ausgespart, ob Aggression ein primäres Triebgeschehen ist, oder eine »Reaktion«. Zweifellos spielen bei der Beantwortung dieser Frage anthropologische Grundkonzepte eine Rolle. Allport zum Beispiel ist der Auffassung, daß es sich bei der Aggression nicht, wie Freud eher meinte, um ein trieb-bedingtes Geschehen handele, vielmehr um eine »Fähigkeit«. »Sie ist ursprünglich eine Angelegenheit der Reaktion.« Wir können für unsere Zwecke diese Differenz der Auffassungen in ihrer Auswirkung auf metapsychologische Modelle außer acht lassen. Sie verweist aber auf ein Faktum, das in der modernen Psychologie zunehmend an Bedeutung gewinnt: die genauere Unterscheidung von inneren und äußeren Stimulierungen, aus denen ein bestimmtes Verhalten resultiert; die von innen, letztlich aus körperlichen Reizen hervorgehenden Verhaltensabläufe wären dann als die triebhaften, die von äußeren Reizen abhängigen als die »affektiven« zu verstehen. Robert Heiss [17] hat diesen Sachverhalt sehr prägnant formuliert: es sei nicht zu leugnen, »daß nicht nur ›Innenreize‹ körperlicher Art, sondern auch Außenreize einen triebhaften Vorgang in Gang bringen können. Alle Erfahrung lehrt, daß Lebewesen, die mit bestimmten Organen für die Aufnahme von Außenreizen versehen sind, auf diesem Weg in einen Zustand kommen, der seiner psychischen Dynamik nach triebhaft ist«. Und: »Im Felde psychologischer Betrachtung und Forschung stoßen wir allenthalben auf das Zusammenwirken triebhafter und affektiver Komponenten.« Dieser Tatsache hat die Psychoanalyse mit ihrer Lehre von der Bedeutung des »Traumas« zwar von Anfang an Rechnung getragen; unsere Kenntnisse sind hier aber trotzdem alles andere als vollkommen.

Bei den auf Schlüsselreize spezialisierten Lebewesen ist es verhältnismäßig einfach, den Außenreiz zu bestimmen, der eine Triebhandlung auslöst. Beim Menschen, diesem »Spezialisten auf Nichtspezialisiertsein« (K. Lorenz), kompliziert sich die Lage außerordentlich. »Welcher affektive Reiz im gegebenen Fall den Triebmechanismus entsperrt und auslöst, wieweit ferner ein Triebmechanismus auf diesen oder jenen Reiz antwortet und für viele Außenreize offensteht, ist immer nur von Fall zu Fall zu ent-

16 Menninger (126 b).
17 Heiss (96), vgl. besonders S. 258 ff.

scheiden.«[18] Das, was der künftigen Forschung noch zu tun bleibt, ist, die Brücke zu schlagen von der bloßen Kasuistik zur Einsicht in qualifizierte Reizgruppierungen mit allgemeiner, signifikanter Auslösungskraft. Hier ist besonders auf die Studien von René Spitz[19] über die Anbahnung der frühesten Objektbeziehungen und die Reaktionsformen hinzuweisen. Je größer das Umweltfeld und je reicher es an Inhalten wird, desto schwieriger ist naturgemäß die Einsicht in die spezifisch affekterregenden Außenreize, die sich in der Stimulierung oder Dämpfung von Triebverhalten auswirken. Schwere affektive Belastungen beeinflussen beide Grundtriebe; das gleiche gilt für die entlastenden Affekte. So schreibt Spitz: »Es ist die Beziehung zum Liebesobjekt, die dem Kind die Möglichkeit eröffnet, seine aggressive Triebhaftigkeit auf alle mögliche Weise zu entlasten, wie sie gerade durch das Verhalten dieses Liebesobjektes provoziert wird.«[20]

Alle diese Überlegungen könnten dazu verleiten, das Wesen menschlichen Verhaltens als ein Gleichungsspiel zwischen Außen- und Leibreizen zu definieren. Die Möglichkeit *spontanen* Verhaltens bliebe dabei völlig unberücksichtigt. Spontaneität ist in jedem Falle auf triebhafte und affektive Reizung angewiesen. Ihre Eigenart besteht aber in der *Kombinationsfreiheit* der Antwort auf diese Reize, zu der auch die Freiheit der Entscheidung über die Sublimierungsrichtungen gehört. Da menschliches Verhalten, speziell das Sozialverhalten, nicht vorwiegend instinktreguliert ist, bleibt, im Unterschied zum tierischen Verhalten, immer ein mehr oder minder großer Rest disponibler Triebspannung, der sich als Antriebsüberschuß bezeichnen läßt. (Von ihm lebt zum Beispiel die Neugier.) Spontaneität in der Herstellung affektiver Kontakte zu anderen Individuen wie zu Dingen wird um so ungehinderter im Verhalten sichtbar, je weniger das Individuum zur Anwendung rigider Abwehrmechanismen gegen die Wahrnehmung von Trieb- und Affektreizen in sich selbst gezwungen ist. Es geht also um die Alternative zwischen wachsender Spontaneität oder wachsender Rigidität. Je weniger Triebenergie dem Ich für die Zuwendung zu den Objekten bleibt, desto unflexibler wird das Verhalten sein.

Da Spontaneität auch in stabilisierte, zum Beispiel durch Tabus gesicherte Sozialbereiche eingreifen kann, erfährt sie im allgemeinen eine höchst widersprüchliche Einschätzung. In den Sanktionsdrohungen gegen

18 Ebd.
19 Spitz (165, 167, 171).
20 Ebd.

jede als unbefugt geltende Neugier zeigt sich häufig die lokale Willkür der sozialen Wertsetzungen. Insofern Psychoanalyse sich der Spontaneität der Einfälle bedient, kann sie nicht konformistisch schlechthin wirken. Der Umbau des Über-Ich von einer unbewußt wirkenden, zwanghaft verinnerlichten Exekutive sozialer Normen zu einer von Spontaneität, Realitätseinsicht und Realitätskritik geleiteten, entscheidungsfähigen Instanz, mit welcher das Ich sich verhandelnd auseinanderzusetzen vermag, ist – wie in jeder gelingenden psychoanalytischen Therapie – ein Vorgang der Aufklärung, dem die kollektiven Übereinkommen und die sozialen Wertbegriffe unterworfen werden. Es wäre aber töricht zu leugnen, daß es Tendenzen unter Psychoanalytikern gibt, die – wie Adorno sagt – auf eine Stärkung der Verdrängung zum Zwecke der Anpassung an die »unversöhnte Welt«[21] hinauslaufen. Anpassung um diesen Preis ist jedoch Stärkung der Intoleranz, Stärkung des Über-Ich. Solche »Pflege des Über-Ich schneidet willkürlich die psychoanalytische Aufklärung ab«[22].

Diese Überlegungen lassen sich an Freuds Vorstellung von Heilung exemplifizieren. Er schreibt in ›Die endliche und die unendliche Analyse‹[23], daß man sagen könne, »die Analyse habe mit ihrem Anspruch, sie heile Neurosen durch die Sicherung der Triebbeherrschung, in der Theorie immer recht, in der Praxis nicht immer. Und zwar darum, weil es ihr nicht immer gelingt, die Grundlagen der Triebbeherrschung in genügendem Ausmaß zu sichern.« Freud hoffte, daß es gelingen würde, mehr und mehr von der inneren Triebrealität ohne vorzeitige Angstsignalisierung wahrnehmen zu können, damit sich ein elastischeres Gleichgewicht, eine die Schwingungen von Affekten und Triebbedürfnissen auffangende Homöostase zwischen Ich, Über-Ich und Es herstellt. Was er aber nicht in Frage zu stellen scheint – bei differenzierender Betrachtung tatsächlich aber doch tut – sind die Gebote der sozialen Außenwelt, auf die hin die Triebbeherrschung geleistet werden soll. Wie die Analyse vielfach gezeigt hat, ist mißlingende Triebbeherrschung oft auf die massive Verführung durch die Gesellschaft zurückzuführen, gerade solche Triebe ungezügelt zu nutzen, die in ihrem offiziellen Wertkodex gleichzeitig abgewertet sind. Solche Widersprüche sind im täglichen Leben überaus verbreitet, besonders dort, wo zwischenmenschliche Interessenkonflikte oder Konflikte zwischen

21 Adorno (1 b).
22 Ebd.
23 Freud (58), S. 74.

Ich und Über-Ich oder Ich und Ideal-Ich auftauchen. Ihnen ist das Ich häufig nicht gewachsen; es zieht sich auf die konformistische Ausübung einer Rolle zurück. Hat man die Rolle erst einmal übernommen, so ist das Quälende des Widerspruchs kaum noch fühlbar. Die Rolle stellt Übereinstimmung her und sichert so jene Anspruchslosigkeit, die das Paradoxe mühelos ertragen läßt.

Die organpathologisch denkende naturwissenschaftliche Medizin hat die Bedeutung der Dynamik der Erlebnisverarbeitung unterschätzt. Die Psychoanalyse hat das wettgemacht. Doch auch sie sucht nach einem Verständnis der überall gegenwärtigen Interdependenz von 1. Trieb- und Affektmanipulierungen, welche die Gesellschaft dem Individuum oktroyiert, und 2. den Reifungs- oder Fixierungsprozessen, welche aus der individuellen Kranken- und Lebensgeschichte herrühren. Angesichts der Komplexität des Geschehens ist es sicher berechtigt, wenn Soziologen die vorschnellen Versuche zu einer Auflösung ihrer Aussagen in Sozialpsychologie abwehren. Das Gewicht der Institutionen der sozialen Welt, ihre Normen- und Rollenmuster, Vorurteilsorientierungen usw. zu unterschätzen hieße, ihren mächtigen Einfluß auf das individuelle Verhalten zu unterschlagen. Freud hat sich dieser Unterschätzung nie schuldig gemacht. In seiner oben zitierten Abhandlung fährt er fort: »Die entscheidende Tatsache ist nämlich, daß die Abwehrmechanismen gegen einstige Gefahren in der Kur als Widerstände gegen die Heilung wiederkehren.« Hier ist eindeutig von der Durchgängigkeit der Bedrohung des Individuums durch die Gesellschaft die Rede. Die Angst vor den »einstigen Gefahren«, die das erwachsene Individuum immer noch beherrscht, verdeckt nicht selten die größeren Gefahren der anstehenden Lebensphase. Allzu heroische Forderungen und allzu protektionistische Haltungen sind zu vermeiden; die Reichweite psychoanalytischer Möglichkeiten darf auch nicht unterschätzt werden. Es ist zwar richtig, daß sie helfen kann, die in der frühen Kindheit durchlebten Todesdrohungen als Kinderschreck zu klassifizieren; aber sie kann das gleiche nicht mit jenen Schrecken tun, die von erfahrener Unmenschlichkeit als einem tolerierten Sozialverhalten herrühren. Es geht aber auch nicht an, diese Schrecken als »unvermeidlich« hinzustellen – unvermeidlich wie zum Beispiel die Krise der ödipalen Rivalität. Sie sind keine gottgewollten Prüfungen, auch wenn die Rede von der »unverbesserlichen« Natur des Menschen sie für solche ausgibt. Die Psychoanalyse war ausgezogen, das Fürchten vor dem Sexualtabu zu verlernen. Nun stößt sie auf die Aggressionstabus, deren Behandlung sich vielleicht als noch gefährlicher erweisen wird. Die »Widerstände gegen die Heilung« können nicht unabhängig von dem gesehen werden, was das Individuum in der Gesellschaft zu erwarten hat, sobald es »unwillig« wird. Adorno zitiert Mandevilles These, »daß die privaten Laster öffentliche Tugenden seien«, und wendet sie provokatorisch auf das Verhältnis von Psychologie und Gesellschaft an: »Das charakterologisch Fragwürdige vertritt vielfach das objektiv Bessere; nicht der normale, eher noch der resistenzfähige Spezialist ist Statthalter der Entfesselung.«[24] Heilung impliziert also nicht nur Versöhnung mit der eigenen Geschichte, dem eigenen Wesen, sondern auch Wachsamkeit und Unversöhnlichkeit gegenüber den Verlockungen durch »öffentliche Tugenden«. Die »einstigen Gefahren«, von denen Freud spricht, sind – was die Destruktionsbereitschaft betrifft – frühe Signalements der permanenten Bedrohung. Kein Wunder, daß hier oft allein die Regression eine Entlastung zu bringen scheint. Das Glück des David ist eine mythologische Warnung an die Hypertrophie, aber kein in die Erziehung oder Nacherziehung transponierbares Vorbild.

Nicht nur bei libidinösen, auch bei aggressiven Regungen bewirkt die Regression ein Verharren in ungelöster Ambivalenz, die keine Eindeutigkeit des Verhaltens zuläßt. Eindeutigkeit darf hier nicht zu primitiv verstanden werden. Gemeint ist Entschiedenheit, die nicht leicht durch kontrastierende Triebe und Affekte gebrochen werden kann. Ich-Identität im Sinne von E. H. Erikson[25] ist nämlich erst dann ein erreichbares Ziel, wenn der Zustand der »Nach-Ambivalenz« (K. Abraham[26]) erklommen ist. Da also die Ambivalenz gerade eines der Hindernisse einer in mancher Hinsicht »nonkonformistischen«, d. h. einer spontaneitäts- und aktivitätserfüllten, einer produktiven Anpassung ist, sei dazu noch eine kurze Anmerkung gemacht.

Ambivalenz vollzieht sich offenbar nicht nur als ein Pendeln zwischen gegensätzlichen Affekten, die gegensätzliche Triebhandlungen auslösen, oder in sublimierterer Form als ein Schwanken zwischen Zuwendung und Antipathie, sondern auch als eine *Tendenzverschiebung.* Zuwendung in Liebe (libidinöse Objektbesetzung) hat Triebentladung zum Ziel. Diese kann nicht vollkommen befriedigend erfolgen, ohne daß eine Resonanz

24 Adorno (1 b).
25 Erikson (41), S. 114 ff.
26 Abraham (1 a).

erweckt wird bei dem, dem die Neigung gilt. Sobald die Stufe des Narzißmus überschritten ist, wirkt die *Antwort* integrierend für den Vorgang der Entspannung libidinöser Regung; sie erst garantiert die Konstanz befriedigender Objektbesetzung. Anders bei den negativen Affekten und der Art, wie sie Aggression im eigentlichen Sinn, also den Destruktionstrieb, entschlüsseln. In ihnen ist als Grundelement das Erlebnis der Ohnmacht und der Resonanzlosigkeit enthalten. Deshalb bleibt in ihnen – auch im Falle der faktischen Macht über das Triebobjekt, also der Möglichkeit, es zu vernichten oder zu schädigen – das Enttäuschungserlebnis erhalten. Aus ihm heraus – also aus frustrierter libidinöser Erwartung – erwächst die Rache; gewiß teilen wir damit keine besondere Neuigkeit mit.

Mit dem Begriff der Tendenzverschiebung soll vor allem angedeutet werden, daß die libidinösen Strebungen Entspannung durch das Erwekken des Echos finden (jedenfalls gilt dies für das Individuum, das die narzißtischen Positionen als größere Konfliktquelle überwunden hat). Die libidinöse Strebung ist tendenzkonstant: sie will ihr Objekt erhalten. Die aggressiv-destruktive Strebung hingegen ist in sich tendenzvariabel; wird sie frustriert, so kann eine Regression in die destruktive Tendenz mit dem Ziel der Vergeltung stattfinden.

Die Tendenzverschiebung geschieht dadurch, daß die zurückgedrängten libidinösen Erwartungen Aggression mobilisieren, ohne daß diese mehr als ein Ersatzgefühl, eine Ersatzhandlung schaffte. Haß befriedigt nicht. Viele soziale Vorurteile sind Hilfsmittel solcher Tendenzverschiebung in aggressiver Erregung. Sie täuschen Einsicht vor; der negative Affekt kann sich quasi legitim an das verachtete Objekt heften. De facto bleibt aber im Vorurteil die Fremdheit bestehen. Und Fremdheit erzeugt, sobald sie durch die Enttäuschung, die man an ihr erlebt, Herausforderungscharakter annimmt, die Bereitschaft zur Regression; sie verkleinert die Reizschwelle. Zahllose Alltagserscheinungen bestätigen das. Wenn die Uhr streikt und die Einsicht in die Störungsursache fehlt, beginnt man, sie zu schütteln; wenn das Auto nicht anspringt, wird der Anlasser bis zur Erschöpfung betätigt. Die Affekthandlung will zunächst das Eingeständnis der Einsichtslosigkeit, der Ohnmacht überdecken. Das gilt unverändert, wenn Menschen nicht so funktionieren wie erwartet wurde; wenn die erhoffte Antwort ausblieb.

Die ambivalente Einstellung, die natürlich zu überschätzenden ebenso wie zu unterschätzenden Verkennungen führen kann, geht leicht in einen verschärften Zustand über, wenn die Fähigkeit, Versagungen zu ertragen, gering ist; sie wird aber auch durch die Reaktion der Objekte beeinflußt, denen sie gilt. Wird in der Liebe nicht auch die Aggression geduldet, so perseveriert die Ambivalenzhaltung; die aggressiven Tendenzen werden nicht erfahren und können deshalb auch nicht sublimiert oder neutralisiert werden; sie werden verdrängt und bleiben ich-fremd. Der Anpassungsvorgang muß, um zu gelingen, beide Partner (oder Akteure) umschließen, denn beide sind von ihm betroffen. Die Ambivalenz ist also nicht nur ein Hin und Her, sondern auch ein Vor und Zurück. Keiner libidinösen Objektbesetzung wird ein permanentes »Glück« zuteil, eine immer gleichbleibend harmonisierende Entlastung. Je vielfältiger die Beziehungen zwischen Menschen geknüpft sind, desto größer sind die Möglichkeiten, die Schwankungen des affektiven Kontaktes auszugleichen. Unzweifelhaft ist in dieser Hinsicht die Lage für den Menschen unserer Zivilisation außerordentlich schwierig. Die Spezialisierung erreicht nicht allein die Arbeitsgänge, auch die zwischenmenschlichen Bezüge sind spezialisiert und geprägt von Gefühls- und Erwartungsnormen, die vom Wunsch des einzelnen her häufig gar nicht mehr korrigierbar sind. Auch wer die Reduktion der Ehe auf eine Behausungs- und Sexualgemeinschaft als bedrückend empfindet, kann nicht seinen Arbeitsplatz ins Haus zurückverlegen. Das sind die fatalen Konsequenzen, die sowohl das ausgleichende Verschieben der Affektspannungen in andere gemeinsame Aktivitäten verhindern wie auch prinzipiell die Anpassungsfreude lähmen und das Fortbestehen wechselseitiger Fremdheitsgefühle fördern. So wird eine ohnmächtige Affektspannung genährt, die das Hineinwachsen in tolerante Ambivalenzfreiheit hemmt. Die Anpassung wird oberflächlich funktional. Die Spezialisierung bedingt zwar eine sublimierende Zielverschiebung ursprünglicher Triebrichtungen, aber auf einem so begrenzten, mit dem übrigen aktiven Erleben unzusammenhängenden Feld, daß daneben infantile Haltungen unkultiviert fortdauern. Die Ambivalenz dieser zur Privatsphäre deklarierten, infantil bleibenden Seite der Persönlichkeit versuchen die Massenideologien für ihre Zwecke zu »verwalten«. Wenn die Psychoanalyse dazu beiträgt, daß die widerspruchslose Anpassung an diese Entwicklungstendenz verweigert wird, dann hat sie einen nicht zu verachtenden Beitrag zum künftigen »Schicksal der Menschheit« geleistet.

II

4. Akkomodation und Anpassung

Von Anpassung spricht man in der Biologie, der Physiologie, der Soziologie und Psychologie, also in jeweils ganz eigenständigen Forschungsbereichen, mit sehr unterschiedlichem Begriffsinhalt. Unser Thema ist die Bestimmung der sozialen Anpassung, eines besonderen Verhältnisses von Individuum und Gesellschaft.

Anpassung ist nicht nur Unterwerfung – die neuere Soziologie ist sich dessen voll bewußt –, sie bewirkt nicht zuletzt Veränderungen im bestehenden Milieu. Auch das Individuum kann seine Umgebung zur Anpassung an seine Bedürfnisse zwingen. Ein Beispiel sind die lange sich hinziehenden Kämpfe der Arbeiterklasse um Anerkennung ihres sozialen Status und bessere Bezahlung [27]. Meist sieht man nur die eine Seite: eine durch die technische Zivilisation unstet gewordene Umwelt verlangt rasche, passive Anpassung im Sinne des »Arrangez-vous«, der *Akkomodation*. Das Auge des Menschen, die Muskeln akkomodieren sich den gegebenen Verhältnissen; so vermag sich auch die Lebensform, das Selbstverständnis des einzelnen zu akkomodieren. Nun wird aber der Mensch nicht nur sich neuen Umweltbedingungen akkomodieren, das heißt passiv anpassen; er *assimiliert* sie auch. Assimilation heißt Aufnehmen äußerer Energie in den eigenen Haushalt und ihre Nutzung. In unserem Zusammenhang ist damit gemeint, daß wir uns angebotene Verhaltensformen uns zu eigen machen. Diese mit Forderungscharakter uns angetragenen Verhaltensweisen treffen in uns auf ältere Äußerungsformen unserer Triebnatur. Die Assimilation zwingt uns also, mit unseren eigenen Kräften neu zu disponieren; äußere Realität wird in der Auseinandersetzung mit der inneren »verdaut«, verändert. *Aktive* Anpassung nennen wir das, weil wir die äußeren Objekte auch *uns* anpassen.

Alle Handlungen, die solche Anpassung intendieren oder bewerkstelligen, enthalten zweifellos Elemente von Aggressivität unterschiedlicher Stärke und Verschlüsselung.

Wir alle sind gelegentlich aggressiv, häufig im unrichtigen Moment. Die kurioseste Situation tritt ein, wenn wir aggressiv sind und es nicht be-

27 Siehe auch Mitscherlich (131), z. B. S. 17 ff.

merken. Wir wundern uns dann vielleicht über das Verhalten anderer, zum
Beispiel, wenn sie uns aus dem Wege gehen. Ein Gespräch mit zwei Eng-
ländern kann das illustrieren. Es handelte sich um sehr typische Vertreter
ihrer Sozialkultur, in der die Aggression gebrochen ist durch Selbstkontrolle und als Humor, Ironie – besonders als Selbstironie – erscheint. Mit
Harold Nicolson zu reden: es waren Männer »artigen Benehmens« – gent-
lemen. Die Rede kam auf einen deutschen Gelehrten. Der eine Engländer
erzählte von der Unterhaltung, die er mit ihm geführt hatte. Wieder einmal sei das Thema kollektiven Verhaltens aufgekommen; man sprach von
der Aggressivität der Deutschen. Da begann der Gelehrte sich ins Zeug
zu legen: »Und ich sage Ihnen, die Deutschen sind nicht aggressiv!« rief
er und klopfte mit dem Finger auf die Tischplatte. »Ich saß im übernäch-
sten Zimmer«, sagte der andere Engländer, »und dachte: ›What's the
matter?‹, als ich jemanden sehr laut reden hörte.« Was war geschehen?
Ein Partner lehnte eine Feststellung ab, die vorzubringen nicht ganz ab-
wegig schien. Er war aufgebracht; er widerlegte nicht, er verteidigte mit
Aplomb und machte die Sache aller zu der seinen, er nahm ein Kreuz auf
sich; aber er litt nicht nur, er stritt, er stritt ab, und sein Verhalten widerlegte seine Argumente. Es war kein artiges Benehmen. Dazu würde, wie
unser Beispiel zeigt, ein hoher Grad reflektierter Selbstwahrnehmung –
psychoanalytisch ausgedrückt: Ich-Stärke und Ich-Kontrolle – gehören,
die emotionelle Erregung abzufangen versteht.

5. Zerstörung der Koexistenz

Nehmen wir an, meine eigene Aggression entspränge einer »inneren«
Quelle, ich sei durch eine Bagatelle, »grundlos«, wie mein Bewußtsein mir
sagt, gereizt gewesen und hätte mich bei einer anderen Kleinigkeit, die
mich ärgerte, aggressiv gehenlassen. Mein Partner in diesem Auftritt wird
durch mein Verhalten überrascht; er ist, wie man sagt, betroffen. Wenn
die Intensität meiner Zumutung die Schwelle seiner Toleranz überschreitet, wird er durch mich in aggressive Stimmung versetzt, die vielleicht so
anschwillt, daß er ebenfalls die Beherrschung verliert. Was wir Anpassung
nennen, ist also ein wechselseitiger Vorgang. Durch Erziehung und durch
Bräuche versuchen wir, Konfliktzonen der geschilderten Art zu umgehen

oder aber Techniken zu erlernen, die uns helfen, aggressive Spannungen auszuhalten.

Diese Spannungen können – wie in Teil I dargestellt – aus mir selbst kommen, einer Triebspannung entspringen (die sich an einem mehr oder weniger zufälligen Außenreiz entzündet), oder durch das Verhalten anderer kann in mir ein Affekt erregt werden, der Anschluß an bestehende Triebspannungen in mir findet oder Triebenergien mobilisiert. Anpassung heißt Ermöglichung von Koexistenz dadurch, daß ich triebhaftes wie affektives Gestimmtsein abzufangen und dosiert, bearbeitet (wie im Humor) zu äußern vermag. Nehmen wir jetzt ein extremes Beispiel, in dem durch unangepaßte Aggression diese Koexistenz zerstört wurde. Es handelt sich um eine der erschreckend brutalen Mordtaten, die sich nicht selten in Großstädten mit ausgedehnten unterprivilegierten Zonen – in diesem Falle in New York – zutragen. Otto Zoff [28] berichtete: »Das Opfer war ein 15 Jahre alter Knabe, der einst Kinderlähmung gehabt hatte und sich nur mühsam fortbewegte. Ohne irgendeinen ersichtlichen Grund wurde er von einer Gang von Halbwüchsigen gejagt und totgestochen. Unter seinen Mördern war ein Junge, der, wie er der Polizei ohne weiteres erzählte, schon immer gerne gewußt hätte, wie das ist, ein Messer in menschliches Fleisch zu stoßen. Nachdem er sein Messer in des kranken Kindes Rücken so tief hineingestoßen hatte, daß es beinahe zur Brust wieder herauskam, sagte er: ›Danke vielmals‹!« Der sachliche Bericht, den der Mörder später von seiner Tat gab, scheint uns weniger ein Ausdruck seiner angeborenen »Gefühlskälte« als eines intensiven Abwehrvorganges zu sein. Man könnte sagen, sein Ich »verfremde« die Tat, gebe sich vor sich selbst, nicht nur vor den anderen, so, als sei es von ihr gar nicht betroffen.

Solche »grundlose« Brutalität scheint meist von relativ einfachen Tatsachen ausgelöst zu sein. Aggressive Herausforderung und aggressive Antwort schwingen allmählich aufeinander ein und verstärken sich gegenseitig. Durch die Brutalisierung der kriegerischen Kommunikation, die ja ausdrückliche Tötungsabsichten hat, tritt dann ein neuer Einfluß in Erscheinung, nämlich die *Vergeltungsangst.* Auf dem Gipfel des Paroxysmus ist die innere Wahrnehmung von archaischem Wunschdenken beherrscht, die kritische Realitätskontrolle und damit das Werkzeug des aktiven Anpassungsvollzuges sind völlig ausgeschaltet. Sehr deutlich war das in den Jahren 1944 und 1945 zu beobachten; als der Krieg für Deutschland hoffnungslos verloren war, hielten Militärs und Zivilisten immer noch – in ihrer Vernunft gelähmt – an der Fiktion des Endsiegs fest. In solcher Lage sind Taten und psychischer Selbstschutz, d. h. die Abwehrmechanismen, im wesentlichen von Vergeltungsangst diktiert, die zu grandiosen Verleugnungen führt. Das bewußte Ich ist gezwungen sich diesen Diktaten zu beugen und die phantastischsten Motive zur Rechtfertigung sinnlos destruktiver Handlungen zu liefern. Erstaunlich ist, wie rasch der allergrößte Teil der Menschen, die von solchen wahnähnlichen Fehleinschätzungen der Realität gleichsam befallen waren, wieder zu einem angepaßten Gleichgewicht zurückfindet.

Der Ausgangspunkt aggressiver Durchbrüche als Massenerscheinungen liegt in der Überflutung des einzelnen mit aggressiven Impulsen und Gefühlen, destruktiven Phantasien und Wunschvorstellungen; man könnte geradezu von mächtigen kollektiven Verführungssituationen zur Entbindung destruktiver Energien sprechen. Es gibt aber noch ein anderes, ebenfalls exzentrisches Erscheinungsbild: die Zwangskranken. Sucht man nun nach einer generellen Orientierung, so stellt sich die Frage: ist Aggression vermeidbar? Man kann sie mit einem Blick auf Geschichte und Eigenerfahrung rasch beantworten: Offenbar ist dies nicht der Fall. Wir wissen, daß die Gesellschaft periodisch ihren Mitgliedern die Erlaubnis zur grausamen Unterdrückung und zur Tötung von Artgenossen, die zu tödlichen Feinden erklärt werden, gibt. Dies ist nicht die Ausnahme, sondern hat als eine andere Regel zu gelten.

6. Kollektive Aggressionsmeisterung – Gehorsam

Aggressionsmeisterung ist eine der wichtigsten Aufgaben, deren Erfüllung Erziehung und kollektive Bräuche übernehmen und die schließlich dem reifen, mündigen Individuum selbst übertragen wird. Aber ist Aggression ein Trieb, etwas Ursprüngliches, oder ist sie reaktiv – also doch vermeidbar? Die Antworten auf diese Frage waren immer widersprüchlich. Wenn wir die großen, die klassischen und kulturbestimmenden Leitbilder betrachten, die Menschen sich von sich selbst gemacht haben, so kann man sie nach Weisheitslehren und nach Wunschsystemen trennen. Den ersteren zufolge ist der Mensch liebend *und* zerstörerisch, die letzteren verlangen von ihm, daß er »gut« sei. Zu dieser »Güte« gehört freilich, daß er zuweilen für seinen Gott, für seinen Herrn, für eine Idee zu rauben, zu morden, zu schänden und zu zerstören bereit ist. Durch einen spezifischen seelischen Prozeß wird dieser Widerspruch aufgehoben: den Gehorsam. Er ist unbedingtes Vollzugsorgan der Anpassung. Das Kriterium der menschlichen Güte wäre demnach der Gehorsam, passive Anpassung. Das Faktum ist: Weisheitslehren, die das Zerstörerische denkend zulassen (ohne es als Sünde zu verdammen), die es durch Einsicht, Wissen, Leiden überwinden wollen – in einer Überwindung der *natura humana* –, haben sich nirgendwo in der Welt als soziale Organisationsprinzipien durchsetzen können. Das ist der Grund, warum zum Beispiel nicht die Heiligen die Kirchen regieren. Man muß zur menschlichen Lebenswirklichkeit die Lust an Krieg, Verbrechen, Grausamkeit, Heimtücke ebenso hinzurechnen wie Friedfertigkeit, Steuerehrlichkeit, Vertrags- und Freundschaftstreue, Rücksicht und Vorsicht, Liebeslust. Beide Seiten scheinen starker organisierender Zugriffe zu bedürfen, Zugriffe, die das Energiefeld der Person mit drastischen und mit magischen Praktiken ordnen. Wir neigen zur Auffassung, Aggression gehöre zum Wesen des Menschen wie die Organe, deren sie sich bedient – sie könne nur gemildert werden.[29]

Kehren wir zu den erwähnten jugendlichen Mördern und zu den Zwangskranken zurück, die ihre Mordimpulse rituell auszulöschen versuchen. Die Mörder haben zur falschen Zeit am falschen Platz gemordet. Hätten sie einem Kreuzfahrerheer, einer Terroristengruppe mit nationa-

---

29 An dieser Stelle sei an die Studie von Hans Kunz über ›Die Rolle der Aggressivität im menschlichen Leben‹ (in: Kunz, 115) erinnert. Kunz ist der Auffassung, daß es »spontane Aggressivität und Destruktivität« wahrscheinlich nicht gibt, daß sie aber auch nicht, wie etwa W. Reich postuliert hat, aus gehemmten Regungen ableitbar sei. »Sie gehört als konstitutives Ingrediens zur ›affektiven Natur‹ des Menschen, wenngleich sie nur auf reaktive Weise zur Aktualisierung gelangt« (S. 72). Die schwierige triebtheoretische Frage nach einem primären Triebpaar (Eros – Destrudo) oder nach der reaktiven Herkunft der Aggressivität ist mit unseren gegenwärtigen Kenntnissen kaum eindeutig zu beantworten. Jedenfalls haben wir es bei der Aggressivität – wie ihre letzten bewegenden Kräfte auch geartet sein mögen – mit einem »konstitutiven« Element des menschlichen Verhaltens zu tun.

len Befreiungszielen angehört, so hätte ihnen ein Gruppengewissen die
Erfahrung gestattet, wie es ist, wenn man ein Messer in menschliches
Fleisch stößt. Die Zwangskranken aber würde eine solche kollektive Befreiung vom Tötungstabu nicht beruhigen können. Was sie mit einem un-
ablässigen Anpassungsanspruch überfordert, ist ein Gewissen, das nicht
von außen zum Schweigen gebracht werden kann, das nicht unter äußeren Versuchungssituationen ins Schwanken gerät, sondern das als eine
Instanz *in* ihnen ist, die deshalb aber nicht weniger fern vom Ich bleibt
und ihre Sühnegebote erteilt. Die Überempfindlichkeit des Gewissens gegen aggressive Impulse wie auch seine Unempfindlichkeit sind Anzeichen
dafür, daß der sozialen Anpassung lange Stadien vorangehen; in ihnen
erfährt ein primäres Triebgeschehen sein charakteristisches Schicksal.

7. *Energetisches Radikal: Destrudo*

Was wir also zu beantworten versuchen sollten, ist nicht die Frage, ob Aggression etwas Angeborenes sei, sondern wie sie aussieht, wenn der Mensch
geboren wird, wenn er sich entwickelt; wie sie ihn durch die Stationen seines Lebensweges begleitet. Denn überall stoßen wir auf sie. Wir halten
das, was der Aggression als motorisch belebende Energie zugrunde liegt,
für eine nicht weiter auflösbare Grundkraft und nennen sie einen Trieb.
Dabei vergewissern wir uns, daß »Triebe« theoretische Begriffe sind – man
sieht sie nicht, man muß sie denken [30]. Da der Triebbegriff in letzter Zeit
generell kritisiert wurde (insbesondere von philosophierenden Ärzten),
muß man sich vergegenwärtigen, daß er der Praxis dient, mindestens
nicht abgelöst von ihr entstanden ist. In dieser Praxis will man menschliches Verhalten ändern, um damit von Leiden am falschen Ort zu heilen.

30 Vgl. Freud (62), S. 101: »Die Trieblehre ist sozusagen unsere Mythologie.
Die Triebe sind mythische Wesen, großartig in ihrer Unbestimmtheit. Wir können in unserer Arbeit keinen Augenblick von ihnen absehen und sind dabei nie
sicher, sie scharf zu sehen.« – Wenn H. Kunz dazu (115, S. 48) bemerkt: »Aber
eine ›Mythologie‹ ist doch wohl nicht das, wessen wir in der Psychologie bedürfen«, so wird der Psychoanalytiker dieses »sozusagen unsere Mythologie« gerne
in »unsere Arbeitshypothese« umzubenennen bereit sein. Als Arbeitshypothese
bleibt die Triebtheorie Freuds so lange legitim, wie kein anthropologisches Konzept aufgetaucht ist, welches das mit Triebverhalten umschriebene Geschehen prä-
gnanter, differenzierter und mehr Einsicht vermittelnd aufzufassen gestattet.

Wen diese Absicht nicht berührt, kann gewiß darauf verzichten, im menschlichen Verhalten energetische Radikale zu ermitteln; wem sie zentral wichtig ist, der wird »energetisch« denken müssen und nicht in der phänomenologischen Analyse verharren dürfen. Denn eine solche Analyse führt zu einem uferlosen Triebkatalog (Selbsterhaltungs-, Macht-, Geltungs-, Nahrungs-, Imitations-, Spiel-, Flucht-, Angriffs-, Sozialtrieb usw.). Man kommt mit derartigen deskriptiven Differenzierungen zu keinem tieferen Verständnis des Geschehens. Bei diesem Ungenügen setzte der Ordnungsversuch Freuds ein. »Uns hat immer die Ahnung gerührt, daß hinter diesen vielen kleinen, ausgeliehenen Trieben sich etwas Ernsthaftes und Gewaltiges verbirgt, dem wir uns vorsichtig annähern möchten.«[31] Freud hat das Triebgeschehen dualistisch interpretiert; nach mehreren Revisionen beschrieb er den Antagonismus mit den Schlüsselsymbolen »Eros« und »Destruktionstrieb«. Das Wesentliche an seiner Theorie ist aber nicht in dieser Gruppierung des Verhaltens in zwei Grundstrukturen zu sehen, sondern in der nochmaligen Reduktion auf energetische »Radikale«. Wobei das Wort »Radikal« in Analogie zum chemischen »Radikal«, also einer ungesättigten, ergänzungsbereiten Atomgruppe, verwendet wird, die von einer Verbindung in eine andere übergeführt werden kann. Den »Bedürfnisspannungen« des »Eros« ordnete Freud als Energie die »Libido« zu. Das energetische Radikal des Destruktions- oder Todestriebes bezeichnete er nicht. In seinem unvollendet gebliebenen Manuskript ›Abriß der Psychoanalyse‹ schreibt er: »Für die Energie des Destruktionstriebes fehlt uns ein der Libido analoger Terminus.«[32] Das ist sehr bemerkenswert; wie überhaupt Freud in der ihm eigenen Offenheit beschrieben hat, wie schwer es ihm gefallen sei, sich zur »Anerkennung eines Aggressionstriebes zu entschließen«[33], welcher der »Güte« der menschlichen Natur so widersprechen müsse. In Verfolgung der Gedanken Freuds hat später Paul Federn zur Bezeichnung des destruktiven Energieradikals in der Theorie den Begriff »Mortido« vorgeschlagen, Eduardo Weiss den der »Destrudo«. Der letztere Begriff hat sich seither mehr und mehr, besonders im englischen Schrifttum, durchgesetzt.

Libido und Destrudo stellen Ordnungsbegriffe dar; sie sind arbeitshypothetische Annahmen für die verstehende Bewältigung bestimmter Vor-

31 Freud (62), S. 102.
32 Freud (57), S. 72.
33 Freud (62), S. 110.

gänge unserer Beobachtung. Den energetischen Triebradikalen begegnen wir in der Praxis, selbst in extremen Fällen, nicht. Sie gehören in den »stummen« Bereich der Primärprozesse. Vielmehr trifft zu, wie Anna Freud dies formuliert hat, daß »die zwei Grundtriebe vereinte Kräfte bilden oder gegeneinander handeln« und daß »gerade durch diese Kombination die Phänomene des Lebens entstehen«[34].

Das Konzept von zwei energetischen Grundvorgängen hat zu einer entscheidenden Erweiterung unseres Verständnisses menschlicher Verhaltensweisen geführt. Es erlaubt nicht nur neue Interpretationen beobachtbarer Vorgänge, brachte vielmehr überhaupt Neues zur Beobachtung bei. Die Beschreibung eines Vorgangs wie der Triebverwandlung[35], der Triebmischung und des Zerfalls von Triebmischungen mag dem unbeteiligten Betrachter wie mechanistische Spielerei erscheinen. Wer in der konkreten Situation den Ablauf eines Geschehnisses mit diesen Begriffshilfen zu interpretieren und dem, der solchen Energieumsetzungen hilflos preisgegeben war, Einsicht zu vermitteln vermochte, wird sich kaum an der Mythologie, die jeder Begriffssprache anhaftet, stören. Mythologien haben die Aufgabe, das Unbekannte darstellbar zu machen. Diese pragmatische Brauchbarkeit entscheidet darüber, ob sie in Gebrauch bleiben.

8. Bedürfnisspannung und Zwang

Wenn wir vom Konzept einer dualistischen Triebtheorie ausgehen, so lassen sich Einzelheiten am Anpassungsvorgang unterscheiden. Die beiden radikalen Grundenergien müssen kultiviert, gebändigt, kurz: in ihrer Beziehung zu den Vollzugsorganen gesehen werden, die ihre Äußerung in sozial erträglichen und wünschenswerten Formen zuläßt. Man muß sie in Bahnen lenken, der Beeinflussung öffnen. Während der Kindheit vollzieht sich das auf dem Weg der Identifikation, des Lernens durch Lob und Strafe; später sollen interne Kontrollinstanzen das Werk fortsetzen. Zuerst

34 Freud (54 b).
35 »Daß Triebregungen«, sagt Freud, »aus einer Quelle sich solchen aus anderen anschließen und deren weiteres Schicksal teilen, daß überhaupt eine Triebbefriedigung durch eine andere ersetzt werden kann, sind nach dem Zeugnis der analytischen Erfahrung unzweifelhafte Tatsachen. Gestehen wir nur, daß wir sie nicht besonders gut verstehen« (62, S. 103).

wird der Akkomodationsvorgang verinnerlicht; ein Über-Ich herrscht im Innern wie eine äußere Macht. Dann soll das Ich mit zunehmender Ausdehnung seines Bewußtseins viele Entscheidungen selbst treffen und somit seine Eigenart entfalten: das ist es, was wir als Assimilation bezeichnen.

Zu all diesen Anpassungsleistungen wird durch Einflüsse von zwei Seiten aufgerufen: durch die aus den Trieben stammenden Bedürfnisspannungen und durch die von der Außenwelt her wirkenden Zwänge. Im Fortgang des Lebens werden unablässig neue Triebenergien freigesetzt; wir formen sie in unserem Verhalten unter dem Einfluß dessen, was unsere Umwelt fordert – oder auch zu fordern verfehlt. Von unserem Verhalten wird die Art unserer affektiven Kontakte bestimmt; diese sind aber schon Ausdruck der Vorerfahrungen, die wir im sozialen Umfeld gemacht hatten. Hier müssen wir allerdings eingestehen, daß wir noch nicht in der Lage sind, klar zu erkennen, was zum Gelingen der Akkomodation und, von ihr aus weiter, zur Assimilation gehört, mit anderen Worten: welcher Weg zu einer gelungenen Anpassung führt. Hingegen verfügen wir über viele schlüssige Beobachtungen von Vorfällen, welche die Anpassung erschweren oder partiell überhaupt verhindern.

Von dem jugendlichen Mörder können wir sagen – oder seine Vorgeschichte zu kennen, gleichsam in einer Blinddiagnose –, daß seine Tat Ausdruck eines »frustration behavior« (Norman Maier) ist. Wie geordnet im äußerlichen Aspekt das Milieu gewesen sein mag, aus dem er stammt, es muß ihm jene Zuwendung gefehlt haben, die es ihm erlaubt hätte, wie Erikson sagt, »Urvertrauen«[36] zu schöpfen. Es muß die Möglichkeit gefehlt haben, haltbare Identifikationen als dauerhafte Grundlage der Persönlichkeit aufzubauen. Es muß die Erfahrung gefehlt haben, daß da ein anderer ist, der gibt und fordert. Nur im Erfahren des anderen, der sich zuwendet, kann soziale Realität überhaupt entstehen. Sie bahnt allen weiteren Zuwendungen (Objektbesetzungen), in denen Geben und Nehmen gelernt wird, den Weg. Hier vollziehen sich die lebensbestimmenden ersten Triebmischungen. Wie die Respektierung des anderen aus solchen Grunderfahrungen gelernt wurde, entscheidet dann darüber, welch höheren oder niederen Grad von »Kultureignung« das Individuum erwirbt; ob seine Anpassung sich auch unter Verführungs- und Versagungssituationen als haltbar erweist oder ob sie eine mehr oder weniger dem äußeren

36 Erikson (39).

Zwang sich beugende »Kulturheuchelei« [37], d. h. nur eine opportunistische, oberflächliche Akkomodation ist. Welchen Weg die Entwicklung
nimmt, hängt also von Art und Ausmaß der libidinösen Zuwendung ab,
davon also, wie sehr (oder wenig) das Kind geliebt wird. Nur wer selbst
geliebt worden ist, wird auch zu lieben gelernt haben. Da Liebe zum Kind
ein hohes Maß von Toleranz für dessen ungekonnte, noch nicht integrierte
Aggressivität voraussetzt, gibt sie die Richtschnur dafür ab, wie umfäng-
lich und wie haltbar die Triebmischung von Libido und Destrudo sein
wird.

Von den psychoanalytischen Erfahrungen her kann man also sagen,
Anpassung muß Triebmischung befördern, die Umwelt muß diesen Vorgang unterstützen und die libidinöse Besetzung muß dabei in die höhere,
die leitende Funktion gelangen können. Dem Kind müssen die libidinösen
Objektbesetzungen erleichtert werden, und man darf es nicht daran hindern, zugleich mit diesen Besetzungen aggressive Bedürfnisspannungen
zu befriedigen.

9. Fehlanpassung

Unsere theoretischen Überlegungen verlangen nach einer Ergänzung. Wir
können an den Radikalen Libido und Destrudo qualitative Unterschiede
beobachten. Der Libido eignet eine höhere Tendenz zur Mobilität; sie
kann in der Besetzung von Objekt zu Objekt fortschreiten, ohne das hinter
ihr Liegende zerstören zu müssen. In der Triebentmischung wird über-
deutlich, daß Aggression als objektzerstörende Kraft ohne die Legierung
mit Libido keine Sublimierungsfähigkeit besitzt. Schlägt deshalb das
Führungsverhältnis um, führt in der Objektbesetzung die destruktive
Energie und folgt ihr die libidinöse als geführte nach, so sind Perversion
und Asozialität die Folge. Genau in dieser Lage scheint sich unser jugendlicher Mörder befunden zu haben. Es ist nicht schwer, sein Verhalten auch von der libidinösen Seite her zu intepretieren: indem man sagt,
daß ihm das Messer zur Lösung seiner gesteigerten sexuellen Bedürfnis-
spannung als eine Art Vollzugsorgan gedient habe. Sein Dank an das un-
glückliche Opfer wird sicher mißverstanden, wenn man nur den Zynis-

37 Freud (67), S. 332.

mus sieht; er ist ohne Zweifel auch ein Ausdruck ohnmächtiger, von der Destruktion überwältigter Liebesbedürfnisse.

Ein weiteres Beispiel mag zur Erläuterung der Vielschichtigkeit des Anpassungsvorgangs beitragen. Ein junger Patient, ein Student mit einer sogenannten »ambulatorischen Schizophrenie« (Zilboorg[38]), zeigt die für den Schizophrenen charakteristische schlechte Realitätsangepaßtheit; er hat in vieler Hinsicht ein bizarres und auffälliges Benehmen. Er, der sonst sehr »abwesend« erscheint, nimmt auf der Straße Lehrer oder auch seine Eltern regelmäßig früher wahr als diese ihn und geht ihnen aus dem Wege. Die Erklärung, es handle sich dabei um Verlegenheit, Scheu, Kontaktflucht, hilft kaum weiter. Was sich vollzieht, ist vielmehr ein sehr spezifischer Anpassungsvorgang. Der Patient erlebt den Vater als übermächtig und lebensbedrohend; die Sicherheit, welche ihm die Mutter gewährte, schützte ihn vor diesem Vater nicht. Gegen alle Repräsentanten des Vaters gerät er in eine gesteigerte Alarmbereitschaft. Gerade sie hat auch die Anpassung an seine Triebwelt schwer beeinträchtigt. Die eigenen aggressiven Impulse konnten unter der Dauerwirkung der erwarteten lebensbedrohenden Vergeltung nie konstruktiv entwickelt werden, das heißt, sie konnten nie in eine dauerhafte Triebmischung eingehen. Da aber libidinöse Objektbesetzungen ohne die Hilfe der Aggression ohnmächtig bleiben, entwickelte sich eine extreme Objektverarmung. Die Erscheinung einer Vater-Imago am Horizont signalisiert dem Studenten die eignen, in der Verdrängung gehaltenen destruktiven Impulse, erweckt in ihm ohnmächtige Wut und Haß. Das Ausweichen in eine Seitenstraße ist Teil eines Abwehrmechanismus, der ins Bewußtsein eingreift und dem Ich helfen soll, die im Unbewußten dauernd geübte Verdrängung aufrechtzuerhalten. Der Patient weicht einem unangenehmen *Innenerlebnis* aus und einer Realgefährdung, deren Größe durch die Projektion seiner enormen inneren Gespanntheit verzerrt erlebt wird. Das Ganze ist ein mühsamer Anpassungsvorgang – eine Fehlanpassung.

Ins Allgemeine übersetzt bedeutet dies, daß der Anpassungsvorgang sich ununterbrochen in zwei Richtungen vollzieht, nach innen wie nach der sozialen Mitwelt hin. In der optimalen Anpassung würde aber nicht nur ein Spannungsausgleich zwischen Innen und Außen stattfinden, sondern auch ein neuer Spannungszustand würde entstehen, der nunmehr

38 Zilboorg (194), S. 199.

vom *Ich* ausgeht. Das von infantilen Vorbildern sich befreiende und Real-gefahren angemessen einschätzende Ich wird sich ein gewisses Maß von Freiheit zu erobern und zu erhalten trachten, und zwar sowohl Freiheit gegenüber den Ansprüchen der sozialen Mitwelt wie Freiheit von den unbedingten Ansprüchen innerer Bedürfnisspannungen; schließlich auch Freiheit *für* etwas: für eine vernünftige Durchsetzung der Bedürfnisspannungen. Man kann diesen kaum generell in zulänglicher Weise darstellbaren Freiheitsvollzug vielleicht wiederum am besten an Fällen, in denen er nicht gelingt, deutlich machen. Da sind Menschen, die sich triebhaft, und solche, die sich zwanghaft verhalten: die ersteren haben zwar Triebobjekte, aber sie vermögen sie nur unter dem Einfluß ihrer eigenen Bedürfnisspannungen zu erleben – sie erleben also keine zwischenmenschliche Realität im eigentlichen Sinne; die letzteren, die Zwanghaften, sind so sehr der Auseinandersetzung mit ihren inneren, verzerrten Objekten verhaftet, daß ihnen eine Bewältigung der äußeren, realen Objektbeziehungen unmöglich wird. Wiederum andere Menschen werden durch Aggression von außen gelähmt. In ihnen entsteht Angst, die sie aktionsunfähig macht. Sie ähneln unserem schizophrenen Patienten. Sie können die aggressiven Tendenzen ihrer Mitmenschen gar nicht adäquat erfassen, sondern erleben jede Aggression sofort überhöht, weil sie durch die dauernde Verdrängungsarbeit an ihrer eigenen, nicht integrierten Aggression gegen jedes Angriffsziel sensibilisiert sind. Die Lähmung, die sie angesichts äußerer Akte der Aggression überfällt, macht sie zu schwachen, wehrlosen oder allzu freundlichen Menschen. Genetisch entstammt ihre Angst der eigenen unbewältigten Aggression. Sie sind diejenigen, die sich Autoritäten gegenüber nicht behaupten können; ein großer Teil der Konformisten, mit David Riesman zu sprechen: der »außengelenkten« Menschen, gehört zu dieser Gruppe.

Den Gegentypus stellen jene dar, bei denen Aggression, die sie von außen erfahren, den reaktiven Druck der inneren Aggression so verstärkt, daß es zur Explosion kommt, zu einer Explosion, die sich dann in Kettenreaktionen hin- und hergehender aggressiver Akte fortsetzt. Solche Leute stellen das Kontingent der »trouble-makers«, die in ewigem Streit mit der Autorität liegen. Aber auch sie bleiben im *acting-out*, der ewigen Fehde stecken, kommen nicht eigentlich zur Aktivität, ebenso wie die erstgenannte Gruppe in ihrer passiven Anpassung nicht Aktivität hervorbringt, die dem Ich Freiheit garantierte. »Aktivität« heißt hier: Handeln aus gelungener Legierung von Libido und Destrudo, also »gekonnte« Aggressivität. Das Unbehagen, das beide Typen nicht nur hervorrufen, sondern vor allem in sich erleiden, stammt aus der Freiheit vernichtenden Angst vor der inneren Eigenaggression, aus ihrer Schuldangst. Die einen weichen blindlings zurück, die anderen stoßen blindlings vor.

10. Anpassung an das eigene Denken

Man muß schließlich noch einen dritten Anpassungsvorgang beachten, der die Anpassung erst zur gelungenen macht; ich will ihn versuchsweise *Anpassung an das eigene Denken* nennen. Dem Ich fällt es im Rahmen der Erlebnisvorgänge und des Erinnerns zu, das Denken von den Zumutungen der 'inneren Bedürfnisspannungen wie der Übergriffe aus der Umwelt frei zu halten. Diese besondere Form der Anpassung, wie sie sich hier vollzieht, läßt sich im Effekt dahin zusammenfassen: man bewahrt sich die Freiheit seines Denkens, aber dieses (gleiche) Denken schützt meinen Nachbarn vor meinem Angriff. Die Anpassungsformel würde lauten: man kann aktiv sozial leben, weil man eigene Denkfähigkeit entwickelt hat. Ein wichtiges Element dieses Vorgangs der Anpassung an das eigene Denken ist seine Ausnutzung für das »Probehandeln«: der die Selbstbefreiung einleitende Tabufrevel wird zunächst *gedacht;* es wird nicht blindlings gehandelt, sondern erst nach der Einübung ins Denken.

Um zu wiederholen: die Anpassungshilfe, die wir von den wichtigen Schlüsselfiguren unseres Lebens erfahren, hilft uns dabei, zu Triebmischungen zu gelangen, in denen der libidinöse Anteil in der führenden Funktion bleibt. Andererseits kann uns nur eine liebend-tolerante und doch begrenzte Zuwendung dahin bringen, den Mitmenschen anzuerkennen, also soziale Sensibilität zu entwickeln. Rücksicht ist der wirksame Schutz vor Triebentmischungen zerstörerischer Art. Wenn diese Anpassungshilfen zur rechten Zeit und mit der rechten Ausdauer gewährt werden, gelingt es dem Ich, sich von der unmittelbaren Bevormundung zu befreien. Das bedeutet einen entschiedenen Fortschritt, weil bei noch so gutem Kontakt mit den primären Beziehungspersonen Energie in ambivalenten Bindungen gleichsam eingefroren bleibt, auf die in der späteren Entwicklung nicht verzichtet werden kann.

Denken bedeutet immer Eroberung von Unabhängigkeit. Unabhängig-

keit heißt aber nicht Realitätsverleugnung, sondern erweiterte Realitätseinsicht. Dabei bleibt die Erlebnisrealität immer noch von den emotionellen Urerfahrungen geprägt. Das Denken vermag nur sehr schwer an der
zwingenden Kraft, die von diesen Erfahrungen ausgeht, d. h. an den Erwartungshaltungen, zu rütteln. Wer nicht in den vor den bewußten Erfahrungen liegenden Perioden seines Lebens »Urvertrauen«, eine Phase
extremer Abhängigkeit, erlebt hat, wird sich dieses Geborgenheitsgefühl
später nur mit unsäglicher Mühe durch Freiheit des Denkens erwerben
können, und wen umgekehrt Kindheitserfahrungen an eine paranoide
Position fixiert haben, der findet nur schwer die Gelassenheit des Vertrauens. In der Anpassung erfährt der Mensch einen Teil seines Schicksals.
Von Willensfreiheit ist insofern keine Rede, als er sich sein Ursprungsschicksal nicht wählen kann; von Fatalismus aber auch nicht, weil unser
Verhalten sicherlich nicht voll durch unsere erbgenetischen Anlagen und
durch das soziale Ursprungsschicksal bestimmt wird. Wir schaffen Freiheit
und Unfreiheit, Glück und Unglück, und wo wir uns dabei auf unsere Natur, auf unseren »Charakter« berufen, von dem dies alles abhängen soll,
entschuldigen wir uns nur unzureichend. Uns allen ist offenbar die Aufgabe gestellt, es bis zur *denkenden Anpassung*, bis zum überlegten Verhalten zu bringen, unzweifelhaft eine Forderung, die ein großes Stück
Überforderung enthält, weil für manche Menschen die Ausgangslage ihres Lebens in der Tat überaus beklagenswert ist.

Wir haben eingangs ein Problem der Völkerverständigung erwähnt;
werfen wir zum Schluß nochmals einen Blick aufs Große. Die Lage, in
der wir uns befinden, ist besonders prekär geworden, weil eine alte Praxis
gegen Anpassungsschwierigkeiten heute nicht mehr durchzuhalten ist.
Wir alle sind nur partial sozialisiert und müssen Verzichte leisten, die unsere Triebnatur nur höchst widerwillig hinnimmt. Da Erziehen zu den
drei nicht ideal lösbaren Aufgaben des menschlichen Lebens gehört – die
anderen beiden sind Regieren und Heilen –, wird Fehlanpassung, sei es
aus einem Triebüberschuß, der nicht zu bändigen ist, sei es aus Unvermögen der Eltern oder Indolenz der Gesellschaft, nie verschwinden. Was
tun, wo doch Sozialtypen wie der Gentleman, bei denen die Anpassung
bestens gelungen scheint, neben weniger liebenswerten Vertretern der
gleichen Gesellschaft stehen? Wir werden unsere *trouble-makers* nicht
mehr los; sie können nicht mehr »nach Indien ziehen, über Nacht«, wie
Harold Nicolson [39] schreibt, »riesige Vermögen anhäufen und als Nabobs

nach England zurückkehren« – oder, so muß man hinzufügen, um dort zu verkommen.

Die Menschheit partizipiert aneinander; das hat sie wohl immer getan, aber es drang nicht ins Bewußtsein überlegener Gesellschaften. Burke (der hier nach Nicolson zitiert wird) war, wie auch der vergessene Holländer Multatuli, einer der wenigen, der auch die »Kehrseite der Medaille« sehen wollte. Er beschrieb die Unangepaßten unserer Gesellschaft mit den Augen derer, die in fernen Ländern unter ihnen zu leiden hatten: »Beseelt mit dem Geiz des Alters und dem Ungestüm der Jugend, fallen sie einer nach dem anderen, eine Welle nach der anderen, über das Land; und vor den Augen der Eingeborenen gibt es nichts als eine endlose und hoffnungslose Kette neuer Scharen flüchtiger und beutegieriger Raubvögel.«

Diese Wege sind verbaut und nicht mehr begehbar in einer Welt, in der schon das geringste Vergehen eines fremden Soldaten die nationalen Gefühle in pathetische Wallung bringt. Was sollen wir tun? Bis der Satz eines alten englischen Autors (ebenfalls nach Nicolson) kein Hypokrisie mehr, sondern Wahrheit ist, der Satz nämlich: »Kein Mensch ist weiter davon entfernt, unzerstörbare und unvergessene Rachegefühle zu hegen, als ein Engländer«, bis dieser Satz erstens wahr ist und zweitens nicht nur für Engländer, sondern für uns alle gilt, wird noch ein gutes Stück auf dem Weg der Anpassung zurückzulegen sein; ein Stück voller Gefahren, nicht nur weil heute auf der Ebene kollektiver Aggressionsäußerungen außerordentlich zerstörerische Mittel zur Verfügung stehen, sondern auch deshalb, weil es nicht minder gefährlich scheint, die Aggressionen in massenhaft angebotenen Ersatzhandlungen gleichsam ohne Entgelt zu verlieren oder überhaupt in konformistischer Unterwürfigkeit auf ihre Entwicklung, auf ihre Sozialisierung zu verzichten; daraus mag dann freilich jene vielbeklagte Apathie und Interesselosigkeit, jenes Herumlungern an den Ausgabestellen des Wohlfahrtsstaates und jenes planlose individuelle Quälen und Morden resultieren, die ein Merkmal unserer Epoche sind. Den erhöhten Sozialisierungsanspruch wird aber nur die denkende Anpassung einlösen können.

Paula Heimann

Entwicklungssprünge
und das Auftreten der Grausamkeit

I

Es wird die Frage gestellt, wie sich die Erfahrungen der Psychoanalyse
mit denen des Tierforschers verbinden und worin sie sich unterscheiden.
Damit aber ergibt sich für mich eine Reihe von Problemen und Schwierigkeiten, die sich aus der Verschiedenheit der Objekte der beiden Wissenschaften herleiten. Auf diese Begrenzung meines Beitrags möchte ich
von Anfang an hinweisen.

Ich habe Bedenken hinsichtlich der Übereinstimmungen und Gemein-
samkeiten zwischen dem Erforscher der Tiere und dem der Menschen.
Auch bin ich davon beeindruckt oder betroffen, wie häufig der Tierbeob-
achter in seinen Deutungen und Beschreibungen tierischen Verhaltens
Begriffe verwendet, die der menschlichen Psychologie entnommen sind.
Er spricht von Liebe, Haß, Zorn, Mut, Angst, Triumph usw. Damit bringt
er uns das Tier menschlich sehr nahe (»Gänse sind schließlich auch nur Menschen«, sagte eine Mitarbeiterin von Lorenz einmal im Feuer des Diskus-
sionsgefechts). Das hat jedoch seine Gefahren, speziell die Gefahr des An-
thropomorphisierens, bei der Beurteilung von Tieren, auf die Lorenz
selbst aufmerksam macht. Er berichtet von einem illustrativen Beispiel einer Fehldeutung, die ihm unterlief. Während er selbst in seiner Arbeit die
notwendigen Korrekturen vornimmt, kann der Leser seiner Beschreibungen, der an dieser Arbeit nicht teilnimmt, unversehens Analogien für
Identitäten halten.

II

Konrad Lorenz' Buch (125) hat zwei Titel: ›Zur Naturgeschichte der Aggression‹ und ›Das sogenannte Böse‹. Von Freud haben wir gelernt, daß die Sequenz zweier Gedanken einen dritten impliziert. Demnach besagen diese beiden Titel, daß die Kenntnis der Naturwissenschaft, zu der uns dieses Buch verhelfen will, zu der Erkenntnis führt, daß die *Aggression nicht das wirklich Böse ist.*

Unsere Erwartung wird nicht enttäuscht. Anhand zahlreicher sorgfältiger Studien, die faszinierend schön beschrieben sind, zeigt der Autor, daß die Aggression der Tiere elementare, dem Leben dienende Funktionen erfüllt. Von besonderem Interesse ist die Aggression, die gegen gleichartige Tiere gerichtet ist. Sie dient der Arterhaltung, für die Revierbesitz, Nahrung, Paarung, Brutpflege die Vorbedingungen darstellen, und sie ist durch eingebaute Hemmungsvorrichtungen in ihrer Heftigkeit limitiert. So wird das angegriffene Tier nicht ernstlich verletzt, geschweige denn getötet.

Im Laufe der Evolution treten neue Instinkte oder instinktgleich wirkende Motivationen auf, wie die Ritualisierung, die weiterhin im Sinne der Aggressionsreduktion arbeiten. Ihre Macht zeigt sich darin, daß sie, obwohl jünger als die »großen« Instinkte, sich über diese hinwegsetzen können.

Auf diese bei den Tieren entdeckte Entwicklungsrichtung baut K. Lorenz seine Hoffnung in bezug auf den Menschen auf. Er weist darauf hin, daß unsere Sprache anerkennt, daß die Aggression nicht das wirklich Böse ist, denn Aggression stammt von »aggredi«, und das Zugehen auf einen andern muß nicht notwendigerweise auf bösen Motiven basieren. Um jemandem etwas Liebes zu erweisen, muß man auch zu ihm hingehen. Liebe aus der Entfernung ist meistens weniger gut.

Als das wirklich Böse bezeichnet Lorenz das »Prinzip der Lebensvernichtung«. Damit stimme ich überein, aber ich ziehe es vor, dieses Prinzip als Grausamkeit zu definieren, als die Lust am Zerstören, Quälen, Leiden zufügen. Die tierische Aggression, die diesem Prinzip nicht folgt, ist dann von anderer Natur als die Grausamkeit.

Wir lernen aber auch aus Lorenz' Buch, daß es bei Tieren Ausnahmen gibt, Absonderlichkeiten, von denen einige wie ein Vorbild der Perversionen anmuten, wie wir sie bei Menschen kennen. Diese schließen die

Ermordung des Artgenossen ein. Der Aquariumfisch zum Beispiel ermordet sein Weibchen, wenn ihm kein Rivale zur Verfügung steht. Diese Tatsache wird damit erklärt, daß im unnatürlichen Milieu eine Aggressionsstauung erfolgt, die sich als Fehlfunktion der Aggression auswirkt. Hier besteht für mich als Analytikerin eine Schwierigkeit. Die Aggressionsstauung mutet wie eine Anleihe aus der Psychoanalyse an. Ist sie nicht identisch mit dem Begriff des »eingeklemmten Affekts«? Und was die Fehlfunktion angeht, so denke ich an die Fehlhandlungen, die Freud als die geglückten Ausführungen definitiver (unbewußter) Absichten enthüllte. Noch schwieriger für die These der arterhaltenden Aggression der Tiere ist das Verhalten der Mantidenspinnen, bei denen das Weibchen ihren Geschlechtspartner im aktuellen Sexualverkehr auffrißt. Dies geschieht im natürlichen Milieu; es kann sich also nicht um eine »Fehlfunktion« wie im Beispiel des Aquariumfisches handeln. Hier vermute ich, daß das natürliche, naturgegebene Instinktreservoir dieser Tiere extremen Sadismus beim weiblichen und extremen Masochismus beim männlichen Tier einschließt, Mord und Selbstmord. Ich bin kein Tierforscher und kann nur vermuten und fragen.

Im Zusammenhang mit der Entstehung neuer Triebmotivationen im Evolutionsprozeß ergibt sich die Frage, ob nicht auch eine neue Form von Aggression gebildet wurde, bei der die Hemmungstendenzen nicht nur nicht erhöht, sondern im Gegenteil erniedrigt oder sogar außer Funktion gesetzt sind. Diese neue Form von Aggression oder der Ziel- und Funktionswandel der tierischen Aggression würde die Grausamkeit sein, deren Ziel nicht physiologische Selbsterhaltung ist, wie bei der Aggression gegen das artfremde Beutetier, oder die Arterhaltung, wie bei der Aggression gegen artgleiche Tiere, sondern das Lustgefühl, das aus dem Quälen und Zerstören per se gewonnen wird. Was sich bei den Tieren nur als regelwidrige Ausnahme zeigt, könnte in der Evolution beim Menschen zu einem regulären Teil seiner Triebkonstitution geführt haben, und wir müßten bei ihm zwei Arten von Aggression unterscheiden; eine, die er von seinen Tierahnen übernommen hat, und eine andere, eben die Grausamkeit, die nach Lorenz dem Tier abgeht. Auch ohne das Mikroskop der Psychoanalyse ist es nicht möglich, in der menschlichen Psychologie die Grausamkeit zu übersehen. Unsere Erinnerung an den menschlichen Begriff des »Lebensraums« ist noch frisch; und mit ihm wurden die Schleusen zu unbegrenzter und kalkulierter Grausamkeit geöffnet. Was für eine

Variante zum tierischen Streben nach »Revierbesitz«, bei dem ernstliche Verletzung oder Mord vermieden werden. Wir mögen der Ritualisierung in der tierischen Entwicklung, die einen Fortschritt in der Aggressionshemmung darstellt, die menschliche Rationalisierung und Projektion gegenüberstellen, die zügellose Grausamkeit sanktionieren. Es gehört zum psychischen Repertoir des Menschen, daß er noble Ziele erfindet, mit deren Hilfe er seine Zerstörungslust verdeckt und ausführt.

III

Der Begriff der Anpassung steht im Gegensatz zu dem der Befriedigung und bezieht sich auf die psychische Leistung, die durch ein Versagungserlebnis in Gang gesetzt wird. Die Versagung ist durch innere oder äußere Ereignisse verursacht, gewöhnlich durch eine Kombination beider, und resultiert in Unlust. Anpassung setzt ferner den Verlust einer ursprünglichen Befriedigungsquelle voraus, so daß die Anpassungsleistung einen Ersatz, eine Alternativbefriedigung, schaffen muß. Sie ist erfolgreich, wenn die Ersatzbefriedigung subjektiv befriedigend ist, objektiv gesehen das Individuum nicht beschädigt (weder direkt noch über den Umweg der Beschädigung seiner Objekte) und den Weg zur ursprünglichen Befriedigungsquelle nicht blockiert, falls diese besser ist als der Ersatz. Im günstigen Fall schließt die Anpassungsleistung eine Förderung des Ich ein, durch das Erlebnis von Unabhängigkeit, Initiative, Erfindung usw.

Hier sind zwei Beispiele von Anpassung, das eine ist der Beobachtung eines Kleinkindes, das andere der psychoanalytischen Praxis entnommen.

Ein zehn Tage altes Bübchen wachte schreiend auf. Von einer Pflegeperson auf den Arm genommen, fuhr es fort zu schreien und strampelte mit Armen und Beinen. Die Bewegungen des Kopfes mit dem offenen Mund hatten einen suchenden Charakter. Sein Körper fühlte sich gespannt und agitiert an. An einem Punkt gelangte sein Daumen in seinen Mund. Das Kind wurde nun still, hielt den Daumen im Mund – dies war das erste Mal, daß dies beobachtet wurde – und begann an ihm zu saugen. Sein Körper wurde entspannt, seine Gesichtszüge glätteten sich, die unlustvolle Erregung verschwand, das Kind sah zufrieden aus und konzentriert auf seine ruhige und rhythmische Saugtätigkeit. Als seine Mutter ihn an die Brust nahm – vom Erwachen bis zu diesem Moment waren wenige Minuten vergangen – ließ es seinen Daumen gehen, akzeptierte die Brust leicht und unmittelbar, saugte wie vorher und schluckte mit zunehmender Befriedigung. Nachdem es genug getrunken hatte, schlief es ein.

Ein erwachsener Patient kehrte nach den Ferien zur Analyse zurück. Unter seinen Problemen spielte die Intoleranz für Trennungen (»separation anxiety«) eine prominente Rolle, so daß alle Unterbrechungen der Analyse eine schwere Versagung für ihn bedeuteten. Nach solchen Unterbrechungen pflegte er Ärger über die Analytikerin und ein besonders gieriges Verlangen für die Analyse zu zeigen. Dieses Mal aber war er außerordentlich ablehnend und erklärte seinen Entschluß, mit der Analyse aufzuhören. Er brauche sie nicht, sie habe ihm ohnehin nie geholfen, und er könne sein Geld und seine Zeit für bessere Zwecke verwenden. Ohne Analyse in den Ferien wäre er besser daran gewesen.

Nach einigen Stunden wurde er zugänglicher. Er sprach spontan von der großen Hilfe durch die Analyse, wobei er die Befreiung von seinen epilepsie-artigen Anfällen besonders betonte. Dafür sollte er dankbar sein, und das wäre er auch. Er beharrte aber weiter darauf, die Analyse zu beenden. Der Grund hierfür kam nun zur Sprache: In den Ferien war er wieder auf sein altes Symptom, Perversionen mit Prostituierten, verfallen.

Beide, das junge Kind und der Erwachsene erlebten die Unlust der Versagung. Das vom Hunger erweckte Kind fand keine Nahrung, der Patient war ohne die Analyse. Beide suchten und fanden eine Ersatzbefriedigung. Die des Kindes war erfolgreich. Wie beschrieben, verschwand seine unlustvolle Erregung, als es am Daumen zu saugen begann, und als es später den Kontakt mit der Brust verspürte, tauschte es seinen Daumen ohne Zaudern für die Brustwarze ein und fügte zur Aktivität des Saugens die des Schluckens der Milch hinzu. Gesättigt und befriedigt kehrte es dann zum Schlaf zurück, den das Nahrungsbedürfnis unterbrochen hatte. Während der akuten Unlust, auf der Suche nach Befriedigung entdeckte es Lustempfindungen durch den Kontakt zwischen Daumen und Mund, die es dann durch aktives Saugen vermehrte und aufrecht erhielt.

Beobachtungen dieser Art stehen im Einklang mit den aus der analytischen Arbeit gewonnenen Theorien über die frühkindlichen psychischen Prozesse. Zu Beginn des psychischen Lebens herrscht das Lust-Unlust-Prinzip im Rahmen des primären Narzißmus, der einserseits durch halluzinatorische Wunscherfüllung und andererseits durch die mütterliche Fürsorge aufrechterhalten wird. Die motorischen Aktivitäten (Schreien, Strampeln) dienen der Unlustabfuhr, verbunden mit negativer Halluzination, während die positive Halluzination an das auto-erotische Saugen geknüpft ist, so daß die Befriedigung durch das Saugen die Unlust des Hungers übertönen und die Sättigung vortäuschen kann. Wir sprechen von halluzinatorischer Befriedigung durch das auto-erotische Saugen, weil ja der Hunger dadurch nicht gestillt wird, aber das Kind doch eine »wirkliche« Befriedigung erlebt. Verglichen mit dem Nahrungstrieb erscheint der Trieb zum Saugen als eine Alternative.

Aber diese Bezeichnung ist nicht ganz korrekt. Er ist besser als ein Gefährte des Hungertriebs, als ein ihm assoziierter Trieb anzusehen. Die hungerstillende Aktivität des Säuglings besteht aus zwei Komponenten, aus dem Saugen an der Nahrungsquelle und aus dem Schlucken der Milch. Das Daumensaugen benutzt eine dieser Komponenten, es bewegt sich darum in der gleichen Richtung wie das Saugen an der Brustwarze, und dieser Faktor spielt sicherlich eine Rolle in der Bereitschaft, vom auto-erotischen Saugen zum Trinksaugen an der Brust überzugehen. Freud sagte, daß die Libido sich an die großen physiologischen Bedürfnisse »anlehnt«. Wir mögen als Gegenstück hinzufügen, daß die physiologischen Bedürfnisse sich mit der Libido verbinden.

Der Säugling unseres Beispiels entdeckte, erfand, produzierte eine Ersatzbefriedigung, die ihrer Natur nach der Originalbefriedigung ähnelt. Seine dämmernden Ichfunktionen des Erinnerns und Wahrnehmens führten dazu, die Sensationen an der Brustwarze denen des Daumens vorzuziehen, ohne diese als ein vom Selbst differenziertes Objekt zu erkennen. Weil beide, Daumen und Brustwarze, als lustspendend zu seinem narzißtischen Selbst gehören, bedarf es keines Übergangs von dem einen zum andern. Daher der glatte Austausch ohne Zaudern.

Bei dem Erwachsenen mißglückte die Anpassung an die Versagung. Seine Ersatzbefriedigung im Gegensatz zu der des Kindes war in jeder Hinsicht ein Mißerfolg: Sie war subjektiv unbefriedigend und wirkte als Quelle intensiver Konflikte; sie war nicht phasengerecht und nicht Ichfördernd; sie hatte keine innere Verwandtschaft mit dem ursprünglichen Befriedigungserlebnis und blockierte die Rückkehr zu diesem, als es wieder zur Verfügung stand.

Was der Patient nach seiner anfänglichen totalen Ablehnung der Analyse selbst vorbrachte, betraf das Phänomen der Regression in seinem

Verhalten. Bewußt drehten sich seine Konflikte, Scham- und Schuldgefühle darum, daß er infantile Sexualspiele betrieben hätte. Was sich
aber in der weiteren Analyse, besonders seiner Träume, klar zeigte, war
viel ernsterer Natur, nämlich daß er seine Perversionen überhaupt nicht
als sexuell empfand, sondern als grausam. In seinen Phantasien quälte er
seine Objekte, seine Frau, seine Eltern, seine Analytikerin, und es waren
die Vorstellungen, wie er seine Objekte leiden machte und zerstörte, die
ihm Lust gaben und die er mit seinen perversen Aktionen ausführte. Natürlich spielten Gefühle der Kränkung und der Rache für Grausamkeit,
die er sich selbst angetan fühlte, eine Rolle in dem komplizierten Netz-
werk seiner Phantasien. Ich fasse mich kurz, weil es hier nicht um die
Krankengeschichte dieses Patienten geht und Fälle dieser Art allen Analytikern wohl vertraut sind. Mit meiner Erwähnung seiner epilepsie-artigen Anfälle, die er im Lauf der Analyse überwunden hatte, ist bereits
klargeworden, daß der Patient schwere Probleme mit seinen destruktiven
Impulsen hatte, und die Situation, die ich beschreibe, war in der Tat nicht
die erste, in der diese Probleme zur Analyse kamen. Es war Verzweiflung
über seine Grausamkeit, die seinem Entschluß, die Analyse aufzugeben,
zugrunde lag, und in der Verzweiflung war die Grausamkeit vorwiegend
gegen ihn selbst gerichtet. Die Gründe dafür, warum sein Ich bereit war,
sich an diesem Punkt dem grausamen Über-Ich zu unterwerfen, liegen
außerhalb der gegenwärtigen Diskussion. Was ich zu illustrieren versuche,
ist die Rolle der grausamen Impulse im Mißerfolg einer Anpassungsleistung.

Der Einwand mag erhoben werden, daß meine Beispiele einer geglückten und einer mißglückten Anpassung nicht vergleichbar sind. In dem
einen Fall handelt es sich um ein sehr junges Kind mit primitiven psychischen Prozessen, im anderen Fall um einen Erwachsenen mit einer hochkomplizierten psychischen Organisation, die schwere inter- und intra-
strukturelle Konflikte mit sich bringt. Das Kind war gesund, der Erwachsene krank. Für meine Absicht aber sind gerade diese Faktoren wesentlich. Ich vergleiche die Verhaltensweise eines zehn Tage alten Kindes
mit der eines Vierzigjährigen, um zu betonen, daß sogar der ontogenetische Entwicklungsprozeß in einer Spanne von vierzig Jahren gewaltige
Unterschiede schafft. Um wieviel größer müssen die der Spanne zwischen
den Spezies sein!

IV

Pierre Teilhard de Chardin, dem Julian Huxley sich nachdrücklich anschließt, hat die naturwissenschaftliche Entdeckung, daß die Evolution etwas gänzlich Neues hervorbringt, in einer außerordentlich tiefgründigen Weise konzeptualisiert. Er hat den psychologischen Prozessen des Menschen ihren vollen eigenständigen Platz innerhalb des biologischen Geschehens eingeräumt. Ihm zufolge entstand mit dem Schritt (oder Sprung) zum Menschen eine neue Welt, die durch eine neue Art des Bewußtseins determiniert ist. Dieses neue Bewußtsein ist die *Reflexion*, das Wissen, daß man weiß, die Wendung des Bewußtseins nach innen. Bewußtsein ist auch den Tieren zu eigen. Nicht die Erfindung von Werkzeugen, sondern die Selbstreflexion unterscheidet den Menschen von den Tieren, auch den menschenähnlichsten (den Hominiden). Damit aber ist nicht nur ein Unterschied gegeben. »Weil wir reflektiv sind, sind wir nicht nur verschieden, sondern ganz anders. Es handelt sich nicht um einen Gradunterschied, sondern um eine Änderung der Natur...« [1] Von dieser Umwandlung leitet Chardin die Aktivitäten des menschlichen Geistes ab: »Abstraktes Denken, vernunftbasierte Wahl und Erfindungen, Mathematik, Kunst, Raum- und Zeitkalkulationen, Ängste und Träume von Liebe.« [2]

Seine Gedanken sind denen der Psychoanalyse so ähnlich, daß man an viele Stellen Freuds Beschreibungen der psychischen Entwicklung und besonders des Ich und Über-Ich setzen könnte. Was Chardin als »inneres Leben« beschreibt, kommt Freuds Konzept der »psychischen Realität« nahe, obwohl Chardin die Dimension der unbewußten Prozesse ausläßt und nicht darauf eingeht, daß der Mensch in seiner Selbstreflexion zu ihren Grenzen gelangen *muß*, und darum weiß, daß er nicht alles weiß, was in ihm vorgeht.

Psychoanalytische Erfahrungen sind in vollem Einklang mit Chardins nachdrücklichem Hinweis darauf, daß der Entwicklungsverlauf nicht nur gradweise Unterschiede, sondern auch an einem gewissen Punkt ein Anderssein schafft, für das eine neue Art von Bewußtsein und Denken entscheidend ist. Das Prinzip der genetischen Kontinuität darf nicht übertrieben und ad absurdum geführt werden. Wenn das Kind aus der Phase der

---

1 The Phenomenon of Man (146). Introduction by Julian Huxley, S. 166. (Übersetzung d. Verf.)

2 Ebd. S. 165. (Übersetzung d. Verf.)

Undifferenziertheit zur Erkenntnis der Zweiheit von Selbst und Mutter
gelangt oder von der Zwei-Personen-Welt zum Ödipuskomplex fortschreitet, wird es anders und erlebt sich selbst und seine Umwelt als anders.
Oder denken wir an den Fortschritt von der Signalsprache zur artikulier-
ten Wort- und Satzsprache. Das Kind vermehrt nicht einfach das Repertoir seiner Signale, um seine primitiven Bedürfnisse bekanntzumachen, es
erwirbt ein andersartiges Denken, den Sekundärvorgang, und damit das
Bedürfnis nach Gedankenaustausch mit seinen Objekten und nach Hilfe
und Stimulus für begriffliches, abstraktes Denken. Mit der Sprache des
Sekundärvorgangs erwirbt es das Mittel, diese neuartigen Wünsche und
Erlebnisse auszudrücken, zu teilen, mitzuteilen. Ebenso bedeutet der Erwerb der selbständigen Bewegung im Raum nicht eine Erweiterung des
Strampelns, er führt zu vorher nicht erlebten Entdeckungen und Reflexionen über das Selbst und die Objekte. Es handelt sich allemal um eine neue
Innen- und Außenwelt, nicht nur um ein mehr oder um bessere Werkzeuge, sondern um etwas anderes. Diese Beispiele mögen genügen.

In der analytischen Situation sehen wir Entwicklung sowohl im Sinne
von Verschiedenheiten wie von Andersartigkeit, von Wendepunkten zu
etwas gänzlich Neuem. Wenn ein Patient Kontakt mit seinem Unbewußten und Einsicht in seine eigene innere Tiefe erlebt, fühlt er, daß sich ihm
eine neue Welt auftut, die gleichzeitig seine äußere Welt und seine Beziehung zu andern Menschen grundlegend ändert. Er und seine Objekte
werden anders. In seinen Reflexionen über das analytische Erlebnis benutzte ein Patient diese Worte: »Ich bin nicht länger der Mensch, der ich
war.« Damit beschrieb er nicht nur einen Wunsch, sondern auch eine Tatsache. An solchen Wendepunkten ergeben sich neue Konflikte, die neue
Anpassungsleistungen erfordern. Erikson hat für die Adoleszenz den Begriff der »normativen Krisis« geprägt. Ich meine, dieser Begriff gilt für
alle die Fortschritte in der Entwicklung des Kindes, bei denen es sich
nicht um einen gradweisen Unterschied, sondern um ein Anderssein
handelt.

Ich habe die Auffassung eines Naturforschers, daß die Spezies Mensch
mit der Wendung des Bewußtseins nach innen begann, aufgegriffen, weil
sie mit dem Hinweis auf einen spezifisch menschlichen bio-psychologi-
schen Faktor mehr für unser Thema verspricht als das Studium des Verhaltens der Tiere. Das reflektierende Bewußtsein ist jedoch nur *ein* solcher
Faktor und steht in vielfältigen und vieldimensionalen Beziehungen zu

anderen, deren Bedeutung und Wirkungsweisen uns durch Freuds Werk zugänglich geworden sind. Ich denke an die einzigartig lange Periode der Abhängigkeit des menschlichen Kindes von seinen Eltern, den Ödipuskomplex und die Verinnerlichung der Objektbeziehungen, die zur Identifizierung von Subjekt und Objekt und zur Bildung der psychischen Strukturen führt.

Die Abhängigkeit des menschlichen Kindes ist von anderer Natur als die tierische Brutpflege, denn während dieser Periode entwickelt es die leidenschaftlichen Impulse des Erwachsenen ohne die inneren und äußeren Möglichkeiten ihrer Befriedigung. Im Ödipuskomplex erlebt es den mächtigen Ambivalenzkonflikt der Inzestimpulse, gleichzeitig sexuelles Begehren und mörderischen Rivalitätshaß jedem seiner Eltern gegenüber, und so ein Wirrsal von Gefühlen, die kein phylogenetisches Vorbild haben. Beim Wiederaufflammen des Ödipuskomplexes in der Adoleszenz besteht körperliche Geschlechtsreife neben psychischer Unreife. Es mag wohl sein, daß den Tieren Grausamkeitslust abgeht, weil es bei ihnen kein Inzestverbot gibt und sich ihre Rivalität nicht auf die wichtigsten und zutiefst geliebten Objekte erstreckt.

In bewußten und mehr noch in unbewußten Phantasien wird erfüllt, was die äußere Realität versagt. Aber es handelt sich keineswegs nur um Träume von Liebe. Dank den Prozessen der Identifizierung und der Bildung der Über-Ich- und Ich-Idealstrukturen führen die Träume von Grausamkeit, von der Zerstörung der Objekte, zum Erlebnis von grausamen Angriffen gegen das Selbst und zu dem circulus vitiosus von Angst, Grauen, Scham und Schuld zu weiteren grausamen Impulsen gegen die Objekte. Die Tatsache, daß Phantasien psychische Realität besitzen, führt oft zu Verwirrung zwischen äußerer und innerer Realität, zu wahnhaften Mißdeutungen des Verhaltens der realten Objekte und zu destruktiven Aktionen.

Was ich zu zeigen versuche, ist, daß die Anpassungsprobleme des Menschen infolge seiner hochkomplizierten psychischen Struktur nicht auf die der Arterhaltung objektiv dienende Aggression beschränkt sind, sondern daß Grausamkeit ein spezifisch menschliches Anpassungsproblem konstituiert.

V

Für die These seines Buches, daß die Aggression nicht das wirklich Böse ist, ist Lorenz' kurze Diskussion von Freuds Theorie des Todestriebs unerheblich. Ich greife sie aber gern auf, um erneut über diese Theorie nachzudenken.

Freuds Hypothese, daß mit der Entstehung des Lebens zwei entgegengesetzte dynamische Prozesse geschaffen wurden, ist eine großartige integrierende Vorstellung, die das Phänomen der menschlichen Konflikte lückenlos in das Universum einordnet, und seine Analogie zwischen der Entstehung des Lebens und der des Bewußtseins gewinnt erhöhte Bedeutung durch Chardins Forschungen.

Erinnern wir uns an Freuds Darstellung: »Irgend einmal wurden in unbelebter Materie durch eine noch ganz unvorstellbare Krafteinwirkung die Eigenschaften des Lebenden erweckt. Vielleicht war es ein Vorgang, vorbildlich ähnlich jenem andern, der in einer gewissen Schicht der lebenden Materie später das Bewußtsein entstehen ließ. Die damals entstandene Spannung in dem vorhin unbelebten Stoff trachtete danach, sich abzugleichen; es war der erste Trieb gegeben, der, zum Leblosen zurückzukehren ...« (Freud, 60 b, S. 228).

Nicht nur Naturwissenschaftler, auch viele Psychoanalytiker weisen Freuds Hypothese ab. Die Forscher des Naturgeschehens einschließlich des Tierlebens finden keine Evidenz für die Entstehung eines Lebens- und Todestriebs. Ferner wird das Phänomen des Todes auf Zufall zurückgeführt (das schwächere Beutetier gelangt zufällig in den Bereich des stärkeren Freßtieres) und auf das »wear and tear«-Prinzip (die zur Lebenserhaltung notwendigen Organwerkzeuge werden durch Abnutzung untauglich).

Freud selbst betrachtete seine Theorie niemals als einen integralen Teil der Psychoanalyse und modifizierte sie später, indem er den Begriff der Primärmächte des Lebens und Todes einführte und diese von den somatischen Trieben absonderte.

Historisch gesehen, bedeutete seine ursprüngliche Theorie der Antithese zwischen einem Lebens- und Todestrieb als der letzten Quelle menschlicher Konflikte einen Fortschritt. Sie korrigierte die frühere, innerlich widerspruchsvolle Auffassung, daß die Grausamkeit eine Komponente der Libido sei. Lust am Quälen und Zerstören ist von anderer Natur als

Lieben. So trat an die Stelle einer früheren Vermischung von Begriffen der klare Begriff der Mischung entgegengesetzter Triebe: die Grausamkeit wurde vom Todestrieb, die Liebe vom Lebenstrieb abgeleitet. Während hinsichtlich Ursprung und Ziel diese Triebe einander opponieren, ist ihr modus operandi der der Fusion.

Was mich selbst anbetrifft, bin ich lange eine begeisterte Anhängerin dieser Theorie gewesen und habe geglaubt, daß lebenswidrige Phänomene wie Grausamkeit, Mordlust und Selbstmord einer so finalen und universalen Erklärung bedurften, wie Freuds Theorie sie gab. Ich versuchte auch, diese Auffassung zu begründen[3]. Beim Wiederlesen dieses Artikels finde ich Grund zu einer Reihe von Kritiken.

Mein heutiger Standpunkt macht es unnötig, zur Erklärung der destruktiven Impulse oder der Libido, an deren Existenz kein Zweifel bestehen kann, den Todes- oder Lebenstrieb heranzuziehen. Es erscheint mir vielmehr, daß das Suchen nach letzten Ursachen für ein klinisches Phänomen uns der Gefahr aussetzt, seinen aktuellen Dynamismus zu übersehen.

Freuds kosmologische Hypothese ist nicht dadurch widerlegt, daß Naturforscher sie nicht bestätigen. Für Psychoanalytiker handelt es sich darum, die psychologische und in der aktuellen Arbeit verifizierbare Essenz aus ihr zu extrahieren. Ich meine damit nicht, daß sie nur als eine Metapher zu betrachten sei.

Die psychoanalytischen Theorien, die unserer Arbeit näher liegen und ihre Fruchtbarkeit hinsichtlich vieler Probleme erwiesen haben, befassen sich mit der Vorzeit des Bewußtseins, mit den frühesten somato-psychischen Prozessen. Ich beziehe mich auf Freuds Theorien des primären Narzißmus und des anfänglich undifferenzierten Ich/Es und auf ihren weitreichenden Ausbau durch Hartmanns Begriff der undifferenzierten Phase als der Basis der psychischen Entwicklung.

Objektiv gesehen, erfährt das Kind die Primärmächte von Leben oder Tod durch seine Mutter (oder deren Vertretung), entsprechend ihrer Zu- oder Abwendung, Fürsorge oder Vernachlässigung, Liebe oder Haß. Subjektiv aber gibt es zu Beginn der extrauterinen Existenz nur das Selbst, und das psychische Erleben (das wir kaum mit der aktuellen Geburt zeitlich gleichsetzen dürfen) ist zunächst aufs Intimste mit somatischen Sensa-

3 In: Heimann (94).

tionen verlötet. Lustvolle Sensationen werden mit narzißtischer Allmacht
dem Selbst zugeschrieben, unlustvolle werden weghalluziniert. Dennoch
gibt es auch im günstigen Fall, wie bei dem früher beschriebenen Zehn-
tägigen, Momente, in denen die Unlust innen im Selbst erlebt wird. Gelegentlich und in einem ungünstigen Milieu wiederholt, überschreitet die
Unlust der unbefriedigten Nöte die Wirksamkeit der abwehrenden Hallu-
zinationen und damit der narzißtischen Allmacht. Das traumatisierte Kind
muß, meine ich, Empfindungen haben, die dem Sterben gleichkommen.

Frühe somatopsychische (und etwas später: psychosomatische) Empfindungen dieser Art von inneren Lebens- und Todesmächten hinterlassen
sicherlich Erinnerungsspuren, die im Lauf des Lebens aktiviert werden.
In Situationen akut erhöhten Wohlbefindens sprechen wir von Gefühlen
neuen Lebens oder Wiedergeborenseins, in Angstsituationen von Todes-
nähe, Sterben und dergleichen.

Dank seiner spezifisch menschlichen Fähigkeit der Reflexion und Selbstreflexion, dank der »psychischen Realität« seiner Phantasien erlebt der
Mensch Todesangst, ohne objektiv in solchen Momenten einer Todes-
gefahr ausgesetzt zu sein. Es handelt sich keineswegs nur um das abstrakte Denken über die Phänomene des Lebens und Sterbens. In der
Analyse geben sich hinter der bewußten Todesangst eine Reihe von Inhalten, wie Angst vor dem Verlust des Liebesobjektes oder seiner Liebe,
Angst vor dem Verlust der eigenen Liebesfähigkeit, vor Verstümmelung,
Kastration usw., zu erkennen. Jede Entwicklungsphase trägt, wie wir
wissen, Spezifisches zu den Inhalten der »Todesangst« bei. Grausame Impulse erwecken Angst, Angst erweckt grausame Impulse.

Im subjektiven Erlebnis erscheint der Destruktionstrieb, die energie-
beladene Motivation zur Grausamkeit gegen das Selbst wie gegen Objekte, in Verbindung mit der Vorstellung des Todes, als Todesangst und
Wunsch nach dem Tod. In Zuständen maximaler Störung der Anpassung,
z. B. in der psychotischen Depression, sehen wir die überwältigende Intensität dieser Phänomene. In der Analyse finden wir die oben beschriebenen Phantasien und mehr. Der Wunsch zu sterben ist vor allem Ausdruck
der Sehnsucht nach dem Aufhören des unerträglichen Leidens, nach Ruhe
und Frieden, und erscheint als die Phantasie von der »Rückkehr in den
Mutterleib« und von Wiedergeburt zu einer glückseligen Existenz. Wir
finden Grausamkeit gegen Objekte und hinter ihnen gegen die Mutter
als das erste gehaßte Liebesobjekt, Phantasien von Rache, verbunden mit

dem magischen Glauben, daß nach ihrer Erfüllung alles gut sein werde. Die Gefahr des Selbstmords ist real, und der Patient ist wirklich hilflos wie das junge Kind und bedarf des Äquivalents der mütterlichen Fürsorge im vollen Sinne des Wortes, und es ist schwieriger, ihm dies zu geben, weil er dennoch die Aktionsmöglichkeiten des Erwachsenen hat. Der Erwachsene ist regrediert zur pathologischen Variante der undifferenzierten Phase, so daß keine seiner Vorstellungen die Qualität ihrer individuellen Identität besitzt, weder die Vorstellung seiner selbst noch die seiner Objekte, noch auch die seiner Handlungen. Der Regressionsprozeß hat die Entdifferenzierung aller Begriffe mit sich gebracht.

Ich habe auf bekannte Beobachtungen hingewiesen, in denen wir uns kaum des Eindrucks erwehren können, daß ein Mensch von inneren biopsychologischen Prozessen zum Tod getrieben wird. Weiter habe ich versucht zu zeigen, daß psychoanalytische Theorien uns ein gewisses Verständnis für diese Prozesse und damit Voraussetzungen für therapeutische Maßnahmen bieten. Dabei wurde die ebenfalls bekannte Tatsache ausgelassen, daß die Analyse solcher Patienten Material zutage bringt, das auf schwere Störungen in der frühen mütterlichen Fürsorge hinweist, d. h. auf eine erhebliche Psychopathologie seitens der Mutter und/oder Mutter-Vater-Beziehung; oder auf eine körperliche Krankheit der Mutter oder des Kindes, also auf frühe Schäden der Kleinkind-Mutter-Beziehung, die auch nicht im weiteren Verlauf der Entwicklung des Patienten behoben wurden. Diesen Störungen gemeinsam ist der Einfluß, den sie auf die Wurzeln des Ich und aller jener Ichfunktionen ausüben, die schließlich zur Herstellung der individuellen Ichidentität führen. Wir finden uns vor Problemen, die mit psychologischen Mitteln unabhängig von der Lebens- und Todestrieb-Theorie der Erforschung zugänglich sind.

Freud selbst hat uns die Begriffe des undifferenzierten Ich/Es und des naiven Narzißmus, der in einer reziproken Beziehung zur mütterlichen Fürsorge steht, gegeben, die von einer Reihe von Analytikern erweitert worden sind. Damit sind der psychoanalytischen Forschung die Prozesse der Differenzierung und der Bildung der Ich- und Objektidentität zugänglich geworden, die das Individuum wiederholt vor die Aufgabe der Anpassung stellt. Für dieses Problem ist der Umschlag von Angst vor dem Liebes(objekt)verlust zur Lust an der Grausamkeit von größter Bedeutung. In Zuständen von maximaler Störung der Anpassung, z. B. in psychotischer Depression, ist der Patient von dem bewußten Wunsch nach

dem Tod beherrscht. In der Analyse finden wir die unbewußten Phantasien, die nicht Tod, sondern anderes anstreben, wie Grausamkeit gegen
das gehaßte Liebesobjekt in der Form von Rache, die mit dem magischen
Glauben verbunden ist, daß nach ihrer Erfüllung alles gut sein werde;
Selbstmord aus Schuld, die ihrerseits nach innen gewendete Grausamkeit
ist und gleichzeitig Mord des Objektes bedeutet; den Wunsch nach der
Rückkehr in den Mutterleib und nach Wiedergeburt und Ähnliches. Eine
weitreichende Entdifferenzierung ist vor sich gegangen, in der weder das
Selbst noch das Objekt noch auch eine Vorstellung ihre individuelle Identität haben. Wir sehen die Wiederkehr der ursprünglichen infantilen Undifferenziertheit in der pathologischen Form, die sie in der Regression annimmt.

Helm Stierlin

Die Aggression
in der menschlichen Beziehung

Konrad Lorenz unterscheidet die »intraspezifische« von der auf den Artfremdling gerichteten Aggression. Die Unterschiede zwischen beiden Ag-
gressionsformen, an den Tieren relativ leicht nachweisbar, sind wie folgt:

Die auf den Artfremdling gerichtete Aggression gilt meist einem Beutetier. Diese Beuteaggression ist in der Regel weniger intensiv als die intraspezifische, den Artgenossen bedrohende Aggression. Damit ein auf Beute
jagendes Raubtier sich den schnell wachsenden Fangsituationen und den
Fluchtbewegungen des Beutetiers anpassen kann, muß das aggressive
Triebpotential in komplexe Leistungen einfließen. Es wird zum Element
von Handlungsketten, die teils instinktgesteuert, teils gelernt sind. Damit
wird die Heftigkeit dieser Art der Aggression gebrochen. Sie wird differenziert und moduliert. Sie erschöpft sich darüber hinaus meist bald, wenn
die Handlungsketten – oder Teile daraus – mehrfach durchlaufen sind.

Die intraspezifische Aggression wird meistens in Situationen der Bedrohung und Frustration ausgelöst. Dazu gehören etwa das Eindringen eines
Rivalen in das eigene Territorium, die Übertretung der Individualdistanz,
die Infragestellung des Ranges in der Gruppe. Proportional der erlebten
Bedrohung oder Frustration ist die reaktive Aggression oft heftig. In ihr
kann sich der »Mut der Verzweiflung« widerspiegeln. Sie erscheint oft
wild, wütend, blind und – solange die Situation der Bedrohung oder
Frustration weiterbesteht – kaum erschöpfbar. Sie kann, wenn ihr freie
Bahn gelassen wird, schnell zur Vernichtung des Feindes führen. Die Waffen vieler wehrhafter Tiere, wie die Geweihe der Hirsche, die Stoßzähne
der Elefanten, die Hauer der Wildschweine, werden fast ausschließlich im
Rivalenkampf angewendet.

Die Stärke und Verbreitung der intraspezifischen Aggression im Tierreich deuten nach Lorenz auf deren hohen Arterhaltungswert. Durch diese Aggression wird einmal eine Auswahl widerstandsfähiger und starker Tiere betrieben: Die aggressiven Tiere haben die größte Chance, sich fortzupflanzen. Zum anderen kann die Verteidigung und Abgrenzung eines Territoriums innerhalb einer Art dazu führen, daß die Futterquellen dieser Art gleichmäßiger verteilt werden. (Diesen Sachverhalt beschreibt Lorenz anschaulich am Beispiel vieler Cichliden, womit er gleichzeitig eine Erklärung für die auffallenden Färbungen – die gleichsam »artspezifischen Aggressionsauslöser« – dieser Fische liefert.)

Der hohe Arterhaltungswert der intraspezifischen Aggression ist jedoch mit dem Negativum belastet, daß die auf den Artgenossen gerichtete Aggression schnell zur Vernichtung dieses Artgenossen und damit zur Auslöschung der Art führen kann. Der »Konstrukteur des Artenwandels« stand damit vor dem Problem, eine starke intraspezifische Aggression zugleich zu züchten und zu bremsen. Dabei mußte die Bremsung der Züchtung entsprechen. Je gefährlicher die Waffen einer Art und je stärker das zum Ausbruch drängende Aggressionspotential, um so wirksamer mußten die Mechanismen sein, die diese Aggression in Schach hielten und damit die Zerstörung der Art verhinderten.

Dieses Problem ist auf vielerlei Weise gelöst worden. Lorenz (125) liefert hierfür zahlreiche Beispiele. Die der Aggression entgegenarbeitenden Hemmungsmechanismen kommen auf verschiedenen Ebenen zum Zuge. Je komplexer ein Tier organisiert ist, um so komplexer sind in der Regel auch die Struktur und Wirkungsweise dieser Mechanismen.

Die Aggression kann etwa dadurch »neutralisiert« werden, daß der das Territorium bedrohende Rivale an einem kritischen Punkt flieht. Die Flucht kann aber – und damit haben wir eine neue Ebene – auch nur gleichsam symbolisch vollzogen werden: Der sich unterlegen fühlende Partner macht sich unbedrohlich, indem er sich unterwirft. Er zeigt dies oft dadurch an, daß er dem überlegenen Feind seine verwundbarste Stelle anbietet (so etwa ein Wolf die Halsschlagader, ein Kolkrabe sein Auge). Gerade dieses Verhalten hemmt dann unmittelbar die Aggression des überlegenen Gegners. Die gestaute Aggression, derart am Ausbruch verhindert, entlädt sich unter Umständen im Leerlauf, etwa in den ungerichteten Bewegungen des Totbeißens und Totschüttelns. Die Aggression kann schließlich durch komplexe »Ritualisierungen« bewältigt werden. Sie wird dann gleichsam nur noch zeremoniell, unter genau definierten und verinnerlichten Wettkampfbedingungen ausgetragen. Ein extremes Beispiel sind die »Kommentkämpfe« mancher Hühnervögel, Scheingefechte voll großen äußeren Bravados, die nur noch der Anlockung eines Weibchens dienen.

Lorenz hat nun nicht nur detailliert derartige Mechanismen der Aggressionsbewältigung bei vielen Tierarten beschrieben, er hat darüber hinaus interessante Zusammenhänge zwischen Aggression und Bindung an den Artgenossen herausgestellt.

Nicht bei allen höheren Tieren gibt es demnach eine Beziehung zwischen zwei Individuen, die an eine tiefere Bindung (oder eine Objektbeziehung im Sinne der Psychoanalyse) denken läßt. Störche und Nachtreiher beispielsweise leben – wenn solche Ausdrucksweise überhaupt am Platze ist – beziehungslos nebeneinander her. Bei den Tieren jedoch – und dies ist Lorenz' zentrale These –, bei denen ein derartiges Band vorhanden ist, zeigt die Aggression ein Doppelgesicht. Sie erscheint nun als die notwendige Kehrseite der Liebe. Liebe und Aggression nähren und bedingen einander und jedesmal müssen die beiden Elemente dieser Dialektik in ein charakteristisches Gleichgewicht gebracht werden.

In dieses Gleichgewicht bleibt der Artgenosse als gleichsam notwendiger Feind einbezogen. Er gehört dazu, soll die Partnerbeziehung bestehen.

Ein relativ einfaches Beispiel für diesen Sachverhalt bietet der Stichling, den vor allem Tinbergen erforscht hat. Zwei Stichlinge können nur dann über längere Zeit in einer Ehe »harmonisch« zusammenleben, wenn ein periodisch am Revierrande auftauchender Rivale eine Abfuhr aggressiver Energien gestattet. Fehlt dieser Rivale, kommt es nach einer Weile unfehlbar zum Gattenmord. (Um dieser Entwicklung vorzubeugen, benutzen erfahrene Tierzüchter einen Spiegel, gegen den der Stichling, sich selbst für einen Rivalen haltend, seine Aggressivität entladen kann.)

Die Graugans, von Lorenz selbst eingehend beobachtet, neigt zu einer besonders tiefen und dauerhaften Partnerbindung. Sie ist gleichsam auf Monogamie, auf lebensentscheidende Treue eingestellt. Die Sexualität scheint in ihrer Beziehung eine untergeordnete Rolle zu spielen. Die stärksten Bindungen ließen sich bei einigen gleichgeschlechtlichen Paaren – jeweils zwei Männchen – beobachten. Diese Bindung wird durch das sogenannte Triumphgeschrei, eine Art ständig erneuerter und mit andauernder Bekanntschaft sich verstärkender Treuezeremonie, bekräftigt. Dieses

Triumphgeschrei jedoch, der Zement der liebenden Bindung, besteht aus ritualisierten Droh- und Kampfgebärden. Auch in diese Beziehung ist somit der Feind als notwendiges Element aufgenommen – wenn auch nun, im Vergleich zum Stichling, wesentlich im Sinne einer verinnerlichten Instanz. Dieser Verinnerlichung bzw. Symbolisierung des Feindes entspricht eine besonders hohe Leistung der von diesen Tieren entwickelten Mechanismen zur Entschärfung und Bändigung ihrer Aggressivität.

Diese Mechanismen können jedoch zusammenbrechen. Gerade in Momenten starker gegenseitiger Attraktion, sich in einem erregten Triumphgeschrei bekundend, kann die Ritualisierung versagen. Die Droh- und Kampfgebärden werden immer wirklicher, ernster. Was als Triumphgeschrei begann, endet als Kampf. Es kommt zur »Entritualisierung«: In einem regressiven Prozeß wird die Aggressivität de-neutralisiert, entbunden. Sie richtet sich nun gegen den Partner. Die Liebe ist in Haß umgeschlagen. In seltenen Fällen bleibt eine derartige dramatische Entritualisierung irreversibel. Die Partner sind verlegen. Sie meiden sich fortan. Die Bindung erscheint für immer zerstört.

In diesem Geschehen scheint sich zu beweisen, daß Liebe und Haß derselben Quelle entspringen. Wir denken an den unheimlichen Haß, der in manchen Ehezerwürfnissen auflodert. Lorenz schreibt: »Keine Liebe ohne Aggression, aber auch kein Haß ohne Liebe!«

Was lernen wir über die menschliche Aggression, wenn wir uns die zwei wesentlichen, von Lorenz herausgestellten Gesichtspunkte – die Beachtung der tierischen Mechanismen intraspezifischer Aggressionsbewältigung und der Dialektik zwischen Aggression und enger Partnerbindung – zu Nutze machen?

Im Lichte dieser Frage müssen wir uns vergegenwärtigen, daß das Wort Aggression beim Menschen stets ein Doppelgesicht hat. Das Wort Aggression ist hier vieldeutig. Es bedeutet den Angriff, der auf Zerstörung abzielt. Es weist auf Haß und Feindseligkeit als zentrale Motivationen. Es bedeutet jedoch weiter Leistungswille und -fähigkeit: Ich greife nicht einen Feind, ich greife eine Aufgabe an. Dieselben Triebkräfte, die sich in einem Falle destruktiv entladen, erscheinen im anderen Falle als Motor einer produktiven Expansion, immer neuen Lernens und damit einer erfolgreichen Lebensmeisterung.

In dieser Vieldeutigkeit zeigt sich die Aggression, ähnlich wie bei vielen Tieren, als Element einer Dialektik, die sich zwischen dem Einzelnen und seiner Sozietät abspielt. Diese Dialektik spiegelt sich auf vielen Ebenen wider. Immer wieder muß der Einzelne die Aggressivität so lenken und bewältigen, daß er die Menschen, von denen er abhängt, nicht zerstört oder paralysiert. Er muß lernen, mit dieser Aggressivität zu leben. Er darf, wenn er aggressiv wird, nicht ein zwischenmenschliches Vakuum schaffen.

Wir können diese Dialektik als die notwendige Versöhnung von Zentrierung und Offenheit begreifen. Dabei läßt sich die Aggression als zentrales Moment der Zentrierung verstehen. Der Einzelne erlebt eine Art physiologischer Geschlossenheit: Was in ihm an vitalen Energien in ungerichteter und lustloser Latenz schlummert, realisiert sich im aggressiven Akt. Er spürt einen Ich-stärkenden Elan. Sein Lebens- und Selbstwertgefühl wachsen. Er erlebt wohltuend eine Stauungsabfuhr, eine Befreiung und damit Befriedigung. Indem er aggressiv wird, *ist* er jemand. Er konstelliert sich gegen den anderen. Die Aggression wird zum Zement seiner Individuation.

Diese Zentrierung jedoch gefährdet die mitmenschliche Angewiesenheit. Diese Angewiesenheit verlangt Offenheit und Aufnahmebereitschaft. Der Einzelne muß auch entspannt sein, auf Empfang eingestellt sein können. So wie die Aufnahme und Verdauung der Nahrung unter Vorherrschaft des parasympathischen Systems vom Organismus eine »regenerative Gelöstheit« verlangt, bedarf es einer »seelischen Gelöstheit«, damit Wärme und Anregungen verinnerlicht werden können. Eine Abhängigkeit vom anderen – dem Geber dieser Wärme und Anregung – muß ohne das Gefühl der Gefahr, ohne aggressive Verkrampfung toleriert werden.

Diese Dialektik – zwischen Aggression und Verbundenheit, Zentrierung und Offenheit – muß sich in dem Maße akzentuieren, als sich das zwischenmenschliche Feld verdichtet, das heißt für den Einzelnen derselbe Partner zugleich Aggressionsobjekt und bergende, nährende Matrix wird. Der Zwang zur Versöhnung der obigen, einander entgegengesetzten Elemente wird damit enorm.

Unter diesem Zwang befindet sich der Mensch. Der Anfang seiner Entwicklung steht im Zeichen einer Abhängigkeit (von der Mutter und später anderen Menschen), die in dieser Länge, Intensität und Absolutheit bei Tieren nicht bekannt ist. Sie ist, bei der gleichzeitigen Instinktoffenheit des Menschen, die Grundlage einer starken Gefühlsbeziehung und damit inneren Reichtums und erstaunlicher Lernfähigkeit. Aber dieselbe Abhängigkeit macht das Finden der eigenen Identität zum menschlichen

Zentralproblem. Die charakteristische Weise der Aggressionsbewältigung liefert dazu den Schlüssel.

Diese Aggressionsbewältigung läßt sich unter zwei Gesichtspunkten verstehen. Der erste Gesichtspunkt bedient sich der Begriffe »Neutralisierung« und »Sublimierung«, der zweite der »Ambivalenztoleranz«. Beide Gesichtspunkte beziehen sich auf denselben Sachverhalt und machen darin verschiedene Aspekte deutlich. Beide Gesichtspunkte lassen sich mit den wesentlichen Gedanken und Beobachtungen von Lorenz vereinen.

In den Begriffen »Neutralisierung« und »Sublimierung« spiegelt sich die Vorstellung wider, daß jeder Mensch ein aggressives Triebpotential mit auf den Lebensweg bekommt, das entschärft und verschiebbar gemacht werden muß. Je reicher und modulationsfähiger diese Entschärfungs- und Verschiebungsmöglichkeiten sind und je solider sie sich in der Persönlichkeitsstruktur verankern, um so größer die Aussicht, daß dem Einzelnen die Versöhnung von Aggression und Verbundenheit gelingt.

Diese Entschärfungs- und Verschiebungsmechanismen sind jedoch nicht phylogenetisch vorgegeben, sondern lassen sich als komplexe Ich-Funktionen im Sinne der psychoanalytischen Theorie verstehen. Viele Funktionen, wie Sprache, Gedächtnis und motorische Koordination, fließen in sie ein. In ihrem Zusammenspiel bilden sie das Instrument der Aggressionsbewältigung, das dem Einzelnen zur Verfügung steht.

Dieses Instrument braucht er vor allem – und damit komme ich zum zweiten ebenfalls von Konrad Lorenz behandelten Gesichtspunkt, dem der »Ambivalenztoleranz« –, um eine breite und tiefe Ambivalenz durchstehen zu können. Er muß Haß und Liebe fühlen und gleichzeitig wissen, daß die Beziehung bestehen bleibt. Gegenüber ein und demselben Menschen muß er sich zentrieren und öffnen können. Je intensiver die widersprüchlichen Gefühle sind, um so mehr wird von ihm verlangt, daß er sie bändigen, voneinander abgrenzen, in Perspektive erleben kann; um so mehr muß er sich darauf verlassen können, daß sein Instrument der Aggressivitätsbewältigung wirksam bleibt. Von seinen Entschärfungs- und Verschiebungsmöglichkeiten wird es dann abhängen, ob er die Ambivalenz ertragen kann oder ob sie einen Aufruhr entfesselt, in welchem die strukturierenden Elemente seines Ich zusammenbrechen und er einer unerträglichen Angst ausgesetzt wird.

Wir wissen zugleich viel und wenig über diese Entschärfungs- und Verschiebungsmechanismen und damit über die Ambivalenztoleranz, die dem

Einzelnen möglich wird. Wir wissen viel, weil wir ihnen täglich in der klinischen Arbeit und im Leben begegnen. Wir wissen wenig, weil die wesentlichen Determinanten und quantitativen Verhältnisse komplex und schwierig zu fassen sind.

Die Fundamente der Aggressionsbewältigung werden in einer Zeit gebildet, die besonders schwer zugänglich ist – in der frühen Kindheit. Wir haben alle für diese Zeit eine Amnesie. Freud sah deutlich viele wichtige Implikationen dieser Tatsache. Nur mit großen Schwierigkeiten können wir uns – etwa in der Psychoanalyse – in dieser Zeit zurückzutasten versuchen. Das Ergebnis bleibt in vieler Hinsicht problematisch. Wir können Kinder direkt beobachten, aber wir bleiben dabei weitgehend die Sklaven unseres Beobachtungs- und Bezugsrahmens. Dieser bleibt stark an erwachsene Sprache und erwachsenes Denken gebunden. Trotz dieser methodischen Schwierigkeiten formt sich uns heute, von den verschiedensten Erfahrungen und Beobachtungen her, ein Bild jener Elemente, welche während der frühen Kindheit der späteren Aggressionsbewältigung Basis und Richtung geben.

Wieder bieten sich zwei Gesichtspunkte an, unter denen sich diese Elemente fassen lassen. Wir können, erstens, die Basis der oben erwähnten Entschärfungs- und Verschiebungsmechanismen in frühen Ich-Entwicklungen suchen.

Die wichtigen Weichen der Aggressionsbewältigung stellen sich danach mit jenen Prozessen der psychischen Strukturierung, durch die der Mensch die erste Stufe relativer Autonomie erreicht. Dies geschieht während der ersten Lebensjahre. Verglichen mit späteren Lebensstadien muß sich die Psyche während dieser Zeit entscheidend, schnell und komplex differenzieren und integrieren. Dadurch konstelliert sich das Kern-Ich. Diese Konstellierung des Kern-Ich und Grundlegung der relativen Autonomie schließt zweierlei ein: Selbst-Polarisierung und Selbst-Abgrenzung. Unter Selbst-Polarisierung verstehe ich die von Freud (59) beschriebene Scheidung der Psyche in Ich und Es, in Bewußtes und Unbewußtes und damit die Etablierung der Verdrängung als wirksamen Abwehrmechanismus (etwa um den 18. Lebensmonat). Zur Selbst-Abgrenzung gehört der Aufbau eines verläßlichen Körperschemas und einer inneren Welt, die von der äußeren Realität als unterschieden erlebt wird. Selbst-Polarisierung und Selbst-Abgrenzung bedingen einander. Sie erscheinen als jene Wegmarken der frühen innerpsychischen Entwicklung, in denen sich das Instrument der

Aggressivitätsbewältigung konstituiert. Sie erscheinen als die Grundlagen einer starken Ambivalenztoleranz und damit der Fähigkeit der Psyche, starke Spannungen und widersprüchliche Gefühle aufzufangen, ohne daß es zu einer irreversiblen psychischen Entdifferenzierung kommt.

Diese Entwicklung des Kern-Ich jedoch – und hiermit komme ich zum zweiten Gesichtspunkt, unter dem die Aggressionsbewältigung gesehen werden muß – bleibt in menschliche Beziehungen eingebettet. Die Beziehung zur Mutter ist dabei zentral. Wir sprechen von einer symbiotischen Phase, die die ersten zwei bis drei Lebensjahre umfaßt. Es ist, vom Kinde her gesehen, eine Phase höchster Abhängigkeit und Identifikationsbereitschaft. Es ist zugleich die Phase, in der das Kind, wegen und trotz dieser Abhängigkeit sein Kern-Ich bilden und seine relative Autonomie finden muß.

Damit dies möglich wird, muß die Beziehung zwischen Mutter und Kind sich in einer bestimmten Weise entfalten. Wachstums- und Ablösungsprozesse müssen sich in beiden Partnern induzieren. Die in dieser Beziehung zum Zuge kommenden Bedürfnisse sind nicht nur dem Kinde, sie sind auch der Mutter oft unbewußt und erscheinen unmittelbar instinktgesteuert. Sie müssen sich in dem Maße ändern, als das Kind seelisch differenzierter und autonomer wird. Damit muß auch das Band, das Mutter und Kind verbindet, anders werden. Ist die Mutter dieser Aufgabe gewachsen, dann erscheint diese Beziehung als ein positiver Zirkel: Indem die Mutter ihr Kind gedeihen sieht, erlebt sie sich in ihrer Mütterlichkeit bestätigt. Sie gewinnt Vertrauen in ihre Instinktsteuerung, sie wird sicherer, gelassener, freier, liebender. Dies strahlt wieder auf das Kind zurück, das weiter gedeiht. Und so fort. Es entwickelt sich eine »positive Gegenseitigkeit«. Diese »positive Gegenseitigkeit« versteht sich jedoch nicht von selbst. Je schärfer wir, sensitiviert durch klinische Erfahrung, diese Beziehung betrachten, um so mehr erkennen wir in ihr eine zugleich subtile und schicksalhafte Dialektik. Es gibt keinen Anhalt dafür, daß diese Dialektik bei den Tieren eine ähnlich zentrale Rolle wie beim Menschen spielt.

Wir können diese Dialektik als ein Zusammenspiel von Beziehungsgleichgewichten verstehen, die sich in dem Maße wandeln müssen, als das Kind sich ablöst bzw. zur Ablösung drängt. Sowohl Mutter wie Kind müssen zu diesen Gleichgewichten beitragen, jedoch sind ihre Beiträge qualitativ und gewichtsmäßig verschieden. Die folgenden Gleichgewichte erscheinen besonders wichtig: Gleichheit – Verschiedenheit; Befriedigung

– Versagung; Stimulierung – Stabilität; Nähe – Distanz. Worum handelt es sich?

In dem Gleichgewicht »Gleichheit – Verschiedenheit« kommt zum Ausdruck, daß die Mutter dem Kinde gegenüber zugleich kindlich und erwachsen sein muß. Sie muß sich erlebnismäßig auf die Wellenlänge des Kindes einstimmen und zugleich erwachsen, unkindlich sein können. Sie muß im Kinde investiert sein und zugleich solchen Aufgaben und Interessen nachgehen, die sie vom Kinde ablösen. Dieses erste Gleichgewicht wird damit konstitutiv für das zweite Gleichgewicht von »Befriedigung – Versagung«. Indem die Mutter, auf der Wellenlänge des Kindes kommunizierend, sich diesem hingibt, kann sie befriedigen. Befriedigend läßt sie im Kinde keine zu großen Spannungen entstehen. Sie hilft dem Kinde in seiner physiologischen Integration. Sie hilft ihm beim Aufbau eines Reservoirs wohligen, warmen Selbstwertgefühls. Dieses Erlebnis primärer Befriedigung wird zur Quelle inneren Reichtums und zugleich zu dem Motor, der den Einzelnen dazu treibt, im späteren Leben sein Kindheitsparadies wiederzufinden. Die Versagung dagegen, zum Teil Folge von Mutters Verschiedenheit, ihrer nur partiellen Verfügbarkeit, ihrer Verankerung in einer Welt erwachsener Aufgaben und Interessen, wird zum Stachel der kindlichen Selbstbehauptung. In der Versagung wird das Kind auf seine eigenen Fähigkeiten und Reserven zurückgeworfen. Im Schmerz der Versagung werden die lebenswichtigen, trennungsfördernden Ich-Funktionen geboren. Hier erlebt es den Ernst des »Negativen« (Hegel). Diese Versagung muß jedoch dosiert werden. Sie darf nicht zu früh, nicht zu abrupt und nicht zu stark erlebt werden. In dem Gleichgewicht »Befriedigung – Versagung« hat daher die Befriedigung das Primat. Erst auf dem Boden erlebter, tiefer Befriedigung kann das Kind Versagung ertragen und positiv gestalten lernen.

Das dritte Beziehungsgleichgewicht »Stimulierung – Stabilität« überdeckt sich zum Teil mit dem vorhergehenden. Im Kinde muß auf ständig neuer Integrationsstufe eine Balance zwischen Reizabhängigkeit und Reizschutz gewahrt bleiben. Die Mutter muß diese Balance garantieren, indem sie zugleich schützender Schirm und Quelle der Anregung ist. Je verwundbarer der kindliche Organismus und die sich entwickelnde Psyche sind, um so stärker muß der Schirm sein. In diesem Beziehungsgleichgewicht hat daher die Stabilität das Primat. Die bergende, schützende Mutter steht am Anfang. Die Anregung und Stimulierung, die von der Mutter kommen, müssen von ihrer stabilisierenden Kraft moduliert und aufgefangen werden. Eine ähnliche notwendige Balance wird schließlich im vierten Gleichgewicht von »Nähe – Distanz« zum Ausdruck gebracht. Die emotionale Nähe, die von der Mutter während der symbiotischen Phase verlangt wird, darf nicht erstickend werden. Eine erstickende Nähe verhindert, daß Versagung und Stimulierung als Momente der Ich-Bildung und Ablösung wirksam werden können. Die Mutter bleibt mit dem Kinde zu tief und zu lange symbiotisch versponnen. Bei zu großer Distanz dagegen können Mutters Beiträge – ihre Wärme, ihre Anregung, ihre Liebe – das Kind nicht erreichen. In solcher Primärentfremdung findet sein Wachstumspotential keine Entfaltungsmöglichkeit. Das Kind bleibt verarmt. Sein Lebenselan verkümmert im Ansatz. In diesem letzten Gleichgewicht erscheint darüber hinaus eine gewisse Ausgeglichenheit wichtig: Nicht nur die Extreme von Nähe und Distanz, auch ein abruptes Hin- und Herpendeln zwischen diesen Polen muß vermieden werden, soll sich das Kind befriedigend entwickeln.

In dieser Dialektik der Beziehungsgleichgewichte entfaltet sich die positive Gegenseitigkeit. In ihr wird das Instrument der Aggressionsbewältigung geschmiedet. Die oben beschriebenen Gleichgewichte wirken sich unmittelbar darauf aus, wie sich das Kern-Ich konstelliert. Bei einer Verschiebung dieser Gleichgewichte zum Beispiel im Sinne zu großer Gleichheit, Nähe und Stimulierung wird das Kind in den entscheidenden Anfangsstadien seiner psychischen Strukturierung zugleich überfordert und verwöhnt. Es bekommt mehr, als für die adäquate Installierung von Selbstpolarisation und Selbst-Abgrenzung gut ist. Es fehlt ein ausgleichendes Maß von Verschiedenheit (der Mutter), von Versagung, Stabilität und Distanz. In solchem Ungleichgewicht der Beziehung muß sich das Ich zu früh und prekär polarisieren und abgrenzen. Es kann den Frustrationsdruck nicht ansteigen lassen, ohne befürchten zu müssen, daß seine strukturierenden Elemente gesprengt werden. Es kann von einem solchen Ich nicht erwartet werden, daß es einmal tiefe Konflikte durchsteht und eine starke Ambivalenz erträgt. Es ist schlecht vorbereitet für die Anforderungen und Stürme der ödipalen Phase. Ähnliches gilt, mit anderen Vorzeichen, für eine Beziehung, worin Verschiedenheit, Versagung und Distanz übermächtig werden. Der Mangel an vitaler Befriedigung, an Wärme und Ur-Geborgenheit muß den Lebenselan des Kindes im Keime lähmen. Das Instrument seiner Lebens- und Aggressionsbewältigung bleibt im Ansatz geschädigt und unterentwickelt. Indem sein Enwicklungspotential ungenutzt bleibt, erlebt es eine übermäßige Frustration, die nach Entladungsmöglichkeiten sucht. Diese übermäßige Frustration bei gleichzeitigem Mangel an Baumaterial für die frühe Ich-Strukturierung stellt wiederum eine adäquate Selbst-Polarisierung und Selbst-Abgrenzung in Frage. Auch in dieser Beziehungskonstellation bleiben das Kern-Ich geschädigt, die Fundamente für die Entschärfungs- und Verschiebungsmöglichkeiten der Aggressivität brüchig und die Ambivalenztoleranz minimal.

In solchen Verschiebungen der Beziehungsgleichgewichte drückt sich eine fehlende oder *»negative Gegenseitigkeit«* aus: Die Wachstums- und Ablösungsprozesse in beiden Partnern induzieren sich nicht phasengerecht. Ihre Bedürfnisse spielen sich nicht oder nur unvollkommen aufeinander ein. Es kommt zu einem negativen Zirkel. Statt daß die Mutter ihr Kind gedeihen sieht und dadurch in ihrer Mütterlichkeit bestätigt wird, erlebt sie dessen Angst und Frustration. Dadurch wird sie unsicher. Ihr Selbstwertgefühl sinkt. Sie verliert das Vertrauen in ihre Instinktsteuerung.

Diese »negative Gegenseitigkeit« scheint sich dann zu akzentuieren, wenn im Kinde Ablösungsbewegungen – und damit Schritte auf eine größere Eigensteuerung hin – fällig sind. Der Charakter dieser Ablösungsbewegungen wird durch die Art der bestehenden Beziehung und durch die bereits erreichte psychische Strukturierung und Differenzierung bestimmt.

Eine erste wichtige Ablösungsschwelle scheint vom Kinde im Alter von etwa neun Monaten erreicht zu werden. In diesem Alter gibt es erste Anzeichen einer Trennungsangst. Um diese Trennungsangst durchstehen und – im Sinne einer beginnenden Ich-Differenzierung – positiv bewältigen zu können, muß auch die Mutter eine sich anbahnende erste Ablösung und Wandlung der Beziehung ertragen können. Besteht eine negative Gegenseitigkeit, dann kann die Mutter die notwendige Balance von Befriedigung, Stabilität und erster Versagung und Distanzierung nicht aufrecht erhalten. Ihre Angst vor der ersten fälligen Ablösung wird sie möglicherweise dazu treiben, sich forciert an das Kind zu klammern, dieses damit einer erstickenden, agitierten Nähe aussetzend. Im Kinde muß dies eine unerhörte Angst und Frustration verursachen. Diese Angst und Frustration wiederum bedingten maximale, undifferenzierte Wut. Wenn diese Wut sich gegen die Mutter zu richten wagt, müssen Angst und Frustration noch weiter wachsen. Die Mutter wiederum, angesichts solcher Rückstrahlung, wird möglicherweise zu noch stärkerer Anklammerung getrieben. Damit wird die negative Gegenseitigkeit noch tiefer und auswegloser.

Eine weitere wichtige Ablösungsschwelle scheint für das Kind mit dem Alter von zwei Jahren gegeben zu sein. Bestand vorher eine adäquate positive Gegenseitigkeit, dann haben sich in diesem Alter wesentliche Aspekte des Kern-Ich konstituiert. Auf solcher Basis kommt es nun zu einer neuen und oft dramatischen Phase der Selbst-Definition. In der Auseinandersetzung um die Reinlichkeitserziehung hat das Kind die Möglichkeit, »nein« zu sagen. Diesen Sachverhalt hat R. Spitz dargestellt. Das Kind kann jetzt den Stuhl behalten und in analem Trotz verharren. Die Frustration, die das Kind erlebt, kann sich nunmehr in eine gerichtete Aggressivität umsetzen, die nicht zuletzt durch inzwischen erfolgte physiologische Reifungs- und Koordinationsprozesse (etwa in der willkürlichen Sphinkterkontrolle zum Ausdruck kommend) möglich gemacht wird. Damit besteht weniger Gefahr, daß die erlebte Frustration und Wut einen Strudel der Entdifferenzierung zur Folge hat. Die Aggression kann nun auch – angesichts der bereits konstituierten Selbst-Polarisation und Selbst-Demarkation – zunehmend durch Verinnerlichung aufgefangen und entschärft werden. Wir beobachten die ersten profilierteren Wendungen der Aggressivität gegen die eigene Person. Wir sehen die Vorläufer des Über-Ich am Werke. Wir erkennen die Auswirkungen eines Schulddruckes, der zu einem stark masochistisch getönten Bestrafungsbedürfnis führen kann usw.

Die »negative Gegenseitigkeit« bekundet sich an dieser Ablösungsschwelle daher anders als dies zur Zeit der ersten Trennungsangst der Fall wäre. Die Sabotierung der kindlichen Selbstbehauptung hat jetzt eine andere Phänomenologie. Dabei scheinen u. a. eine von der Mutter induzierte übermäßige Gefügigkeit, eine zu frühe und starke Kanalisierung der Aggressivität gegen die eigene Person eine besondere Rolle zu spielen.

In der Psychoanalyse von Kindern kann die negative Gegenseitigkeit dieser Entwicklungsstufe zugleich erkannt und – in Grenzen – in eine positive Gegenseitigkeit überführt werden. Der Kinderanalytiker hilft dem Kinde, die auf die wichtigen Beziehungspersonen gerichtete Aggressivität zu entklammern. Er läßt sie wieder zugleich flüssiger und kontrollierbarer werden. Er ermöglicht dem Kinde, durch das Rollenspiel, die Manipulationen seiner Phantasie und andere Kunstgriffe, seine auf die Eltern, und insbesondere die Mutter, gerichteten aggressiven Impulse zu verschieben, zu entschärfen und damit zu bewältigen. Das Instrument der Aggressionsbewältigung, das in Schulddruck und unentwirrbarer Verstrickung zugrundegerichtet zu werden drohte, kann sich wieder einspielen und weiterentwikkeln. Unter ähnlichen Gesichtspunkten ist auch die Psychotherapie Erwachsener zu verstehen.

Die Dialektik der positiven und negativen Gegenseitigkeit und die mit ihr verbundene Entwicklung des Kern-Ich muß weiter im Lichte eines Momentes gesehen werden, das spezifisch menschlich ist. Das ist die *Sprache*. Ohne Sprache, schreibt Hegel, gibt es nur »die bewußtlose Nacht, die nicht zur Unterscheidung in ihr, noch zur Klarheit des Selbstwissens kommt«. Die Sprache (im weitesten Sinne) ist das Reservoir unserer Innerlichkeit. Sie ist die Basis unserer Kommunikation – mit uns selbst und mit anderen. Durch die Sprache projiziert sich der Mensch in die Zukunft, macht er sich die Vergangenheit gegenwärtig, verankert er sich in der Sozietät. Durch die Sprache geformt und kategorisiert, kristallisieren, brechen und modifizieren sich seine Bedürfnisse, Ängste und Erwartungen. In seinem Stil der Sprache und Kommunikation offenbart sich der vielleicht wichtigste Aspekt seiner Fähigkeit, Aggressivität und Verbundenheit, Zentrierung und Offenheit zu versöhnen und Ambivalenz durchzustehen. In der Sprache offenbart sich seine Fähigkeit zum komplexen Objektbezug.

Um diesen Aspekt schärfer zu fassen, bietet sich ein Begriff an, den Lyman Wynne (192) entwickelt hat. Das ist der Begriff »focal attention«, der gerichteten Aufmerksamkeit. Darin kristallisiert sich die Fähigkeit zu einer Objektbeziehung im psychoanalytischen Sinne. Hierbei kann es sich um innere Objekte (Ideen, Projekte) oder äußere Objekte (Personen, Gegenstände) handeln. Der Einzelne muß in diesen Objekten libidinös investiert sein, sie »besetzen«, er muß auf diese Objekte fokussiert bleiben. Seine Assoziationen, zugleich Sendlinge aus den unbewußten Schichten seiner Persönlichkeit und Indikatoren seiner Bedürfnisse und Ängste, müssen sich in eine Gestalt fügen, die durch die Objektbesetzung nahegelegt wird. In dieser Gestaltung drückt sich eine Selektion aus: Indem bestimmte Assoziationen, durch Vermittlung des Denkens und der Sprache, geordnet und gegliedert werden, werden andere ausgeschlossen.

Doch diese Aufmerksamkeit muß, soll sie eine dauerhafte Beziehung ermöglichen, nicht nur gerichtet, sie muß auch flexibel und ablösungsfähig sein. Erst durch solche Flexibilität und Ablösungsbereitschaft, in die oben beschriebene Gerichtetheit eingebaut und mit ihr versöhnt, kann das Objekt durchdrungen, das heißt von immer neuen Gesichtswinkeln und Abständen her gesehen und erlebt werden. Erst durch ein »flexibles Einstellen«, das zugleich Investierung und Ablösungsbereitschaft anzeigt, kann eine Objektbeziehung zustande kommen, die sowohl dauerhaft als auch regenerativ ist. In diesem »flexiblen Fokussieren« – seiner Spannweite und jeweiligen Ausprägung – finden wir damit ein Abbild der Versöhnungsfähigkeit des Kern-Ich.

Dieses Abbild differenziert sich uns weiter, wenn wir einzelne Denk- und Kommunikationsstile genauer untersuchen. Wie spielt sich in ihnen jeweils die Versöhnung von Gerichtetheit und Lebendigkeit, von Zentrierung und Offenheit wider? Von dieser Frage ausgehend hat Lyman Wynne verschiedene Formen der schizophrenen Denkstörung unterschieden. Damit lieferte er gleichsam eine Pathologie des »flexiblen Fokussierens«. Die obige Versöhnung kann nicht zustande kommen, wenn entweder Zentrierung oder Offenheit zu übermächtig werden oder wenn diese beiden Momente gleichsam unintegriert gegeneinander arbeiten. Wird die Zentrierung zu übermächtig, dann haben wir den »vorzeitigen Denkverschluß«. Er manifestiert sich in vielen paranoiden und zwangshaften Persönlichkeiten. Deren Denken erscheint überorganisiert und starr, in vieler Hinsicht ein Panzer. Der »frühzeitige Verschluß«, aus Gründen der inneren Sicherheit vollzogen, hat eine Blindheit gegenüber vielen Erfahrungsdaten – wie eigenen Gefühlen, Motiven, Stimmungslagen, in sich selbst und anderen usw. – zur Folge. Diese Blindheit wird oft durch logische Akrobatik und energisches Auftreten verschleiert. Die zu große Denk-Offenheit – am Ende dieser Unterscheidungsskala gelegen – zeigt sich in einem primär ungerichteten, amorphen, vagen Denk- und Kommunikationsstil. Dazu gehören viele Fälle, die konventionell als Hebephrenie oder Schizophrenia simplex diagnostiziert werden. In der Mitte der Skala finden wir Beispiele einer mangelnden Versöhnung: Fälle der schizophrenen Störung, worin Primär- und Sekundärprozesse (im Sinne der Psychoanalyse) gleichsam kollidieren. Es kommt zu der von Eugen Bleuler beschriebenen Assoziationsauflockerung. Das Denken erscheint auf vielerlei Weise bizarr, »ohne roten Faden«, schief. Klangassoziationen etwa werfen wohlgemeinte begriffliche Ansätze aus der Bahn. Eigenartige Ideen und Manierismen drängen sich auf. Und so fort.

Unter diesem Gesichtspunkt erscheint die schizophrene Störung als eine verständliche Variante der menschlichen Realitätsorientierung. (Dies stimmt mit den Anschauungen Bleulers überein, die er 1911 in seiner Monographie über die Schizophrenie klar zum Ausdruck brachte.) In ihr erkennen wir wesentliche Spielarten einer mißglückten Versöhnung von Zentrierung und Offenheit und damit einer gescheiterten Aggressionsbewältigung. Dieses Scheitern kann plötzlich unter den Anzeichen eines akuten Zusammenbruchs erfolgen, oder es kann sich gleichsam sachte etablieren. Es kann sich in so extremen Formen zeigen, daß auch ein Laie von Verrücktheit spricht oder es kann sich in einer sozialen Schein-Anpassung tarnen. Es kann weiter von einem Teil der menschlichen Sozietät mitgetragen und legitimiert und dadurch verschleiert werden.

Wir fassen zusammen. Wir finden bei höheren Tieren und beim Menschen ähnliche Momente und Konstellationen der Aggressionsbewältigung: Wie andere höhere Tiere hat der Mensch, so scheint es, die intraspezifische Aggression als stammesgeschichtliche Mitgift auf den Lebensweg mitbekommen. Und als ein auf intraspezifische Verbundenheit eingestelltes Tier muß er Hemmungsmechanismen entwickeln, die der Stärke des aggressiven Triebpotentials entsprechen.

Diese Hemmungsmechanismen sind jedoch in dem Sinne plastisch, als sie, im Gegensatz zu den von Lorenz erwähnten Tieren, durch Erbkoordinationen noch wenig festgelegt erscheinen. Das bedeutet, daß sich der Mensch diese Mechanismen gleichsam durch seine eigene Arbeit erschaffen muß – genau wie er sich, nach dem, was wir durch Piaget und andere wissen, die Kategorien des Raumes und der Zeit, des Zusammenhanges der äußeren Welt usw. anzueignen hat. Seine Instinktoffenheit, seine lange Abhängigkeit von der Mutter, sein Verfügen über eine komplexe Sprache, des Menschen ungewöhnliche Lernfähigkeit begründend, ermöglichen auch, daß er seine intraspezifische Aggressivität zu bändigen lernt. Allerdings ist dieses Lernen zum kleinsten Teil bewußt. Es vollzieht sich in den Bewegungen der positiven Gegenseitigkeit, wie sie anfangs beschrieben wurden. In diesen Bewegungen formen sich die entscheidenden Verschiebungs- und Entschärfungsmechanismen und die Fähigkeit zur Ambivalenztoleranz. Hier konstelliert sich damit die Möglichkeit zur Versöhnung von Aggressivität und Verbundenheit.

Diese Versöhnung, stets an die gegebene historische Situation gebunden, erscheint in unserer Zeit – und damit wende ich mich der heutigen sozialen Situation zu – in einem besonderen Licht. Im atomaren Gleichgewicht des Schreckens kann die Aggressivität nicht mehr in einem Krieg großen Maßstabes entladen werden. Geschieht dies doch, besteht die Gefahr, daß die Spezies Mensch sich ausrottet. Es wird für den Menschen zunehmend problematischer, eine konfliktlose Solidarität dadurch erreichen zu wollen, daß der konkrete Feind, wie beim Stichling, in die Beziehungsgleichung mit hineingenommen wird. Dieser Modus der Aggressivitätsbewältigung, in den verschiedensten Formen paranoider Simplifizierung zum Ausdruck kommend – sich etwa gegen Angehörige anderer Nationen, Klassen, Hautfarbe, Religion usw. richtend –, entlarvt sich damit zunehmend als gefährliche Scheinbewältigung. Die Menschheit kann es sich nicht mehr leisten, Schismen zu radikalisieren. Sie steht unter dem Druck, entweder eine erhöhte Ambivalenztoleranz zu entwickeln oder unterzugehen.

Zugleich erscheinen mehr Menschen den Belastungen ausgesetzt, die deren Mechanismen der intraspezifischen Aggressionsbewältigung gefährden. Dies sind wesentlich zu große Nähe und Verstrickung bei gleichzeitiger Frustration. Kommen diese Faktoren zusammen, dann droht die positive in eine negative Gegenseitigkeit umzuschlagen; dann besteht die Gefahr, daß die der intraspezifischen Aggressionsabwehr dienenden Strukturen und Mechanismen in einen regressiven Strudel der Entdifferenzierung und »Entritualisierung« geraten. Im Lichte dieser Tatsache muß das neben der Atombombe zweite wichtige Faktum unserer Zeit gesehen werden: die schnelle Bevölkerungsvermehrung (zur Zeit verdoppelt sich die Weltbevölkerung etwa alle 30 Jahre; bei dieser Wachstumsrate läßt sich ausrechnen, daß in etwa 600 Jahren – nicht ganz die Zeitspanne von Luther bis heute in die Zukunft projiziert – pro Mensch ein Quadratmeter zur Verfügung stehen wird). Diese Bevölkerungsvermehrung bedingt u. a., daß die Menschen vermehrt miteinander Kontakt haben und verstärkt aufeinander angewiesen sind. Damit wachsen die Chancen der unlösbaren Verstrickung und des Sich-gefährlich-unter-die-Haut-Gehens. Zugleich treibt die den Erdball immer mehr umspannende Kommunikation durch Massenmedia die »Revolution der Ansprüche« voran. Bestehende eindeutige Ungerechtigkeiten werden akzentuiert. (Auf vielen Ebenen werden die Unterschiede zwischen den Habenden und Habenichtsen zugleich größer und deutlicher sichtbar.) Damit müssen die Frustrationen wachsen, die das Dynamit der intraspezifischen Aggression sind. Es kann daher erwartet werden, daß sich die dem Menschen aufgegebene Dialektik von Aggression und Verbundenheit verschärft.

Fritz C. Redlich

Anmerkungen zur Aggressionstheorie von Konrad Lorenz

Das Buch Konrad Lorenz' ist ein erfreulicher Stimulus, über die Aggression neuerlich nachzudenken. Es bringt im frischen Stil des großen Naturforschers seine eigenen Beobachtungen, die Daten und Experimente anderer Forscher und einige wichtige allgemein theoretisch biologische Überlegungen und sogar philosophische Erwägungen. Zum Teil haben Gespräche und Gedankenaustausch mit Psychoanalytikern Lorenz bewogen, dieses Buch zu schreiben. Das Buch enthält für den Psychoanalytiker und Psychiater wichtige Bestätigungen unserer eigenen Beobachtungen und Methoden und viel Material, das zu kritischen Betrachtungen der Lorenzschen Überlegungen und unserer Theorien anregt.

Lorenz' Instinktbegriff unterscheidet sich vom analytischen Instinktbegriff. Sein Begriff ist ein verhaltensphysiologischer, oder ich würde sagen, behavioristischer Begriff. Ich bekenne, daß mir vom wissenschaftlichen Standpunkt aus das behavioristische Instinktkonzept faßlicher ist als das analytische Konzept einer psychischen »Kraft«. Lorenz, wie viele andere Biologen, bezeichnet als Instinkt oder instinktives Verhalten angeborene Auslösemechanismen. Es gibt ungezählte solcher Auslösemechanismen – von Eiroll-Reaktionen bis zum Triumphgeschrei. Abgesehen von diesen kleinen Instinkten gibt es – so meint Lorenz – auch große Instinkte. Lorenz nennt als solche: Hunger, Liebe, Flucht und Aggression. An einigen Stellen des Buches allerdings gewinnt man den Eindruck, daß Lorenz bei vielen Tieren, besonders bei Gänsen, Pavianen, Schimpansen, und beim Menschen auch das soziale Verhalten als einen der großen Instinkte ansieht.

Die Annahme der Existenz vieler Instinkte scheint im Gegensatz zur dualistischen Instinkttheorie der Psychoanalyse zu stehen. Ist das nun wirklich ein fundamentaler Gegensatz oder ein Problem der Klassifikation? Die dualistische und grandios einfache Unterteilung der Instinkte in Aggression und Sexualität, die dann mit philosophischer Lizenz zu einer Unterteilung der Instinkte in die Triebe des Eros und Thanatos führte, hat etwas Bestechendes. Zweifellos kann man viele kleine Instinkte und vielleicht auch große Instinkte wie die Furcht dem Aggressionstrieb zuordnen, wie Freud dies tat. Ob so eine weitgehende Reduktion zweckmäßig ist, bezweifle ich aber und würde es eigentlich für besser halten, die Instinkte zu beschreiben und sich nicht sozusagen mit den letzten Dingen – Tod und Leben zu befassen, bevor wir mehr wissen. Die Annahme zweier opponierender Grundkräfte hat einen gewissen weltanschaulichen »appeal« – aber wissenschaftlich ist wohl nicht viel damit anzufangen.

Lorenz sagt selbst, daß er mit dem Angriff auf den Todestrieb offene Türen einrennt. Ich bin dessen nicht so sicher, da manche Analytiker, wie Federn, K. Menninger, Pious, den Todestrieb noch immer recht ernst nehmen. Klinisch andererseits ist die Häufigkeit und Wichtigkeit destruktiven Verhaltens wohl sehr eindrucksvoll. Dies durch einen Destruktionstrieb zu erklären, ist allerdings gewagt und wohl auch nicht nötig. Ich glaube, daß die empirische Forschung zu einer Modifikation der gegenwärtigen Instinktlehre führen wird. Die neue Instinktlehre wird wahrscheinlich mehr als die zwei großen Instinkte postulieren. Sie wird im Auge behalten, daß wir beim erwachsenen Menschen nur ausnahmsweise rein instinktives Verhalten sehen und meistens Modifikationen der ererbten Instinkte und Instinktkontrollen wahrnehmen. Manche solcher Instinktkontrollen – welche die Analyse den Ich-Funktionen zuzählt – sind ein Erbgut des Menschen und haben, wie wir von Hartmanns Überlegungen wissen, eine gewisse von den Instinkten unabhängige Autonomie.

Einer der wichtigsten Punkte, innig im Zusammenhang mit Lorenz' Kritik eines Zerstörungs- oder Todestriebes, ist die Annahme, daß die Aggression nicht adaptiv ist. Zweifellos war Freud nicht so naiv, unter allen Umständen die Aggression als einen nicht adaptiven Trieb anzusehen. Selbst der Tod ist biologisch in einem Sinn zumindest adaptiv, da er ja Platz für neues und potentiell höher entwickeltes Leben schafft. Die Beispiele von adaptiver Aggression in der Tierwelt – von den Korallen, Fischen bis zu den Pavianen – sind eindrucksvoll und können von jedem

Kliniker mit Beispielen beim Menschen ergänzt werden. Aggression kann also auch beim Menschen eine Funktion in der Richtung der Anpassung erfüllen. Allerdings müssen wir uns vor Übervereinfachung bei der Betrachtung des Menschen hüten. Der Begriff der Adaption in der Tierwelt ist, wenn auch nicht gerade einfach, doch relativ klar. Beim Menschen ist das keineswegs so, was mir gewisse neuere analytische Erwägungen von Hartmann und auch von D. Rapaport und Gill fragwürdig erscheinen läßt. Die letzteren Autoren haben dies unter dem Eindruck der Erwägungen Erik Eriksons erkannt und sprechen von sozialer Anpassung im Gegensatz zur biologischen Anpassung oder zur Anpassung schlechthin. Aber was ist diese soziale Anpassung? Meiner Ansicht nach sind wir in den meisten Fällen – außer bei den schwersten Beispielen menschlichen Versagens – nicht imstande zu sagen, was adaptiv und was nicht adaptiv ist. Wenn ein Mensch bei einem Feuer kataton erstarrt, nicht flieht und verbrennt, ist das unadaptiv. Es ist auch unadaptiv, wenn ein Diabetiker aus gewissen Gründen kein Insulin nimmt und in ein Koma gerät. Ist es aber adaptiv oder nicht, an einem erfreulichen und interessanten Kongreß teilzunehmen, anstatt sich an der eigenen Klinik schlicht der mühseligen, aber verantwortlichen, alltäglichen Arbeit zu widmen? Wie oft sind wir imstande, im menschlichen Alltag zu sagen, ob ein aggressives Sich-Stellen oder ein passives Ausweichen adaptiv ist? Der Adaptationsbegriff, auf den Menschen angewandt, hilft uns nur in den großen Nöten, aber nicht in den kleinen Konflikten, und vielleicht auch nicht immer in den großen Nöten. Der Hinweis auf die große Bedeutung solcher bewußter und unbewußter Konflikte beim Menschen ist, ganz abgesehen von Adaptation, eine der wichtigsten Leistungen Sigmund Freuds. Übrigens erscheint mir die von Lorenz erwähnte Tatsache, daß beim Menschen – anders als bei den Tieren – nicht *ein* Instinkt das Wort hat im Parlament der Instinkte, sondern daß gewöhnlich mehrere Instinkte und Instinkthemmungen miteinander im Konflikt sind, besonders wichtig.

Lorenz betont, daß Freud der erste war, der die große Bedeutung der Aggression als einen der Haupttriebe erkannt hat. Lorenz sieht wie Freud die Aggression als einen der großen Instinkte an und gibt uns außerordentlich eindrucksvolle Beispiele über die Phylogenese der Aggression und Aggressionshemmung. Lorenz unterscheidet deskriptiv zwischen den verschiedensten Arten der intraspezifischen und interspezifischen Aggression. Diese Unterscheidungen sind auch beim Menschen von großer Wichtigkeit; manchmal gewinnt man den Eindruck, daß der analytische Kliniker sich nicht genügend mit so elementaren Beobachtungen beschäftigt. Es müßte uns gelingen, die verschiedenen Aggressionen im frühesten Kindesalter, bevor Modifikationen durch die menschliche Lernfähigkeit erfolgen, genauer zu studieren und dann deren Entwicklung zu verfolgen. Freud hat dies in bahnbrechender Weise für die sexuellen Instinkte getan. Über die Aggression existiert so ein fundamentales Werk nicht. Für Hinweise auf solche Möglichkeiten – zum Beispiel die Entwicklung der Begeisterung, aus gewissen Aggressionen die Gruppe zu verteidigen – müssen wir Lorenz danken. Lorenz zeigt, daß das Band der Freundschaft bei bestimmten Tieren, besonders Gänsen, aus einer Modifikation und Hemmung der Aggression entstanden ist. Nur aggressive Tiere zeigen Bindungen, die mit menschlicher Freundschaft zu vergleichen sind. Diese Beziehungen sind nach Lorenz in keiner Weise aus einer Modifikation des Sexualtriebes oder einer Fusion von Sexualtrieb und Aggression zu erklären. Diese Beobachtungen sind wichtig genug, uns zu veranlassen, das soziale Verhalten und seine Genese beim Menschen empirisch an normalen und pathologischen Fällen zu überprüfen und festzustellen, ob die Lorenzschen Hypothesen beim menschlichen Verhalten anwendbar sind.

Lorenz betont, daß die große und gefährliche Aggression des Menschen ein Erbgut aus den Urzeiten der Menschheit und seiner anthropoiden Ahnen ist. Er betont aber auch, daß menschliches Verhalten durch Lernen und Vermittlung des Erfahrungsgutes von einer Generation zur nächsten beeinflußbar ist. Diese Tatsache berechtigt zu einem gewissen Optimismus, daß die durch Entwicklung der modernen Vernichtungstechnik und der anonymen Massengesellschaft außerordentlich gefährliche Aggression doch kontrollierbar ist. Es ist interessant, daß Lorenz auf Möglichkeiten der Sublimierung durch Sport, Kunst, Humor und intellektuellen Wettbewerb hinweist; obwohl die Konzepte der Sublimierung und der Neutralisierung der Grundinstinkte Errungenschaften der Analyse sind, hat sich die Analyse relativ wenig mit der Sublimierung der Aggression beschäftigt und auch nicht mit dem relativ unklaren Begriff der Neutralisierung. Theoretisch, klinisch und sozial-psychologisch ist das aber ein außerordentlich wichtiges Forschungsgebiet, das unsere höchste Aufmerksamkeit verdient.

Am Ende möchte ich einen der Grundgedanken der Analyse erwähnen, der aus begreiflichen Gründen von Lorenz nicht betont wird. Lorenz spricht über die Aggression der Tiere und auch der Menschen ohne Rücksichtnahme auf das Bewußtsein. Bei der Beobachtung der Tiere bleibt keine andere Möglichkeit, beim Menschen ist aber die Unterscheidung zwischen bewußten, vorbewußten und unbewußten Aggressionen von fundamentaler Bedeutung. Die Bedeutung der unbewußten und damit der gefährlichsten, ungezähmten und unerkannten Aggression wurde aber hauptsächlich von der Analyse erkannt und durch ihre eigenen Methoden erforscht.

Lorenz beschreibt bei Tieren Kontrollen und »Abwehrmechanismen« gegen die Aggression. Was sind, sollten wir uns neuerdings fragen, ähnliche oder unähnliche Dynamismen beim Menschen? Ist es nicht von größter Wichtigkeit zu verstehen, wie die große Aggression des Menschen gezähmt werden kann und unter welchen Umständen? Grauenhafte Beispiele des Mißlingens dieser Zähmung in der jüngsten Vergangenheit sind uns ja allzu bekannt. Welcher Art sind beim Menschen die bewußten und unbewußten Prozesse, die diese mächtigen und destruktiven Aggressionen ungehemmt zur Wirkung bringen? Mit diesen Fragen, die von der größten theoretischen und praktischen Bedeutung für unsere Zeit und die Existenz der Menschheit sind, sollte sich unsere Diskussion besonders eingehend befassen.

René A. Spitz

Zur anpassungsfördernden Rolle der Aggression

Der Zugang von Konrad Lorenz zur Frage der Aggression als einer der wichtigsten Kräfte, vielleicht der allerwichtigsten, um den Fortschritt der Arten zu bewirken, ist nicht minder originell und revolutionär als Freuds Postulat, daß die Aggression als einer der beiden großen Triebe der Psyche im Leben, in der Entwicklung, im Denken, in der Persönlichkeit des Menschen eine ebenso entscheidende Rolle spielt wie der Eros, der Sexualtrieb; daß eines ohne das andere zur Katastrophe führt.

Letzthin ist das, was Lorenz über die Funktion der Aggression in der phylogenetischen Entwicklung nachweist, diesem Postulate Freuds gleichzusetzen. Ohne die Aggression, ohne die aus ihr bezogenen Kräfte und Werkzeuge gäbe es keine Evolution. Das klingt banal, wenn man an die alte, angeblich darwinistische Formel »Der Kampf ums Dasein« denkt. Doch was Lorenz vielmehr zeigt, geht in eine ganz andere Richtung als diese Formulierung, die einst so bitter bekämpft wurde, und, wie immer in der Wissenschaft bei großen Entdeckungen, zur Selbstverständlichkeit von heute geworden ist. Was Lorenz zeigt, ist, daß die inner-artliche Aggression gebändigt und in eine neue Form umgeleitet werden muß. Diese Umformung erfolgt unter dem Selektionsdruck im Verlauf der Phylogenese. Dabei bedient sich der »große Konstrukteur« der Triebkraft der Aggression selbst, um die Umleitung zu bewirken, um die Kraft der »bösen« Aggression in den segensreichen Dienst der inner-artlichen Beziehung zu stellen. Wird der Psychoanalytiker nicht an Freuds Formulierung der Verdrängung erinnert, in der eine Gegenbesetzung das Verdrängte am Bewußtwerden hindert; und die Energie dieser Gegenbesetzung von eben der Besetzungsenergie geliefert wird, welche vom Verdrängten stammt?

Die große Gefahr des Buches von Lorenz liegt in den verführerischen Analogien zwischen tierischem Verhalten und menschlichen psychischen Mechanismen. Er selbst warnt in diesem Buche, wie an vielen anderen Stellen, unablässig davor. Schon seine Formulierung, laut welcher artspezifische Verhaltensweisen eine Art ebenso verläßlich von einer andern zu unterscheiden erlaubt wie deren Morphologie, schließt jedes leichtfertige Analogisieren aus. Überdies aber haben Lorenz und seine Mitarbeiter das *methodologische* Prinzip in das Zentrum ihrer Forschungsarbeit gestellt, daß das Verhalten jeder Tierart (und dazu gehört der Mensch) nur aus dem Inventar des artspezifischen Verhaltens eben dieser Tierart und nicht in Analogie zu irgendeiner andern, wenn auch noch so nahe verwandten, erklärt werden darf.

Daß wir in keiner Weise berechtigt sind, im Falle von zwei verschiedenen Spezies Analogien zur Erklärung von Verhalten zu verwenden, ist heutzutage wohl Gemeinbesitz der Wissenschaft. Mir wurde das zum ersten Male klar, als ich im Jahre 1926 auf der antarktischen Insel Halifax Pinguine besuchte und zu meinem Erstaunen entdeckte, daß jede brütende Pinguin-Mutter bei meiner Annäherung den Kopf seitlich legte, als bettele sie, von mir am Halse gekrault zu werden, wie etwa eine Katze oder ein Papagei es tun würde. Schon damals hatte ich genügend Verstand, um das nicht ohne weiteres zu tun, und mein Begleiter erklärte mir das Verhalten damit, daß die Pinguin-Mutter, auf dem Bauche liegend und ihre Eier beschützend, mit seitlich gelegtem Kopfe besser nach mir hacken kann, falls ich zu nahe komme. Heute würde ich vielleicht diese Annahme dahin ergänzen, daß möglicherweise auch das »Flaggen« dabei beteiligt sein mochte.

Analoge Fehldeutungen dieser Art sind leicht zu vermeiden. Schwieriger wird es schon, wenn wir es mit den beiden »großen Konstrukteuren« des Artwandels (Selektion und Mutation) zu tun haben und mit deren Methode, Restbestände der Organisation, deren Leistung durch das Fortschreiten der Evolution überholt ist, Neuzwecken dienstbar zu machen (vgl. Lorenz, 125, S. 268). Ich spreche hier von dem *Funktionswechsel*, den wir in der Evolution so reichlich zu sehen bekommen. Wir sind mit dessen Operationen auch in der menschlichen Entwicklung, sowohl im Normalen wie im Pathologischen, wohl vertraut.

Lorenz beschreibt, wie unentbehrlich inner-artliche Aggression für Arterhaltung und Evolution ist. Doch sie ist eine stete Gefahr für die

Sozietät. Sie muß unschädlich gemacht werden; das geschieht durch eine Ritualisierung des Aggressionstriebes, der vom ursprünglichen Ziele abgelenkt, umorientiert und der *Kommunikation* der Geschlechter dienstbar gemacht wird. Ich betone nochmals, daß beim Tier diese Metamorphose im Laufe der Phylogenese erfolgt.

Der Psychoanalytiker kann sich aber schwer dem Eindruck verschließen, daß dieser phylogenetische *Bedeutungswandel* des tierischen Verhaltens in der menschlichen Psychopathologie Parallelen besitzt, wenn auch skurrile.

Denken Sie an den brautwerbenden Kranich und an seinen umorientierten Scheinangriff gegen ein Ersatzobjekt, ein Holzstück, ein Steinchen. Und lassen Sie mich vom Verhalten jenes Patienten erzählen, der im Park der psychiatrischen Anstalt, mich von weitem erblickend, immer mit ausgesuchter Höflichkeit grüßte und den Hut vom Kopf nahm. Doch er war ein Zwangsneurotiker; und bevor er den Hut ergreifen konnte, mußte er mit den Fingern zwei- bis dreimal weithin hörbar schnalzen. Es stellte sich dann in der Analyse unschwer heraus, daß das Zeremoniell des Fingerschnalzens der Ersatz, die Ritualisierung einer mörderischen Geste war. Es war die Erinnerung daran, daß die Unterwürfigkeitsgebärde des Grüßens die schwererrungene Verkleidung seiner mörderischen Haßgefühle gegen eine einstens allmächtige Person darstellte. Gegen eine Person, vor der er regelmäßig »vergaß«, den Hut zu lüften; wo das Fingerschnalzen ihn an das schwer bestrafte »Vergessen« erinnerte, an das Lineal, mit dem ihm der Lehrer auf die Finger klopfte. Man könnte sagen, daß er mit den Fingern schnalzte, um mir nicht an die Gurgel zu fahren.

Sind wir berechtigt, solche Parallelen zu ziehen? Ich meine ja, wenn wir uns des Unterschiedes bewußt bleiben. Beim Kranich hat sich das Ritual phylogenetisch im Widerstreit zwischen Haß, Furcht und Sexualtrieb durch endlose Generationen herauskristallisiert. Bei unserem Zwangsneurotiker ist es auch der Widerstreit zwischen Haß und Angst, freilich nicht im Phylogenetischen, sondern *ontogenetisch*, im Unbewußten, der zu dem merkwürdigen Schnalzritual führte. Hier *sehen* wir die Kompromißlösung im Laufe der Ontogenese entstehen; und *die* Macht, die die Ersatzhandlung, die Neuorientierung erzwingt, ist nicht mehr der Selektionsdruck, sondern das Über-Ich.

Wir kommen so zu einem Schluß, der dürftig genug klingt. In der Natur ist die morphologische Invention praktisch unbegrenzt, die Schöpfung immer neuer *Formen*, eine unwahrscheinlicher als die andere, nimmt kein Ende. Doch wo es sich um die Schöpfung neuer *Methoden* handelt, ändert sich das Bild: Die Natur verfügt nur über relativ wenige Methoden; und wenn eine Methode einmal ausgearbeitet ist und sich in einem Fall bewährt hat, so wird sie immer wieder und wieder und wieder versucht, möge sie nun sinnvoll sein oder nicht.

Das hat Lorenz an den selektionswidrigen Schwingen des Argus-Fasanes gezeigt; und in dem »Parteihaß« der Rattensippen hat er wahrscheinlich gemacht, daß – wenn die Ritualisierung selbst zum Zuchtwahl-Prinzip erhoben wird – dies letzthin zu Resultaten führt, die die Art selbst gefährden.

Ich meine, daß wir in dem Zeremoniell der Zwangsneurotiker, diesem tragikomischen Ausläufer der Ritualisierung, ähnliche Möglichkeiten sehen. Beim Zwangsneurotiker wirkt die Ritualisierung wohl aggressions-hemmend, aber nicht arterhaltend. Sie ist ja auch nicht durch den Selektionsdruck entstanden. Aber sie leistet immerhin für unser Individuum, für unseren Zwangsneurotiker, einen Kompromiß zwischen seiner Aggression und seinem Über-Ich, sie wird für ihn zu einem Modus vivendi.

Wo man an Lorenz' Idee – Ritualisierung zu den Instinkten zu rechnen – etwas im Sinne des Menschlichen korrigieren möchte, wäre, daß die phylogenetisch entstandene Aggressionsbemeisterung durch Entwicklung der Ritualisierung vielleicht als eine der zahlreichen Vorstufen oder Modelle anzusehen ist, deren sich beim Menschen das Über-Ich bedient, um Konflikte der Instinkte unter sich und mit der äußeren Realität zu bemeistern. Man kommt zu dem Schluß, vielleicht in manchen dieser tierischen Verhaltensweisen *physiologische Prototypen*, wie ich es gerne nenne, der menschlichen Abwehrmechanismen des Ich zu sehen. Sie sind diesen nicht gleich zu setzen – ihre Ähnlichkeit ist eine Täuschung. Doch sie liefern ein Modell für Methoden, welche im Bedarfsfalle für die Bedürfnisse der menschlichen Psyche bereitliegen mögen. In ein anderes, weniger starres Medium übersetzt werden solche phylogenetisch erworbenen tierischen Verhaltensweisen den ontogenetischen Bedürfnissen der menschlichen seelischen Organisation dienstbar gemacht.

Denn beim Menschen erfolgt die Schöpfung der triebregelnden, organisierten und triebbändigenden Einrichtungen im Laufe der Ontogenese – man mag sich fragen, was wohl zu dieser neuen, genialen Lösung geführt hat?

Lorenz, seinen Kollegen, seinen Schülern verdanken wir das Verständnis für die evolutionäre Entwicklung der Regulierung in jener psychologischen Einheit, welche Lorenz das »Parlament der Triebe« nennt.

Der Analytiker würde lieber von Partialtrieben sprechen, die im Laufe der individuellen Entwicklung unter dem Primat der Genitalität zusammengefaßt werden. Das ist nicht ganz mit Lorenz' »Parlament der Triebe« gleichzusetzen. Die Partialtriebe, die wir unterscheiden, sind mit den Verhaltungsweisen, die Lorenz Triebe nennt, nicht identisch.

Das mag an einer begrifflichen Differenz liegen; unsere Partialtriebe wurden nicht primär vom Gesichtspunkte des Verhaltens definiert, sondern vom Affekt her. Dennoch könnten sie als Verhaltensweisen beobachtet und beschrieben werden – und für einzelne von ihnen hat Freud das auch getan. Wenn Lorenz seinen Triebbegriff vom Verhalten ableitet, so liegt das doch wohl daran, daß er mit Subjekten arbeitet, mit denen eine Verständigung über Gefühle, Motive, Affekte nicht möglich ist. Es muß daher derzeit eine offene Frage bleiben, ob und inwieweit zwischen unserer Formulierung über Partialtriebe und Lorenz' Konzept des »Parlaments der Triebe« eine Gemeinsamkeit zu finden ist oder ob wir über radikal verschiedene Dinge sprechen.

Eine unserer Aufgaben zur Klärung dieser Frage ist wohl eine systematische Untersuchung der Partialtriebe, ihre Klassifizierung und die Ermittlung ihrer Naturgeschichte. Während wir in dieser Beziehung wahrscheinlich mehr als Lorenz über die Partialtriebe der Sexualität wissen, dürfte er in der Erforschung des »Parlaments der Triebe« der Aggression uns weit voraus sein.

Erst wenn von beiden Seiten diese Lücken ausgefüllt sind, wird eine Vergleichung unserer Begriffssysteme möglich sein, ganz besonders auf dem Gebiet der Regulierung und ihrer evolutionären Entwicklung.

Es ist kein Zufall, daß das Symposium über das Thema ›Aggression und Anpassung‹ von Alexander Mitscherlich organisiert wurde. Sein schönes und wichtiges Buch ›Auf dem Wege zur vaterlosen Gesellschaft‹ ist wohl die erste psychoanalytische Arbeit, die sich ausdrücklich und spezifisch mit der Naturgeschichte der Aggression und ihrer Regulierung beim Menschen befaßt.

Für unser heutiges Thema ist es für uns wesentlich festzuhalten, daß beim Tier diese Regulierungen unter dem Selektionsdruck auf dem phylogenetischen Wege entwickelt werden. Das führt beim Tier zur relativ

starren, schon bei der Geburt gebrauchsfertigen oder in der Anlage bereit-
stehenden Verhaltungsweisen. Diese sind auf die voraussehbaren Umweltbedingungen des Tieres abgestimmt und ermöglichen nur schwer
oder gar nicht eine Anpassung an größere Umweltveränderungen während des Lebens des Einzelindividuums.

Beim Menschen ermöglicht der beinahe vollkommene Mangel angeborener Verhaltensweisen und seine lange Abhängigkeit von den Eltern
eine fast unbegrenzte Gelegenheit zum Erlernen der elterlichen und der
Sozietätstradition im Laufe der Ontogenese. Damit ist auch eine wesentlich elastischere Anpassung an wechselnde Umweltbedingungen gegeben.
Was aber löst raschen Wechsel der Bedingungen aus?

Abgesehen von Klimaänderungen, die in geologischen Zeiträumen erfolgen; von Naturkatastrophen, die entweder einmalige sind, oder sich regelmäßig in derselben Weise wiederholen, wie etwa Fluten; und von Änderungen der Ernährungsbedingungen, die relativ langsam stattfinden,
bleibt ein Faktor, der leicht rapiden Änderungen unterliegt. Das ist die
Gesellschaftsordnung, in welcher das Menschenkind aufwächst.

Hier ist es, meine ich, wo die anpassungsfördernde Rolle der Aggression
in der Entwicklung vom Tier zum Menschen entscheidend eingesetzt haben dürfte. Denn die immer komplizierteren Formen der Vergesellschaftung fallen (ich muß sagen, möglicherweise, denn wissen tun wir es ja
nicht) mit der Ausbildung von fortschreitend wirksamer werdenden Werkzeugen und Formen der Aggression zusammen. Beginnend mit dem
Faustkeil sehen wir eine unendliche Skala von immer mehr verfeinerten
Nahwaffen, die offenbar den jeweils existierenden Gesellschaftsorganisa-
tionen anfänglich ebenso primitiver Art korrespondieren.

Es ist anzunehmen, daß es die Waffe war, welche den Wandlungen der
jeweiligen Gesellschaftsformen voranging und sie erzwang. Eine fernwir-
kende Wurfwaffe dürfte zu anderen Formen der Vergesellschaftung führen als sie eine Nahkampfwaffe wie der Faustkeil erfordert. Eine weitere
Konsequenz wird sein, daß diese geänderte und wahrscheinlich auch zahlreichere Individuen umfassende Gesellschaftsform Änderungen in den Beziehungen zwischen Individuen notwendig machte.

Beim Tier gibt es dergleichen nicht; weder die Waffe noch die Gesellschaftsform ändert sich im Laufe einer Generation oder vieler Generationen; – denn »der Haifisch, der hat Zähne«; und so der Wolf; der Hirsch
sein Geweih und seine Hufe; der Löwe seine Krallen. All das ändert sich

nicht und ebensowenig die Form der Vergesellschaftung, der _Code_ des Verhaltens zum Artgenossen. Beides, Waffe und Gesellschaftsformen, sehen wir dagegen von unserem fernsten menschlichen Vorfahren an in einer steten Änderung begriffen.

Ich meine, daß die Evolution an diesem Punkte eine Organisationsform verließ, die Lorenz das »Große Parlament der Instinkte« nennt. Spuren davon zeichnen sich bereits im Verhalten der großen Menschenaffen ab. Eine Strukturierung des psychischen Apparates findet statt. Dem Genius Freuds verdanken wir ein Modell des psychischen Apparates, das uns erlaubt, die Dynamik, das Funktionieren dieser Strukturen, ihr Ineinandergreifen, ihr Vermitteln zwischen Trieb und Umwelt (und in diese ist die Sozietät und ihre rapide wechselnde Forderung einzubegreifen) in ein intelligibles System zu fassen.

Freud machte einen geistvollen Versuch in ›Totem und Tabu‹, den Hergang dieser psychischen Strukturierung zu rekonstruieren. Es ist für diese unsere Betrachtungen nicht ohne Bedeutung, daß er in diesem Buche die Ähnlichkeit der Riten primitiver Völker mit dem Zeremoniell des Zwangsneurotikers hervorhebt.

In der Tat, auch in ›Totem und Tabu‹ haben wir eine Schilderung, in welcher die gesellschaftsbildende, fortschrittsfördernde Macht der Aggression der Hauptakteur ist. Umorientierte Aggression gegen Artgenossen wird zum schöpferischen Prinzip. Zehn Jahre später führte Freud jenes Modell der psychischen Struktur ein, von welchem ich vorhin sprach, das Modell der seelischen Instanzen: Es, Ich und Über-Ich.

Lorenz hat seinem Buche den Untertitel ›Zur Naturgeschichte der Aggression‹ gegeben. Er weiß natürlich, und wir wissen, daß diese Naturgeschichte viel mehr umfaßt als die Aggression allein. Zum Beispiel berührt sie die Naturgeschichte der Entwicklung des Denkprozesses, wenn auch peripher [1].

Bei dieser Betrachtungsweise ist man stets dessen gewahr, daß die Abläufe im Unbewußten der Assoziation durch Kontiguität gehorchen, etwas, das Freud bereits in den Studien zur Hysterie ausgeführt hat. Nun

---

[1] In einem Buche, welches im Erscheinen begriffen ist, habe ich dieser Entwicklung ein Kapitel gewidmet, und zwar im Zusammenhang mit dem bedingten Reflex. Freilich ist meine Betrachtung vornehmlich von der menschlichen Psyche ausgegangen, doch habe ich, wie in den meisten meiner Arbeiten, dabei die Phylogenese einbegriffen.

ist der bedingte Reflex eine Brücke, die vom Unbewußten zum Bewußten, vom nackten Trieb zu einer selektiven Reaktion auf das Signal führt. Im Phänomen des bedingten Reflexes kann man das Walten eines Gesetzes oder Prinzips beobachten, das ich meine, bereits dem Übergang zum Bewußten zuzählen zu können. Es ist das sogenannte *Law of Effect*, das Prinzip des Erfolgs, nach welchem der Organismus rascher Reaktionen oder Verhaltensweisen erlernt, welche befriedigende, als solche, welche unbefriedigende (einfacher gesagt, unangenehme) Begleiterscheinungen oder Folgeerscheinungen haben. Das »Law of Effect« führt zur Erwerbung eines kausal gerichteten Verhaltens; im Laufe der Phylogenese entsteht daraus ein kausal operierender Denkprozeß.

Es lohnt sich meines Erachtens, einen Augenblick bei den frühesten Prototypen kausaler Verhaltensweisen zu verweilen. Zu diesen gehört nach dem vorhin Gesagten der bedingte Reflex sowie der AAM, der angeborene Auslösemechanismus. Beides sind Vorläufer des Denkprozesses. An und für sich, in formaler Beziehung, funktioniert der AAM wie ein bedingter Reflex. Ein Reizsignal wird geboten, auf welches hin eine Instinkthandlung ausgelöst wird, die *nicht diesen* Reiz *als solchen* zum Triebziel hat. Der AAM unterscheidet sich vom bedingten Reflex darin, das der konditionierte Reiz nicht zu Lebzeiten des Individuums in dem psychischen Apparat des Subjekts gesetzt wird. Aber ebenso wie beim bedingten Reflex ist der konditionierte Reiz durchaus nicht notwendigerweise mit dem Triebziele verbunden. Im AAM handelt es sich um ein angeborenes (oft ein ritualisiertes) Verhalten, welches, wie Lorenz dargestellt hat, das Resultat umgebogener, umorientierter Aggression ist. Was das angeborene Ritual vom bedingten Reflex unterscheidet, ist also, daß der konditionierte Reiz in der Erbmasse weitergegeben wird, hereditär ist; man möchte annehmen, im Zentralnervensystem niedergelegt ist.

Was den AAM ferner vom bedingten Reflex unterscheidet, ist, daß hier die Rolle des Affekts wesentlich auffälliger ist. Alles kann konditioniert werden; aber nur Lebenswichtiges wird zum angeborenen Auslösemechanismus, wird ritualisiert. Die lebenswichtige Funktion, sei es die Nachfolgefunktion, die Sexualfunktion, der abgebogene Angriff, sie alle sind mit den wichtigsten Affekten des individuellen Lebens verbunden. Dieser Affekt wird unter dem Selektionsdruck zur Ausbildung des angeborenen, des ritualisierten Verhaltens verwendet. An Lorenz' Beispielen sieht man, daß das Hereditärwerden eines solchen Mechanismus sich zwar wohl des konditionierten Reflexes bedient, aber über diesen hinaus eine Rigidität erwirbt, die dem bedingten Reflex nicht eigen ist. Das Ritual, der angeborene Auslösemechanismus erlöschen nicht im Sinne des bedingten Reflexes. Entweder erlöschen sie überhaupt nicht, oder, wenn nicht zum kritischen Zeitpunkt ausgelöst, atrophieren sie und sind nicht mehr auslösbar. Im Gegensatz dazu steht der bedingte Reflex, der ohne re-enforcement erlischt, aber wieder anerzogen werden kann.

Das liegt wohl an zwei Faktoren: Erstens wird der bedingte Reflex im Laufe des Lebens des Individuums erworben, indes der angeborene Auslösemechanismus in der Erbmasse niedergelegt ist. Noch wesentlicher und sehr wahrscheinlich ist es, daß der Schöpfer des angeborenen Auslösemechanismus ein lebenswichtiger Affekt ist und daß das Funktionieren des Mechanismus nunmehr unter den Selektionsdruck gestellt wird. Ganz im Gegensatz dazu steht der bedingte Reflex. Konditioniert kann alles werden, wenn genügend Wiederholungen stattfinden. Der Affekt spielt dabei keine oder nur eine geringe Rolle. Jüngst hörte ich von einem Versuch mit 2000 Wiederholungen. Freilich muß erwähnt werden, daß es auch Konditionierungen anderer Art gibt, Konditionierungen im höchsten Affekt, bei welchem *eine* einzige Darbietung genügt. Lorenz hat einen solchen bei einem Papagei beschrieben. Das aber sind Ausnahmen.

Zurückkommend auf den konditionierten Reflex: seine Entstehung beruht wohl auf Assoziation durch Kontiguität, vielleicht eine primitive Form des Funktionierens des Nervensystems. Es spielt sich also im Unbewußten ab. Die Frage ist nunmehr, wie es von da zur Entwicklung der Kausalität kommt, zur Entwicklung des bewußt Wahrgenommenen: Wenn *B* nach *A* unter allen Bedingungen folgt, so ist *A* die Ursache von *B*, und von da den weiteren Schritt: wenn ich *B* will, so muß ich *A* veranlassen.

Wiederum möchte man eine Vermutung aussprechen: Es erscheint nicht wahrscheinlich, daß die Befriedigung des nackten Triebes, wie sie beim AAM erfolgt, also die Erreichung des unkonditionierten Reizes im höchsten Affekte solche psychischen, man möchte sagen, solche intellektuellen Leistungen wie die Wahrnehmung kausaler Abfolgen ermöglicht. Es wird wohl so sein, daß diese intellektuelle Leistung das Resultat einer Umwegfunktion ist. Ein Umweg, der sich auf dem Wege der langsamen, zahllose Male wiederholten, mit geringen Affekten besetzten Lernkonditionierung im Leben des Individuums, *und nicht der Art*, vollzieht. Es wird wohl so sein; und schließlich ist es ja sprichwörtlich, daß weder große Affektmengen noch allzu leichte Triebbefriedigung der Entwicklung des Denkprozesses zuträglich sind. Daß der Zorn ein schlechter Ratgeber ist, ist offenbar ebenso richtig wie das Sprichwort »plenus venter non studet libenter«.

Die Entwicklung des Denkprozesses hat eben zur Voraussetzung, das dem Organismus die Möglichkeit zur Verarbeitung und Umorientierung der Aggression gegeben werde. Um diesen Umweg zu finden, braucht der Organismus Zeit.

Dem menschlichen Säugling stellt die Entwicklung des Realitätsprinzips (also der Fähigkeit, Triebbefriedigung aufzuschieben) dieses notwendige Minimum an Zeit zur Verfügung. Dieser Aufschub ermöglicht es, den Trieb zu fraktionieren, die Fraktionen auf die verschiedensten Weisen zu verarbeiten; unter anderem, Fraktionen des Triebes an Ersatzobjekten zur Abfuhr zu bringen.

Die unverarbeitete, elementare Aggression wird so auf ein erträgliches, dem Triebziel angemessenes Maß reduziert. Damit wird aber keineswegs die Erreichung des Triebzieles in Frage gestellt. Im Gegenteil, verschiedene der umgeleiteten Aggressionsanteile werden so abgewandelt, daß sie in neuer Form eine verläßlichere Erreichung des Triebzieles sichern. In der Phylogenese zeigte Lorenz dies beim Tier, zum Beispiel an der ritualisierten Neuorientierung der Befriedungszeremonie. Beim menschlichen Denkprozeß habe ich versucht, dasselbe im Falle des verneinenden Kopfschüttelns darzustellen.

Wenn wir dann den Denkprozeß als eine der letzten großen Anpassungserrungenschaften der Evolution ansehen, so haben wir hier wieder einmal ein Beispiel der Evolution und Anpassung fördernden Wirksamkeit des Aggressionstriebes.

Das Buch von Lorenz bereichert unser Denken in vielen andern Richtungen. Die ununterbrochene Kontinuität der Entwicklung, die es aufzeigt, ist eine davon. Daß es uns Fragen in unserer eigenen Wissenschaft nahelegt, ist eine andere. Man möchte einige dieser Fragen formulieren, man möchte fragen, wo auf dem tierischen Stammbaum die Ich-Stufe liegt, wo man von einer Internalisierung sprechen kann.

Man möchte fragen, wie wohl die tierische Psyche beschaffen sein mag, welche eine Unterscheidung zwischen »jung« und »klein« gestattet. Wir wissen aus dem Buche Lorenz', daß im tierischen Leben ein, wenn auch labiles Verbot gegen die Schädigung des artgleichen Jungtieres besteht;

wir wissen auch, daß die höheren Säuger vielfach diese Schonung art-
fremden Jungtieren angedeihen lassen.

Aber wie bringt zum Beispiel meine Siamesen-Katze folgendes fertig:
Sie lag schlafend auf einem Sessel, und mein zweijähriger Enkelsohn box-
te sie vor meinen entsetzten Augen mit einem teuflischen Ausdruck im
Gesicht mit aller Kraft in den Bauch, wobei er neugierig den Kopf vor-
streckte, um zu sehen, was nun geschieht. Ich war zu weit entfernt, um
einzugreifen und erwartete, daß nun die Katze ihm direkt mit den Krallen
ins Gesicht fahren würde. Sie fuhr auch auf, zögerte einen Augenblick –
und leckte dem ihr fremden Kind die Hand.

Ein zweijähriges Kind ist im Verhältnis zu einer Katze kein »kleines
hilfloses Tier«, sondern ein Riese. Wieso weiß sie, daß es doch ein dum-
mes Tierkind ist? Es scheint mir nicht genug, das Verbot der Aggression
gegen das Jungtier nur von der Kinderpflege herzuleiten.

Man mag sich fragen an welchem Punkte eigentlich die Menschwer-
dung begonnen hat. Mit der Sprache, welche die Vermittlung der Erfahrung in der Ontogenese ermöglicht? Ich habe in einem Buche versucht,
meine Annahmen über die archaischen Anfänge der Sprache in der individuellen Ontogenese zu untersuchen. Es zeigte sich, daß es sich auch für
uns um eine Umorientierung der Aggression handelt, welche schließlich
zu einer Geste, soll ich nun sagen, zu einem Ritual führt? Einem Ritual,
der kopfschüttelnden Verneinungsgeste, dem »Flaggen« der Möwe vergleichbar, durch welches die tätliche Aggression durch Diskussion ersetzt
wird?

In den letzten fünf Jahrzehnten haben wir die Ursprünge des menschlichen Denkens in immer früheren Stadien der Individualentwicklung zurückführen können. Es will mir scheinen, daß wir auch im Begriffe sind,
die Hominisierung der Art in immer frühere Perioden zu verlegen. Heute
sind wir noch im Olduwai; Lorenz in seinem Buch über die Aggression
und deren Rolle in der Anpassung weist eine Richtung, die weit darüber
hinausgeht.

In meinem Denken habe ich seit mehr als einem Dutzend Jahren der
Aggression eine Rolle zugeteilt, welche ich mit der Trägerwelle der Ra-
diosendung verglichen habe. Ich folgerte damals, daß ohne die Aggression
die Entwicklung des Individuums, seines psychischen Apparates, die Entfaltung seiner Fähigkeiten unmöglich wären. Das ist ein Standpunkt, den
ich auch heute vertrete.

Sie werden begreifen, daß ich Lorenz' Ansicht über die lebens- und entwicklungswichtige Rolle der Aggression vollinhaltlich teile. Es wird daher nicht überraschen, wenn ich damit schließe, daß es uns Psychiatern und Psychoanalytikern obliegt, mit ihm den Weg zu beschreiten, den sorgenvollen Weg zur Erforschung der Mittel, welche dem Menschen die Bändigung der Aggression ermöglichen, ihre Umorientierung, ihre Einspannung in den Dienst der Arterhaltung und Artentwicklung. Denn uns allen ist die Gefahr jener Fehlentwicklung der Aggression bewußt, welche letzthin zur Vernichtung der Art führt.

Tobias Brocher

Anpassung und Aggression in Gruppen

Identität und Gruppe

»Im Seelenleben des einzelnen kommt ganz regelmäßig der andere als Vorbild, als Objekt, als Helfer und als Gegner in Betracht, und die Individualpsychologie ist daher von Anfang an auch gleichzeitig Sozialpsychologie in diesem erweiterten aber durchaus berechtigten Sinne.« S. Freud (61, S. 73) setzt diesen einleitenden Gedanken zu ›Massenpsychologie und Ich-Analyse‹ dann fort: »Die Massenpsychologie, obwohl erst in ihren Anfängen befindlich, umfaßt eine noch unübersehbare Fülle von Einzelproblemen und stellt dem Untersucher ungezählte, derzeit noch nicht einmal gut gesonderte Aufgaben« (61, S. 74).

In dieser ersten Untersuchung der Frage, wieweit sich im Verhalten des einzelnen in der Masse – wir würden heute hierfür den Begriff Gruppe einsetzen – ein primärer sozialer Trieb äußert, kommt Freud zu folgendem Ergebnis: »Eine solche primäre Masse ist eine Anzahl von Individuen, die ein und dasselbe Objekt an die Stelle ihres Ichideals gesetzt und sich infolgedessen in ihrem Ich miteinander identifiziert haben« (61, S. 128). Von Bedeutung für die Kohäsion einer Gruppe, d. h. für die »libidinöse Struktur einer Masse« erscheint ihm daher die »Unterscheidung des Ich vom Ichideal«, sowie »die dadurch ermöglichte doppelte Art der Bindung – Identifizierung und Einsetzung des Objekts« (61, S. 145). Freud weist hier ausdrücklich darauf hin, daß »bei vielen Individuen die Sonderung von Ich und Ichideal ... nicht weit fortgeschritten« sei. Der Führer einer Masse brauche nur »die typischen Eigenschaften dieser Individuen in besonders scharfer und reiner Ausprägung zu besitzen und den Eindruck größerer Kraft und libidinöser Freiheit zu machen, so kommt ihm das Bedürfnis nach einem starken Oberhaupt entgegen« (61, S. 145). An-

dere, deren Ichideal »sich in seiner Person sonst nicht ohne Korrektur verkörpert hätte«, würden dann »suggestiv, d. h. durch Identifizierung mitgerissen« (61, S. 145).

Seither sind die verschiedensten Probleme der menschlichen Gruppen
von mehreren Seiten her untersucht worden. Die Forschung hat sich insbesondere von den Verhaltenswissenschaften aus entwickelt, ohne daß die
soziologischen und sozialpsychologischen Theorien dabei in größerem Umfang die psychoanalytischen Erfahrungen mit einbezogen hätten. Vielmehr
zeichnet sich die Kontroverse einer prinzipiellen Unterscheidung ab: Während der Soziologe oft die Auffassung vertritt, das Individuum sei weitgehend von Gesellschaftsprozessen, Institutionen und deren realen Wirkungen bestimmt, betrachtet er mit einer gewissen Skepsis die psychologische Perspektive, soziale Vorgänge mit intrapsychischen Prozessen in
Verbindung zu bringen. Teilweise erweitert sich dies bei manchen Sozial-
wissenschaftlern zu kritischem Mißtrauen in der Annahme, Psychoanalyse
führe letztlich die soziale Realität allein auf die Relevanz intrapsychischer
Vorgänge zurück. Umgekehrt besteht innerhalb der psychoanalytischen
Forschung eine gewisse Abneigung, das unilaterale, therapeutische Prinzip der analytischen Zweierbeziehung (person-to-person relationship) zu
verlassen, weil die Ungenauigkeit der Daten, die Probleme der Übertragung und Gegenübertragung in Gruppen sowie die Überschneidung vielfältiger und vieldeutiger Beziehungen scheinbar kaum noch eine präzise
Erfassung unbewußter individueller seelischer Prozesse ermöglichen. Das
Problem der Einflüsse von Gruppenbeziehungen auf das Individuum stellt
sich jedoch angesichts der veränderten Gesellschaftsprozesse mit größerer
Dringlichkeit, so daß neue Anstrengungen erforderlich scheinen, die von
S. Freud gekennzeichneten »ungezählten, noch nicht einmal gut gesonderten Aufgaben« und die »noch unübersehbare Fülle von Einzelproblemen« (61, S. 74) wenigstens teilweise zu untersuchen, soweit das mit den
bisher entwickelten Methoden möglich ist. In der praktischen Anwendung
der Gruppentherapie ist dies weitgehend geschehen, die theoretischen Auffassungen differieren jedoch zum Teil außerordentlich.

Die folgenden Überlegungen gehen daher zunächst von der Absicht
aus, den adaptiven und den psychosozialen Aspekt der psychoanalytischen
Theorie mit einigen Ergebnissen der Verhaltenswissenschaften zu vergleichen. Dies ist mit dem Versuch verbunden, vor allem nicht nur die
terminologischen Schwierigkeiten, sondern auch die verschiedenen Wahr-

nehmungs- und Denkweisen beider Wissenschaften an jenem Punkt zu-
sammenzuführen, an dem konkretes Verhalten des Individuums durch
Reaktionen auf andere beobachtungsfähig und beschreibbar ist, nämlich
in der Gruppe, während zugleich ein unbewußter Inhalt in Erscheinung
tritt. »Gesellschaft und Individuum bilden eine Einheit, innerhalb derer
wechselseitige Regulierungen stattfinden. Tatsächlich hängt die Entwicklung und das Fortbestehen des Ich, des Über-Ich und vielleicht aller sozialen Strukturen mit von der sozialen Matrix ab: Verhalten wird von ihr
bestimmt und ist nur innerhalb ihrer möglich.«[1] Ein Problem dieser wechselseitigen Regulierung ergibt sich jedoch daraus, daß selbst die Haupt-
koordinaten der Realität, nämlich Zeit und Raum, durchaus subjektiv als
Reaktion auf die verschiedensten Gegebenheiten erlebt werden können.
Zeit und Raum erscheinen ebenfalls »relativ zum organismischen Raum
und zur organismischen Zeit«[2] der jeweiligen Gesellschaft. Verhalten ist
so durch seine Abhängigkeit von der sozialen Matrix in seinen Ausdrucks-
erscheinungen stets das Ergebnis eines dualistischen Prozesses, nämlich der
fortdauernden Wertung von psychologischer und äußerer Realität. Erst
die Bedeutungsakzente einer gegebenen äußeren Realität bringen die intrapsychischen Instanzen in bestimmte Beziehungen zueinander, deren
Erfahrungselemente vorgeprägt sind. E. H. Erikson[3] hat solche psycho-

1 Rapaport (150), S. 70: »Die Gesellschaft ist nicht ein bloßer Verbieter oder
Versorger, sie ist die notwendige Matrix der Entwicklung allen Verhaltens.«
2 Erikson (42); ders. (39), Kap. 7; s. Rapaport (150), S. 66: »Die Auffassung
von einer ›objektiven‹ Wirklichkeit und von einem nicht-selektiven und ›wirklich-
keitsgerechten‹ Sekundärprozeß verschwindet hier, und selbst die Hauptkoordi-
naten (Zeit und Raum) der Realität werden subjektiv in dem Sinne, daß auf-
gewiesen wird, daß sie relativ sowohl zum organismischen Raum und zur organismischen Zeit wie auch zu jener Gesellschaft sind, in deren Realität der Mensch
hineinwächst.«
3 Erikson (37), S. 81: »Identität ist also nicht die Summe der Kindheitsidenti-
fikationen, sondern viel eher eine neue Kombination alter und neuer Identifika-
tionsfragmente. Aus eben diesem Grunde *konfirmiert* die Gesellschaft – in allen
Arten ideologischer Strukturierungen – zu diesem Zeitpunkt das Individuum und
weist ihm Rollen und Aufgaben zu, in denen es sich *erkennen* und sich *anerkannt*
fühlen kann.«
Ferner S. 84: »Echte Identität aber hängt von der Unterstützung ab, die das
(junge) Individuum von dem kollektiven Identitätsgefühl erhält, das die für es
wichtigen sozialen Gruppen charakterisiert...« Ferner auch zum Begriff der
»Identitätsverwirrung«, S. 186; ders. (40), S. 102: »I can attempt to make the

sozialen Entwicklungskrisen und den damit verbundenen Bedeutungswandel der Realität in seiner Theorie auf die einzelnen psychosexuellen
Entwicklungsstufen bezogen. Verhalten erscheint so daher auch als epigenetische Entwicklung aufgrund gegebener Strukturen.

Das wirft die Frage auf, welche Institutionen auf welche Weise zu bestimmten Wechselwirkungen zwischen den vorgenannten sozialen Strukturen und der sozialen Matrix führen. Schärfer umrissen: die sehr subtilen Untersuchungen der individuellen Neurosestrukturen, die wir der
psychoanalytischen Forschung verdanken, sind stets auf einen bestimmten, jeweils kulturspezifischen Kontext bezogen, dessen Konstanz nicht
ohne weiteres angenommen werden kann. Stellt man heute die Frage, auf
welche Weise sich die Neurosestrukturen, verglichen etwa mit den klassischen Falldarstellungen Freuds, verändert haben, so wird man sie nicht
beantworten können, ohne zugleich auch die Gegebenheiten der sozialen
Matrix, d. h. der veränderten gesellschaftlichen Prozesse, die Wandlungen des kulturellen Hintergrundes und des damit verbundenen Problembewußtseins zu prüfen.

Heinz Hartmann[4] hat betont, daß bestimmte Anpassungsschritte als

subject matter of identity more explicit only by approaching it from a variety of
angles – biographic, pathographic, and theoretical ... At one time ... it will
appear to refer to a conscious *sense of individual identity*; at another to an unconscious striving for *a continuity of personal character*; at a third, as a criterion
for the silent doings of *ego synthesis*; and, finally, as a maintenance of an inner
solidarity with a group's ideals and identity.«

S. 113: »While the end of adolescence thus is the stage of an overt identity
crisis, identity *formation* neither begins nor ends with adolescence! It is a lifelong
development largely« unconscious to the individual and to his society.«

4 Hartmann (84, 86 b), S. 105: »Die Aufgabe der Anpassung des Menschen
an den Menschen ist so von Anbeginn gegeben. Weiter trifft die Auseinandersetzung mit seiner Umgebung zwar auch beim Menschen, wie zumeist
beim Tier, auf eine von seinesgleichen noch nicht veränderte – daneben aber auch
auf eine durch seinesgleichen und durch ihn selbst schon gestaltete Welt. Der
Mensch paßt sich nicht nur der Gemeinschaft an, er arbeitet vielmehr auch an
den Aufgaben selbst mit, die einen Teil der Anforderungen an die Anpassung
darstellen. Die menschliche Umwelt wird in zunehmendem Maße vom Menschen
selbst gestaltet. Anpassung an die gesellschaftliche Struktur und Mitarbeit an ihr
gehören beim Menschen zu den wesentlichsten Anpassungsaufgaben. Die Beziehung kann von sehr verschiedenen Standpunkten und nach sehr verschiedenen
Gesichtspunkten beurteilt werden. Uns interessiert hier der Umstand, daß die Anpassungsmöglichkeiten durch die soziale Struktur der Gesellschaft, durch den

Ergebnis des Evolutionsprozesses dem Menschen angeboren sind, die größere Anpassungsleistung jedoch – im Gegensatz zur instinktregulierten Umweltanpassung des Tieres – beim Menschen erst im Verlauf der Sozialisationsprozesses, speziell der Ich-Entwicklung erfolgt. Bestimmte Verhaltensmuster müssen im Lauf dieser Entwicklung internalisiert werden, um eine ausreichende Übereinstimmung mit den sozialen Bedingungen und Regeln der Umgebung zu erreichen. Bereits hier stellt sich eine Grundfrage, der diese Untersuchung zum Teil gelten soll: Welchem Zweck dienen die angebotenen Verhaltensmuster ursprünglich, welche Ritualisierung und Institutionalisierung haben sie im Verlauf der Kulturentwicklung erfahren und welche Wechselwirkungen erzeugen sie heute in ihren Derivaten? Die Breite der kulturanthropologischen und kulturvergleichenden (cross-cultural) Untersuchungen hat zum Teil gezeigt, daß sehr verschiedene Standardisierungen und Verhaltensregulationen innerhalb der einzelnen Kulturen und Subkulturen existieren können, die hinsichtlich der Idealbildungen widersprüchliche Einflüsse auf die entstehenden Konflikte ausüben. Zahlreiche Familienstudien und Untersuchungen ethnischer Untergruppen innerhalb bestimmter Gesellschaften haben weiterhin erkennen lassen, daß der Internalisierungsvorgang sehr verschiedene Ergebnisse zur Folge hat, die weitgehend von Gruppenbeziehungen abhängig sind. Es ist deutlich, daß keineswegs gleichartige Vorstellungen innerhalb verschiedener Kulturen und Subkulturen bestehen, sondern sehr verschiedene Standardisierungen der Primärgruppe zu genauso verschiedenen sozialen Strukturen führen können. Eine Generalisierung, die allgemein die Familie (Primärgruppe) als »psychologische Agentur der Gesellschaft«[5] betrachtet, vermag sicherlich all jene Vermittlungsvorgänge im Sozialisierungsprozeß zu umschreiben, über die innerhalb der jeweiligen Gesellschaft eine relativ grobe Übereinstimmung erzielt wurde. Dies bezieht sich jedoch im wesentlichen auf Werte, die in sich völlig verschieden interpretiert werden können. Der stillschweigend angenommene

Vorgang der Arbeitsteilung, durch den sozialen Ort des Individuums usw. mitbestimmt werden; Triebverarbeitung, Ich-Entwicklung werden teilweise von dorther gesteuert. Der Aufbau der Gesellschaft (insbesondere, aber nicht nur in seinen Auswirkungen auf die Erziehung) entscheidet darüber, welche Verhaltensweisen die größte Anpassungschance haben.«

5 Fromm (71), S. 287: »The family thus may be considered to be the Psychological agent of society.«

Konsens trifft auf die Notwendigkeit einer neuen Realitätsprüfung, wenn die primär individuell internalisierten, normativ wirksamen Verhaltensregulationen an den Bedingungen sekundärer Gruppen erprobt werden müssen, so zum Beispiel beim Übergang von einer Kultur in eine andere und ähnlich zwischen Subkulturen. Mit der Erweiterung der Orientierungsfamilie beginnt stets ein Wertungsprozeß in den Folgegenerationen, der weitgehend durch soziale Interaktion mit bestimmt wird. Wie Erikson betont hat, scheint der entscheidende Inhalt dieser Einübung der Realitätskontrolle im Erwerb eines individuellen Identitätsbewußtseins zu bestehen. (Daß dies keineswegs eine notwendige Voraussetzung für alle Kulturen ist, erweisen z. B. neuere Untersuchungen, wie durch Parin und Morgenthaler[6], die bei westafrikanischen Stämmen [Dogons] eine volle, individuelle Ich-Struktur nicht finden konnten, da die individuellen Wertungen weitgehend von der Kollektivstruktur der Gesamtgruppe bestimmt oder auf diese verteilt wurden.) Im Zusammenhang mit anderen Kollektivwirkungen, zum Beispiel innerhalb der Adoleszenz, verdient dieser Aspekt eine weitere Untersuchung, worauf unter anderem auch A. Freud[7] und H. Deutsch[8] hingewiesen haben.

Diese Identität mißt sich selbst (in der Definition Eriksons[9]) an der Wahrnehmung und dem Bewußtsein eines individuellen Kontinuums, ge-

6 Parin – Morgenthaler – Parin-Matthey (143); siehe auch: Münsterberger – Kishner (140 a), S. 267.

7 Freud (53 a), S. 188: »Wir erinnern uns daran, daß in der psychoanalytischen Metapsychologie die Verbindung von Affekten und Triebvorgängen mit Wortvorstellungen als der erste und wichtigste Schritt zur Triebbeherrschung geschildert wird, den das Individuum in seiner Entwicklung durchzumachen hat. Das Denken wird dort überhaupt als ›ein Probehandeln unter Verwendung kleinster Triebquantitäten‹ bezeichnet. Diese Intellektualisierung des Trieblebens, der Versuch, der Triebvorgänge dadurch habhaft zu werden, daß man sie mit Vorstellungen verknüpft, mit denen sich im Bewußtsein hantieren läßt, gehört zu den allgemeinsten, frühesten und notwendigsten Erwerbungen des menschlichen Ich.« S. 170–174: Strukturelle Entwicklung der Abwehr und Triebfeindlichkeit des Ich; S. 191–200: Objektliebe und Identifizierung.

8 Deutsch (34), S. 84: »Has the maturing individual development enough activity to lay aside his aggessivness?«

9 Erikson (40), S. 89: »The *sense of ego-identity*, then, is the accrued confidence that one's ability to maintain inner sameness and *continuity* (one's ego in the psychological sense) is matched by the sameness and continuity of one's meaning for others.« (Kursivstellen vom Ref. hervorgehoben)

nauer an der möglichen Übereinstimmung zwischen historischer und aktueller Identität, deren Fehlen unter Umständen Selbstentfremdungsge-
fühle hervorrufen kann, wie dies häufig in borderline-Fällen zu beobachten ist. Zum anderen wird diese Identität jedoch auch durch die Übereinstimmung oder Nicht-Übereinstimmung mit den Standardisierungen der
jeweiligen sozialen Matrix bestimmt, die zur Übernahme von Wertvor-
stellungen zwingen kann.

Einwirkungen der Sozialisation

Eine der entscheidenden historischen Anpassungsleistungen im Verlauf
der Menschheitsgeschichte besteht in der Abwehr der Aggression und ihrer allmählichen Umwandlung in Aktivität im Laufe des Sozialisationsprozesses, soweit dem Ich »neutralisierte« Energie (H. Hartmann) zur Verfügung steht. Edward Glover (75, S. 270–281) hat diesen Entwicklungsschritt als die Folge einer frühen Verdrängung von primitiver Liebe und
primitivem Haß beschrieben. Folgt man dieser Hypothese, so ist anzunehmen, daß die Bereitschaft zu aggressiv-destruktivem Verhalten unverändert fortbesteht. Freud betont, daß fast jedes intime Gefühlsverhältnis
zwischen zwei Personen von längerer Dauer »einen Bodensatz von ablehnenden, feindlichen Gefühlen enthält, der nur infolge von Verdrängung
der Wahrnehmung entgeht«. Er hält es für »unverkennbar, daß sich in
diesem Verhalten der Menschen eine Haßbereitschaft, eine Aggressivität
kundgibt, deren Herkunft unbekannt ist und der man einen elementaren
Charakter zusprechen möchte« (61, S. 110, 111).

Welche Vorkehrungen, Standardisierungen und Regulationen der Aggression entstehen nun nicht nur im Sozialisierungsprozeß, sondern wie
weit sind sie innerhalb der sozialen Matrix bereits vorgegeben? Wie wird
ihre Einhaltung tatsächlich erreicht? Seit Freuds Untersuchungen über
das Ergebnis der Kulturheuchelei, die als Zwang zur Unterdrückung oder
Verdrängung im Individuum tatsächlich entsteht, ist von der Psychoanalyse dieser Konfliktinhalt immer wieder untersucht worden. Von größtem
Interesse dabei ist jedoch die Tatsache, daß selbst in scheinbar außerordentlich rationalen Gruppen, z. B. innerhalb der Wissenschaften theoretische Kenntnisse über Ursachen und Wirkungen aggressiven Verhaltens
offenbar nur wenig bewirken, wenn man das tatsächliche individuelle oder

kollektive Verhalten mit den idealisierten Konzepten der normativen Forderungen vergleicht. Es muß demnach hier ein Faktor wirksam sein, der nicht allein auf die individuelle, psychische Struktur zurückführbar ist, sondern mit der jeweils spezifischen Wirkung einer Gruppe von Individuen auf die innere Position ihrer einzelnen Mitglieder zusammenhängt. Man wird kaum völlig unkontrollierte Ausbrüche aggressiven oder destruktiven Verhaltens in solchen Gruppen ausschließlich auf die psychopathologische Struktur eines einzelnen Mitgliedes zurückführen können, ohne dabei wiederum in die Gefahr einer Simplifizierung zu geraten. Allein die Sündenbocksuche, als Gruppenphänomen bekannt, ist ein charakteristisches, bestimmten psychisch-ökonomischen Zwecken dienendes Ergebnis eines Gruppenprozesses, bei dem sich individuelle Einstellungen der Gruppenmitglieder, unter Umständen entgegen ihren rationalen Vorsätzen, verändern. Andererseits hat der Zusammenhang zwischen Aggressivität und Kreativität in allen menschlichen Gruppen, besonders aber in wissenschaftlichen Institutionen, erhebliche Bedeutung, weil insbesondere die schöpferische Leistungsfähigkeit mit davon abhängt, welches Ausmaß an neutralisierter Energie im konfliktfreien Ich-Bereich zur Verfügung steht. Es unterliegt nach einigen Untersuchungen eigentlich keinem Zweifel mehr, daß die Produktionskapazität und die Kreativität einer Arbeitsgruppe stets von der Art der emotionalen Beziehungen ihrer Mitglieder untereinander abhängt. Wie Untersuchungen von Herlin und Dunphy [10] gezeigt haben, läßt sich dabei sogar die Art der Beziehungen und deren reziproke Wirkung auf die produktive Leistung einer Gesamtgruppe durchaus bestimmen, so wie andere Untersuchungen ähnlich genau den Zerfall, Untergang oder die Verringerung schöpferischer Möglichkeiten erwiesen haben, wenn z. B. durch den Führungsstil die emotionale Kommunikation der Gruppenmitglieder untereinander gestört wird. Diese Ergebnisse der Verhaltenswissenschaften werden bisher im Bereich aller an der Untersuchung individueller Zweierbeziehungen interessierten Wissenschaften (Psychiatrie, Psychologie, Psychotherapie und Psychoanalyse) nur insoweit realisiert, als sich daraus gruppenpsychotherapeutische Methoden entwickelt haben, die jedoch zum Teil noch durchaus individual-

---

10 Herlin – Dunphy (99), S. 99–111, S. 101: »... these studies indicate, that where the leader plays a role that is high both on task and on social-emotional (instrumental and affective) type acts, satisfaction will be higher than in groups where leader is more specialised in his action.«

psychologisch ausgerichtet sind oder mit diesen Methoden interferieren. Darüber hinaus wird die Tatsache noch wenig beachtet, daß der einzelne Wissenschaftler selbst, völlig unabhängig von seinen Beziehungen, Klienten, Familienangehörigen oder den Mitgliedern therapeutischer Gruppen gegenüber, selbst stets auch ein Mitglied seiner bestimmten Arbeits- oder Fachgruppe ist. Die in diesem Feld wirksamen psychodynamischen Faktoren sind noch relativ wenig beachtet und untersucht. Es gilt bisher immer noch als ein Verstoß gegen konventionelle Regeln eigenes Verhalten innerhalb der Fachgruppe in Frage zu stellen oder zu untersuchen. Auch A. Mitscherlich (131) hat die Abwehr betont, die allein schon bei dem Gedanken einsetzt, etwa ein Universitätssystem auf seine sozialpsychologischen Gruppenwirkungen hin zu untersuchen. Dies gilt gewiß in noch größerem Maße für viele andere Berufe, die dem Problem weitaus unreflektierter gegenüberstehen, soweit sie notwendigerweise gezwungen sind, in Gruppen gemeinsam mit anderen an Problemlösungen zu arbeiten.

Einflüsse der Gruppenprozesse auf die individuelle Abwehr

Bevor wir uns den Mechanismen der Abwehr von Aggressivität innerhalb sozialer Systeme zuwenden können, bedarf es einer kurzen Rückbesinnung auf die Prinzipien der Verhaltensregulationen, um besser verstehen zu können, warum gerade jene Mechanismen vom Gruppenkollektiv zur Verstärkung der individuellen Abwehr oder zu deren Zerstörung benutzt werden können. Folgt man den Auffassungen Rapaports [11] über die Struktur der psychoanalytischen Theorie, so streben danach in jedem Organismus bestimmte Grundspannungen nach Entlastung. Dadurch werden Er-

11 Rapaport (150), S. 131: »Die Regulation von Verhalten und Erfahrung durch Motivation und Strukturen umfaßt... durch Evolution gegebene Grundstrukturen, die einerseits als Garanten für die Angepaßtheit und Anpassung des Organismus an die Umwelt dienen (Hartmann; Erikson), andererseits als Mittel, um die im Organismus vorhandene Spannung aufrecht zu erhalten, zu steigern und abzuführen; sie organisieren Erfahrung und Verhalten zu diesem Zweck... Differenzierung sowohl der Spannungen (Motivationen) wie der Strukturen (geschieht) in einer Weise, daß die Matrix der Differenzierung Seite an Seite mit deren Ergebnissen weiterbesteht, obwohl ihre Manifestationen stets durch diese Differenzierungsergebnisse moduliert werden.«

fahrung und Verhalten organisiert, denn nur auf bestimmten Wegen – jeweils kulturspezifisch sehr verschieden – kann solche Entlastung erreicht werden. Rapaport nimmt an, daß bestimmte, durch Evolution entstandene Grundstrukturen bestehen. Diese dienen einerseits der Anpassung, andererseits erhalten sie die Spannung aufrecht, steigern sie und sind Mittel zu ihrer Abfuhr. So erscheinen z. B. die Inhalte der primären oralen Bedürftigkeit in einer Untersuchung von Foster [12] über Einstellungen der Landbevölkerung folgendermaßen als Derivate von Grundspannungen: Foster führt in seiner Theorie aus, daß die Möglichkeiten der erreichbaren Güter aus der ethnozentrisch-ethnographischen Perspektive begrenzt erscheinen. Das Bedürfnis, an den vorhandenen Gütern teilzuhaben, ist jedoch ubiquitär. Gelingt es also einem Mitglied der Gruppe, ein solches vermeintlich nur beschränkt vorhandenes »Gut« zu erringen (z. B. Nahrung, Prestige, Position usw.), so erscheint der Gesamtbestand der Welt dieser Gruppe für die anderen Mitglieder um dieses Gut verringert, das nicht mehr zu haben ist, da es bereits ein anderer hat. Die durch Evolution entstandene Grundstruktur oralen Verhaltens und dessen Derivate dienen also hier einerseits der Anpassung, nämlich generell etwa dem Bedürfnis, etwas haben zu wollen wie alle anderen. Zugleich erhält jedoch diese Struktur die Spannung auch aufrecht, steigert sie und ist ein Mittel zu ihrer Abfuhr, nämlich im Sinne von auch etwas haben wollen, wenn ein anderer es hat. Die Folgewirkung ist die Ausbildung einer weiteren Struktur im Sinne derivativen, oral-aggressiven Verhaltens, nämlich wegzunehmen und damit Spannung abzuführen. Je nach den sozialkollektiven Bedingungen kann nun eine neue Anpassung, z. B. an ein oral-aggressives, unter Umständen destruktives Verhalten als besondere Tugend und Norm eintreten, oder eine Reaktionsbildung im Sinne erhöhter Verzichtsbereitschaft. Welche Faktoren diese jeweils kulturspezifische Gruppennorm bestimmen, ist bislang unklar, da die kulturanthropologischen Untersuchungen zwar auf den historischen Entwicklungshintergrund der jeweiligen Gruppe eingehen, nicht jedoch auf die intrapsychisch wirksamen Mechanismen. Auf diese Weise differenzieren sich Spannungen und Strukturen kulturell außerordentlich stark, jedoch bleibt die Matrix der Grundstrukturen wenig verändert bestehen. Sie wird stets auch von

12 Foster (51), S. 53: »If someone is seen to get ahead, logically it can only be at the expense of others ...«

den Differenzierungsergebnissen beeinflußt werden, z. B. durch derivative Formen bzw. durch die Stellvertretung bestimmter Grundstrukturen, so etwa durch eine extreme Anpassung von Bedürfnissen, durch Verdrängung oder Unterdrückung (Ordnung, Rücksichtnahme, Regulation usw.), bei gleichzeitiger, direkter Spannungsbefriedigung auf anderen Gebieten (zum Beispiel Sexualität, direkte Oralität, Aggressivität). Die daraus resultierende Struktur eines Ich-Ideals wird völlig verschieden sein, je nach den kulturspezifischen Bedingungen der Bezugsgruppe. Auf die von Hollingshead und Redlich (105 a) [13] nachgewiesenen Zusammenhänge zwischen Sozialschicht und Häufigkeit von Psychosen ist hier besonders hinzuweisen, weil solche Untersuchungen gerade diese, von der primären sozialen Matrix weitgehend abhängigen Einflüsse der Differenzierungsergebnisse auf die Veränderung der Grundstruktur verdeutlichen. Diese Differenzierung wird durch die epigenetische Gesetzlichkeit und durch die umweltbedingten (sozialen) Vorkehrungen determiniert. Beide tragen dazu bei, die jeweilige, phasenspezifische Krise (im Sinne der Eriksonschen Definition) zu bewältigen. Diese Gebundenheit an die Interaktion mit anderen, wie sie Freud im vorgenannten Zitat als regelmäßiges Vorkommen des »anderen« beschreibt, d. h. ihre Entwicklung aus den Erfahrungen und weitgehend unbewußten Beziehungen zur sozialen Umwelt, wird in viel größerem Maße als erwartet, durch neuere Untersuchungen des Kommunikationsverhaltens bestätigt. Die genauere Analyse, z. B. in Zeitlupenaufnahmen, zeigt in der verbalen Kommunikation eine vollständige, mit bestimmten Inhalten einhergehende, völlig unbewußte Parallele der averbalen Körper- und Ausdrucksbewegungen. Die Zerlegung solcher Bewegungen in Bruchteile von Sekunden läßt eine sehr enge Verflochtenheit von Grundstrukturen und späterer Differenzierung erkennen, die bisher nur zum Teil von der linguistisch-kinästhetischen Forschung [14] objektiviert werden konnte. Es erweist sich jedoch, daß der andere in diesem Sinne stets, gleichgültig in welcher Richtung – offenbar ein »bedeutsamer anderer« (Erikson) ist, der Triebspannungen mobilisiert, zugleich damit aber auch die Entwicklung der Abwehr dieser Spannung auslöst, wenn diese nicht entladen werden kann [15]. Wir nehmen heute an, daß bestimmte Erfahrungen und Prägungen durch die primären Objektbezie-

13 Ferner: Meyers – Bean (128).
14 Bateson – Birdwhistell – Brosin – Fromm-Reichmann – Hockett (7).
15 Freud (64), S. 470: »Infolgedessen ist ihm der Nächste nicht nur möglicher

hungen in Teilaspekten und Teilidentifizierungen später auf andere Objekte in sekundären Gruppen übertragen werden können. Viele Interaktionsformen sind von diesem Übertragungsmodus bestimmt. Erikson weist u. a. darauf hin, daß es im Laufe der Entwicklung normalerweise niemals zu einer totalen Identifizierung mit den primären Objekten kommt, sondern zu Teilidentifizierungen mit bestimmten Haltungen, Einstellungen, Verhaltensweisen, Besonderheiten oder nur angenommenen Bedeutungen, die subjektiv in dieser Weise erlebt werden. Diese Teilidentifizierungen bleiben keineswegs bestehen, sondern werden weiterhin im Laufe der Entwicklung teils verworfen, aufgegeben, verstärkt, erneuert, variiert oder abgelöst, so daß ein hochkomplexes Konglomerat von Teilaspekten der verschiedensten Objekte besteht, die im ganzen das Verhalten bestimmen können. Die Entwicklung und das Fortbestehen des Ich, des Über-Ich und vielleicht aller sozialen Strukturen, wie dies Rapaport formuliert, hängen demnach weitgehend von der Art der sozialen Beziehungen ab.

Die Idealisierung der Vorstellung eines weitgehend autonomen Individuums, d. h. eines unabhängig von den sozialen Bedingungen jederzeit an deren Wechsel anpassungsfähigen Ich, trifft ständig auf die Realität der Weggenossen, eben jener anderen, die auch S. Freud [16] für den Durchschnitt der Menschen als häufig gegebenen Anlaß zur Abfuhr aufgestau-

---

Helfer und Sexualobjekt, sondern auch eine Versuchung, seine Aggression an ihm zu befriedigen ...« Siehe auch S. 473 u. 506 sowie S. 111.

16 Freud (64), S. 505 f.; spezifisch zum Gruppenproblem siehe neuerdings auch: Rosenbaum (152), S. 99–116: »Intrapsychic repression of libidinal and aggressive drives occurs as a result of the unavoidable turning of aggression back against the self, creating a condition of primary guilt and supplying the motorforce for the mechanisms of repression. This is the core situation of non-communication, warping all future perceptions of other peoples' needs. This is the great inexpressible sense of guilt with which mankind is burdened; inexpressible because no aspect of it was ever communicated to the self or others, other than through its net effect.«

»Interpsychic repression of libidinal and aggressive drives occurs when either external suppression (by individual, familial, societal rejection) or internal suppression (out of fear of such rejection) becomes automatic.«

»The result of the achievement of free intra- and intercommunication by an individual will be that the prevailing society will attempt to destroy him – and if one studies the history of great men it must be acknowledged that it frequently succeeds.«

ter aggressiver Bedürfnisse ansieht. Damit taucht die Frage auf, welcher Mittel sich menschliche Gruppen und organisierte Institutionen bedienen, um den Aggressionsanteil zu verringern, der innerhalb von Gruppenbeziehungen in stärkerem Maße auftritt. Anna Freud (53 a, S. 170–191) hat jene Abwehrmechanismen des Ich beschrieben, die einer Sicherung gegen die Triebbedrohung dienen. Die soziale Wirkung dieser Abwehr hat im Umgang mit dem anderen sehr verschiedene Zielsetzungen und Ergebnisse. Als Modell könnte man annehmen, daß die Entlastungsstrebung grundsätzlich in zwei Richtungen verlaufen kann. Einmal werden alloplastische Tendenzen auftreten, zum zweiten wird die Tendenz überwiegen, autoplastische Wirkungen zu erreichen, wenn die umgekehrte Strebung, alloplastische Wirkungen erzielen zu wollen, versagt hat. Die Signale der kommunikativen Funktionen – gleichgültig ob averbal oder verbal, etwa wie René Spitz[17] den Dialog der frühen Mutter-Kind-Beziehung beschreibt – sind also primär darauf gerichtet, die Umgebung zugunsten der Entlastung von Grundspannungen des Individuums zu verändern. In metapsychologischer Definition: Triebspannungen suchen stets über ein Triebobjekt ein bestimmtes Triebziel als Befriedigung zu erreichen. Die Ich-Funktion stützt sich dabei in der Steuerung von Abwehr, Aufschub oder Ersatzlösung weitgehend auf die Über-Ich-Funktionen, um Triebdurchbrüche zu verhindern, die einen Objektverlust und damit eine Versagung durch das Objekt herbeiführen könnten. Sie zwingt so die Triebspannung zur Anpassung durch die Realitätskontrolle des Ich. Offenbar kommt der Präsenz des anderen in menschlichen Gruppen jeweils eine spezifische Funktion zu, die den allgemeinen Wirkungen der Übertragung entspricht, wie Freud[18] sie beschrieben hat. So wie in der analytischen Zwei-Personen-Beziehung Konflikte der ödipalen Drei-Personen-Bezie-

---

17 Spitz (169); ders. (166); ders. (171), S. 61: »Der Dialog ist der sequentiell ablaufende Zyklus von Aktion, Reaktion und wieder Aktion innerhalb der Mutter-Kind-Beziehungen.« (Siehe auch S. 338.) Solche primären Objektbeziehungen können als Bedürfnisse unbewußt in Gruppen durch Regression wieder mobilisiert werden.

18 Freud (60 a), S. 17–22; sowie Freud (63), S. 222. Allgemeiner formuliert in: Waelder (185), S. 232: »*Übertragung* ist nicht einfach das Zuschreiben der Eigenschaften ehemaliger Objekte neuen Objekten gegenüber, sondern der Versuch, mit jedem Objekt, das es gestattet, eine infantile Situation wieder aufzurichten und wieder zu beleben, nach der man sich sehnt, weil man sie entweder sehr genoß oder sehr vermißte.«

hung übertragen werden, d. h. der Analytiker zugleich Objektaspekte, Ich-Aspekte und Über-Ich-Aspekte für die subjektive Wahrnehmung des Analysanden in der Übertragung verkörpert, kann es in einer Gruppe in ähnlicher Weise zu einer Aufspaltung dieser verschiedenen Aspekte und ihrer Übertragung auf verschiedene Personen kommen.

Für den intrapsychischen Wahrnehmungsprozeß kann dies die Einengung auf einen Teilaspekt der Objektbeziehung bedeuten. Die Mitglieder einer Gruppe können auf diese Weise für das subjektive Erleben zu Repräsentanten von Teilobjekten werden bzw. bestimmten, psychischen Objektrepräsentanten des Einzelindividuums entsprechen. Dieser Prozeß wird meist durch die rationale Annahme übersehen, die Realitätsprüfung beinhalte zugleich eine volle Wahrnehmung des Objekts. Die Vorurteilsforschung hat dagegen zum Beispiel deutlich gezeigt, daß dies keineswegs der Fall ist. Vielmehr kann im Sinne der tendenziösen Apperzeption die Wahrnehmung experimentell so weitgehend durch emotionale Prozesse eingeengt werden, daß etwa auf sozialen Druck hin zuvor durchaus objektiv richtige Realitätswahrnehmungen verfälscht und schließlich durch suggerierte, objektiv falsche Wahrnehmungen »korrigiert« werden [19].

Auto- und alloplastische Anpassungstendenzen und Ich-Ideal

Jede menschliche Gruppe reguliert durch ihre sozialen Bedingungen das Verhalten des Individuums und verstärkt oder verringert die jeweils vorhandene autoplastische oder alloplastische Anpassungsbereitschaft. Aus der Interaktion von Gruppen organisieren sich schließlich soziale Systeme, deren Funktion und Leistung wesentlich von der Art der interpersonalen Beziehungen abhängt. Diese Beziehungen innerhalb des sozialen Systems regulieren dann auch alle Probleme der Kommunikation oder der Konflikte. Es kommt aber wesentlich darauf an, ob die »Gruppennorm« autoplastische Veränderungen fordert, oder auf Veränderungen der Umgebung gerichtet ist. Für die Ichentwicklung und die unter Umständen auf diese Weise eintretende Ich-Deformation hat jedes sich aus der Zugehörigkeit zu einer Gruppe herleitende Identitätsbewußtsein erhebliche Bedeutung.

Wechselt das Individuum von einer Gruppe zu einer anderen, so erfor-

19 Sherif (159).

dert die Anpassung an andere Bedingungen die vermittelnde Funktion des Ich in erhöhtem Maße. Zugleich werden jedoch dabei auch reaktiv unter Umständen Abwehrmechanismen mobilisiert, die zuvor in der anderen Zugehörigkeitsgruppe auf eine bestimmte Weise funktioniert haben. Die häufig auftretenden Ängste bei solchen Übergängen bedürfen einer genaueren Untersuchung. Jede neue Gruppensituation, d. h. jede Beziehung zu neuen »bedeutsamen anderen« konstelliert eine bestimmte Bedeutung dieser anderen für das Ich, bis entweder die bisherige Identität verändert werden kann oder sich bestätigt. Es ist keineswegs gleichgültig, auf welche Mitglieder ein Individuum in einer Gruppe trifft, jedoch wird stets ein gleichartiger Prozeß einsetzen, der die in der äußeren Realität vorhandenen Personen ständig mit den Erfahrungen der psychologischen Realität vergleicht. Die ursprünglichen Erfahrungen in den vorausgegangenen Objektbeziehungen werden dabei genauso wiederholt wie die Formen und Versuche zur Konfliktlösung, die zuvor geprägt wurden, wie etwa narzißtischer Rückzug, Regression im Dienste des Ich, verstärktes Anlehnungsbedürfnis, aggressive Abwehr, analer Trotz usw. Geht man nun davon aus, daß alle sozialen Systeme stets gezwungen sind ihre Primäraufgaben zu lösen, um zu überleben, so bekommen Anpassung oder Abwehr eine spezifische Bedeutung für die Lösungsmöglichkeiten dieser immer auf eine relevante Umgebung bezogenen Primäraufgabe und ihre Definition. Die Lösungsdefinition beeinflußt durch diese Bedingungen nicht nur die Verhaltensweisen des Individuums, sondern umgekehrt beeinflußt das Verhalten der einzelnen Mitglieder, deren Konsens oder Disintegration umgekehrt das soziale System und die Interaktionsweise von ganzen Gruppen untereinander. Es wird hier davon ausgegangen, daß jedes soziale System eine definierte Primäraufgabe nur durch einen bestimmten Veränderungsprozeß am jeweils eingebrachten Material lösen kann. Die Richtung dieses Umwandlungsprozesses ist nicht umkehrbar, d. h. es erfolgt aus der Umgebung eine bestimmte Einfuhr, die nach einem Veränderungsprozeß als Ausfuhr wieder in die Umgebung zurückkehrt [20]. Der Vollzug dieser Vorgänge und ihr Gelingen ermöglicht den Mitgliedern des sozialen Systems eine bestimmte Befriedigung, während das Mißlingen Angst und Aggression auslöst.

Beispiel: Die Aufgabe eines Krankenhauses ist es im allgemeinen, Kran-

20 Rice (151), S. 19–22.

ke aufzunehmen, zu behandeln und nach Möglichkeit von ihrer Krankheit zu heilen. Die Zahl der aufgenommenen Patienten (Einfuhr) ist genauso feststellbar, wie die Anzahl der innerhalb des Krankenhauses arbeitenden Fachkräfte. Vergleicht man nun die Abschlußdiagnose und die Zahl der das Krankenhaus wieder verlassenden Patienten (Ausfuhr), so läßt sich relativ grob differenzieren: geheilte, gebesserte, unveränderte, verstorbene Patienten. Würde z. B. die Anzahl der Todesfälle in extremem Maße für längere Dauer zunehmen oder die Zahl der ungebesserten Patienten im Verhältnis zu einer langen Verweildauer ansteigen, so wäre es notwendig, die Gründe hierfür zu prüfen (Kontrolle des Veränderungsprozesses). Ein solches Ergebnis kann durch die Art der Einfuhr (z. B. akute tödliche Epidemie, Katastrophen, neue unbekannte Krankheit, überwiegend seit langem Aufnahme von chronisch Kranken usw.) bedingt sein, was objektiv ohne Schwierigkeiten feststellbar wäre. Die Verschiebung innerhalb des Systems zwischen Einfuhr und Ausfuhr weist jedoch auf die Notwendigkeit der Prüfung der Primäraufgabe hin, wenn z. B. die Anzahl der Todesfälle und ungebesserten Fälle fortlaufend zunimmt, ohne daß solche offensichtlichen zuvor genannten Gründe vorliegen.

Wendet man das gleiche System zum Beispiel auf eine Strafanstalt an, so wird der Zusammenhang zwischen Rückfallquote und der Wirksamkeit des Systems noch deutlicher. Am klarsten wird der Vorgang in industriellen und edukativen Prozessen sichtbar. So zum Beispiel wenn es innerhalb eines vorgeplanten Produktionsprozesses, in dem Rohmaterial zu Fertigprodukten verändert werden soll, zu einem Anstieg der Ausschußrate, d. h. zu fehlerhaften Produktionsergebnissen kommt. Ähnliches gilt im gleichen Zusammenhang genauso für Lehreinrichtungen (zum Beispiel Schule, Universität) oder für die wissenschaftliche Produktion (Institute, Forschungseinrichtungen u. a.). Wichtig erscheint vor allem dabei eine Untersuchung der Ideologie der betreffenden Einrichtung, d. h. die Prüfung des gemeinsamen Ichideals aller Mitglieder, das in den Vorstellungen zum Ausdruck kommt, die jeweils innerhalb der Gruppe über den Veränderungsprozeß bestehen, ohne daß eine objektive Kontrolle von Einfuhr und Ausfuhr erfolgt.

Die Untersuchung solcher sozialen Systeme [21] hat nun u. a. folgendes gezeigt: Das Endergebnis der für die jeweilige Institution verschieden definierten Lösung der Primäraufgabe ist von drei Faktoren abhängig:

1. von der kontinuierlichen Realitätsprüfung der ursprünglich definierten Primäraufgabe im Verhältnis zur relevanten Umgebung und ihrer unter Umständen erforderlichen Revision, Korrektur, Neudefinition und Anpassung;

2. von den damit verbundenen, interpersonalen Interaktionen der innerhalb eines sozialen Systems auf bestimmte Weise untereinander verbundenen Gruppenmitglieder;

3. von den durch die Interaktion zwischen Gruppen und Einzelpersonen ausgelösten intrapsychischen Reaktionen der Mehrheit aller Mitglieder, die sich auch außerhalb der Institution auswirken können (zum Beispiel, Familie, Eheverhältnisse, Privatleben usw).

Eines der generellen Mißverständnisse zwischen Psychoanalytikern und Soziologen entstand bisher aus dem Versuch, entweder alle Phänomene ausschließlich auf die intrapsychischen Prozesse zurückzuführen, was tatsächlich die Gefahr einer Ideologisierung der Individualentscheidungen enthält, oder umgekehrt die individuelle Reaktion ausschließlich als Folge gesellschaftlicher Prozesse darzustellen, die in sich selbst, als Entität per se dargestellt werden. Die Variable des sozialen Prozesses, nämlich die unter bestimmten Bedingungen sich verändernde Ich-Struktur wurde weitgehend von der Soziologie als eine Konstante betrachtet. Die positivistischen Irrtumsmöglichkeiten liegen hier nahe. Tatsächlich sind jedoch Gruppenvorgänge nur unter jener Voraussetzung verstehbar, die Freud bereits beschrieben hat, nämlich durch die Veränderungen der Ich-Funktionen innerhalb von Gruppen. In der individuellen Psychoanalyse wird eine überwiegend therapeutischen Zwecken dienende Regression gefördert, die unbewußte Vorgänge dem Bewußtsein durch die Aufhebung der ursprünglich sozial verursachten Verdrängungsschranke neu zugänglich macht. Sinn der Psychoanalyse ist es, daß in diesem Prozeß bestimmte emotionale Erfahrungen, die an früheren Beziehungspersonen (Objekten) erlebt wur-

21 Bennis u. a. (10); Bradford – Gibb – Benne (19); Berne (12); Carthwright – Zander (26); Goffman (77); Jaques (107); Knowles, M. u. H. (112); Miles (129); Schein – Bennis (157); Sherif – Sherif (160); Thelen – Diekermann (180).

den nun erinnert, neu konstelliert und durchgearbeitet werden können. Wir wissen aus der Psychoanalyse, daß dieser Vorgang unvermeidlich Angst freisetzt, die zuvor in der Verdrängung gebunden war. Der therapeutische Schutz der Übertragung sichert jedoch weitgehend eine mögliche Bewältigung der erneut freigesetzten frühen Ängste. Unterschieden vom Begriff der Übertragungsneurose sind bestimmte Arten der Übertragung jedoch ein ubiquitäres Phänomen, d. h. in jeder zwischenmenschlichen Interaktion kommt es in diesem Sinne u. U. zu Übertragungsvorgängen, die unbewußte Erwartungen, Befürchtungen, Hoffnungen und andere Gefühlsinhalte mobilisieren und zu bestimmten Besetzungen führen. In den zuvor dargestellten Wirkungszusammenhängen innerhalb sozialer Systeme erscheint es nun von größter Bedeutung, ob diese der Abwehr von Angst dienen oder ob sie im einzelnen bestimmte Ängste freisetzen können, d. h. individuell neurotisierende, neue Bedingungen schaffen. Zahlreiche Untersuchungen und viele aktuelle, soziale Probleme geben einen direkten Hinweis darauf, daß bestimmte, ursprünglich der Triebabwehr dienende, kollektive Institutionalisierungen nicht nur andere als die abgewehrten Triebtendenzen stimulieren können, sondern auch zum Zusammenbruch der regulierenden Ich-Funktionen führen. Das Problem der auf solche Weise im Gegensatz zur Entwicklungstendenz der individuellen Ich-Struktur und deren Autonomie erzwungenen Regression innerhalb einer Gruppe gewinnt in zunehmendem Maße Bedeutung vor allem für die Bewältigung aggressiver Triebstrebungen. Die Interaktion von Individuen in Gruppen kann und wird im alltäglichen Arbeitsbereich überwiegend auf die gemeinsame Bewältigung konkreter Aufgaben gerichtet sein. Häufig jedoch wird in kritischen Situationen diese Arbeitsorientierung verlassen. An ihre Stelle treten dann Abwehrmechanismen der Gruppe, die der Angstvermeidung dienen sollen. Freud [22] zitiert Schopenhauers Gleichnis der Stachelschweine aus den Paralipomena zur Charak-

22 Freud (61), S. 110, Fußnote: »Eine Gesellschaft Stachelschweine drängte sich an einem kalten Wintertage recht nahe zusammen, um durch die gegenseitige Wärme sich vor dem Erfrieren zu schützen. Jedoch bald empfanden sie die gegenseitigen Stacheln, welches sie dann wieder voneinander entfernte. Wenn nun das Bedürfnis der Erwärmung sie wieder näher zusammenbrachte, wiederholte sich jenes zweite Übel, so daß sie zwischen beiden Leiden hin- und hergeworfen wurden, bis sie eine mäßige Entfernung herausgefunden hatten, in der sie es am besten aushalten konnten.« (Parerga und Paralipomena; II. Teil, XXXI, Gleichnisse und Parabeln; Schopenhauer.)

terisierung menschlichen Gruppenverhaltens. Er betont an dieser Stelle, daß fast jedes intime Gefühlsverhältnis zwischen zwei Personen von längerer Dauer »einen Bodensatz von ablehnenden feindlichen Gefühlen enthält, der nur infolge von Verdrängung der Wahrnehmung entgeht«²³. Er hält es für »unverkennbar, daß sich in diesem Verhalten der Menschen eine Haßbereitschaft, eine Aggressivität kundgibt, deren Herkunft unbekannt ist und der man einen elementaren Charakter zusprechen möchte«²⁴.

Den charakteristischen Unterschied des Verhaltens und der Psychodynamik innerhalb einer Gruppe sieht Freud darin, daß die Identifizierung an die Stelle der Objektwahl tritt. Er betont, daß die Objektwahl zur Identifizierung *regrediert*, so daß diese zum Ersatz für eine libidinöse Objektbindung wird, »gleichsam durch Introjektion des Objekts ins Ich«²⁵. Dieser entscheidenden Veränderung des Ich in sozialen Prozessen hat die Soziologie bisher kaum folgen können, obgleich das von Freud beschriebene, intrapsychische Phänomen zum Beispiel in den Ideologiebildungen zahlreicher »revolutionärer« Gruppen durchaus erkennbar wird. Semantische, terminologische und kommunikative Probleme stellen jedoch bislang einen noch zu überwindenden Widerstand dar, der sich deutlich überall dort verringert, wo die Psychoanalyse als Sozialpsychologie auf konkrete Sachverhalte angewandt wird. Es gibt sehr frühe, empirische psychoanalytische Arbeiten über Identifizierungsvorgänge in Gruppen, wie etwa die Untersuchung eines Knabenbundes durch W. Hoffer²⁶, wie überhaupt die

23 Freud (61), S. 110: »Nach dem Zeugnis der Psychoanalyse enthält fast jedes intime Gefühlsverhältnis zwischen zwei Personen von längerer Dauer – Ehebeziehung, Freundschaft, Eltern- und Kindschaft – einen Bodensatz von ablehnenden, feindlichen Gefühlen, der nur infolge von Verdrängung der Wahrnehmung entgeht.« (Siehe auch S. 111: desgleichen über »Familiengruppen, Städte, nächstverwandte Völkerstämme« u. ä.)

24 Ebd.

25 Freud (61), S. 118: »... daß erstens die Identifizierung die ursprünglichste Form der Gefühlsbindung an ein Objekt ist, zweitens, daß sie auf regressivem Wege zum Ersatz für eine libidinöse Objektbindung wird, gleichsam durch Introjektion des Objekts ins Ich und daß sie drittens bei jeder neu wahrgenommenen Gemeinsamkeit mit einer Person, die nicht Objekt der Sexualtriebe ist, entstehen kann. Je bedeutsamer diese Gemeinsamkeit ist, desto erfolgreicher muß diese partielle Identifizierung werden können und so dem Anfang einer Bindung entsprechen.«

26 Hoffer (102): Der Abwehrmechanismus der Identifizierung innerhalb einer

frühe Psychoanalyse durch eine intensive Bemühung um Kollektive und Gruppenphänomene gekennzeichnet ist. Entscheidende Entwicklungsmöglichkeiten für das Verständnis von Gruppenvorgängen ergeben sich außer in A. Freuds Darstellung der Abwehrmechanismen des Ich und aus E. H. Eriksons Begriff der Ich-Identität, vor allem aus einer Reihe soziologischer und psychoanalytischer Arbeiten.[27]

Identitätskrise, Regression und Gruppenstabilität

Der Zugehörigkeitswechsel des einzelnen zwischen verschiedenen Sekundärgruppen wiederholt Vorgänge des ursprünglichen Übergangs von der Primärgruppe in eine Sekundärgruppe. Es handelt sich nicht nur um soziale Rollenkonflikte, sondern um Formen der Objektbeziehung, bei denen Triebbindungen verankert werden müssen, um die bis dahin erreichte Stabilität des Ich zu sichern. Ist dies nicht möglich, so gerät das Ich in Gefahr. Die Abwehrorganisation – als Substruktur im Bereich der Ich-Organisation – wird stets dann eingesetzt, wenn »die Regierung von inneren und äußeren Angriffen überwältigt wird«[28]. Ziel der Ich-Organisation ist es jedoch, bei der Aufnahme neuer Objektbeziehungen jene Stabilität zu erhalten, die als Ich-Identität, als Kontinuum von historischer und aktueller Beziehung zu sich selbst und anderen erlebt wird[29]. Gelingt dies nicht,

Gruppe wird am empirischen Beispiel in dieser frühen Arbeit sehr klar beschrieben.

27 Cartwright – Zander (26); Bion (15); Dollard – Miller (35); Ezriel (43); Festinger (46); Grinberg – Langer – Rodrigué (79); dies. (80); Grinberg (78); Horwitz (106); Lewin – Lippit – White (120); Lippit (121); Schachter – Ellertson – McBride – Gregora (155); Scheidlinger (156); Sherif – Sherif (161); Sherif (159); Stock – Thelen (174); ferner Festinger – Schachter – Back (47).

28 Hoffer (101), S. 196: »(1) introjection helps to construct the ego; (2) projection helps the ego to like itself better and prevents the destruction of the ego; (3) reaction formation stabilizes the ego; (4) sublimation enriches it; (5) turning inward of aggression strengthens the superego.«

Siehe auch Glover (74); Fenichel (44): »1. Successful defenses placed under the heading sublimation, 2. pathogonetic defenses.« Zitiert nach Hoffer (104); Gero (73).

29 Erikson (40), S. 143: »Among the societal phenomena ... there is an universal trend towards some form of *uniformity* (and sometimes to special uniforms or distinctive clothing) through which incomplete self-certainty, for a time, can

so tritt Regression als eine der Abwehrformen auf. Von Bedeutung ist daher die Frage, wieweit die Zugehörigkeit zu einer Gruppe diese gegebene Ich-Identität bestehen läßt, fördert und erweitert oder bedroht, zerstört und eine Revision erzwingt. Von diesem Vorgang hängen wahrscheinlich sehr viele Lernprozesse ab, ohne daß dies bislang in den Erziehungswissenschaften in ausreichender Weise berücksichtigt würde. Die Konfrontation mit der Tatsache, daß keine Kongruenz zwischen Selbstwahrnehmung und Fremdwahrnehmung besteht, hat um so größere Wirkungen, wenn sich dabei der Konsens mehrerer »bedeutsamer anderer« ergibt. Hier nun scheint eine neue, bislang wenig beachtete Eigentümlichkeit begründet zu sein. Selbstwahrnehmung und Fremdwahrnehmung geraten in einen bestimmten Zusammenhang, wenn für die Mehrzahl der Mitglieder einer Gruppe die Identifizierung an die Stelle der Objektwahl tritt, während eine Minderheit oder ein einzelner diese Regression nicht mitvollzieht. Freud weist ausdrücklich darauf hin, daß diese Identifizierung einem bestimmten Zweck dient, nämlich der Verdrängung aggressiver Bedürfnisse der Gruppenmitglieder untereinander und ihre Delegation an den vermuteten »Führer«. Mit dieser Regression ist jedoch zugleich die Externalisierung der Über-Ich-Funktion verbunden, d. h. die Unterscheidung von Ich und Ich-Ideal wird so weitgehend verringert, daß tieferliegende Abwehrmechanismen wie zum Beispiel der tiefverwurzelte Abwehrmechanismus der Projektion mobilisiert werden. Zugleich kann es in dieser Regression auch zu einer Triebentmischung kommen, bei der die aggressiven Triebbedürfnisse nur noch durch die Identifizierung der Gruppenmitglieder untereinander gebunden sind. Dies würde die Labilität von Gruppengleichgewichten, die erhöhte Ambivalenz und die erhöhte Aggressionsbereitschaft innerhalb von Gruppen erklären können.

Wenn sich das Individuum im Laufe des Sozialisationsprozesses aus

hide in a group certainty, such as is provided by the badges as well as the sacrifices of investitures, confirmations, and initiations.«

Ferner Seite 149: »Ego identity (if we were to hold on to this term and to this level of discourse) would in comparison be even closer to *social reality* in that as a subsystem of the ego it would test, select, and integrate there the self-repressions derived from the psychosocial crises of childhood. It could be said to be characterized by the more or less *actually attained but forever-to-be-revized* sense of the reality of the self within social reality; while the imagery of the ego-ideal could be said to represent a set of *to-be-strived-for but forever-not-quite-attainable ideal* goals for the self.«

einer gegebenen Matrix in weitere, psychosoziale Beziehungsformen anderer Gruppen hineinentwickelt und anpaßt, so erscheint es berechtigt, die Frage zu stellen, welche Vorgänge solche Grenzübergänge bestimmen. Es handelt sich nämlich zugleich auch um einen Individualisierungsprozeß, mit dem eine Differenzierung zwischen Ich und Ich-Ideal durchaus verbunden sein kann. Damit ergeben sich Grenzübergänge sowohl an der Übergangsstelle zwischen einer primären Matrix und einer neuen, sekundären Gruppe wie auch bei der weiteren Ablösung aus einer Sekundärgruppe in die Behauptung einer individuellen Ich-Identität gegen deren Tendenzen zur Übernahme des gleichen Objektes an der Stelle des Ich-Ideals, also gegen die Tendenz der Gruppenmitglieder, die sich in ihrem Ich miteinander identifiziert haben. Beim Überschreiten dieser Grenzen entsteht offenbar Angst, weil Identitätszweifel auftreten. Diese Angst ist einerseits definiert durch den Verlust der bisherigen Ich-Identität, wenn der Rückzug in die undifferenziertere Matrix angetreten wird, so etwa, wenn ein kollektiver Zwang zum Konformismus, d. h. zur Identifizierung innerhalb einer Gruppe durch Regression die bisher ausdifferenzierte individuelle Unterscheidung von Ich und Ich-Ideal aufzulösen droht. (Hier wäre also auch an jene Konflikte zu denken, die in kollektiven Identifizierungswellen, wie zum Beispiel in den 30er Jahren zum Teil auch von angesehenen Wissenschaftlern nicht überstanden wurden. Freud hat, wie eingangs erwähnt, darauf hingewiesen, daß bei vielen Individuen die Sonderung von Ich und Ich-Ideal nicht weit fortgeschritten ist. Auf diese Fragilität der Ich-Funktionen weist auch A. Mitscherlich [133, S. 25] ausdrücklich in diesem als Sozialerfahrung besonders relevanten Zusammenhang der neueren Geschichte hin.)

Umgekehrt erfordert die Ablösung des Individuums aus einer Gruppe eine größere Ich-Stärke als sie der Mehrheit der anderen Gruppenmitglieder eigen ist. Ein Moment der Einsamkeit ist dabei unvermeidlich, auch wenn sich die Probleme des Übergangs in eine neue Gruppe dann in differenzierterer Form wiederholen können. Die dabei freiwerdenden Ängste scheinen im Fall der Regression anderer Art zu sein, als in der progressiven Bewegung auf eine individuellere Ich-Differenzierung hin. Man wird in letzterem Falle ebenfalls scharf unterscheiden müssen zwischen dem möglichen narzißtischen Rückzug in die Isolation und kompensatorische Größenideen, der als Regression aufzufassen wäre, im Gegensatz zur Ausdifferenzierung von weiteren Ich-Funktionen innerhalb des

Sozialisationsprozesses. Der strukturierende und verhaltensregulierende Entwicklungsprozeß innerhalb einer Gruppe erfolgt also auf einer Skala: Matrix – Gruppe – Individuum – Ich-Autonomie. Dieser Prozeß scheint an jeder Stelle im Sinne der Regression umkehrbar zu sein, so daß bei jedem Wechsel des Individuums von einer Gruppe zur anderen oder bei der Neubildung und der Revision von Gruppen Identitätskrisen auftreten können, die mit Regressionsvorgängen verbunden sind. Diese Krisen der Ich-Identität sind wahrscheinlich das eigentliche Kernproblem von Innovationsprozessen innerhalb sozialer Systeme. Dies gilt sowohl für Bewegungen des gesamten jeweiligen sozialen Systems im Verhältnis zu seiner Umgebung (relevante Bezugsgruppen) wie auch für Bewegungen einzelner Mitglieder einer Gruppe. Wenn als notwendige Voraussetzung des Zugehörigkeitsgefühls in einer bestehenden Gruppe (intact-group) in gewissem Ausmaß ein Konsens der Mitglieder untereinander besteht, so ist dieser von einer Reihe von Faktoren abhängig, die das Bezugssystem der Gruppe als ganzes betreffen. Jede Gruppe orientiert ihr Wertbewußtsein an negativen und positiven Bezugsgruppen (»nicht so wie« und »so wie...«). Die Mitglieder einer konstanten Gruppe identifizieren sich so weit untereinander, daß sie gleichsam als positives Ich-Ideal (so, wie...) die positive Bezugsgruppe und deren vorgestellte oder bekannte Mitglieder einsetzen, während die abgelehnten Strebungen im allgemeinen negativen Bezugsgruppen zugeschrieben werden. Dies hat für die Struktur einer Gesamtgruppe insofern Bedeutung, als ein bestimmter Anteil aggressiver Inhalte und Gefühle innerhalb der Untergruppen des sozialen Systems ständig verschoben werden muß. Mit Hilfe der negativen Bezugsgruppen, die gewählt werden, scheint dies in extremem Ausmaß möglich zu sein. Daraus erklärt sich zum Beispiel die Wahl designierter Minoritäten, um aggressive Inhalte zu projizieren oder zu entladen.

Objektbeziehungen und Gruppennormen

Vielfach wird nun eine Gruppe gleichsam als eine Entität per se dargestellt, d. h. es werden ihr Eigengesetzlichkeiten zugeschrieben, die dann auf soziale oder kulturelle Variable bezogen werden, während es sich tatsächlich nur um jenen partiellen oder weitgehenden Konsens der Gruppenmitglieder untereinander handelt, die »ein und dasselbe Objekt an

die Stelle ihres Ich-Ideals gesetzt und sich infolgedessen in ihrem Ich miteinander identifiziert haben« (Freud, 61, S. 118). Das jeweilige Objekt
scheint dabei von geringerer Bedeutung zu sein als der ausgelöste intrapsychische Prozeß, d. h. Führer von Gruppen oder die jeweiligen Rollen der
Gruppenmitglieder innerhalb einer Gruppe werden nicht nur von deren
individuellem Angebot oder ihren besonderen Eigenschaften bestimmt,
sondern in größerem Umfang durch die Auseinandersetzung aller Gruppenmitglieder mit dem jeweiligen Ich-Ideal. Was zuvor als Krise der Ich-
Identität bezeichnet wurde, setzt in einer Gruppe vor allem deshalb ein,
weil sich die Unterscheidung von Ich und Ich-Ideal als geringer und weniger stabil erweist, als dies zuvor vom einzelnen angenommen wurde. Allgemein wird man annehmen müssen, daß die Aufnahme von Objektbeziehungen in einer Gruppe eine Realitätsprüfung der Selbstwahrnehmung
erfordert. Es trifft auch zu, daß libidinöse Objektbesetzung und narzißtische Besetzung des Ich-Ideals in einem bestimmten Verhältnis zueinander
stehen. Sehr häufig enthält daher die unbewußte Einstellung zum Sozialkontakt innerhalb einer Gruppe eine individuell verschiedene Tendenz
zur Vermeidung möglicher narzißtischer Kränkungen. Wie Freud [30] betont hat, entscheidet sich die Liebesfähigkeit des Menschen gerade in der
Überwindung der feindlich-aggressiven Regungen. Nach der psychoanalytischen Theorie wären demnach zwei völlig voneinander verschiedene
Modi der Anpassung an multiple Objektangebote und -besetzungen innerhalb einer Gruppe denkbar, nämlich:

a) die voll entwickelte Unterscheidung zwischen Ich und Ich-Ideal und

---

30 Freud (61), S. 112: »Die Selbstliebe findet nur an der Fremdliebe, Liebe zu
den Objekten eine Schranke.« Siehe auch: Freud (68); ferner: Freud (59), S. 284:
»Es ist merkwürdig, daß der Mensch, je mehr er seine Aggression nach außen
einschränkt, desto strenger, also aggressiver mit seinem Ich-Ideal wird ... Je mehr
ein Mensch seine Aggression meistert, desto mehr steigert sich die Aggressionsneigung seines Ideals gegen sein Ich.« Ferner siehe: Mitscherlich (131), S. 168:
»Für die jeweilige, aktuelle Situation gibt den Ausschlag, wieviel ›Aggression‹
(Destruktionsneigung) mit ›Libido‹ legiert ist – so daß sie zu produktiver Aktivität sich wandeln kann –, und wieviel, ob primärer oder vor allem sekundär ge-
weckter, Aggressions-Destruktionsüberschuß, in die Handlungen einfließt.«
Freud (59), S. 285: »Jede (solche) Identifizierung hat den Charakter einer Desexualisierung oder Selbst-Sublimierung ... Die erotische Komponente hat nach
der Sublimierung nicht mehr die Kraft, die ganze hinzugesetzte Destruktion zu
binden, und diese wird als Aggressions- und Destruktionsneigung frei.« Zur »Neutralisierung« von Aggression siehe später: Hartmann – Kris – Loewenstein (89).

die dadurch mögliche Überwindung bzw. Neutralisierung aggressiver Triebanteile,

b) die nicht voll entwickelte Unterscheidung zwischen Ich und Ich-Ideal mit ihrer Folge, der Identifizierung anstelle der Objektwahl.

Der Anpassungsmodus b) hat für die psychodynamische Entwicklung von Gruppenbeziehungen besondere Bedeutung. Die coenästhetischen, averbalen Kommunikationsformen, wie sie von R. Spitz[31], und im unbewußten, biologisch-begründbaren, kinästhetischen Signalsystem von H. Brosin, McQuown[32], Loeb (122, 123, 124), Condon u. a. erarbeitet wurden, sind im folgenden noch nicht mit einbezogen, obgleich sie innerhalb von Gruppenbeziehungen und bei der Regression wahrscheinlich eine erhöhte Bedeutung haben. Seit Felix Deutsch (32, S. 196–214; 33) ist diese Frage jedoch überwiegend nur von den vorgenannten Autoren teilweise untersucht worden, wobei Untersuchungsergebnisse über die Entwicklung von Gruppenbeziehungen auf der averbalen Ebene noch ausstehen. Die folgenden Überlegungen konzentrieren sich deshalb hauptsächlich auf die Beobachtung und Untersuchung bestimmter Regressionsvorgänge in Gruppen, die eine stets gleichartige Abwehrform erkennen lassen. Diese Art der Abwehr steht in engem Zusammenhang mit den Prinzipien der Arbeitsteilung. Während in der Primitivgesellschaft und ihren Gruppen die Arbeitsteilung zum Beispiel in der Jagd, beim Lastentransport, bei Bauten u. a. m. weitgehend ein bestehendes Prinzip war und

---

31 Spitz (171), S. 152: »Das coenästhetische System reagiert auf nichtverbale, nichtgerichtete Ausdruckssignale; daraus ergibt sich ein Kommunikationsmodus, der auf der Stufe der ›egozentrischen‹ Kommunikation der Tiere steht.« Ferner S. 153: »Das führt uns zu der (dritten) Frage, nämlich, warum der Erwachsene so unempfindlich gegen die Signale der coenästhetischen Kommunikation zu sein scheint... Die Erwachsenen haben in ihrer Kommunikation den Gebrauch von Signalen, die diesen Kategorien angehören, durch diakritisch wahrnehmbare semantische Symbole ersetzt. Diejenigen Erwachsenen, die die Fähigkeit behalten haben, sich einer oder mehrerer dieser gewöhnlich verschwundenen Wahrnehmungs- und Kommunikationskategorien zu bedienen, gehören zu den besonders Begabten.« Ferner S. 155: »Es scheint sich hier um eine Regression im Dienste eines kulturell bestimmten Ich-Ideals zu handeln«; so Spitz über die Fähigkeit einzelner Individuen bestimmter Gesellschaften, sich beim westlichen Menschen verdrängter Wahrnehmungsmodi zu bedienen oder darauf zu reagieren.

Siehe auch Anm. 32 zu den Kinästhetischen Studien sowie Lampl de Groot (117, S. 79); Brocher (21).

32 Birdwhistell in: Bateson u. a. (7), Kap. 3.

blieb, bei dem die Bedeutung der Einzelperson eine Rolle spielte, ist die hochzivilisierte Industriegesellschaft vor allem durch die Austauschbarkeit der Mitglieder von Arbeitsgruppen gekennzeichnet. Diese betrifft jedoch nur den »technischen« Bezug – gleichgültig, ob es sich um eine Industrieproduktion, administrative Arbeit, Krankenhaustätigkeit oder wissenschaftliche Forschung handelt. Eine der Voraussetzungen dieser Austauschbarkeit sind bestimmte, gemeinsame technische Grundfähigkeiten und -kenntnisse.

Der Erwerb dieser rationalen Kenntnisse innerhalb des Erziehungssystems besagt jedoch noch nicht das geringste über die tatsächliche, emotionale Anpassungsfähigkeit. Daher ist die technische Auswechselbarkeit des einzelnen innerhalb einer Arbeitsgruppe (intact-group) auch lediglich auf die technischen Inhalte der Gruppe bezogen, dagegen nicht auf ihre sozialen Bedingungen. Die psychosoziale Anpassung erfordert nicht nur von dem neu in eine Gruppe eintretenden Mitglied einen Anpassungsprozeß, sondern alle Gruppenmitglieder müssen vielmehr umgekehrt ebenfalls eine Anpassungsleistung vollbringen, weil die zuvor innerhalb der Gruppe bestehenden Objektbeziehungen verändert werden. In einer vereinfachenden Formulierung definiert: der Gesamtbetrag libidinöser Bindungen hat sich in einer intakten Gruppe (= intact-group) soweit stabilisiert, daß ein Gleichgewicht zwischen aggressiven und libidinösen Bedürfnissen eingetreten ist, das jedem Mitglied erlaubt, durch die Einhaltung der gegebenen sozialen Regulationen (Gruppennormen, Gruppenstil) bestimmte Befriedigungen zu finden, die eine Stabilität der individuellen Abwehr gewährleisten. Die Objektbeziehungen des einzelnen befinden sich dabei weitgehend in einer bestimmten Konstellation unbewußter Übertragungen. Sie sind durch Anpassungsleistungen zustande gekommen, die teilweise von den Ich-Funktionen durch Realitätsprüfung, teilweise von der Ideal-Ich-Funktion durch Unterdrückung und Verdrängung, teilweise durch libidinöse oder aggressive Objektbesetzung bzw. durch Identifizierung determiniert wurden. Innerhalb einer Gesamtgruppe muß sich daher ein jeweils verschiedener Konsens darüber ausbilden, wieweit Triebregungen direkt befriedigt, aufgeschoben und verdrängt oder durch Ersatzlösungen erreicht werden können. Darin wird zugleich sichtbar, ob dieser Gruppenkonsens die Abwehr des einzelnen Mitgliedes stärkt oder penetriert. Die Neigung, diesen Bezugsrahmen ausschließlich auf die Arbeitsziele einer Gruppe zu beschränken, übersieht allzuleicht die Fülle irrationaler Bedürfnisse und Arrangements, die zwar oft als Realität ausgegeben werden, jedoch durchaus irreale Grundlagen enthalten. Die von W. Bion (15,16) dargestellten »basic assumptions« beschreiben bestimmte, in jeder Gruppe nachweisbare Beobachtungen. Jede menschliche Gruppe hat tatsächlich die Phänomene der Paarbildung, der Kampf-Fluchteinstellung, der Abhängigkeitsannahme und der Heilserwartung aufzuweisen – Erscheinungen, die deutlich machen, wie irreale, vom Unbewußten geleitete Grundannahmen Verhaltensweisen und Handeln der einzelnen Gruppenmitglieder bestimmen. Man wird jedoch diese Beobachtung dahingehend einschränken müssen, daß es sich dabei keineswegs um ein »Gruppen-Ich« handelt, wie dies oft behauptet wird, sondern um einen Konsens, der durch bestimmte Abwehrvorgänge im einzelnen Gruppenmitglied zustande kommt, unter denen die Identifizierung an der Stelle der Objektwahl eine der wesentlichen Möglichkeiten darstellt. Dennoch bleibt die Individualität des einzelnen Mitgliedes erhalten, d. h. die individuelle Ich-Struktur und die individualspezifischen Abwehrmechanismen werden beim einzelnen Gruppenmitglied wirksam, jedoch für eine Zielsetzung, die gleichartigen Bedürfnissen aller Mitglieder dient.

Untersuchung von Ich-Struktur und Aggressionsabwehr in Gruppen

Von den Verhaltenswissenschaften wurden, z. T. gemeinsam mit Psychoanalytikern und Psychiatern in England und in den Vereinigten Staaten experimentelle Methoden entwickelt, die in der Beobachtung von Kleingruppen einen Einblick ermöglichen, welche Abwehrformen jeweils überwiegen. Die Prinzipien dieser Methodik, die vielfach beschrieben sind, werden als bekannt vorausgesetzt, so daß hier nicht näher darauf eingegangen werden kann.[33] Wesentliches Ergebnis dieser Untersuchungen ist die Tatsache, daß die Individualität des einzelnen nur in viel begrenzterem Maße als zuvor (subjektiv) angenommen wurde, innerhalb von Gruppenbeziehungen wirksam werden kann. Vielmehr überwiegen die autoplastischen Anpassungsleistungen so weitgehend, daß sie u. U. durch den Gruppenkonsens als Zwang ausgelöst und herbeigeführt werden können. Es erweist sich die Richtigkeit der Annahme Freuds, daß die Sonderung

33 Siehe Anm. 21 und 27.

von Ich und Ich-Ideal tatsächlich bei vielen Individuen nicht sehr weit fortgeschritten ist, jedenfalls viel weniger als dies subjektiv vom einzelnen angenommen wird. So kann sich das Individuum veranlaßt sehen, auf den
allen Mitgliedern einer Gruppe durchaus unbewußt bleibenden Druck hin
spezifische Verhaltensweisen auszubilden, die von den übrigen Gruppenmitgliedern angenommen oder zurückgewiesen werden können. Annahme oder Abweisung solcher Angebote dienen jedoch im wesentlichen dem
Gleichgewicht der Bedürfnisse aller Mitglieder. Die in dieser Erkenntnis
enthaltene, narzißtische Kränkung ist offensichtlich ähnlich schwer zu ertragen, wie die Entdeckung der Abhängigkeit des Ich von dem bestimmten
angeborenen Verhaltensschema intrapsychischer Instanzen durch Freud,
obgleich sie in der Freudschen Formulierung nicht nur antizipiert, sondern klar und deutlich ausgesprochen ist. Die Formulierung Freuds »als
Vorbild, Objekt, Helfer und Gegner« definiert nun keineswegs, wie dies
noch häufig in der Soziologie angenommen wird, etwa bestimmte Rollen,
sondern es handelt sich dabei um in bestimmter Weise selektive Wahrnehmungen und Anmutungen, die den Objekten als Eigenschaften zugeschrieben werden. Der andere erscheint innerhalb der Gruppe als ein bestimmtes Objekt, mit einer bestimmten Bedeutung, die auf ihn übertragen werden kann, ohne daß dies mit der Realität übereinstimmen muß.
Diese Wahrnehmungsveränderung steht jedoch im Dienste des bestehenden Identitätsbewußtseins des Individuums. Um dieses nicht zu gefährden, werden dem anderen bestimmte Eigenschaften und Rollen zugeschrieben, die keineswegs zutreffen müssen. Der hierbei wirksam werdende Abwehrmechanismus der Projektion ist nicht überraschend. Die Übernahme
solcher Projektionen durch bestimmte, einzelne Mitglieder einer Gruppe
im Dienste der Abwehrmechanismen anderer Mitglieder hat jedoch für
das soziale Leben eine erhöhte Bedeutung. Freud hat die späteren Nach-
weise Sherifs [34], auf welche Weise Individuen durch Konsens einer Gruppe in ihrer Realitätswahrnehmung und -kontrolle irritiert und beeinflußt werden können, deutlich formuliert: andere werden dann »suggestiv,
d. h. durch Identifizierung mitgerissen« (61). Offenbar sind jedoch hierbei
nicht nur Identifizierungsvorgänge wirksam, sondern die gesamte Abwehr, die jeweils individuell die Stabilität des Ich garantiert hat, wird
mobilisiert, weil, wie Hoffer (101) es formuliert hat, dies stets dann ge-

34 Siehe Anm. 21 und 27.

schieht, »wenn die Regierung von inneren oder äußeren Angriffen überwältigt wird«. Die Entwicklung von individuellen Beziehungen innerhalb
einer Gruppe enthält jedoch gewiß zahlreiche solcher »Überwältigungen«.
Die scheinbare Sachbezogenheit der Gruppenmitglieder dient dabei häufig eher der Verleugnung oder Verneinung, d. h. der Abwehr, als der tatsächlichen Arbeit an der Sache, solange nicht innerhalb der Gruppe ein
Gleichgewicht zwischen der jeweiligen Ich-Identität des einzelnen Mitgliedes und ihrer Wahrnehmung, Wertung und Anerkennung durch andere erreicht ist. Die Definition der Ich-Identität durch E. H. Erikson [35]
bestätigt diese Wechselwirkung. Ich-Schwäche oder Ich-Stärke entscheiden
aber in diesem Zusammenhang zugleich auch über Angst und Aggression.
Der Eintritt in eine neue Gruppe mobilisiert zweifellos stets von neuem
bestimmte Anteile der primären ödipalen Konflikte, weil Ich und Ich-Ideal
neu voneinander gesondert werden müssen. Der in der Soziologie zum
Beispiel von Th. W. Adorno [36] gewählte Begriff der Extrapunitivität
bezeichnet in der Psychoanalyse den Vorgang einer Regression, bei der
durch die Identifizierung an der Stelle der Objektwahl eine Externalisierung des Über-Ich eintritt und der Abwehr damit eine aggressive Objektbesetzung durch negative Projektion ermöglicht wird. Die mangelnde Unterscheidung zwischen Ich und Ich-Ideal führt zur Identifizierung anstelle
der Objektwahl. Das gemeinsame Ich-Ideal in Gestalt eines Führers, Grup-
penleiters, Vorgesetzten, Institutsleiters usw. ermöglicht dem Ich eine Entlastung nach außen in einem intrapsychisch völlig unbewältigten moralischen Konflikt. Während die »normale« Reaktion auf die Diskrepanz
zwischen Ich-Ideal und realem Verhalten (d. h. Real-Ich) zunächst Trauer,

35 Erikson (37), S. 87: »Das Kernproblem der Identität besteht also in der
Fähigkeit des Ich, angesichts des wechselnden Schicksals Gleichheit und Kontinuität aufrechtzuerhalten.« S. 187: »Es gehört aber zu den Charakteristiken
einer schweren Identitätskrise, daß sie das Bedürfnis weitgehend erhöht, abzugrenzen, was man nicht ist, und zu verwerfen, was als fremde Gefahr für die
eigene Identität empfunden wird.« Ferner S. 150: über »wechselseitige Aktivie-
rung« bei der Ausbildung von Ich-Stärke und »Ich-Aktualität« sowie S. 189: über
Umformung »in eine Zukunft umfassender Identitäten«.
36 Adorno u. a. (2 a), S. 409: ». . . extrapunitiveness, . . . i. e. a tendency to blame
other peoble rather than oneself . . . Lack of insight into one's own shortcomings
and the projection of ones own shortcomings . . . of one's own weakness and faults
onto others.« Der Begriff Extrapunitivität wird von Rosenzweig eingeführt. Siehe
auch Rosenzweig – Clark – Garfield – Lehndorf (153); sowie: Brown (22).

Veränderungen der Objektbesetzung, weitere Differenzierung der Ich-Funktionen und eine Reduzierung des Ich-Ideals zugunsten der Realkontrolle wäre, entstehen dagegen beim schwachen Ich Idealisierungen, um das Gefühl des Wohlbefindens (»state of well-being«, Josef Sandler [37]) aufrecht zu erhalten. Diese Tendenz wird innerhalb einer Gruppe jedoch verstärkt. So lassen sich, völlig unabhängig vom Intelligenzstand, der Berufsart oder der Situation stets gleiche Aussagen in Gruppen beobachten, die eine Rückversicherung gegen Aggression erkennen lassen, weil frei flottierende Angst entsteht: (die folgenden Zitate sind wörtlichen Tonbandprotokollen aus völlig verschiedenen Berufsgruppen entnommen, darunter Volkshochschulleiter, Universitätsdozenten, Sozialarbeiter, Lehrer, Techniker, Kaufleute, Verwaltungsbeamte, Psychiater, Naturwissenschaftler, Soziologen, Juristen u. a.).

I. »Schließlich sind wir hier alle nicht ganz ahnungslos und gut erzogen, – was soll also schon passieren« – »warum sollten wir einander hier unnötig weh tun«.

II. »Es ist eine Frage, wer hier überleben wird. Die einen reden dauernd von Alter und Tod, während die anderen schon angstvoll darauf warten, wer das Opfer sein wird.«

III. »Wahrscheinlich läßt sich nicht vermeiden, daß jemand sich hier angegriffen fühlt, wenn wir wirklich weiterkommen wollen, aber jeder hat Angst dabei zum Opfer zu werden.«

IV. »Es wird Zeit, daß hier endlich jemand einmal eine Bombe legt, sonst kommen wir überhaupt nicht weiter. Alle reden dauernd drum herum – so kann man nicht arbeiten.«

V. »Schließlich muß einer mal hier die Führung übernehmen! Das ist meine Funktion – ich bin schließlich der ältere.« – »Wenn das alles nur etwas mit dem Alter zu tun hätte, wäre es einfach, aber ich fürchte, wer das übernimmt, setzt sich selbst zugleich der Gefahr aus, angegriffen zu werden, weil er selbst angreift.«

VI. »Eigentlich sollten wir uns doch hier erholen und freundlich miteinander umgehen – davon kann bei der Art, wie wir uns verhalten, kaum die Rede sein.«

VII. »Ich habe das Gefühl, hier wie in einer Arena zu sitzen, in der gleich ein Stierkampf losgehen wird. Alle warten auf das Opfer und jeder möchte lieber Matador sein als Stier.«

37 Joffe – Sandler (108), S. 735, 643.

VIII. » Ich kriege hier eine Gänsehaut, kalte Füße und Schweißausbrüche – einfach Angst. Das ist eine unlösbare Aufgabe – man kriegt sofort etwas an den Kopf, sobald man überhaupt nur etwas sagt. «

IX. » Wir sind schließlich doch im täglichen Umgang an gewisse Formen der Höflichkeit und Rücksichtnahme gewöhnt – was sollte uns also schon passieren? «

Diese stets gleichartigen Aussagen tauchen sowohl in neugebildeten Gruppen, wie auch in konstanten Gruppen (intact-group) vor allem dann auf, wenn Aufgaben gelöst werden müssen, die vom einzelnen Mitglied die Entwicklung neuer Ich-Funktionen erfordern. So unterschiedlich sie zunächst in der Formulierung erscheinen, lassen sie doch erkennen, daß einzelne Mitglieder verschiedener Gruppen jeweils für die anderen Mitglieder Befürchtungen verbalisieren, die in allen Gruppen und bei allen Mitgliedern auftreten, solange kein Konsens erreicht ist bzw. der Konsens durch neue Inhalte, neue Mitglieder, neue Situationen und neue Sachverhalte so weit in Frage gestellt ist, daß die Richtung der neu zu mobilisierenden Funktionen noch nicht erkennbar wurde. Natürlich kann man hier von einer gemeinsamen Phantasie der Gruppenmitglieder sprechen, de facto handelt es sich aber eher um einen Regressionsvorgang, bei dem auf der einen Seite auf tiefere und primitivere Abwehrmechanismen zurückgewichen wird, zugleich aber durch die Regression auch eine Triebentmischung und damit die Mobilisation primitiver Aggression und Angst eintritt.

Die Rivalität der Gruppenmitglieder untereinander im Prozeß einer Gruppenbildung stellt die Aggression in den Dienst einer Selektionstendenz, die unbewußt die Zahl der Mitglieder bzw. deren Aktivitätsmöglichkeiten reduzieren möchte. Dies wird um so stärker, je größer die Anzahl der Mitglieder ist und es geschieht zumeist gegen das » sachliche « Interesse und die bewußte Absicht oder Meinung. Diese Beobachtung ist grundsätzlich nicht neu, jedoch ist es erstaunlich, in welchem Umfang sie einer Verleugnung unterliegt. Die Frustration des einzelnen Mitgliedes ist dabei der reaktionsbildende Faktor, weil es zu einer Regression kommt, in der die oralen Bedürfnisse verstärkt werden. Von Bedeutung für die Analyse von Gruppenprozessen scheinen dabei vor allem drei Fragen zu sein:

1. Handelt es sich bei diesem Vorgang um primäre aggressive Bedürfnisse oder um die Frustration libidinöser Anlehnungswünsche, die zu einer sekundären Aggression führen weil sie verleugnet werden?

2. Aus welchen Triebquellen stammen die sich verstärkenden aggressiven Tendenzen?

3. Auf welche Weise werden diese aggressiven Bedürfnisse innerhalb einer Gruppe gebunden?

Die Identifizierung mit dem gleichen Ich-Ideal an der Stelle des Objektes muß dann vor allem versagen, wenn diese Funktion nicht aktiv von einem auch formal dazu ausersehenen´»Leiter« einer Gruppe übernommen wird. Die Grunderwartung entspricht dabei durchaus den Erfahrungen in den Objektbeziehungen der primären Gruppe. Die gängige Terminologie der »Vater-Gestalt, Mutter-Figur« usw. geht davon aus, daß es sich hierbei um ein Familienschema (family-group) handelt, das unbewußt auf sekundäre Gruppen übertragen wird (so zum Beispiel der Begriff der Geschwisterrivalität innerhalb von Berufsgruppen). Solche Anlehnungswünsche scheitern jedoch an der weitgehenden Gleichartigkeit der Erwartungen und an der Ambivalenz aller beteiligten Mitglieder, die sich in der Befürchtung ausdrückt, abhängig zu werden; das heißt, libidinöse, hetero- oder homosexuelle Beziehungen werden von den realen Objekten durch die Gleichzeitigkeit gleichartiger Erwartungen weitgehend frustriert. Alle Gruppenprotokolle weisen stets auf diese stark oralen Erwartungen hin. Das Primärstadium jeder Gruppe bzw. das Schicksal jeder Innovation innerhalb einer bestehenden Gruppe scheint daher davon abhängig zu sein, wieweit bestehende orale Erwartungen, in welchen Derivatformen sie auch immer auftauchen mögen, befriedigt werden können. Die Zugehörigkeit zu einer Gruppe enthält zunächst stets ein Anlehnungs- und Lernbedürfnis, d. h. der Wunsch, von anderen etwas zu erfahren, zu bekommen überwiegt, während die Bereitschaft selbst zu geben oder sich zu exponieren, durch die irrationale Annahme verringert wird, dadurch könne man in die Gefahr geraten, selbst nichts zu erhalten und leer auszugehen. Dieses Überwiegen der oralen Bedürfnisse entspricht Freuds Auffassung einer Regression zur Identifizierung. Erst die Frustration solcher vergeblichen Anlehnungswünsche ruft dann sekundär aggressives Verhalten hervor. Diese aggressive Abwehr dient aber innerhalb von Gruppen weitgehend der Verleugnung und Sicherung gegen verstärkte und unkontrollierbar werdende libidinöse Bedürfnisse. Der Begriff des »Ego-feeding« (Ich-Fütterung) weist auch auf die narzißtische Bedürftigkeit hin, die offenbar innerhalb einer Gruppensituation so lange einer Objektbesetzung im Wege steht, wie keine ausreichende Befriedigung erfolgt ist. Geschieht sie jedoch, d. h.

gewährt ein Mitglied einer Gruppe einem anderen solche narzißtischen
Gratifikationen, so wird in anderen Mitgliedern gerade dadurch das Gefühl des Neides oder des Zukurzkommens ausgelöst. Sie werden daher versuchen weitgehend mit jenem Mitglied zu rivalisieren, dem die narzißtische Bestätigung zugestanden wurde, je nach dem Grad ihrer eigenen narzißtischen Bedürftigkeit. Umgekehrt kommt es bei einem Mitglied, das
eine solche Zuwendung erhält, häufiger zu einer heftigen Abwehr – oft in
aggressiver Form –, um sich nicht der Gefahr solcher Angriffe von seiten
anderer Gruppenmitglieder auszusetzen. Auf diese Weise kann jede Gruppe in ihrer Sacharbeit steckenbleiben, so lange, bis sich ein entsprechendes
Gleichgewicht der individuell verschiedenen Bedürfnisbefriedigungen eingestellt hat. Der Grad der oralen oder narzißtischen Bedürfnisse aller Gruppenmitglieder prägt aber dann auch weitgehend den Gruppenstil, die
Gruppennormen und die weitere Entwicklung. Wenn Alexander Mitscherlich [38] in diesem Zusammenhang Gruppen unterscheidet, bei denen

38 Mitscherlich (131), S. 436: »Ohne den Prozeß der Identifizierung kann keine
Gruppenbildung geschehen. Entsprechend den drei Impulszentren des psychischen
Geschehens kann sich die Identifizierung vorwiegend auf die Es-Wünsche, das
Triebverlangen eines oder vieler anderer, erstrecken oder auf die Gewissens-, die
Über-Ich-Anforderungen; schließlich auf die Ich-Leistungen. Gruppenbildungen
werden je nach der Hauptebene der jeweiligen Identifizierung ein sehr verschie-
denes Gesicht zeigen.«
    Im folgenden schildert Mitscherlich dann hier die charakteristischen Züge und
Möglichkheiten solcher Gruppen. In der Experimentalsituation und bei der Entstehung von Gruppen läßt sich beobachten, daß aus dem Pendeln zwischen Es-
Wünschen und Über-Ich-Anforderungen meist neue Ich-Aktivitäten und -Lei-
stungen entstehen. Das würde genauere Untersuchungen dieses Vorganges von
psychoanalytischer Seite rechtfertigen, gesondert von der klinisch-therapeutischen
Anwendung empirischer Funde. Siehe hierzu S. 438: »Es gilt jedoch, den in großen Gruppenbildungen sich vollziehenden Grundvorgang der Identifizierung noch
genauer zu analysieren.« Ferner S. 23/24: Zur Idealnorm der Gruppe; S. 146:
Gruppenstil und Gruppenmoral; S. 165: Gruppengebundener Umgang mit Objekten; S. 166: Kollektives Ritual; S. 168: Destruktion im sozialen Raum; S. 173:
Partialobjekte und deren Teilaspekte; »Zur Klärung der archaischen Struktur
dieser Anfänge des Über-Ich muß bedacht werden, daß die introjizierten Objekte
natürlich nicht ganze Personen sind, wie wir sie später erleben, sondern ›Partialobjekte‹, d. h. Reaktionen oder Befehlssignale, die noch in ganz unklarer Weise
zu ganzen Objekten geordnet werden.« Diese Teilobjekte erscheinen dann in der
Projektion, d. h., Gruppenteilnehmer werden als ›Teilobjekte‹ wahrgenommen,
so wie ursprünglich heterogene Teilaspekte verschiedener Objekte introjiziert
wurden. Der Mechanismus Introjektion-Projektion bekommt in der Gruppe durch

die Es-Tendenzen, die Über-Ich-Tendenzen oder die Ich-Tendenzen überwiegen, so kann sich dies nur auf eine, jeweils verschiedene und keineswegs konstante Gruppennorm beziehen, die durch einen Konsens der Gruppenmitglieder zustandekommt, auch wenn dies jeweils nur durch einzelne
Mitglieder verbalisiert wird. Es sind in Wirklichkeit die anderen Mitglieder, die dies zulassen, weil es ihren eigenen, unbewußten Bedürfnissen
entgegenkommt, ohne daß sie sich selbst dabei exponieren müssen. Dieser
Konsens dient zugleich auch der Kohäsion der Gruppe, d. h. einem Gleichgewicht zwischen Triebbedürfnissen und Abwehrfähigkeiten der individuellen Ich-Strukturen. Es ist ungenau, wie bereits zuvor erwähnt, in diesem Zusammenhang von einem »Gruppen-Ich« zu sprechen, da es sich
nur um einen passageren Konsens individuell völlig verschiedener Mitglieder handelt, der bereits durch ein einziges, neu hinzukommendes Mitglied verschoben bzw. verändert werden kann. Ähnliches gilt für die Beziehungen und Interaktionen von mehreren Gruppen untereinander innerhalb eines größeren sozialen Systems. Auch die von H. Argelander
(3, S. 509) entwickelte Hypothese (die außerordentlich verlockend ist), daß
jede Gruppe eine gemeinsame unbewußte Phantasie entwickelt, trifft nur
insoweit zu, wie sie auch W. Bion (15, 16) als »basic assumption« beschrieben hat, sie stellt aber kein Gruppen-Ich dar. Entscheidender erscheint, wie
eine Gruppe sich in der Realität solchen unbewußten Phantasien ihrer einzelnen Mitglieder gegenüber verhält. Die experimentelle Trainungsgruppe
der Laboratoriumsmethode läßt hinsichtlich der Abwehr eine genauere
Beobachtung zu, obgleich dieselben Phänomene sich auch sonst in jeder
Gruppe oder Untergruppe abspielen. So betont u. a. A. Mitscherlich (131,
S. 402–405) zum Beispiel in einer Apologie des Klatsches dessen individuelle, soziale Entlastungsfunktion, wenn Gruppenspannungen auftreten.

den Regressionsvorgang erhöhte Bedeutung. Mitscherlich betont, daß man in
zwischenmenschlichen Beziehungen beobachten kann, »daß in ihnen die Partner
zwar intellektuell fähig sind, den anderen als Person, als ganze Erscheinung zu
registrieren, daß aber Ziele ihrer Reaktionen erkennen lassen, wie stark sie emotionell in der Entwicklungsstufe der ›Partialobjektbeziehungen‹ stehengeblieben
sind«. Ferner S. 177: Projektion und Fremdenfeindlichkeit; S. 176: Überschie-
ßende Triebäußerungen in Gruppen; S. 183: Konformitätszwang und individuelle
Widerstandskraft; S. 196 u. S. 200: Regressionsanfälligkeit; S. 215: Einstimmung
auf Gruppentendenzen; S. 272: Legierung von Aggression und Libido; S. 331:
Tabuüberschreitung und Identität mit der Gruppe; S. 399: Wahrnehmungs-
sensibilität und Vorurteil; S. 436: Es-, Über-Ich und Ich-Ziele in Gruppen.

Max Gluckman (76) beschreibt darüber hinaus den viel weiteren Umfang
der Verschiebung von destruktiven Bedürfnissen in Klatsch und Skandal,
um den gesamten Gruppenzusammenhang eines sozialen Systems zu ret-
ten. Ähnlich schildern etwa E. Colson (28) und W. M. Williams (189) wie
bestimmte Animositäten oder Feindlichkeit individueller Gruppenmitglieder konstant in immer neue Aktivitäten umgewandelt werden, die der
Vermeidung eines Bruches bestehender Beziehungen zugunsten der Gruppenkohäsion dienen sollen. Ähnliche Vorgänge lassen sich in industriellen
Organisationen ebenso wie in wissenschaftlichen Institutionen ständig beobachten. Sie dienen einzig dem Zweck, das Austragen offener Meinungs-
differenzen zu vermeiden, um die Institution zu erhalten. Hinter der Fas-
sade von Klatsch und Skandal, die der Verschiebung aufgestauter aggressiver Bedürfnisse dienen, steigert sich jedoch real das Freund-Feind-Den-
ken, das Mißtrauen und die paranoide Einstellung so weitgehend, daß die
Krisenpunkte voraussagbar werden, an denen entweder die Gruppe im
Konflikt auseinanderbricht, oder aber durch die Ablenkung auf eine neue
Aktivität jeder Realkontrolle auszuweichen versucht. In unverändertem
Ausmaß erscheint daher eine realistische Selbstkontrolle vor allem deshalb
abgewiesen zu werden, weil die damit u. U. verbundene narzißtische Krän-
kung unerträglich erscheint.

Soziologische und kulturanthropologische Feldstudien zeigen dabei, daß
von vielen Gruppen häufig ein Neuankömmling, ein Gast oder ein Fremder dazu benutzt wird, um zuvor unterdrückte Inhalte aufzudecken. Dies
ermöglicht einerseits die Verschiebung einer Entscheidung über den Aus-
schluß von Mitgliedern oder die offene Gegnerschaft von Untergruppen auf
den »Fremden«, andererseits kann ihm aber auch die Schuld dafür zuge-
schoben werden, daß der zuvor herrschende, scheinbare Friede der Gruppe
gebrochen wurde. So beschreibt z. B. M. Gluckman eine offene Gruppensituation, in der ernsthaft von einem weiblichen Mitglied ein Abstim-
mungsvorschlag vorgetragen wird: »Man sollte alle Fremden erschießen.«
(»All strangers should be shot!«) (76). Dieses Votum erschien, nachdem ein
Fremder die tatsächlich bestehenden Diskrepanzen innerhalb der Gruppe
aufgedeckt hatte, ohne dabei wahrzunehmen, daß er von den Gruppenmitgliedern hierzu benutzt wurde. Die in gleicher Weise freigesetzte, zuvor
aufgestaute, verdrängte Aggression läßt sich auch dann in statu nascendi
beobachten, wenn sich Gruppen neu bilden, wie etwa in der Laboratoriumsmethode. Die Externalisierung des Bösen, d. h. die Projektion auf

andere Gruppen (»Fremde«) innerhalb des gleichen Laboratoriums erfolgt dabei genau nach dem Muster der Externalisierung des Über-Ich, das stets auf die Leitungsgruppe übertragen wird. Die in einer Gruppe anwachsenden aggressiven Tendenzen entstammen daher nicht nur der Frustration oraler und narzißtischer Bedürfnisse, sondern sie entstehen auch aus der Veränderung der Ich-Struktur. Die Gruppennorm wird dabei teilweise zur Verstärkung der Triebabwehr benutzt, während sie zugleich Triebbefriedigung durch Verschiebungsmöglichkeiten bzw. Externalisierungen ermöglicht. Diese Förderung der Regressionstendenz der individuellen Ich-Struktur bestimmt dann auch weitgehend die Konformität und den Immobilismus einer Gruppe. Autoritäre Strukturen entstehen also keineswegs von oben, sondern durch die Anlehnungsbedürfnisse einer schwachen Ich-Struktur. Jede Innovationstendenz beschwört die Gefahr einer Krise der individuellen Ich-Identität herauf, d. h. sie erfordert einen Veränderungsprozeß, der mit neuer Ich-Aktivität verbunden sein müßte. Die Reaktionen auf diese Bedrohung bestehender Ich-Inhalte und -Ziele können, wie R. Waelder (185, S. 131–133) betont hat, destruktive Handlungen oder Impulse sein. In der experimentellen Gruppensituation lassen sich daher auch stets destruktive Phantasien beobachten, die einerseits der Erhaltung der Gruppenkohäsion, andererseits der Sicherung der individuellen Ich-Struktur gegen Veränderungen dienen sollen. Deutlich sind dabei in fast allen Gruppen die Versuche einer Spaltung oder Sprengung. Die Bedrohung des einzelnen Mitgliedes, der Rollenverlust und die Gefahr, durch die Unmöglichkeit der Identifizierung mit einer Führungsgestalt plötzlich zum Objekt der verschiedensten Bedürfnisse der Gruppenmitglieder zu werden, verschärft neben der Frustration die individuelle, innere Konfliktsituation. Mit dieser Verschärfung droht jedoch auch die Kontrolle über die bestehenden Regulationen der Triebbedürfnisse verloren zu gehen. Das Ich erleidet in dem Konflikt, gleichzeitig neue Beziehungen nach dem Modell der Primärgruppe eingehen zu müssen, eine Einbuße seiner zuvor erlebten, relativen Autonomie. Damit verringert sich die direkte Abwehrmöglichkeit der Triebderivate. Die Abhängigkeit von potentiellen Befriedigungsobjekten wächst, zugleich steigert sich jedoch auch die Angst vor strafenden Objekten. Letztere scheint die Hauptquelle der verstärkten Aggressionen zu sein, da sie meist durch eine Identifikation mit dem Aggressor abgewehrt wird – ähnlich wie dies auf sonst bei einem externalisierten Über-Ich geschieht. Dieser Vorgang verdient angesichts der zahlreichen Revolten und Rebellionen in der jüngeren Generation vor allem deshalb besonderes Interesse, weil im allgemeinen eher andere Gründe, wie z. B. der Generationsunterschied, soziale Bedingungen, rationale Sachfaktoren u. a. angenommen werden. Dagegen werden die aus der Gruppenkohäsion entstehende Regressionstendenz und die daraus folgenden Veränderungen der Ich-Struktur wenig in Betracht gezogen. A. Mitscherlich [39] betont die Fragilität und die sehr späte Strukturierung der Ich-Funktionen in der Phylogenese. Die ontogenetische, sozialpsychologische Bedeutung der Gruppenwirkung für die Ich-Entwicklung ist jedoch bislang aus den anfangs genannten Gründen sowohl von der Soziologie wie auch von der Psychoanalyse nur wenig untersucht. Wie Rapaport [40] betont hat, kann der andere stets nur dann »zum bedeutsamen anderen« werden, wenn Ich-Funktionen und Triebbedürfnisse durch seine Wahrnehmung auf neue Weise in Konflikt geraten, so daß die Abwehr nicht ohne eine Weiterentwicklung und Ausdifferenzierung der individuellen Ich-Struktur gelingt.

39 Mitscherlich (133), S. 22; ferner siehe Rosenbaum (152), S. 117 f.: »Only three routes of expression are available in present-day society for such primitive aggression:

One, the repression of such feelings with ongoing accumulation and eventual explosion in the form of private destruction (murder, rape, assassination). The collective aspect of this vicissitude is riot, race, annihilation, and war.

Two, absorption into the superego in the form of guilt which turns ever increasing amounts of aggression against the self, causing further drive repression, psychic masochism, and personality suicide. This is collectively expressed in a group drive for destruction of individual non-conformist traits.

The third route is direct channeling of destructivness into the body itself rather than the psyche, with the resultant destruction of the physical home of the psyche by means of tissue destruction, as in the great psychologically caused killers of our era; hypertensive cardiovascular disease, ulceration of vital organs, self-poisoning habits (alcohol, drugs) accident proneness, and so on. After billions have been spent on cancer research, it may wel lbe discovered that the cause of this autodestructive condition is the individual's distorted expression of an internal struggle between a crippled need to grow something new and his selfdestructive drive. This physical masochism is collectively, expressed in the ever increasing provocation for police and gouvernmental physical restriction and more globally in group provoked riot and war from our group ›enemies‹.«

40 Rapaport (150), S. 130: »Menschliche Wesen wiederholen in ihrem Umgang mit anderen die Grundverhaltensformen (patterns), welche sie in ihren Beziehungen zu »bedeutsamen Anderen« entwickelt haben und diese . . . gehen *letztlich* auf jene zurück, die das Individuum gegenüber den frühesten »bedeutsamen Anderen« entwickelt hat: gegenüber Vater, Mutter, Geschwistern, Pflegerinnen usw.«

Dieser notwendige Entwicklungsschritt kann nun offenbar aber dadurch vermieden werden, daß an die Stelle der individuellen Abwehr ein Konsens von Individuen in einer Gruppe entsteht, die ihre aggressiv-destruktiven Impulse unter Verminderung der Realitätskontrolle zur Vermeidung erhöhter Spannungen innerhalb der Gruppe nach außen richten. Historische Beispiele aus der jüngsten geschichtlichen Vergangenheit, die soziale Deklassierung designierter Minoritäten, ihre Dehumanisierung und ihre Vernichtung im Genozid erweisen deutlich das Ausmaß des Verlustes einer adequaten Realitätskontrolle durch ausreichende Ich-Funktionen. Die psychischen Funktionen kehren so innerhalb einer Gruppe mit hoher Wahrscheinlichkeit auf genetisch tieferliegende Schichten zurück, ohne daß eine direkte Verbindung mit den Errungenschaften der später entwickelten Funktionsschichten möglich wäre. Vieles scheint dafür zu sprechen, daß es sich dabei um jene Lücke zwischen intellektuellen (Hirnrinden)-Funktionen und emotional-irrationalen (Stammhirn)-Funktionen handelt, die in den jeweiligen Derivaten erkennbar werden. Dabei fordern offenbar tieferliegende Schichten die Beseitigung des anderen, weil er auf dieser Schicht biologisch gesehen eine Bedrohung darstellt. Dies wirft die Frage auf, wieweit solche kollektiven Regressionstendenzen der Bindung von Aggression in einer bestimmten Richtung, jedoch zugleich ihrer Freigabe in anderen Richtungen dienen. E. Glover (75, S. 240–242) hat sehr früh auf das phylogenetische Erbe der entwicklungsgeschichtlich frühen Verdrängung von primitiver Liebe und primitivem Haß hingewiesen. Beobachtet man das Verhalten von nichttherapeutischen Gruppen unter psychoanalytischen Aspekten, so ist in allen Gruppen der Versuch auffallend, die vermeintlichen Befriedigungsobjekte zu manipulieren. Die Abwehr wird dabei mit nach außen verlegt, zugleich setzt das Bedürfnis ein, die Außenwelt zu verändern (alloplastische Adaptation), sobald die autoplastischen Anpassungsversuche eine bestimmte Grenze erreichen. Letztere sind oft an der Häufigkeit von auftretenden Störungen und Klagen, meist psychosomatischer Art erkennbar. Es wird z. B. in der Laboratoriumsmethode in sehr vielen Gruppen schon nach den ersten Tagen über Schlaflosigkeit geklagt, auch die Nervosität und allgemeine Gereiztheit nimmt zunächst zu. Dem entspricht zum Beispiel auch die Zunahme ähnlicher Erscheinungen (objektiv etwa als Abwesenheitsfaktor, Ansteigen der Krankheitsrate, Zunahme von Fabrikationsfehlern, Häufungen von Unfällen, Stagnieren der Produktivität, »Betriebsstörungen« u. a. m.) nicht nur in industriellen Organisationen, wenn die autoplastischen Anpassungsmöglichkeiten überfordert werden, während zugleich alloplastische Versuche an der Rigidität des sozialen Systems scheitern. (Zum Beispiel erfolglos bleibende Versuche durch besondere Anstrengung und Konzentration aller Kräfte Konkurrenten im sozialen Feld zuvorzukommen oder sie auszuschalten, Versagen bei der Lösung einer Primäraufgabe usw.).

Das Modell dieses Vorganges entspricht individuell metapsychologisch dem vergeblichen Kampf des Ich um die Anerkennung des Über-Ich. Bisher ist nur sehr wenig geklärt, wie weit die Identifizierung des Individuums mit dem Konsens seiner jeweiligen Gruppe auch den Zusammenbruch der zuvor bestehenden, unter Umständen gut funktionierenden, individuellen Abwehr mit verursachen kann. (In ganz anderem Zusammenhang finden sich Ich-Veränderungen, wie sie zum Beispiel in der subjektiven Ausdehnung des Körper-Ich-Schemas und der Identifizierung mit den erweiterten Außengrenzen bei der Bewegung mittels eines Fahrzeuges auftreten [Autos, Boote, Flugzeuge usw.]. Die sich daraus ergebenden Zusammenhänge zwischen bestimmten Krisen der Ich-Identität und der Unfallhäufigkeit sind noch nicht untersucht, vor allen Dingen nicht im Zusammenhang von Aggression und Anpassung.)

Die verhaltenspsychologischen Experimente des individuellen »breaking-point«, auf die sich zum Beispiel die Methoden der Gehirnwäsche stützen, geben deutlichen Aufschluß darüber, wie weitgehend die Identifizierung mit sozialen Gruppennormen und die individuelle Abwehr untereinander im Zusammenhang stehen, jedoch gleichzeitig auch physiologisch-biologische Grundlagen haben, die in Gruppen in verstärktem Maße wirksam werden. Solche biologisch begründeten Bedürfnisabhängigkeiten werden in den psychologischen Determinanten des individuellen Gruppenverhaltens als Derivate erkennbar. Dies ergibt sich auch aus den zuvor erwähnten Laboratoriumsberichten. Viele Gruppen versuchen z. B. ständig den Ablauf des Tagesplanes zu ändern oder andere, von ihnen bestimmte Zeiten einzusetzen. Dies wird meist mit extremer Müdigkeit oder physischer Erschöpfung begründet. Man kann jedoch beobachten, daß sich außerhalb der Arbeit in den Studiengruppen bestimmte Untergruppen (Cliquen) bilden, in denen stets ähnliche Phantasien über die Leitung entwickelt werden. Hauptinhalte sind Zerstörungswünsche und Verschwörungen. Alle Gruppen versuchen dabei ihre Feindeinstellung zu externalisieren, um ihre Kohäsion zu stärken, die ständig durch die mobilisierten, unbewußten aggressiven Impulse bedroht wird. So enthalten zum Beispiel auch die Berichte über die Beobachtungen anderer Gruppen hauptsächlich negative Aspekte und sind meist ausschließlich auf den Entwicklungsstand der eigenen Gruppe bezogen. Das Verhalten anderer Gruppen innerhalb eines sozialen Systems wird dabei mehr abgewertet als anerkannt. Während die Objektabhängigkeit also zu einer wachsenden Gefahr wird, die bekämpft werden muß, nimmt gleichzeitig die Tendenz zu einer symbiotischen, identifikatorischen Beziehung innerhalb der Untergruppen zu. Durch die verstärkten Abhängigkeitswünsche wird den Objekten dabei eine Omnipotenz zugeschrieben, die den infantilen Erwartungen einer früheren Ich-Struktur entspricht. Beispielhaft für dieses unilaterale Verhältnis und die damit verbundene Angst sind etwa folgende Äußerungen und Themen in den verschiedensten Gruppen:

»Die Leitung weiß doch alles längst schon im voraus, was wir tun werden. Warum sagen sie uns das nicht?« »Wenn die sowieso alles wissen, warum geben sie uns nichts davon ab, wir können doch ohne die nicht weiterkommen.« »Wir wissen doch überhaupt nichts und wenn uns das nicht gesagt wird, was wir tun sollen, können wir überhaupt nicht verstehen, was hier eigentlich vor sich geht.« (Gruppe von Psychiatern und Psychologen!)

Die Regressionstendenz geht also u. U. so weit, daß die objektiven Kenntnisse des eigenen Berufes verleugnet werden müssen. Das allgemeine Bedürfnis solcher Gruppen nach informellen Kontakten außerhalb des eigentlichen Übungsplanes im Laboratorium sowie der unkontrollierte Alkoholkonsum nehmen auffallend auch bei den Teilnehmern zu, die keineswegs daran gewöhnt sind, Alkohol zu trinken. Stets werden jedoch paranoide Phantasien geäußert, die vermeintliche Absichten der Leitungsgruppe gegenüber den Teilnehmern zum Inhalt haben. Die daraus entstehenden Komplottphantasien spiegeln die Identifizierung mit dem Aggressor als frühe Abwehrform. Das individuelle Angsterlebnis wird dabei meist von innen nach außen verlagert. In den verbalisierten Angstinhalten werden zugleich die Objektbeziehungen ursprünglicher, traumatischer Konflikte sichtbar, die in den Einzelaussagen wiederkehren, Kindheits- und Intimerlebnisse werden innerhalb der Gruppe offenbart, nachdem sich dies in den informellen Untergruppen vorbereitet hat. Der wirksamste Abwehrmechanismus hierbei ist jedoch die Projektion. Die Mitglieder beschuldigen und verdächtigen sich gegenseitig, während gleichzeitig in den Darstellungen der Kindheitserlebnisse Einsamkeitsängste, Enttäuschungen an den Eltern, Verlassenheitssituationen und paranoide Erlebnisse mitgeteilt werden, die mit den aktuellen Situationen in der jeweiligen Gruppe in Beziehung gebracht und verglichen werden. Die Ambivalenz zwischen wechselnden Anlehnungswünschen und aggressiven Projektionsinhalten wird oft deutlich sichtbar: »Ich habe das Gefühl, wie in einem Kindergarten und bin wütend, alleine gelassen zu werden, während ich gleichzeitig immer noch darauf hoffe, daß die Mutter endlich wiederkommt. Wenn sie aber nicht wiederkommt, so sollte wenigstens ein Vater dasein. Genauso ist es hier!«

Die meisten Gruppen wünschen, daß eines der Gruppenmitglieder die Führung übernehmen sollte. In der Bekämpfung der Objektabhängigkeit treten jedoch erhebliche Aggressionen auf. Der Kampf gegen das Objekt und seine heftige Ablehnung soll daher offenbar nach Möglichkeit die Identifizierung verhindern, um wenigstens einen Teil Selbständigkeit erhalten zu können. Dabei regrediert die zuvor in der Abwehr gebundene Aggression auf eine den äußeren Objekten geltende Aggression, d. h. es entsteht frei flottierende Angst, die sich in Aggression entlädt. Das zentral wichtigste Problem der »Kulturheuchelei«, das sich in der Übernahme rein formaler Attitüden offenbart, macht deutlich, wie notwendig es wäre, durch eine bessere Ich-Differenzierung zugleich eine belastungsfähigere Kultureignung zu erreichen.

Viele intellektuelle Berufsgruppen verdeutlichen die fast ausschließlich fraglose Identifizierung mit durchaus fragwürdig gewordenen Kulturinhalten, die in ihrer ursprünglichen Form der Abwehr bestimmter Triebtendenzen dienten. Es bleibt bei der Übernahme »formaler Rollen« völlig unbemerkt, wieweit die Bürokratisierung (Ritualisierung) inzwischen einer direkten Triebbefriedigung dient.

Grupppennormen als kollektive Abwehrfunktion

Verfolgt man den Entwicklungsweg ganz verschiedener Gruppen, so ergeben sich neben bestimmten, stets wiederkehrenden, unbewußten Grundannahmen über die jeweilige Situation gewisse Gesetzmäßigkeiten der Abwehr, die nicht mehr allein individuell bedingt sind. Gruppen wiederholen dabei Abwehrformen, die primär auch im Verlauf der von Erikson beschriebenen, psychosozialen Krisen auftreten. Das einzelne Gruppenmitglied neigt unter Verlust seines zuvor bestehenden Identitätsgefühles in der Gruppe dazu, auf Positionen zu regredieren, die unterhalb der zuvor bereits erreichten Individualisierungsgrenze liegen. Auffallend ist dabei die Überkompensation, eine Harmonie um jeden Preis zu erreichen, die lange Zeit hindurch jede Realkontrolle außer acht läßt [41].

Erst das Verlassen einer Gruppe stellt jenen Entwicklungsschritt dar, in dem auch Einsamkeit realisiert und angenommen werden muß. Die in Gruppen stets auftretenden Grundannahmen stellen demnach gleichsam einen Entwicklungsaufschub des Erprobungs- und Differenzierungsprozesses zugunsten eines Verbleibens in der Matrix dar. Die dabei auftretende Aggression ist weitgehend zunächst durch die Angst vor dem Verlust bestehender Objektbeziehungen bedingt, sofern eine Gruppe verlassen werden muß, in der sich diese nach dem Muster der Primärgruppe ausbilden konnten. Jeder Wechsel von einer Gruppe zur anderen mobilisiert notwendigerweise frühere Teilbeziehungen, Erfahrungen und bestimmte Objektaspekte. Anpassung wird aus dieser Sicht relativ. Wird sie als das Verhältnis und Gleichgewicht zwischen Trieben und Sozialforderungen verstanden, in der das Ich die Vermittlung übernimmt, so erscheint dies überwiegend als das Ergebnis von Konflikten und Vorgängen des intrapsychischen Systems. In jedem sozialen System können jedoch durch Gruppenbildung kollektive Regressionstendenzen auftreten. Dies kann durchaus der Entlastung und Anpassung dienen. Problematisch wird die Gruppensituation für die Anpassung jedoch, wenn die individuelle Abwehr unter gruppenspezifischen Abwehrformen zusammenbricht. Hierfür einige Beispiele: Die in einem Krankenhaus gebildete Gruppennorm für Krankenschwestern lautet: »Alle Patienten müssen gleichmäßig behandelt werden. Niemand darf durch eine persönliche Beziehung bevorzugt werden.« Das Gruppen-Ideal untersagt also jede persönliche Emotion, insbesondere aber die Anlehnung. Der Hauptinhalt des Berufes ist der ständige Umgang mit Krankheit, Elend und Tod. Die Krankenschwester steht dabei zwischen zwei Bezugsgruppen, nämlich den Patienten auf der einen, den Ärzten auf der anderen Seite. Nur innerhalb der jeweiligen Schwesterngruppe kann sie Anlehnung finden. In dieser Gruppe ist die Norm jedoch durch die »Sachbeziehung« bestimmt, die dem Gruppen-Ideal folgt. Die Anpassung

41 Brocher (20), S. 38–42; Zur Identitätskrise S. 55; Zum Objektaspekt S. 72 f.

an die Regel, keine individuellen Beziehungen aufzunehmen, erfolgt nun wie dies I. Menzies (127) u. a. nachgewiesen hat, durch eine Art der Aufgabenverteilung, die schließlich nur noch einen minimalen Zeitraum für die tatsächliche Beziehung zum Patienten in der Pflege zuläßt (siehe hierzu auch die Untersuchungen der Nuffield-Foundation [42]).

Die Abwehrformation der Gruppennormen richtet sich hier gegen ein natürliches Anlehnungsbedürfnis, das bei der hohen, moralischen Belastung des Berufes »normal« wäre, um diese tieferliegenden, emotionalen Wünsche zu unterdrücken. Das Ergebnis ist jedoch nicht nur eine nahezu völlige Aufhebung der tatsächlich notwendigen Pflegetätigkeit und eine Einschränkung der emotionalen Beziehungsmöglichkeiten, sondern die individuelle Ich-Struktur wird dabei in einer bestimmten Richtung verändert. Die mögliche, und für eine wirksame Pflegebeziehung notwendige Fähigkeit zur passageren Identifikation mit dem Patienten – in der Terminologie von R. Spitz (171), die coenästhetischen Funktionen – werden zugunsten einer Identifizierung mit dem gemeinsamen Ich-Ideal der Gruppe aufgegeben, das tatsächlich primitiver ist. Die verbalisierte Idealisierung steht dann konkret in völligem Gegensatz zum realen Handeln. Eine rigide und einschränkende Wirkung dieser Über-Ich-Formation ruft sekundär unbewußt aggressiv-sadistische Verhaltensweisen hervor, die nicht mehr bewußt werden. Ähnliches ist z. B. auch bei Erziehungs- und anderen Kommunikationsberufen zu beobachten (Grinberg, 78).

Man könnte nun argumentieren – wie dies zum Beispiel Szondi (177, 178), der frühen Hypothese K. Abrahams [43] folgend, versucht hat –, daß dieser jeweiligen Berufs- bzw. Gruppenwahl eine bestimmte Triebstruktur zugrundeliegt, von der die Gruppennormen geprägt werden. Das würde bedeuten, daß prävalente Triebsstrukturen nur in bestimmten Berufsgruppen Befriedigungsmöglichkeiten finden. Abgesehen von der darin liegenden Verallgemeinerung und der Vernachlässigung der Ich-psychologischen Entwicklungsprobleme erklärt dies auch noch nicht, wodurch es bei einem unterstellten Gleichgewicht zwischen Triebbedürfnissen und mehr oder weniger sozialisierten und ritualisierten Triebbefriedigungen a) zu destruktiven Tendenzen innerhalb solcher Berufsgruppen kommen kann, die sich gegen die ursprünglich beabsichtigte Aufgabenlösung richten bzw. diese unmöglich machen oder erschweren und

42 Davies (30, 31).
43 Fenichel (45), S. 152.

b) eine individuelle Dekompensation der Abwehr einzelner Mitglieder durch den Druck anderer Gruppenmitglieder und die von diesen geforderte Gruppennorm (= gemeinsames Ich-Ideal) eintritt. Sicher kann die individuelle Abwehr durch die Zugehörigkeit zu einer Gruppe auch eine Stärkung erfahren. Die tatsächlich schwach ausgebildeten Ich-Funktionen erscheinen dann durch die Identifizierung mit dem angenommenen Ich-Ideal einer Gruppe subjektiv stärker. Th. W. Adorno kennzeichnet dies als das Bedürfnis der Anlehnung an die Macht, mit allen Folgen der darin enthaltenen, scheinbaren Teilnahme durch Identifizierung, die dann innerhalb der spezifischen Gruppe eine Frage nach der Rechtfertigung oder Bedeutung solcher idealisierten Werte überhaupt nicht mehr aufkommen läßt.

Der Darstellung H. Kohuts (113, S. 566) folgend, müßte man annehmen, daß es in dieser Regression zu einer Identifizierung mit einem Omnipotenz-Ideal kommt, das dann individuell narzißtische Größenphantasien auf einer infantilen Ebene befriedigt. Man wird auch dies nicht verallgemeinern können, jedoch lassen sich in vielen Gruppen (auch in Nationen) Größenideen beobachten, die jeweils auf Nachbargruppen bezogen sind. Diese scheinbare Stärkung und Entlastung der individuellen Abwehr verbindet sich, wie die zuvor beschriebenen intensiven Abhängigkeitsgefühle erweisen, mit einem relativen Verlust von Ich-Funktionen. Die individuelle Abwehr wird also überall dort versagen, wo die Gruppennorm keine ausreichende Identifizierung mehr ermöglicht. Es unterliegt auch kaum einem Zweifel, daß zum Beispiel ein Ich-Ideal der Tüchtigkeit und Aktivität Aggressionen zunächst in bestimmte, sozialisierte Bahnen lenkt, etwa Arbeit und Leistung. Dieser Gruppenkonsens dient aber der Abwehr von Aggression nur insoweit, als dadurch sozial erlaubte, kanalisierte Entladungs- und Abfuhrmöglichkeiten entstehen. Die Neutralisierung aggressiver Energie durch Ich-Entwicklung und -Differenzierung wird jedoch auf diese Weise eher gehemmt als gefördert. Sobald nämlich die innerhalb des angenommenen Ich-Ideals einer Gruppe liegenden Umsetzungsformen aggressiver Energie verändert oder aufgegeben werden müssen, bedarf es einer ausreichend funktionierenden individuellen Abwehr, die sich jedoch auf diese Weise gerade *nicht* hat ausbilden können. Jede Krise eines sozialen Systems, sein Versagen, seine Innovation, Zielveränderungen, Aufgabenvariationen, Führungswechsel, Tod oder Ausscheiden von Mitgliedern stellt eine Bedrohung oder Beeinträchtigung des angenommenen gemeinsamen Ich-Ideals dar, das individuelle Krisen bei allen Mitgliedern der Gruppe auslöst, in denen sich die tatsächliche Ich-Schwäche bzw. die Ich-Stärke herausstellt. Daraus lassen sich die Stabilität oder die Unsicherheit einer Gruppenstruktur auch weitgehend voraussagen.

Gesellschaftliche Institutionen und soziale Abhängigkeit

Die Abwehr von Aggressivität in sozialen Systemen erfolgt weitgehend durch die Einschränkung von Tätigkeitsbereichen, d. h. durch Spezialisierung und Aufteilung der Gesamtaufgaben in eng umgrenzte Unterbereiche. Auch dies dient der subjektiven Entlastung, reduziert aber zugleich auch die Differenzierung individueller Abwehrmöglichkeiten, weil der Zusammenhang zwischen den intrapsychischen Instanzen dabei so weit aufgelöst werden kann, daß die Übernahme eines Rollenschemas für die jeweilige Spezialisierung subjektiv als ausreichende Anpassung erscheint. Die darin liegende, zumindest partiell geförderte Ich-Spaltung könnte eine Begründung für die zunehmende Regressionstendenz in Gruppen sein, weil die Ausbildung und Entwicklung weiterer, differenzierterer Ich-Funktionen auf diese Weise behindert wird.

Die Abhängigkeit des Verhaltens von den psychosozialen Bedingungen kann also die individuellen Möglichkeiten des Ich dadurch einschränken, daß die Zugehörigkeit zu Gruppen regressives Verhalten begünstigt, weil hier immer wieder von neuem die Objektbeziehungen des ursprünglichen Familienmodells konstelliert werden. Dominanz und Submission folgen dabei auch in der Gruppe sowohl dem narzißtischen wie dem Anlehnungstypus der Objektwahl. (Wieweit die Beobachtung der Ethologen auf den Menschen übertragbar ist, daß es beim Wechsel aus aggressiven Tiergruppen derselben Spezies in weniger aggressive und umgekehrt zu Verhaltensänderungen mit andauernden Auswirkungen in der Rangposition des Einzeltieres kommen kann, ist bisher eine ungeklärte Frage.) Die Untersuchung menschlichen Verhaltens in der Gruppe ergibt jedoch genügend Hinweise, daß bestimmte soziale Anpassungen autonome Ich-Funktionen verringern, weil das Ich in seiner Vermittlerrolle durch das jeweilige Ausmaß der Konflikte zwischen Triebforderungen und »sozialen Anpassungsforderungen« in stärkerem Maße in diesem Differenzierungsprozeß beeinträchtigt wird. Erst die genauere Analyse verschiedener Reaktionsweisen von Gruppenmitgliedern auf die innerhalb einer Intakt-Gruppe entstehenden gleichartigen Konflikte könnte dies in größerem Umfange nachweisen. Darüber gibt es noch wenige psychoanalytische Untersuchungen, was angesichts der Schwierigkeiten verständlich erscheint. Bislang erscheinen die Reaktionen im Ergebnis gleichartig. Dazu gehört auch die Abweisung von emotionalen Bedürfnisbefriedigungen in sozialen Systemen und etwa die Paralysierung der Verantwortung durch Aufteilen und Unkenntlichmachen, eine typische Erscheinung der unzuständigen Zuständigkeiten, in denen versucht wird, Aggression zu ritualisieren, wodurch zugleich aber die Ich-Struktur geschwächt wird. Es ist zweifelhaft, ob beim Menschen die Ritualisierung auch arterhaltenden Zielen dient, wie dies K. Lorenz (125) in der Entwicklung von Abkürzungsformen und Ritualisierungen der Aggression bei Tieren nachgewiesen hat. Gewiß werden Ritualisierungen benützt, um Objekte zu manipulieren, wenn die individuelle Abwehr durch Verdrängung und sekundäre Abwehrmechanismen versagt. Entscheidender scheint jedoch die Veränderung der Ich-Struktur zu sein. Freud betont diese Abhängigkeit des Ich von »der unbestimmten Menge der Genossen« [44].

Auch die Skotomisierung des Wahrnehmungsfeldes ganzer Berufsgruppen, wie ihre häufige, feindliche, daraus resultierende Einstellung gegeneinander in bestimmten Sozialstereotypen weisen darauf hin, daß die in der Projektion freigesetzten Aggressionen aus den innerhalb einer Gruppe aufgegebenen, höheren Abwehrsystemen stammen. Diese primitivere Abwehr ist jedoch gegen die tiefer liegenden, frustrierten, symbiotischen Wünsche gerichtet, die unbewußt durch diese sich neu bildende, primitivere kollektive Abwehr befriedigt werden können. Aggression erscheint dabei, ähnlich wie im Individuum, gerade als Abwehr der durch die Idealnormen der Gruppe verdrängten libidinösen Wünsche. Es kommt dabei zu einer Art konstanter Oszillation zwischen dem Wunsch nach Progression und Ich-Differenzierung in individuellen Objektbeziehungen und einer konformen Anpassung durch Identifizierung mit dem angenommenen, gemeinsamen Ich-Ideal anstelle der Objektwahl. Dieser Versuch des Ich, ständig zwischen Anpassung im Sinne der Konformität mit dem Ich-Ideal der Gruppe und der Erprobung von Ich-Funktionen in Objektbeziehungen hin- und herzupendeln, mobilisiert nicht nur die libidinösen Fixierungen und Verdrängungen, sondern führt bei deren Abundanz u. U. als

[44] Freud (61), S. 146; Freud (62), S. 69; siehe auch Mitscherlich (131), S. 438.

einzig verbleibende Auswegmöglichkeit der Ich-Aktivitäten zu aggressiv-destruktiven Impulsen. R. Waelder (185) hat darauf hingewiesen, daß die Bemeisterung der Umwelt oder der Kontrollfunktionen als Ich-Aktivität destruktive Impulse auslösen kann. Dies wird um so mehr der Fall sein, als der Zwang zur Gruppenkonformität durch Identifizierung – also Zwang zur Regression – um so frustrierender wirkt, je destruktiver die einsetzenden Ich-Aktivitäten aller Gruppenmitglieder die Kontrollfunktion ausüben wollen. Ähnliche Gegebenheiten finden sich bei den Interaktionen von Gruppen innerhalb sozialer Systeme, bei denen Ablehnung, Verdächtigung und Herabsetzung von Gruppen gegeneinander überwiegen, die dann als Skepsis oder notwendige Prüfung der Realität deklariert werden, während objektiv sofort die erkennbare Überschätzung der eigenen Bedeutung für andere auffällt.

Zur Untersuchung von Untergruppen sozialer Systeme (Gruppenmerkmale)

Voraussetzung für die Möglichkeit der Ich-Entwicklung ist das Ertragen von Frustration im Sinne eines Lernprozesses, zu dem sicher vorübergehend unvermeidbare Regressionen als Entwicklungsprinzip gehören.

Die psychoanalytische Untersuchung von sozialen Systemen auf die in ihnen überwiegenden Formen der Abwehr könnte also Aufschluß geben, sowohl über die adaptiven Vorgänge wie auch über die Bedeutung der psychosozialen Matrix und ihrer Bereitstellungen für die Wahrnehmung von Erproben und Versagen. Beides ist für die Weiterentwicklung der autonomen, konfliktfreien Ich-Funktionen von Bedeutung. Sie enthalten den möglichen, entwicklungsfähigen, flexiblen Freiheitsbereich des Individuums gegenüber der Gesellschaft. Die Ich-Struktur hat dabei entscheidende Bedeutung als mögliche, nutzbare Quelle innerhalb von Gruppen. Sie ist jedoch umgekehrt abhängig von den, durch die jeweiligen Gruppen entwickelten, relativen Normen, an die eine Anpassung erfolgen soll. Das von der Gesellschaft als soziales System wesentlich benutzte Instrument zur Anpassung ist die Bereitstellung von Gruppen verschiedenster Art. Die Beobachtung des Verhaltens in Gruppen ermöglicht Einblicke in die Entwicklung, den partiellen Verlust, die Restitution oder die Änderung der Ich-Identität. Anpassung und Abwehr werden dabei zunächst im

Modell der Primärgruppe übertragen, bevor tatsächlich ausreichende Realitätswahrnehmung und damit die Einleitung eines Lernprozesses erfolgt.

Dies wird jedoch heute noch meist übersehen, weil die Identifizierung mit dem angenommenen, gemeinsamen Ich-Ideal innerhalb der jeweiligen Gruppe als Realität erscheint, durch die sowohl die Wahrnehmung verändert, vor allem aber auch eine weitere individuelle Differenzierung von Ich und Ich-Ideal für die zur Kohäsion verpflichteten Mitglieder verhindert werden kann. So zeigen daher auch sozialpsychologische Verhaltensuntersuchungen in Gruppen deutlich, daß die Leistungsmöglichkeiten und die Kreativität von Mitgliedern einer Gruppe in dem Ausmaß wachsen, wie sich genügend emotionale Beziehungen der Mitglieder untereinander entwickeln, d. h. Ich-Funktionen sich durch Objektbeziehungen differenzieren können[45]. Ist dies nicht der Fall, so überwiegen destruktive Impulse.

Daraus ergibt sich ein gewisses Paradoxon für die psychoanalytische Perspektive: Der Regressionsvorgang einer Identifizierung mit dem gleichen Ich-Ideal anstelle der Objektwahl bewirkt einerseits eine Abwehr von Aggressionen. Darauf gründet sich der Aufbau von sozialen Systemen und Institutionalisierungen. Gerade dieser Vorgang, als Sozialisierungsprozeß im Sinne der Anpassung bewertet, führt jedoch andererseits gerade zu einer Verringerung der Möglichkeiten jeder Sonderung von Ich und Ich-Ideal, d. h. zu einem Stillstand der Ich-Entwicklung, wenn nicht sogar zu ihrem Rückgang mit allen Folgen der Triebentmischung, Sexualisierung und verstärkten Aggressivität – Vorgänge, die sich in vielen aktuellen, zeitgenössischen Gruppenproblemen in Erziehungs-, Ausbildungs- und Produktionseinrichtungen erkennen lassen. Schon aus diesem Grunde ist es notwendig, daß man Gruppen generell nicht gleichsetzt, solange nicht geklärt ist, welchem Ziel ihre Bemühungen dienen, nämlich, der Unterstützung einer rigiden Abwehr zur Erhaltung und Förderung einer primitiven Über-Ich-Struktur, oder der Differenzierung von Ich-Funktionen durch Konfrontation mit der Realität eigenen Verhaltens und der dadurch entstehenden allmählichen Auflösung narzißtischer Selbsttäuschungen durch bessere Objektbeziehungen. Das von A. Mitscherlich (132, S. 304 f.)

45 Herlin – Dunphy (99), S. 108: »... in relation to participation ... the satisfaction of ... members will be reduced when: 1. The (family)group fails to meet the level of member expectations, socially or emotionally (e. g. respect, humor, intimacy).«

gekennzeichnete Anwachsen narzißtischer Tendenzen bei Jugendlichen gründet sich nämlich gerade auf die in Erziehungs- und Ausbildungsinstitutionen erzwungene Identifizierung mit einem primitiven, wenig flexiblen Ich-Ideal, durch die sowohl die Entwicklung einer stabilen Ich-Struktur mit ausreichenden individuellen Abwehrmechanismen, wie auch die Entstehung befriedigender Objektbeziehungen verhindert wird. Die aus dieser Verkehrung des Zweckes von Erziehungseinrichtungen in ihr Gegenteil resultierenden Verformungen setzen sich dann nach den Gesetzen der Übertragung von frühen Prägungen auf spätere, sekundäre Gruppenbeziehungen im Gesamtsystem einer Gesellschaft fort. Der Durchschnitt der Erziehungseinrichtungen und ihre Gruppenformationen, genauso wie andere Gruppenbildungen in hochzivilisierten, sozialen Systemen, sind bislang jedoch überwiegend mehr auf die Ausbildung primitiv-archaischer Über-Ich-Funktionen, als etwa auf die Differenzierung von Ich-Funktionen ausgerichtet. Es erscheint daher nicht als Zufall, sondern mehr als zwangsläufige Entwicklung, wenn diese Art der Gruppenkohäsion als gleichsam prähistorisches und erfolgloses Mittel der Abwehr von Aggressivität in den technisch hochzivilisierten Kulturen sich dadurch aufzulösen beginnt, daß der rationale Lernprozeß etwa durch Computersysteme und die Angebote von standardisierten Lernprogrammen letztlich stärker individualisiert wird. Bei dieser Methode wird es wieder zur überwiegenden Aufgabe des einzelnen, sich mit dem rationalen Lernprogramm auseinanderzusetzen, während die Wahl der emotionalen Beziehungen zu »der unbestimmten Menge der Genossen« ihm selbst ohne kollektiven Gruppenzwang in stärkerem Maße zufallen würde. Die damit einsetzende, bessere Chance der Differenzierung und Erprobung von Ich-Funktionen würde jedoch wirkungslos bleiben, wenn nicht zugleich im Erziehungsprozeß auch die Möglichkeit des affektiven Lernens angeboten würde. Kommunikation ist gewiß eine der entscheidenden Ich-Funktionen, die Verständigungen auf der rationalen Ebene ermöglicht. Sie enthält in der Differenzierung von Objektbeziehungen nur einen geringen Anteil an primären, averbalen, wahrscheinlich biologisch bedingten Signalen. Ihr Ziel ist eine Verständigung auf der jeweils erreichbaren Sprachstufe. Die Sprache dient dabei als hochdifferenzierte symbolische Verdichtung der verschiedensten Objektaspekte. Sie schließt das Ringen um Bewußtmachen und Ausdrücken der vorbewußten Inhalte als Ziel mit ein. Die Ausbildung der Wahrnehmungs- und Ausdrucksfunktionen kommunikativen Verhaltens bedarf einer gesonderten, konkreten Einübung. Das Ich wird dabei zugleich in seiner Fähigkeit zu besserer Selbst- und Fremdwahrnehmung sensibilisiert. (Daher zum Beispiel die englische Bezeichnung »sensitivity-training«.) Unter Einbeziehung psychoanalytischen Wissens ist dies in noch höherem Maße möglich als mit soziometrischen oder rein behavioristischen Konditionierungsmethoden, die mit Recht alle Bedenken gegen Manipulation mobilisieren. Aber das Studium von Gruppenverhalten mit psychoanalytischer Methodik gibt auch eher Aufschluß über den psychosozialen und den adaptiven Aspekt der psychoanalytischen Theorie, als die für bestimmte Indikationen unverändert notwendige, individuelle Psychoanalyse der Kindheitsneurose.

Die Laboratoriumsmethode bietet bei entsprechenden Veränderungen und Wahrung bestimmter psychoanalytischer Regeln tatsächlich neue Lernmöglichkeiten einer »Ich-Gruppe« an. Dies scheint angesichts vieler sozialer Probleme in Organisationen, die stets »u. a. auf psychischen Faktoren beruhen« (Hollingshead–Redlich, 105 a), um so notwendiger, als durchschnittliche Gruppen- und Organisationsformen mehr Ziele der Über-Ich-Gruppe anstreben, d. h. sie zielen mit repressiven Methoden auf Konformität und Regression ab. Dadurch verhindern sie die individuelle Entwicklung durch »Anpassung«, die zu Zwang oder Terror wird.

Für die Theorie der Anpassung erscheint es wesentlich, solche Unterscheidungen von Gruppenmerkmalen hinsichtlich der in ihnen überwiegend wirksamen Abwehrprozesse zu treffen (zum Beispiel Projektion, Verleugnung, Isolierung, Identifizierung, Verdrängung usw.).

Die Gefahr besteht darin, daß eine kollektive Abwehr von Aggressivität, die im gesellschaftlichen Bewußtsein dem Sozialisierungsprozeß dienen soll, tatsächlich zu einer erhöhten individuellen Entladungsbereitschaft destruktiver Impulse führt. Die Gesellschaft registriert dies nur als individuell psychopathologisches Symptom. Sie erzeugt jedoch diese Symptomatik in zunehmendem Ausmaß, je mehr sie die Tendenz zu Über-Ich-Gruppen fördert. Die unausweichliche Konfrontation mit eigenen, durch Verdinglichung und Objektlosigkeit isolierten aggressiv-destruktiven Tendenzen ruft offenbar mehr Widerstände hervor, als das Eingeständnis sexuelllibidinöser Strebungen. Die scheinbar zunehmende Toleranz der Sexualität gegenüber verbirgt die Verschiebung der aggressiven Bedürfnisse, obgleich deren Organisation und Legalisierung zur weltweiten Demonstration wird.

Die Selbstwahrnehmung in einer Ich-Gruppe, die den Rückkopplungs-
prozeß eigenen Verhaltens beobachtet, ermöglicht eine größere Ich-Differenzierung gegenüber aggressiven Impulsen und deren Abwehr, als die
analytische Zweierbeziehung allein. Die ständige Mobilisation verdrängter und ungelöster ödipaler Konflikte trifft in der Gruppe auf vielfache
Möglichkeiten der Objektbeziehung. Der Übertragungsinhalt läßt sich aus
den dominierenden Themen der Gruppe ermitteln. Dies läßt sich bei fast
allen Gruppenbildungen beobachten, die sich überwiegend auf die Identifizierung stützen. In den auftauchenden Bruchstücken, die den jeweiligen
Objektaspekt verbalisieren, ist oft die fraktionierte Wiederholung traumatischer Situationen als Derivat zu erkennen. Wie zuvor dargelegt wurde,
ist es für jede menschliche Gruppe unvermeidlich, daß jedes Gruppenmitglied bestimmte Objektbeziehungen und -aspekte einbringt. Da jedoch
der gesellschaftliche Anpassungsprozeß ähnliche Erfahrungen beinhaltet,
spiegelt sich ein bestimmtes (wenn auch oft falsches oder unrealistisches)
gesellschaftliches Selbstverständnis in diesem individuellen Inhalt. Die
Veränderung der Selbstwahrnehmung ermöglicht eine kritische Bearbeitung dieses Inhaltes. Das bedeutet eine Ich-Stärkung durch Differenzierung und Korrektur eines der Wirklichkeit nicht entsprechenden Bewußtseins. Das ist das genaue Gegenteil von Anpassung an ungeprüfte Einig-
keit.

Der Sozialisierungsprozeß würde durch den Wiederholungszwang ohne
diesen Versuch der Ich-Erweiterung eher zu einer zunehmenden Aufsplit-
terung und Zerstörung sozialer Systeme führen. Gleichzeitig würde dabei
die individuelle Abwehrfähigkeit verringert. Dies läßt sich an vielen öko-
nomisch-politischen Problemen der Organisationsforschung und im Indi-
vidualverhalten nachweisen, d. h. die augenblicklichen Formen der Anpassung, obgleich sie Abwehr von Aggression, eine Erhaltung der Kultur
anstreben, bewirken durch die Gruppenmechanismen mehr Aggression,
solange der hier beschriebene Zusammenhang nicht gesehen wird.

Blinde Deutung »prägruppaler« und »gruppaler« Stadien oder »ver-
haltens-therapeutisches, konditionierendes Manipulieren« werden kaum
zu einem anderen Ziel führen, als zu neuer Kulturheuchelei, zum Miß-
brauch von Wissenschaft als neues Über-Ich. (Allein die Vergewaltigung
der Sprache kennzeichnet hier schon die Tendenz zur Verkennung sowohl
individualpsychologischer wie sozialpsychologischer Gegebenheiten.) Nur
die geduldige Beobachtung mit psychoanalytischen Methoden, d. h. un-

ter Einbeziehung des Unbewußten, wird dann schließlich auch genauere Auskunft darüber geben können, welches die tatsächlichen Quellen der bisher als soziologische Hypothese anzusehenden »Eigengesetzlichkeit der gesellschaftlichen Prozesse« sind. Dem emanzipatorischen Interesse der Soziologie stehen die individuellen, unbewußten Widerstände gegenüber, von denen die Wechselwirkung Gesellschaft–Individuum sekundär bestimmt wird. Ob gesellschaftliche Prozesse tatsächlich eine Eigenständigkeit haben – so wie etwa die Annahme eines Gruppen-Ichs –, bleibt eine in sorgfältigen Gruppenstudien noch zu klärende Frage zwischen Psychologie und Soziologie.

Arbeitshypothese zur Untersuchung von Gruppeneinflüssen

Für eine psychoanalytisch orientierte Erforschung der Einflüsse von Gruppen auf die Ich-Entwicklung und die Ausprägung der Ich-Identität wird aus den vorstehenden Begründungen folgende Arbeitshypothese entwikkelt:

1. Ein genaueres Studium von Gruppeneinflüssen ist sowohl in neugebildeten ad hoc-Gruppen (T-Gruppen innerhalb der Laboratoriumsmethode u. a. als auch in bestehenden Konstanzgruppen (intact-groups) möglich.

2. Die Beobachtung der Gruppenvorgänge konzentriert sich dabei auf:

a) die Entstehung und Begründung eines Gruppenkonsens,

b) die Entwicklung von Vorstellungen und Verhaltensweisen gegenüber Bezugsgruppen (einschließlich out-groups),

c) den Grad von Konformität, welcher innerhalb der Gruppe die Förderung einer primitiv-archaischen Über-Ich-Struktur erkennen läßt, und zwar durch Schuldprojektionen (Sündenbocksuche, Führungsrivalitäten, Isolierung von Außenseitern, Idealisierungen, Klatsch und Skandal als Abwehr, Verschiebung durch ständigen Programmwechsel u. a. m.),

d) das Ausmaß und die Begründung für die von der Gesamt-Gruppe zugelassenen Objektbeziehungen, die vom gemeinsam angenommenen Ich-Ideal abweichen,

e) das Ausmaß der zugelassenen, individuellen Ich-Aktivitäten und die dagegen gerichteten Kontrollmechanismen,

f) Die Tendenz und Manifestation aggressiv-destruktiver Verhaltens-

weisen sowohl innerhalb der Gruppe wie gegenüber relevanten Bezugsgruppen sowie darauf bezogene Phantasien,

g) das Ausmaß der einschränkenden Spezialisierung und Rollenfestle-
gung innerhalb von Gruppennormen,

h) Ausmaß, Verteilung und Methode der Kontrollfunktionen,

i) Ausmaß und Umfang extrapunitiver Phantasien und ihre Begründung,

j) autoplastische versus alloplastische Tendenzen, soweit sie sich in den
Gruppennormen manifestieren.

3. Die Erprobung von Innovationsvorgängen, die Ergebniskontrolle und
die Konfrontation von real erreichten Zielen mit den im angenommenen,
gemeinsamen Ich-Ideal erstrebten Vorstellungen bedarf einer genaueren
Objektivierung von Verhaltensänderungen der Gruppenmitglieder. Erhöhte affektive und emotionale Bereitschaften oder Ablehnungen, Abwesen-
heit, Veränderung von wesentlichen Beziehungen innerhalb der Gruppe,
z. B. Ausscheiden von Mitgliedern, Wechsel von zuvor bekannten und von
der Gesamtgruppe geförderten oder mißbilligten Paarbeziehungen (pair-
ings) oder Dreierkonstellationen in Untergruppen.

4. Das Verhältnis zwischen festgelegten und tatsächlich eingehaltenen
Regulationen (Über-Ich, Gruppennormen) und zugelassener individueller
Ich-Aktivität bzw. -entwicklung bedarf einer genauen Beobachtung im
Zusammenhang mit der Entwicklung des gesamten sozialen Systems (zum
Beispiel Unterprivilegierte, andere Berufsgruppen innerhalb eines Systems,
Rationalisierungen, Entschuldigungen für Abweichungen von selbstbe-
stimmten Normen usw.).

Zahlreiche Daten dieser Art sind zum Beispiel in sozial-psychologischen
Untersuchungen enthalten, die von teilnehmenden Beobachtern ermittelt
wurden [46], jedoch fehlt bislang eine psychoanalytisch ausreichende Auswertung ihrer Bedeutung für den Prozeß der individuellen Ich-Entwicklung. Die Konsequenz dieser Arbeitshypothese ist keineswegs nur ein aka-
demisches Forschungsproblem. Vielmehr bedürfen viele angewandte Wissenschaften und Wissenschaftszweige (Soziologie, Sozialpsychologie, Anthropologie, Wirtschaftswissenschaften, Produktionstechnik, Erziehungswissenschaften u. a.), sobald psychodynamisch relevante Gruppenprozesse
untersucht werden sollen, durchaus der Ergänzung durch die Ergebnisse

---

46 Sofer (164); ferner: Higgin – Bridger (100), S. 391–446; Sutherland (176).

der Psychoanalyse, die bislang aus den zuvor dargestellten Mißverständnissen wenig praktische Anwendung gefunden hat.

Freuds Feststellung, daß die Gruppenpsychologie »noch eine Fülle von Einzelproblemen« umfaßt, die »dem Untersucher ungezählte, derzeit noch nicht einmal gut gesonderter Aufgaben« stellt, hat durch die Schwierigkeit der kaum überschaubaren Vorgänge innerhalb einer Gruppe die Psychoanalytiker bisher nur mit wenigen Ausnahmen, im Gegensatz zu den Anfängen bei Freud, zu einer intensiven Forschung in dieser Richtung stimuliert, obgleich die Gruppenprobleme innerhalb der meisten Gesellschaften zunehmend unlösbar erscheinen. Der hier unternommene Versuch, Anpassung und Aggression nicht allein im Kontext individueller, intrapsychischer Vorgänge zu untersuchen, sondern auch deren Prägung durch psychosoziale Faktoren von Gruppeneinflüssen einzubeziehen, möchte die Fortsetzung einer von Freud aufgezeigten, notwendigen Problemerweiterung im Sinne einer vorläufigen Materialsammlung anregen.

Zusammenfassung

Ausgehend von Freuds Arbeit ›Massenpsychologie und Ich-Analyse‹ werden folgende Fragen untersucht: 1. Wieweit dienen Gruppenbildungen durch Identifizierung mit einem gemeinsamen Ich-Ideal an der Stelle der Objektwahl der Abwehr von Aggression in sozialen Systemen? Die in solchen Gruppen durch die Ausbildung einer primitiv-archaischen Über-Ich-Struktur geförderte Ich-Schwäche vermindert sowohl die Differenzierung von Ich und Ich-Ideal, d. h. die Ausbildung von ausreichenden Ich-Funktionen, wie auch die Möglichkeiten einer differenzierteren Objektwahl. 2. Ferner werden in Gruppen kollektiv wirksame Abwehrmechanismen daraufhin untersucht, wieweit sie die individuelle Abwehr stärken oder verringern. Die aus Gruppenbildungen entstehenden destruktiven Formen der Ich-Aktivität werden im Zusammenhang mit den Voraussetzungen des Sozialisationsprozesses diskutiert. Die Wirkung des Versagens alloplastischer Tendenzen innerhalb eines sozialen Systems auf die individuellen, autoplastischen Strebungen wird an Beispielen experimenteller Selbsterfahrungsgruppen erörtert. 3. Die experimentellen Methoden der sozialpsychologischen Verhaltensforschung (Gruppendynamik in Trainingsgruppen mit feedback-Konsens) werden mit den Ergebnissen der psychoanalyti-

schen Ich-Psychologie verglichen. Die Methodik der Sensibilisierung von
Selbst- und Fremdwahrnehmung durch die Untersuchung von Rückkopp-
lungswirkungen in Gruppen wird auf ihre Bedeutung für die Entwicklung
der individuellen Abwehrformationen und ihre Interferenz mit kollektiven Abwehrmechanismen gegen Aggression untersucht. 4. Die Ausbildung rationaler Lernmethoden und der affektive Lernprozeß werden mit
den Wirkungen von Gruppenprozessen auf die individuelle Ich-Entwicklung in sozialen Systemen in Beziehung gesetzt. Für eine psychoanalytisch
orientierte Erforschung der Einflüsse von Gruppen auf die Ich-Entwicklung und die Ausbildung der Ich-Identität wird eine Arbeitshypothese
entwickelt.

Edith Buxbaum

Aggression und die Bedeutung der Gruppe für die Adoleszenz

Seit der 1901 erfolgten Publikation von Freuds ›Psychopathologie des Alltagslebens‹ ist uns zunehmend deutlicher geworden, wie verwaschen die Grenzen zwischen Normalität und Abnormalität sind. Was in einer Entwicklungsstufe als normal erscheint, erscheint in einer anderen als abnormal; aber da unsere Existenz ja auf Kontinuität beruht, gerät nichts, was sich in unserem Leben ereignet, so vollkommen in Verlust, daß es nicht in mehr oder weniger einflußreicher Weise für alle Zeit in unserer psychischen Verfassung wiedergefunden werden könnte. Über die Adoleszenz, ihre Dynamik und Struktur ist von Psychoanalytikern viel geschrieben worden. Man hat die Es-, die Ich- und Über-Ich-Funktionen und Entwicklungsschritte, hetero- und homosexuelle Erregungszustände, Abwehrmechanismen und Triebkräfte verfolgt. Alle diese Veröffentlichungen beruhen auf dem Studium des kranken Jugendlichen, der sich in Psychoanalyse oder in psychoanalytisch orientierter Psychotherapie befindet. In diesen Fällen liegt ein Problem vor, dessentwegen der Patient um Hilfe sucht. Diese Fälle beantworten jedoch nicht die Frage, worin Normalität oder Abnormität während der Adoleszenz-Periode im allgemeinen besteht: Klinisch wird man von Abnormalität sprechen, wenn das Individuum selbst leidet oder wenn die Gesellschaft durch dieses Individuum leidet.

Folgende Beschreibung paßt im großen und ganzen auf die Adoleszenz: Der Jugendliche fühlt sich in sich selbst gestört und stört die Gesellschaft der Erwachsenen. Anna Freud (54 a) kam in ihrem Aufsatz über Adoleszenz zu folgender Formulierung: »1. Adoleszenz ist ihrem Wesen nach eine Unterbrechung in der friedlichen Entwicklung, 2. wird im Prozeß der Adoleszenz ein ungestörtes Gleichgewicht aufrechterhalten, so ist das in sich abnormal.« In dieser Beschreibung wird Abnormalität als ein Charakteristikum der normalen Adoleszenz im allgemeinen und nicht nur im Einzelfall betrachtet.

Mir scheint es, daß »friedliches Wachstum« überhaupt nur selten vorkommt. Für gewöhnlich reagieren wir alle auf Veränderungen, die sich in uns ereignen, oder auf solche in unserer Umwelt mit einem Gefühl des Unbehagens. Das trifft besonders für die Jugendlichen zu, wenn sich das Wachstum zu rasch oder zu langsam vollzieht oder wenn Kräfte in der Umwelt, d. h. Menschen ihrer Umgebung, auf Veränderungen in den Jugendlichen, die sie stören, reagieren.

In unserer Gesellschaft wird dem Kind bis zur Pubertät der Ausdruck seiner Triebwünsche mehr oder weniger nachgesehen. Bis zu einem gewissen Grad darf es polymorph-pervers sein; es darf seine heterosexuellen und seine homosexuellen Gefühle bekunden; es darf seiner Analität direkt oder in Ersatzhandlungen fröhnen; es darf sadistisch und aggressiv, aktiv, passiv, neugierig und wissensdurstig sein. Natürlich ändern sich diese Aktivitäten und Ausdrucksformen von einem Kind zum anderen und von einem Milieu zum anderen. Wenn das Kind aber in die Pubertät kommt, dann haben sich die Dinge unter allen Umständen zu ändern. Sie haben sich deshalb zu ändern, weil sie für den Jugendlichen unannehmbar zu werden beginnen, in dem Maß, in dem seine Triebe einem geeinten Triebziel, wie Freud dies betont hat, unterstellt werden. Für diese Zeit der Wandlung braucht der Jugendliche natürlich Zeit. Die Erwachsenen, die in seinem Leben eine Rolle spielen, haben andererseits die Tendenz, ihn ungeduldig voranzutreiben, weil sie nicht mehr länger den ungehinderten Ausdruck von Triebwünschen an ihm ertragen können, die sie bei sich selbst unterdrücken müssen. Denn der Jugendliche wird ihnen selbst ja allzu ähnlich, und sie sind deshalb schockiert, wenn sie ihn, den Jugendlichen, tun sehen, was sie als Erwachsene nun keinesfalls mehr tun dürfen. Die Plötzlichkeit der Wandlung, die sowohl die Jugendlichen selbst wie die Erwachsenen erwarten, wird in den Initiationsriten symbolisiert, von denen die »bar mitzvah« und die Konfirmation Überbleibsel sind. Gerald Pearson (145) schreibt: »Die Pubertätsriten bei den primitiven Völkern werden von den Erwachsenen dem zu Initiierenden aufgezwungen, um seine Loyalität den Tabus und der Gesellschaft der Erwachsenen gegenüber zu vertiefen und die Bedeutung des Erwachsenen für den Jugendlichen zu betonen: gleichzeitig natürlich erlauben die Erwachsenen den Jugendlichen durch die Initiationsriten, die Bedeutung, die diese erwachsene Welt besitzt, ein Stück weit zu übernehmen.« Bei alledem wächst jedoch der Jugendliche nicht plötzlich auf, und in unserer Gesellschaft wird es ihm nicht einmal erlaubt, etwas von der Bedeutung des Erwachsenen auf sich selbst zu übertragen.

Natürlich darf man die Adoleszenz nicht generalisieren. Das wäre so verkehrt, als spräche man von »den« Straffälligen, »den« Psychotischen usw. Die Kenntnis der Psychoanalyse stammt hauptsächlich aus der klinischen Erfahrung mit Individuen, aus der man nur vorläufige Schlüsse ziehen darf. Es gibt aber doch einige Grundregeln, die für jedermann anwendbar erscheinen. Seit Freuds ›Drei Abhandlungen zur Sexualtheorie‹ (56) haben wir gelernt, daß jede Phase der Entwicklung die Basis für die folgende ist. Die Stärke der Persönlichkeitsstruktur als ganze hängt von einer Reihe von Faktoren ab, und wir dürfen annehmen, daß konstitutionelle Momente als Matrix die Entwicklung der Person tragen, die unter den Einflüssen ihres Milieus und ihrer persönlichen Erfahrungen heranwächst. Ist die Umwelt ausreichend positiv, so kann dies dem Individuum helfen, seine Fähigkeiten zu entwickeln und mit traumatischen Erfahrungen fertig zu werden. Glücklicherweise kann der Kliniker oft genug mit Erstaunen wahrnehmen, an eine wie ungünstige Umwelt und an wieviel Traumen manche Individuen sich anpassen können, ohne dabei völlig vernichtet zu werden, wie groß ihre Elastizität und ihre Fähigkeit zur Wiedergenesung ist.

Über die üblichen Gebote und Verbote des Alltags hinaus sieht sich der Jugendliche einer Anzahl neuer Forderungen gegenüber. Sie lassen sich in zwei Hauptbereiche einteilen: 1. das Triebverlangen wächst an, insbesondere das sexuelle, und zugleich der Wunsch, unabhängig zu werden, und 2. die Ansprüche der Erwachsenen, die für den Jugendlichen die Gesellschaft repräsentieren, nehmen zu: Sie verlangen, daß er sich ihren Regeln und Regulationen anpaßt und daß er produktiv im Rahmen dieser ihrer Gesellschaft wird. Die dringenden sexuellen Wünsche der Jugendlichen werden nicht befriedigt, weil er seiner sexuellen Rolle noch gar nicht sicher ist und sich davor fürchtet, nach Befriedigung zu suchen. Wenn er zu experimentieren versucht, dann trifft er auf die Tabus und Verbote der Welt der Erwachsenen. Er darf keinen Sexualverkehr mit dem anderen Geschlecht haben; er darf keine homosexuellen Beziehungen haben und auch zu masturbieren ist ihm nicht erlaubt. Die gesellschaftlichen Regeln, die für das Sexualverhalten vorgeschrieben sind, wechseln von einer Kulturgruppe zur anderen und auch von einer Subkultur zur anderen. Aber in allen Gesellschaften ist der Jugendliche bis zu einem gewissen Grad in irgendeiner Weise darin behindert, seine Triebe zu befriedigen. Wenn er versucht, unabhängig zu handeln, dann erinnert man ihn daran, daß er eben noch ein Jugendlicher ist, daß er zur Schule zu gehen hat, daß er finanziell abhängig ist und daß nur einige schlechtbezahlte Stellungen für ihn erreichbar sind.

Die Situation des Jugendlichen ist in der Tat eine stark eingeschränkte, und er reagiert auf diese Versagungen in seiner persönlichen, individuellen Art. Wenn die Grundlagen seiner Persönlichkeit, wie sie sich bis zu diesem Punkt entwickelt haben, gesund sind, dann wird er leichter in der Lage sein, diese Enttäuschungen zu ertragen; wo sich aber Schwächen in der vorangehenden Kindheit entwickelt haben, da wird der Jugendliche jetzt mit Angst, mit Regression und Aggression reagieren, und das wird ihn sehr stören.

Es sei erlaubt, hier einen Augenblick einen Umweg zu machen, um an einige Gedanken über die Entwicklung der Aggression bei Kindern im frühen Alter zu erinnern, die ich unter dem Titel ›Aktivität und Aggression‹ veröffentlichte (24). Darin habe ich die Beziehung zwischen Frustration und Aggression verfolgt; ich sah darin das Ergebnis des Eingreifens der Umwelt des Kindes, die dessen Bedürfnis, Herrschaft über seinen Körper zu gewinnen und bestimmte Bewegungen und Aktivitäten auszuführen, störte [1]. Ich unterscheide drei Stadien in der Entwicklung der kindlichen Aktivität: Die erste ist die experimentelle Phase, in welcher das Kind neue Aktivitäten entdeckt und sie ausprobiert. Die zweite ist die Phase des Praktizierens, während der das Kind lernt, indem es unzählige Male wiederholt. Und die dritte ist die Phase, in der es über diese Aktivität zu verfügen vermag, auf sie zurückgreifen kann, wenn es will. Wird das Kind in der ersten, experimentellen Phase behindert, so hat das Modifikationen zur Folge, ohne daß diese notwendigerweise frustrierend erlebt werden müßten. Das Kind ist bereit, Ersatzangebote anzunehmen, und es kann dahin abgelenkt werden. Befindet es sich in der zweiten Phase des Ausprobierens seiner Aktivität, dann fühlt es sich beschränkt und

---

[1] Ich möchte hier auf Aktivitäten verweisen, die Konrad Lorenz (125) »kleine Diener der Arterhaltung« genannt hat.

wird böse, wenn man es daran hindert, das zu tun, was es zu tun wünscht; jetzt ist es bereit, zu kämpfen. Kinder, die in ihren Bewegungen beschränkt wurden, wenn sie für deren Übung reif geworden waren, können als Reaktion hyperaktiv werden, können Jähzornsanfälle (temper tantrums) erleiden und in einer diffusen Weise destruktiv reagieren. Lauretta Bender (9) ordnete die Aggressivität von Kindern, die im Alter von 11 bis 18 Monaten in das Bellevue-Hospital eingeliefert wurden, schweren körperlichen Beschränkungen zu, denen sie unterworfen waren. Ich kannte ein Mädchen, das von seinem 2. bis zu seinem 4. Lebensjahr im Beingips lag. Als es herauskam und erneut zu gehen lernte, begann es unermüdlich zu laufen, bis es völlig erschöpft war. Kaum hatte es sich erholt, begann es erneut zu laufen und zu laufen. Erst wenn eine Funktion gemeistert ist, ist sie unter der Kontrolle des Ich und kann, ohne Schaden zu erleiden, erzogen werden.

Wir müssen im Auge behalten, daß alle Ich-Funktionen durch dieselben Phasen des Experimentierens und Übens gehen, bevor eine volle Meisterung erreicht wird. In der gleichen Weise bewirken störende Einflüsse während der Phase des Experimentierens Modifikationen der Triebintensität und des Triebziels. Behinderungen in der Phase des Praktizierens haben Frustration und Aggression zur Folge. Die Aggression wird dann jeweils in der phasenspezifischen Weise geäußert. Manchmal, indem die verbotene Aktivität in Aggression verwandelt wird. Zum Beispiel: Ein Kind wird dafür bestraft, daß es ein verbotenes Wort zunächst ganz unschuldig gebraucht. Zukünftig wird das Kind vielleicht dieses verbotene Wort verwenden, um seine Mutter damit zu necken und zu ärgern. In einem solchen Fall ließ sich eine Mutter in einen Kampf mit dem Kind ein. Sie gewann ihn auch – aber das Kind stotterte seitdem und bekam Jähzornsanfälle.

Die Reinlichkeitserziehung ist ein anderer Bereich, in dem die Eltern in die Entwicklung der Muskelkontrolle des Kindes eingreifen. Je störender dieser Eingriff in das Erwerben der Sphinkter-Kontrolle ist, desto sicherer führt dies, wie wir wissen, zu Ausbrüchen von Aggressivität. Die »temper tantrums« entwickeln sich häufig in diesem Zeitpunkt. Schwierigkeiten bei der Sphinkter-Kontrolle, sei es einer mangelhaften oder Über-Kontrolliertheit, d. h. eines Festhaltens, sind Zeichen eines ungeschlichteten Kampfes zwischen Eltern und Kind, aber sie sind auch ein Mittel des Kindes, um die Eltern anzugreifen, zu attackieren. Der Wandel von frustrierter Aktivität zur Aggression vollzieht sich häufig nicht direkt vom einen zum andern. Er kann Umwege machen durch einen Wechsel des Objekts, der Aktivität und der libidinösen Triebäußerung, was zu Regressionen führen kann oder das Kind gleichsam in die nächste Entwicklungsphase hineinstoßen kann. Das ist es, was wir in der Analyse der Einzelpatienten erforschen – unserer Patienten, die immer neben anderen Symptomen auch unter der Unfähigkeit leiden, Aggression in einer angemessenen Weise zu äußern.

Bisher wurde der Begriff »Aggression«, ohne zwischen konstruktiver und destruktiver Äußerungsform zu unterscheiden, verwandt. Ich habe den Begriff im nämlichen Sinn verwandt, in dem ihn Freud in seiner frühen Trieblehre benützte, in der er zwischen Ich-Trieben (oder Trieben der Selbsterhaltung) und Sexualtrieben unterschied; später betrachtete er die Selbsterhaltungs-Triebe und die der Arterhaltung als zum Eros gehörig. Aggression in diesem Sinn ist eine Äußerung des Lebenstriebes. Wenn das Kind sich in der Äußerung seiner Kraft und seiner Fähigkeiten unterdrückt fühlt, dann fühlt es sich auch bedroht in der Fähigkeit, mit der umgebenden Welt fertig zu werden. Es kann nicht fliehen – es ist festgebunden. Es kann sich nicht verteidigen, denn es darf nicht kämpfen. Es kann nicht genau sehen, wenn es ihm verboten wird, neugierig zu sein.

Der Jugendliche hat alle Ich-Funktionen entwickelt. Er hat die Entwicklungsschritte durchlaufen. Er hat mit sehr vielen Aspekten des Erwachsenen-Lebens in Spielsituationen experimentiert, er hat den Vater, die Mutter, den Lehrer gespielt, manchmal hat er im Spiel gearbeitet, in der Rolle von Vater, Mutter oder Lehrer. Manchmal hat er wirklich kleinere Arbeiten im Haus gemacht. Er ist in allerlei Arten sexueller Spielereien engagiert gewesen – mit Jungen, Mädchen und mit sich selbst. An diesem Punkt seiner Entwicklung läßt sich nicht genau unterscheiden, was er experimentierend und was er praktizierend tut. Mit zunehmender Größe und Kraft und mit wachsendem Triebverlangen wünscht der Jugendliche mehr Dinge zu tun, aber er fühlt sich an nahezu jedem Punkt blockiert. Jetzt sind nämlich nicht nur die »kleinen Triebe der Arterhaltung«, sondern auch die »großen Triebe« (Konrad Lorenz) Sexualität und Aggression betroffen. Die Aggressivität, die durch Frustrierung innerer Bedürfnisse oder durch den Einspruch äußerer Kräfte wächst, vermehrt sich offensichtlich bis zu dem Punkt, an dem sie nicht mehr in der bisher üblichen Weise manipuliert werden kann. Die Abwehr hält nicht stand,

Verschiebungen auf andere Bereiche, Ersatzhandlungen und Sublimierungen erweisen sich als unzureichend. Wie ein Strom, der in der Schneeschmelze und in heftigen Regengüssen anschwillt und über die Ufer tritt, so überflutet die außerordentlich verstärkte Aggression das ganze System der jugendlichen Persönlichkeiten und setzt sich in seinem Verhalten bis in die Gesellschaft hinein fort. Der Adoleszente ist überschäumend, explosiv und stört die Gesellschaft.

Erik Erikson (41, 38) nennt diese Periode zwischen Kindheit und Erwachsenheit – weder zur einen noch zur anderen gehörig, aber auch nicht von beiden vollkommen getrennt – ein »Moratorium«. Er beschreibt diese Zeitspanne als eine Periode des Aufschubs, welche die Gesellschaft dem Jugendlichen gewährt und in der man ihm die Chance gibt, seine Identität in Übereinstimmung mit seinen Fähigkeiten zu finden.

Ich meine, dieses Moratorium ist nicht allein dem Jugendlichen von der Gesellschaft gewährt – sie gewährt es sich selbst. Revolutionäre Bewegungen sind für den Jugendlichen verlockend, um sich an ihnen zu beteiligen. Studenten in allen Teilen der Welt zeigen diese Neigung zu radikalen Bewegungen. Indem die jüngere Generation noch eine Zeitlang ökonomisch und emotionell von der älteren abhängig bleibt, versucht die Gesellschaft den Status quo zu erhalten.

Diese Tendenz der Jugendlichen zum Beitritt in revolutionäre Bewegungen ist aber nur teilweise der Ausdruck ihres rebellierenden Wesens; der andere Grund dafür ist ihr Bedürfnis, zu einer Gruppe zu gehören oder eine Gruppe zu bilden. Diese Fähigkeit, einer Gruppe beizutreten und von ihr akzeptiert zu werden, sei es als ein Mitglied, sei es als Führer, ist charakteristisch für die Adoleszenz. Analytiker wissen sehr wenig davon, obgleich es sich um eine bedeutsame Angelegenheit für die allgemeine Öffentlichkeit handelt.

In den Vereinigten Staaten lesen wir täglich in den Zeitungen darüber; bei einer Gelegenheit z. B. haben Tausende von Jugendlichen sich an einem Küstenstrich in Oregon zusammengefunden, Kämpfe brachen aus und die Polizei mußte die Gruppen auseinandertreiben. Bei einer anderen Gelegenheit attackierten wiederum Tausende von Jugendlichen die kleine Stadt West Yellowstone und begannen alles zu zerstören, bis eine Gruppe wütender Bürger sie mit Äxten und Knüppeln hinaustrieb. Oder Hunderte von Jugendlichen brachen in eine Tanzparty in Long Island ein und zerstörten das Haus. Oder es sei an die häufigen Szenen erinnert, in denen Schauspieler oder Sänger von fanatischen Jugendlichen umringt und zuweilen auch verletzt werden.

Das ist natürlich nicht nur ein Phänomen, das man lediglich aus Amerika kennt. Es gibt die Halbstarken in Deutschland, die Teddy Boys in England, die Teppisti in Italien, die Blousons Noirs in Frankreich – zusammengenommen mindestens so viele Gruppen also in Europa wie in Amerika. Es wird uns aber auch von derartigen Ereignissen in Afrika (die Tsotsies) und in Japan berichtet.

Man könnte dazu neigen – und das geschieht ja häufig genug – auf diese Gruppen, die aus dem Nichts sich zu bilden scheinen und ebenso schnell sich wieder auflösen können, als Phänomene unserer eigenen gestörten Zeit zu schauen. Aber es gibt Hinweise auf ähnliche Gruppen und ihre destruktive Aktivität in einer lange zurückliegenden Vergangenheit. Norman Kiell (111) hat eine Reihe von Quellen zusammengetragen, in denen er die Hinweise auf die Adoleszenz in Autobiographien aus allen Zeiten und aus der ganzen Welt aufgreift. In dieser Sammlung liest man von den Wehklagen Juvenals (60–140 n. Chr.) über »die jungen, nach Wein stinkenden Strolche, die aus überhaupt keinem Grund Straßenkämpfe in Rom begingen« (so geschrieben in der dritten Satire über die Stadt Rom). Richard Wagner beschreibt seine Beteiligung an einem wütenden Angriff der Studenten, die wie verrückt Möbel und Geschirr in Stücke schlugen – ohne die geringste Provokation. Er erwähnt »mit Entsetzen den berauschenden Effekt, den diese sinnlose Raserei auf ihn hatte«. Das trug sich in Leipzig 1830 zu. Er erwähnt nicht, daß alkoholische Getränke zu diesem Erregungszustand beigetragen hätten. Benvenuto Cellini (1500 bis 1571) erwähnt seinen erfolgreichen Kampf mit dem bullenhaften Führer einer jugendlichen Gang, die Florenz beherrschte. Maxim Gorki beschreibt, wie er mit anderen Kindern in einer Gruppe zu stehlen pflegte »unter den Augen und mit der Zustimmung der Eltern und der ganzen Stadt. Das war eben eine Art zu leben«. Gorki schreibt hier von dem Gesichtspunkt einer erfolgreichen Revolution. Seine Eltern und das ganze Dorf waren die unzufriedenen Leibeigenen der Feudal-Aristokratie; wenn man es ohne Folgen tun konnte, galt es als rechtens, sie zu berauben. Gorki und seine Zeitgenossen waren die Vorläufer einer Revolution, die im Rückblick ihre Verhaltensweise billigte; mit den Augen der damals herrschenden Klasse betrachtet, waren diese jungen Leute Verwahrloste.

Diese Beschreibung zeigt einige Übereinstimmung mit einer Studie von

Fishman und Solomon (48), die sich mit den Studenten-Sitzstreiks im Süden der Vereinigten Staaten beschäftigt. Die Autoren formulieren: »Die Motive und der Stil dieser Beteiligung der Studenten an Unternehmungen, die gegen die Rassentrennung gerichtet sind, ist mit der Entwicklung eines neuen Sozialcharakters verknüpft, der auf alten Zügen in der Negerpersönlichkeit ebenso beruht wie auf jüngeren Entwicklungslinien in der Sozialgeschichte und auf bestimmten psycho-sozialen Aspekten der späten Adoleszenz.« Die Autoren unterscheiden ein pro-soziales Agieren von einem anti-sozialen, obgleich sie der Auffassung sind, daß die Dynamik, nämlich das rebellische, impulsive Agieren von aggressiven Impulsen, die gleiche ist. Ein kriminelles oder verwahrlostes Agieren ist anti-sozial, denn es steht zu der Moral der Gesellschaft im Widerspruch. Es ist das Ergebnis der Rebellion des Delinquenten gegen die harten Über-Ich-Diktate, oder aber es stellt eine Folge eines Über-Ich-Defektes dar. Pro-soziales Agieren steht mehr in Übereinstimmung mit dem Ich-Ideal und der Vorstellung vom Ich, das nach den Vorschriften der Moral der Gesellschaft und des Gewissens gebildet wurde. Diese Jugendlichen fühlen, daß sie Arbeit der Gesellschaft für die Gesellschaft tun, wenn sie sich zum Beispiel an derartigen Sitzstreiks beteiligen. Der Einblick in diese Sitzstreik-Bewegung stammt aus Interviews mit den Studenten. Sie sagen, daß ihre Eltern häufig offen diese gefährliche und aufrührerische Idee mißbilligen, Angst vor Vergeltungsmaßnahmen weltlicher oder himmlischer Autoritäten haben, aber insgeheim die Jugendlichen bewundern und sie als Befreier ansehen. Ebenso wie Gorkis Verwahrloste zeigen sich diese Teilnehmer an den Sitzstreiks als Vorläufer sozialer Entwicklungen in der Geschichte. Ihre Aggression war und ist zielgerichtet. Das ist der entscheidende Unterschied zu der diffusen, nichtgerichteten Aggression, die sich in den jugendlichen Horden von der Art der Rockers und der Mods kundgibt.

Diese relativ unorganisierten Massen, die sich nach einer kurzen Zeit wieder auflösen, unterscheiden sich von »jugendlichen Gangs«, die sich an bestimmten Plätzen zu bestimmter Zeit treffen, die Führer haben, Mitglieder und Initiationsriten kennen. In dem Musical ›West Side Story‹ sind sie idealisierend porträtiert. Pearson beschreibt ihre Initiationsriten im Gegensatz zu den Initiationsriten, zu denen die Erwachsenen die Jugendlichen zwingen, folgendermaßen: »Die Initiationszeremonien der Gangs sind eine Methode der Auflehnung, durch die die Organisation der Erwachsenen-Welt revolutioniert und verändert werden soll. Die Solidarität der Gang beruhigt den Initiierten im Hinblick auf sein eigenes Über-Ich; die ganze Gruppe teilt seine Schuldgefühle und lindert sie auf diese Weise. Der Konflikt zwischen den Generationen wird durch diese aufrührerische Verhaltensweise der Adoleszenten-Gruppe verschärft.«

Aggressivität ist ein integrierender Teil dieser Jugendgruppen. Manchmal gelingt es der Gesellschaft, sie zu ihrem Nutzen zu verwenden, in anderen Fällen wendet sie sich gegen die Gesellschaft. Im Fall von Kriegen oder Revolutionen nehmen die jungen Menschen teil, aber sie erringen selten eine führende Rolle. Sie fühlen sich jedoch bedeutend, indem sie an den Geschäften der Gesellschaft teilhaben. Sie fühlen sich mit ihren Altersgenossen vereint und können für eine Zeit jedenfalls die Führung und die disziplinären Ansprüche der Erwachsenen annehmen.

Während der Depression hat die Regierung der Vereinigten Staaten die sogenannten C.C.C.-Camps (Civilian Conservation Corps) organisiert, um Arbeit für die Arbeitslosen zu schaffen. Viele junge Leute sind in diese Lager gegangen, die ihnen die Möglichkeit gaben, Geld zu verdienen und ihre Familien zu unterstützen. Es wurde mir berichtet, daß in manchen Fällen die Jugendlichen gegen die Leitung rebellierten, wenn sie der Auffassung waren, daß man sie aus Mangel an Maschinen mit unproduktiver Arbeit beschäftigte.

Im Staate Washington existiert eine private Institution auf einer Insel, die Jugendliche behandelt. Meist handelt es sich um Schizophrene und schwer Verwahrloste. Da diese Institution sich auf einer Insel befindet, können die jungen Leute frei herumgehen. Sie arbeiten auf der Farm, bauen Häuser, Scheunen, Zäune, betreuen das Vieh und tun, was sonst erforderlich ist. Das Personal besteht aus Sozialarbeitern, Lehrern und Angestellten. Die Jugendlichen werden nicht zur Arbeit gezwungen, und sie arbeiten häufig nicht. Aber wenn eine bestimmte Arbeit unter Dach und Fach gebracht werden muß, zum Beispiel weil Regen bevorsteht oder weil die Flut kommt und die Ernte eingebracht werden muß, arbeiten sie freiwillig und willig. Im allgemeinen anerkennen sie nicht eine Führerschaft der Erwachsenen, aber sie anerkennen den Rat von Fachleuten, soweit es sich auf technische Dinge bezieht. Sie respektieren die Könnerschaft der Erwachsenen bei der Arbeit und suchen Anerkennung für ihre eigenen Leistungen, ihr eigenes Können. Sie können es absolut nicht leiden, wenn man ihnen auf die Schulter klopft und ihnen unverdiente Anerkennung ausspricht.

Während der Behandlung einer 16jährigen Wegläuferin, die Mitglied einer Gang war, erfuhr ich, daß es mitten in ihrer verwahrlosten Periode eine Zeit von etwa zwei Monaten gab, in der sie mit ihren Eltern auskam, arbeitete und nichts mit ihrer Gang zu tun hatte. Als einen der Gründe für ihr gutes Verhalten zu dieser Zeit »gab sie mir an, daß ihre Eltern damals völlig mittellos waren und sie die Lebensmittel für die ganze Familie kaufte«.

Es scheint mir, daß die Gruppe eine außerordentlich wichtige Funktion für den Jugendlichen erfüllt: Er fühlt sich auf dem Wege heraus aus der Familie, aber er hat noch nicht die Anerkennung der Gesellschaft im allgemeinen gefunden, er hat in ihr noch gar kein Gewicht. Die Gruppe der Adoleszenten bietet ihm genau das für einen Zeitraum, solange er es notwendig hat, an. Die anti-sozialen Gangs tun dies insbesondere, indem sie streng zu einer rigiden Hierarchie innerhalb ihrer Organisation sich bekennen; ihre Regeln und Gesetze machen sie gegen die Gesellschaft stark. Immerhin, einige erfahrene Fachleute auf diesem Gebiet haben uns gezeigt, daß diese Gruppen pro-sozial werden können, wenn man der Gruppe als ganzer Aufgaben stellt und Befriedigungen im Gesamtrahmen der Gesellschaft gewährt. Man muß sich freilich darüber klar sein, daß einige, vielleicht viele dieser jugendlichen Gangs die Vorstufe zu den verbrecherischen Gangs der Erwachsenen sind. Aber auch diese sind eine streng organisierte Gesellschaft – in der es Todesstrafe für kleinere Vergehen gibt.

Innerhalb einer Institution kann man den Formierungsprozeß der Gruppe und das Gruppenverhalten wie in einem Laboratorium studieren. Es zeigt im Kleinen, was wir im Großen, in der Gruppe der Jugendlichen im allgemeinen, nur vermuten können. Die Jugendlichen in einer solchen Institution können entweder Teil einer Gruppe sein, die von Erwachsenen organisiert wird, oder sie können Mitglieder einer Gruppe sein, die von Gleichaltrigen organisiert ist. Wenn die Gruppe durch einen Erwachsenen, mit ihm oder um ihn herum organisiert ist, dann ist er gewöhnlich ihr Fokus. Die Gruppe organisiert sich dann durch die Identifikation ihrer Glieder mit ihm oder in Verbindung mit ihm. Die Fähigkeit des Jugendlichen, mit einem Erwachsenen eine Beziehung herzustellen, ist eine Vorbedingung für eine solche Gruppe. Ich habe solche Gruppen in einem früheren Aufsatz (25) beschrieben, indem ich Freuds ›Massenpsychologie und Ich-Analyse‹ (61) auf die Situation des Klassenzimmers anwendete.

Gruppen, die von Gleichaltrigen gebildet werden, ohne die Führerrolle eines Erwachsenen, können sehr schwer außerhalb bestimmter Institutionen beobachtet werden, weil sie eben die Beobachterrolle von Erwachsenen nicht dulden. Obgleich also gewisse Institutionen die Möglichkeit dieser Beobachtung geben, muß man sich klar sein, daß man ein modifiziertes Geschehen beobachtet, da Personal als Beobachter zugegen ist und die Jugendlichen z. B. auf das Heim einer solchen Institution beschränkt sind. Fritz Redl hat versucht, solche Gruppen zu beschreiben, insbesondere die Rolle der »zentralen Person«, um die herum sich solche Gruppen organisieren.

Es ist interessant, zu beobachten, wie sich Gruppen in Heimen für gestörte und verwahrloste Jugendliche formen, wie sich der Selektionsprozeß vollzieht bei der Aufnahme und Ablehnung von neu Hinzukommenden. Diese Ablehnung oder Aufnahme ist ein sichereres Diagnostikum als alle Tests. Ein Jugendlicher mag in den Augen der Erwachsenen asozial sein, in den Augen seiner Altersgenossen kann er trotzdem sich sozial ausnehmen. Sozial hat hier nichts mit Wertorientierung zu tun, sondern betont ausschließlich die Fähigkeit, Beziehungen herzustellen.

Einige Jugendliche, denen es nicht gelingt, Beziehungen zu Erwachsenen aufzunehmen, nicht einmal zu einzelnen Individuen ihrer eigenen Altersgruppe, können trotzdem Mitglieder einer Gruppe werden, indem sie ihre Kameradschaft annehmen und von den anderen ebenfalls akzeptiert werden. Außerdem gibt es Einzelne, die sich keiner Gruppe anschließen, außerhalb bleiben und trotzdem von der Gruppe akzeptiert werden. Das sind für gewöhnlich Individuen, die spezielle Interessen haben, spezielle Fähigkeiten und in diesen Bereichen produktiv sind, zum Beispiel malend, schreibend, bastelnd mit Radio etc. Anstrengung und Resultate werden dann von der Gruppe respektiert und anerkannt. Diese Anerkennung und diesen Respekt aber brauchen die Jugendlichen mehr als die Erwachsenen, denn sie sind ja bezüglich ihres Selbstwertes noch ganz unsicher. Die Anerkennung der Erwachsenen ist oft nicht erreichbar, und wenn sie es ist, dann ist sie oft unannehmbar. Der Kampf um Unabhängigkeit ist unvereinbar mit dem Wunsch, von genau denen gelobt zu werden, von denen der Jugendliche sich zu befreien bemüht. Die Gruppe erfüllt diese Funktion, indem sie ihre eigenen Normen (standards) und Ziele sich setzt. In derselben Art und Weise, in der sie einen Jugendlichen in seinen Qualitäten anerkennt oder zurückweist als nicht geeignet, ein Mitglied der Gruppe zu sein, in der gleichen Weise hat sie aber auch ein Verständnis für die Fähigkeiten und Talente des Einzelnen. Diese Jugendlichen untereinander können den richtigen Ton finden, während die willigsten und freundlichsten Erwachsenen dazu unfähig sind und überhaupt nicht wissen, worum es geht, solange die jungen Leute sich jenen nicht verständlich machen können oder wollen. Diese Art der Kommunikation zwischen den Mitgliedern der Gruppe oder zwischen ihr und dem einzelnen Jugendlichen ist auf die Jugendlichen beschränkt und schließt häufig jeden Erwachsenen aus.

Die Gruppe gibt also dem Jugendlichen eine Gesellschaft, während er sich auf dem Wege von der Welt der Kindheit zu der der Erwachsenen befindet; sie gibt ihm Anerkennung für seine Fähigkeiten, sei es als Mitglied, sei es als Führer oder für seine speziellen Talente. Die Gruppe erlaubt ihm, mit ihrer Kenntnis zu experimentieren hinsichtlich all der Dinge, die er sonst im Geheimen, unbeobachtet von den Erwachsenen, tun muß, einschließlich sexueller Experimente. Erikson (41) hat das folgendermaßen formuliert: »Es ist von großer Bedeutung für die Identitätsbildung des jungen Menschen, daß man auf ihn eingeht, daß ihm Funktionen zugeteilt werden, daß er einen Status bekommt, als eine Person, deren allmähliches Wachstum und Veränderung für diejenigen von Bedeutung sind, die für ihn, den Jugendlichen, zunehmend Bedeutung erlangen: – solche Anerkennung gewährt eine absolut unersetzliche Unterstützung, deren das Ich bei seiner spezifischen Aufgabe der Reifung bedarf.«

Die Gruppe kann also dieses Bedürfnis für den Jugendlichen erfüllen, das die Erwachsenen für gewöhnlich nicht tun können. Aber obgleich die Gruppe dem Heranwachsenden Bedeutung, Gewicht und einen Platz gibt, an dem er sich betätigen kann, man kann jederzeit noch eine Menge frei flottierender Aggression beobachten. Dauernd sind kleinere Streitereien im Gange, und irgend jemand explodiert immer; zwischenhinein ereignen sich dann größere Explosionen, ernsthaftere Kämpfe, destruktive Akte, Auflehnung gegen die Erwachsenen und Weglaufen. Ich denke dabei im Augenblick nicht an das Weglaufen eines einzelnen Jugendlichen von einem Heim, vielmehr an Fälle, in denen drei oder vier Jugendliche gemeinsam weglaufen. Häufig bleiben sie eine oder zwei Tage und Nächte weg, manchmal sogar noch länger, sie plündern irgendeinen Platz, meistens auf der Suche nach Essen, schlafen irgendwo ziemlich unbequem und kommen alsbald kalt und hungrig zum Heim zurück. Oder aber sie suchen bei

Freunden Zuflucht oder bei ihren Eltern, oder gehen selbst zur Polizei, die sie dann zum Heim zurückschickt. Wenn es sich um einen Ausbruch von drei oder vier Jugendlichen handelt, dann bleiben sie für gewöhnlich nicht lange weg. Von dem vorhin erwähnten, auf einer Insel gelegenen Heim kann man nur mit Hilfe des einzigen Motorboots, über das das Heim verfügt, sich entfernen. Wenn die Jugendlichen das bewerkstelligen, dann zeigte es sich immer, daß sie das Boot sehr sorgfältig festmachten, und zwar an einem Platz, an dem es gefunden werden konnte. Während sie ausgebrochen waren, pflegten sie nicht besonders destruktiv zu handeln.

Lose organisierte Gruppen, die für ihre Wildheit bekannt sind, finden sich anscheinend für eine bestimmte Gelegenheit zusammen, mit der unbestimmten Absicht, allerhand auf den Kopf zu stellen, aus gar keinem anderen Grund als dem, Dinge auf den Kopf zu stellen, nicht, weil das mit irgendeinem Sinn verbunden wäre. Diese Gruppen organisieren sich nicht in krimineller Absicht, obgleich irgendwelche Vergehen sich ereignen können; es gibt auch keine andere, zielgerichtete Aktivität, die sie einen würde. Es scheint, daß ihr Bedürfnis, irgend etwas Aggressives zu tun, und zwar in der Gruppe zu tun, in sich selbst zum Ziel wird; diese Aktivität entwickelt sich destruktiv und anti-sozial, eben deshalb, weil eine prosoziale Motivation für die Gruppenbildung fehlt. Diese relativ unorganisierten, kurzlebigen Gruppen scheinen dem Jugendlichen eine kurzfristige Entlastung von Aggressivität zu bieten. Vielleicht könnte man sie mit den Orgien vergleichen, etwa den Saturnalien oder den Opfer-Orgien der Maya, die von der Religion kontrolliert wurden. Ein Freund von mir, der als Bergwerk-Ingenieur in Alaska arbeitet, erzählte mir, wie er das Problem des Alkoholgenusses, das unter seinen Mitarbeitern ein ubiquitäres Problem ist, zu behandeln pflegte. An offiziellen Feiertagen, manchmal auch an Feiertagen, die die Kompanie bestimmt, gerät jedermann in eine alkoholische Sauferei. Einige trinken für einen Tag, andere für eine Woche. Wenn sie wieder nüchtern sind und zur Arbeit zurückkehren, werden keinerlei Fragen gestellt. Während der Arbeit pflegen sie dann immer nüchtern zu sein. Es scheint mir, daß die aggressiven Ausbrüche von jugendlichen Gruppen solche aggressiven Exzesse darstellen. Sie machen es den Individuen, die daran beteiligt sind, möglich, sich an die Forderungen der Gesellschaft erneut anzupassen, wenn sie in den Zustand der Normalität zurückgekehrt sind.

Zusammenfassung

Offenbar stellt die Adoleszenz eine Lebensperiode dar, in der dem Individuum durch innere Kräfte und durch Kräfte der Gesellschaft Entsagungen (Frustrationen) auferlegt werden, die das Individuum in einen Zustand der Aggressivität versetzen, und zwar in einen intensiveren Zustand, als es ihn zu bewältigen vermag. Es liegt also ein Überschuß an aggressiver Energie vor, die nach einem Übermaß von Abwehrmechanismen und nach verstärkter Anpassung verlangt. Ein Teil dieses Geschehens scheint in den Gruppen der Jugendlichen absorbiert zu werden; sie spielen deshalb eine bedeutende Rolle im Adaptationsvorgang des Jugendlichen an die Gesellschaft. Aggressive Ausbrüche und Exzesse, sowohl individueller Art wie solche von Gruppen, sind ein Anzeichen eines vorübergehenden Zusammenbruchs der Abwehr. Zur gleichen Zeit allerdings machen diese Explosionen es möglich, die Abwehr erneut aufzubauen und das Werk der Anpassung an äußere und an innere Kräfte fortzusetzen.

Paul Parin – Fritz Morgenthaler

Ist die Verinnerlichung der Aggression für die soziale Anpassung notwendig?

Bei Angehörigen eines afrikanischen Volkes erfährt ein bestimmter Anteil der Aggression ein anderes Schicksal, als es bei uns, im abendländischen Kulturkreis, die Regel ist. Unsere psychoanalytisch orientierten Untersuchungen bei jenem Volk, den Dogon, werfen ein neues Licht auf die von den meisten Analytikern vertretene Ansicht, daß eine Verinnerlichung wesentlicher Anteile der Aggression nötig sei, um eine genügende soziale Anpassung zu gewährleisten. Bevor wir auf unsere Beobachtungen eingehen, versuchen wir unsere Fragestellung abzugrenzen: Zuerst untersuchen wir, wie weit wir uns auf die ›Naturgeschichte der Aggression‹, die Konrad Lorenz (125) entworfen hat, stützen können, und dann, was wir zur Lösung des allgemeineren Problems »Aggression und Anpassung« beitragen können.

Für den Biologen muß unsere Frage nach der Verinnerlichung der Aggression müßig scheinen. Bei seiner Beobachtung des Verhaltens ist er auf die Äußerungen der Aggression hingewiesen, auf aggressives Verhalten oder auf die sichtbaren Merkmale »gestauter« Aggression oder aggressiver Stimmungen. Die soziologische Betrachtung wendet sich ebenfalls vor allem der Betätigung der Aggression und ihren Wirkungen zu; sie mag verinnerlichte Aggression als eine Hilfsvorstellung annehmen, die ihr bei der Erweiterung ihres Gesichtswinkels zur modernen Anthropologie [1] dient, bestimmte Phänomene zu erklären. Dabei verfährt sie ähnlich wie die Psychoanalyse mit dem Unbewußten: Es wird etwas angenommen, das nicht direkt zur Anschauung gebracht werden kann, auf das nur nach

---

[1] Mitscherlich (131).

seinen Auswirkungen geschlossen wird. Für die menschliche Introspektion und gar für den Psychoanalytiker, der die Introspektion mittels einer methodischen Technik erweitert hat, rückt der verinnerlichte Anteil der Aggression seines Beobachtungsobjektes in den Mittelpunkt des Gesichtsfeldes; das kann ihn dazu verführen, die Möglichkeiten zur direkten Äußerung der Aggression zu unterschätzen. Freud (67) war trotz seiner skeptischen Beurteilung der menschlichen Natur von den brutalen Wirkungen der Aggression, die sich im Ersten Weltkrieg ereigneten, überrascht. Diese Erfahrung mag dazu beigetragen haben, daß er seine Aufmerksamkeit auf die Erscheinung der Aggression richtete. Es kam zur Revision der Triebtheorie mit der Einführung des Todestriebes. Diese Annahme wurde von zahlreichen Analytikern zurückgewiesen; aber das Interesse am Studium aggressiver Regungen und ihrer Schicksale blieb bis heute wach.

Auch uns scheint die Ableitung eines entsprechenden Triebes aus dem Todesprinzip, die Freud versucht hat, keinen theoretischen Vorteil zu bieten. Wie Lorenz sind wir der Ansicht, daß sich die menschliche Aggression aus Anlagen entwickelt, die im Dienste der Arterhaltung stehen. Aber nicht nur die Anlage, sondern auch bestimmte beim Menschen vorkommende Ausformungen der Aggression sind manchen Äußerungen im Tierreich, die Lorenz in einer reichen Auswahl vor uns ausbreitet, vergleichbar. Zum Beispiel glauben wir – in den Ritualen der Gans Martina – die Umrisse zu erkennen, in die sich die Rituale der Religiösen, die des täglichen Lebens und die der Zwangskranken eintragen lassen, glauben in den Sippenkämpfen der Ratten mehr zu sehen als bloße Analogien zu unseren Kriegen und anerkennen, daß die menschliche Begeisterung sich nach Regeln entwickelt, die für die Hordenverteidigungsreaktion des Schimpansenmannes gelten und die zum Teil vom Triumphgeschrei der Graugänse abzuleiten sind.

Warum schließen wir uns also nicht vollends der Instinktlehre Lorenz' an, seiner großartigen Vision etwa, die Kämpfe der Menschen beim Blick vom Mars her als Ausdruck jener Regeln zu sehen, die für die Sippenkriege der Ratten Geltung haben? Wenn wir den arterhaltenden Zweck der Aggression des Menschen, als eines Primaten-ähnlichen Tieres, anerkennen und zahlreiche Ausformungen und Schicksale der Aggression der Tiere als einen Rahmen ansehen, in den sich die aggressiven Äußerungen des Menschen eintragen lassen, warum halten wir uns weiter an die Triebtheorie der Psychoanalyse, um so mehr als das Verhalten der sozialen Gruppen durch die psychoanalytische Betrachtung erst mangelhaft erklärt werden kann?

Wir könnten anführen, daß jede Tierart ihre eigenen Instinktmuster hat, und so auch der Mensch. Wegen der zahlreichen Konvergenzerscheinungen (von Tierarten der verschiedensten Entwicklungsstufen) und wegen der Folgen der Domestizierung sei nicht zu erwarten, daß die Instinkte des Menschen bloß das Instinktmuster der anderen Primaten abwandeln. Aber diesem Einwand wäre noch zu begegnen. Lorenz' Zusammenfassung hat uns sogar den Eindruck hinterlassen, als hätten die einzelnen Spezies der verschiedensten Lebensart und Entwicklungsstufen bereits sämtliche Möglichkeiten vorweggenommen, wie intraspezifische Aggression sich auswirken kann, so daß beim Menschen nur eine besondere Auswahl aus diesen Möglichkeiten, oft in größerer Ausdifferenzierung, vorläge.

Und doch glauben wir, daß die psychoanalytische Triebtheorie, nach der wir Regeln aufstellen und Voraussagen machen, die nur für den Menschen gelten, nicht zugunsten der allgemeineren Instinktlehre aufgegeben werden sollte.

Für Lorenz untersteht der aggressive Instinkt des Menschen den gleichen Gesetzmäßigkeiten wie jener der Tiere. Doch ist das Instrumentarium zur Ausführung der Aggression (einschließlich der Intelligenz) ungleich wirksamer als bei allen Tierarten. Außerdem verläuft die Zuchtwahl beim Menschen ungünstig und begünstigt unter Umständen die Verstärkung intraspezifischer Aggression.

Wir heben einen weiteren Unterschied hervor, der uns wesentlicher scheint. Das quantitative Verhältnis zwischen Angeborenem und Erworbenem ist beim instinktabhängigen Verhalten des Menschen zugunsten des Erworbenen verschoben. Die angelegten und zur Reifung kommenden Instinkte können für die wichtigsten Bereiche des instinktabhängigen Verhaltens gar nicht wirksam werden, bevor sie eine komplizierte von der Umwelt abhängige Entwicklung durchgemacht haben, die wir Triebentwicklung nennen.

Der Umstand, daß in der Erziehung viel oder wenig Aggression mobilisiert werden kann und daß entweder gute oder ungenügende Verarbeitungsweisen angebahnt werden, erschwert es, die Bedeutung der Zuchtwahl abzuschätzen. Die Fähigkeit des Menschen, zweckmäßige Traditionen auszubilden, diese zu verändern oder an ihnen, unter Umständen in unzweckmäßiger und starrer Weise, festzuhalten und das Triebleben weitgehend und dauerhaft diesen Traditionen zu unterwerfen und anzupassen, sind so groß, daß wir den Eindruck haben, die Zuchtwahl würde eher eine bessere Anpassungsfähigkeit an das Leben in Menschengruppen als eine bestimmte Triebrichtung fördern.

Da sich die Anschauungen der Verhaltensforschung nicht mit denen der Psychoanalyse zur Deckung bringen lassen, wäre man versucht, die Erforschung der Aggression des Menschen zwei Methoden zuzuteilen: Den Biologen bliebe es überlassen, das aggressive Verhalten großer Menschengruppen zu analysieren, den Psychoanalytikern, die Entwicklung und das weitere Schicksal der Aggression beim einzelnen Individuum zu erforschen.

Diese einfache Arbeitsteilung ist von der Psychoanalyse nicht respektiert worden. Seit Freuds ›Massenpsychologie und Ich-Analyse‹ (61) ist bekannt, daß sich die Mitglieder jeder menschlichen Gruppe in ganz bestimmter Weise zueinander einstellen und daß jede Gruppensituation in den Teilnehmern ganz bestimmte Reaktionen auslöst [2]. Doch muß die Anwendung psychoanalytischer Anschauungen auf kollektive Phänomene darauf Rücksicht nehmen, daß die Psychoanalyse Einzelpersonen in einer besonderen Situation untersucht und daß sich die gleichen Personen innerhalb einer Gruppe anders verhalten würden. Mit anderen Worten: Das kollektive Verhalten muß auf jene individuellen unbewußten (und bewußten) seelischen Vorgänge zurückgeführt werden, die sich in der Gruppensituation auswirken.

Nach Glover (75) könnte man den Begriff einer individuellen Psychologie überhaupt fallenlassen oder vielmehr auf das Entwicklungsstadium des primären Narzißmus, während der ersten Lebenswochen des Kindes, beschränken. Alle später auftretenden psychischen Phänomene, besonders die Triebäußerungen, haben unter dem Einfluß der menschlichen Umwelt solche Veränderungen erfahren, daß man sie gruppenpsychologische nennen kann. Als Beispiel führen wir an, daß die Stillgewohnheiten der Dogonmütter, die ein Kind nie auf Befriedigung warten lassen, viel weniger geeignet sind, beim Säugling Aggressionen zu mobilisieren als die der

---

2 Für die moderne Psychologie, mit Ausnahme jener C. G. Jungs, gibt es keine kollektive Gruppen- oder Massen-Seele, die eigene Triebe oder Hemmungen haben könnte.

europäischen Mütter. Das aggressiv rivalisierende Verhalten, das unsere Dreijährigen ihren Geschwistern gegenüber zeigen, das bei den Dogonkindern jedoch nicht auftritt, ist durch den im Gesellschaftsgefüge überlieferten Brauch, wie man Kinder zu stillen habe, vorgeprägt; es ist also in doppeltem Sinn ein Gruppenphänomen: nach seiner bisherigen Geschichte und weil es sich in der Gruppe der Kinder abspielt.

Das Über-Ich, eine seelische »Struktur«, die wir vom Ich und vom Es abgrenzen, weist offensichtlich Merkmale und Anteile auf, die aus der Umwelt stammen. Der Einfluß der Umwelt auf das Schicksal libidinöser und aggressiver Triebregungen wird oft übersehen oder zu gering eingeschätzt. Die Einflüsse der Umwelt reichen über das, was man mit der Erziehung gemeinhin im Auge hat, weit hinaus. Die von Anna Freud und Sophie Dann (55) beobachteten Kinder, die ihre ersten Lebensjahre im Konzentrationslager Theresienstadt verbracht hatten, zeigten im Alter von 3–4 Jahren soziale Haltungen, die ihnen nicht anerzogen worden waren. Es konnte überzeugend dargetan werden, daß gerade das sonst so verderbliche Fehlen einer positiven Beziehung zu einer konstanten Pflegeperson (Mutter) während und besonders nach dem ersten Lebensjahr Bedürfnisse nach einer positiven Beziehung zu den anderen Mitgliedern der Kindergruppe erweckt und geformt hat, die sich sonst nicht ausbilden, deren Ausformung durch eine für uns »normale« Beziehung zur Mutter geradezu hintangehalten wird.

Für die psychoanalytische Erforschung der Gruppenphänomene und für unsere weiteren Überlegungen gilt der Satz: Die psychoanalytische Erforschung des individuellen Unbewußten kann zu Aufschlüssen führen, die das kollektive Handeln verständlich machen; dabei ist anzumerken, daß das individuelle Unbewußte weitgehend von den Personen und den Gruppen der Umwelt bestimmt worden ist und daß das kollektive Handeln das Ergebnis der Triebentwicklung und Triebabwehr von Individuen ist, die im Kollektiv in ganz bestimmte Beziehungen zueinander treten.

Am wichtigsten Beispiel kollektiver Aggression, dem Phänomen des Krieges, wollen wir zeigen, wo etwa unsere Beobachtungen einzureihen sind. Fornari (50) hat kürzlich die Theorien zusammengefaßt, welche Freud (67, 66, 64 u. a. Werke), Marie Bonaparte (18), Glover (75), Money – Kyrle [3],

---

3 Money – Kyrle, zitiert nach Fornari (50).

u. a. über den Krieg aufgestellt haben [4]. Nach diesen, zum Teil weit aus-
einandergehenden Ansichten kann der Krieg »auf Grund der Triebziele
und der Abwehrsysteme, welche die Psychoanalyse von den Zeugnissen
des Unbewußten abgeleitet hat, definiert werden als ein individuelles
Verbrechen, das individuell phantasiert und kollektiv vollzogen wird« [5].

Alle, die den Verlauf kollektiver Aggression untersucht haben, nehmen
an, daß in jeder organisierten menschlichen Gruppe Aggression unterdrückt – nach Lorenz, daß intraspezifische Aggression gehemmt – werden muß. Diese Triebunterdrückung wird geradezu als eine der Hauptauf-
gaben aller Organisation menschlichen Zusammenlebens, jeder Kultur,
bezeichnet. Die Unterdrückung, die mehr oder weniger gut oder vollständig gelingen kann, wird durch Verdrängungen und ähnliche Abwehrmechanismen bewirkt. Um die Unterdrückung aufrechtzuerhalten, werden
innere Gegenkräfte (Gegenbesetzungen) eingesetzt, im wesentlichen so,
daß innere Strukturen (Instanzen) aufgerichtet werden, die zur Lenkung
und Kontrolle der Aggressionen dienen. Die Triebunterdrückung führt zu
einer Verinnerlichung der Aggression [6]. »Von den psychologischen Cha-
rakteren der Kultur scheinen zwei die wichtigsten: die Erstarkung des
Intellekts, der das Triebleben zu beherrschen beginnt, und die Verinnerlichung der Aggressionsneigung mit all ihren vorteilhaften und gefähr-
lichen Folgen«.[7]

Die psychoanalytischen Auffassungen über die psychologischen Vorgänge, die zu Kriegen führen und sich in Kriegen äußern, stehen mit der biologischen Auffassung nicht im Widerspruch, daß die Aggression ursprünglich der Arterhaltung dient. Die Ablenkung der Aggression »nach außen«
habe das Ziel, einen Zerfall der organisierten Gruppe zu verhindern. Haß
und Liebe, die sich innerhalb der eng organisierten Gruppe auf die gleichen Objekte richten, würden entmischt und könnten sich getrennten Objekten zuwenden. Dabei wird nicht übersehen, daß die Entmischung auch
innerhalb der Gruppe vor sich gehen kann (Haß auf Pazifisten des eigenen
Landes, Furcht vor Verrätern, »die Generation der Väter opfert die Söh-

4 Nach Fornari hat nur ein einziger psychoanalytischer Forscher es versucht,
das Phänomen des Krieges als ein System von Vorgängen zu verstehen, bei dem
die Aggression keine Rolle spielt (Leeds, 119)!
5 Fornari (50), S. 118.
6 Näheres über den Prozeß der Verinnerlichung bei Sandler (154), S. 146.
7 Freud (66), S. 26.

ne« usw.). Die Ansichten darüber, woher die sich im Kriege äußernde Aggression jeweils stammt, sind nicht einheitlich. Die Bedingungen, unter denen es trotz der dauerhaften Unterdrückung zu Durchbrüchen kommt, sind mannigfaltig und sicher noch nicht gut durchschaut.

Die Vorteile, Aggressionen mehr oder weniger dauerhaft zu unterdrükken, liegen auf der Hand. Die Gefahren scheinen daher zu stammen, daß die Unterdrückung das Ausmaß der Aggressionsneigung nicht unbedingt vermindert, anscheinend oft vermehrt, und daß die einmal im Über-Ich verinnerlichte Aggression viel schwerer abgelenkt, unschädlichen Tätigkeiten zugewandt und dem Leben des Einzelnen und der Gruppe dienlich gemacht werden kann. Gerade deshalb liegt es nahe, Angehörige einer Kultur, die mit weniger Verinnerlichung auszukommen scheint, auf ihren Umgang mit der Aggression zu untersuchen. Freud, Glover und die anderen Forscher haben bereits damit angefangen, indem sie häufig die Kriege der »Primitiven« und jene der »Zivilisierten« miteinander verglichen.

Daß wir uns im wesentlichen auf den Anteil der Aggression beschränken, der als Rivalitäts-Aggression bezeichnet werden kann, hat mehrere Gründe. Die aus dem ödipalen Konflikt hervorgehende Aggression und die Aufrichtung des Über-Ich zur Unterdrückung und Kontrolle derselben sind bei uns gut bekannt; sie sind durch die Analyse Erwachsener nachweisbar. Der Ablauf des ödipalen Konflikts war auch bei den Dogon einigermaßen durchschaubar. Gerade hier aber schien die Verinnerlichung nicht im gleichen Maße und die Kontrolle auf andere Weise vor sich zu gehen als bei uns. Frühere oder andere Aggressionsneigungen sind sicher nicht unwichtig. Die gegen geliebte Personen und besonders auf die allerersten Liebesobjekte gerichtete Aggression soll nach neueren Ansichten (Fornari, Money – Kyrle) in der Verursachung der Kriege eine große Rolle spielen. Es ist aber nicht zu übersehen und wurde besonders von Freud und Glover hervorgehoben, daß die gegen Rivalen gerichtete Aggression in der Psychologie der Sozietät eine große Rolle spielt, daß sie innerhalb der Gruppen irgendwie gedämpft werden muß, damit es nicht zur sozialen Desintegration kommt, und daß sie sich in Kriegen nach außen richtet. Um diese letzte Behauptung anschaulicher zu machen, kann man sich daran erinnern, daß der Krieg in der Regel eine Angelegenheit von Männern gegen Männer ist, und daran, welche Rolle die Beziehung der Männer zu den Frauen, zur Familie und zu »weiblichen« Idealen und Symbolen im Kriege spielt.

Wir fassen im folgenden zusammen, wie wir die Triebentwicklung in bezug auf den gegen Rivalen gerichteten Anteil der Aggression bei den Dogon sehen, und schildern dann einige charakteristische Vorgänge im Leben der Einzelnen und der Gruppe. Weitere Belege für unsere Behauptungen haben wir veröffentlicht (138, 143). Am Ende versuchen wir, das Gesagte metapsychologisch zu beschreiben.

Der ödipale Konflikt nimmt bei den von uns beobachteten Dogon einen anderen Verlauf als bei uns. Sobald der kleine Junge phallische Wünsche auf die Mutter richtet, wird jede Drittperson, besonders der Vater, als Rivale erlebt – wie bei uns. Es entsteht jedoch nicht der Wunsch, den Vater zu beseitigen und die Mutter zu besitzen. Das Kind fürchtet statt dessen, von der Mutter verlassen zu werden und richtet, ähnlich wie die von Anna Freud und Sophie Dann (55) beschriebenen Kinder, Bedürfnisse und libidinöse Strebungen auf die Mitglieder der Geschwistergruppe. Der Ausgang ist nicht die Introjektion der Autorität eines Vaters, der die ödipalen Wünsche versagt. Die soziale Anpassung wird nicht in erster Linie durch ein gebietendes und strafendes Über-Ich gewährleistet, sondern durch die Abhängigkeit von sozialen Gruppen, zu deren Mitgliedern sich differenzierte identifikatorische Beziehungen ausbilden. Die Aggression behält einen Zugang zum Ich. Sie wird nicht oder nur teilweise verinnerlicht und wird nach dem Realitätsprinzip gesteuert.

Unter den Vorbedingungen zu dieser uns ungewöhnlichen Entwicklung heben wir hervor, daß die Mutter für das Kind, das sie bis ins dritte Lebensjahr immer bei sich hat und stillt, keinen Wechsel zwischen Gewähren und Versagen übt, sondern so weit und so rasch als möglich alle Bedürfnisse des Kindes stillt und daß sie keinerlei Reinlichkeitserziehung versucht. Es kann sein, daß eine solche Mutter viel eher Züge der Bedürfnis-befriedigenden Mutter der frühen Kindheit behält, mit der das Kind die wohltuende Allmacht zur Befriedigung teilt, oder daß die einseitig gewährende Haltung die libidinösen Triebregungen stärker entwickelt als die Objektrepräsentanzen. Der Wunsch nach der Mutter als Person (Objektrepräsentanz) wird relativ leicht aufgegeben, die oralen Bedürfnisse werden nicht aufgegeben, sondern haben weiter (und fürs ganze Leben) Zulaß zum Ich. Das Fehlen der analen Trennungskämpfe mit der Mutter hat drei wesentliche Folgen: Erstens wird die Mobilisierung von Aggression, die schon in der Stillzeit nicht stark angeregt worden war, nicht mit analen Strebungen zum Analsadismus verschmolzen. Zweitens entsteht aus dem Wunsch nach der Mutter nicht der Wunsch, sie festzuhalten, sie zu besitzen. Drittens erhält die Aggression gegen den Rivalen Vater nicht den analsadistischen Sinn, den Vater zu eliminieren, ihn zu töten.

Während der ödipalen Phase wird das Kind plötzlich abgestillt, die Mutter trennt sich von ihm, und es wird für jede Besorgung, zur Ernährung, Tag und Nacht ganz der (im Alter aufsteigenden) Gruppe der Kinder überlassen, wobei die Eltern nur wenig betonte Personen in dieser Gemeinschaft sind. Diese weist neben der hierarchisch-vertikalen eine kameradschaftlich-horizontale Gliederung auf; dazu kommt allmählich die Trennung der Gruppen nach dem Geschlecht der Kinder.

Die Kastrationsangst tritt wie bei uns während der ödipalen Phase und auch in späteren Krisen in Erscheinung. Die Bedrohung, die zuerst vom Vater ausging, wird aber bei der Abstillung zum großen Teil auf die Mutter verschoben und später in »oraler« Form wiederholt, in der Phantasie, daß die Frau einen verlassen oder keine Kinder schenken könnte. Statt eines weiterhin bedrohlichen Rivalen wird der Vater hauptsächlich als ein gütiger größerer Bruder erlebt. Es wird nicht die Autorität eines kastrierenden Vaters, der einen bestrafen will, verinnerlicht. Vielmehr ist das Ich bestrebt, sich dem gütigen Vater anzugleichen, sich mit ihm zu identifizieren. Ideale und Forderungen der Gruppe werden immerhin verinnerlicht. Sie scheinen die gütigen pflegenden Anteile der Eltern zu perpetuieren. Verletzung der Ideale führt nicht zu Schuldgefühlen, sondern zu einem Gefühl der Verlassenheit. Das Introjekt verspricht Liebe, kann aber offenbar nicht viel Aggression gegen das Ich richten und auch wenig helfen, Aggressionen durch Unterdrückung zu hemmen oder sonstwie vom Zugang zum Ich abzuhalten.

Das Clangewissen, wie wir es genannt haben, ist also nur in seinem Ichidealaspekt unserem Über-Ich ähnlich. An seiner Entstehung haben unlösbare (sadoanale) Konflikte mit dem Vater keinen oder nur einen geringen Anteil. Es wird zur sozialen Anpassung auf Ergänzungen angewiesen bleiben, die sich aus den mannigfachen Beziehungen zu den Mitgliedern der Gruppe ergeben.

Daß sich Liebe und Haß auf die gleiche Person richten, das Phänomen der Ambivalenz, ist bei den Dogon so deutlich wie bei uns oder noch deutlicher. Ihr Ich findet keine Schwierigkeit, beides nebeneinander zuzulassen. Dafür ist wohl nicht der Umstand verantwortlich zu machen, daß sie ihren Eltern viel eindeutiger positiv gegenüberstehen. Die Mutter, die einen verläßt, ist ein gleichzeitig geliebtes und gehaßtes Objekt. Die Verpönung von Triebregungen ist geringer als bei uns und schon deshalb ist die Ambivalenzspannung kleiner. Ein Dogon kann sagen: Jetzt ist mein älterer Bruder gestorben. Ich bin traurig darüber. Aber wenigstens kann ich jetzt richtig über ihn schimpfen, denn ich verstoße nicht gegen den Respekt, den man einem älteren Bruder schuldet, und er kann sich auch nicht mehr rächen.

Eine große Bedeutung schreiben wir dem Umstand zu, daß die Mobilisierung starker Aggressionen beim Dogonkind erst einsetzt, nachdem seine Reifung und Ichentwicklung weit fortgeschritten ist. Die Trennungsangst scheint um den 8. oder 9. Monat kaum in Erscheinung zu treten. Die unvermeidlichen Versagungen werden durch das einseitig gewährende Verhalten des ersten Liebesobjektes nicht diesem zugeschrieben, und die sich aus ihnen ergebenden Aggressionen müssen nicht abgewehrt werden, um sich die Zuwendung zu erhalten. Die Abstillung, und damit die erste mächtige Versagung, betrifft das Kind erst, nachdem es sprechen und gehen gelernt hat. Es kann seine Befriedigung aktiv dort suchen, wo es sie erhält, seine Aggression dahin wenden, woher die Versagung kommt, und vor allem bereits unterscheiden und dazu Stellung nehmen, welche Haltung ein und derselben Beziehungsperson mit Zuneigung und welche mit Haß zu beantworten ist.

Wegen des späten Einsetzens einer »versagenden« Erziehung, besonders auch weil die Erziehung zur Reinlichkeit nicht in der analen Phase erfolgt, hat das Ich »oralere« Eigenschaften behalten, die feste Gegenbesetzungen verunmöglichen.

Das Clangewissen vermag nur wenig Schuldgefühl zu mobilisieren und trägt kaum zur Unterdrückung (Verdrängung) von Aggressionen gegen geliebte Personen bei. Die Furcht vor Vergeltung bleibt jedoch erhalten – man darf aggressiv sein, solange der Gegner nicht wirklich oder in der Phantasie der stärkere ist. Dafür kann die Aggression auffallend leicht abgelenkt, von einem Objekt, wo sie nicht anzubringen oder störend ist, auf ein anderes verlegt werden.

Wir fassen zusammen: Da das Kind zu Beginn der phallischen Phase seiner Mutter nicht als Objekt gegenübersteht, von ihr innerlich nicht getrennt ist, wenden sich seine »oralen« Wünsche an die Gruppe. Das erhaltene Bedürfnis zur Partizipation und Einverleibung hat zur Folge, daß die strafende Autorität des Vaters als Rivale nicht introjiziert wird, sondern daß die zärtlichen (libidinösen) Strebungen vor den aggressiven überwiegen. Die Rivalitäts-Aggression wird zum Teil abgelenkt, zum Teil vermieden und tritt hinter den identifikatorischen Bedürfnissen zurück. Verdrängte Aggression und Schuldgefühle spielen hinfort eine geringere Rolle, abgelenkte Aggression und Vergeltungsfurcht eine größere.

In den eingeleiteten Analysen konnten die Analysanden von Anfang an Kritik, Ablehnung und verbale Aggressionen gegen den Analytiker entweder frei äußern oder auf außenstehende Personen ablenken; das geschah in verbaler Form oder agierend. Der Einwand liegt nahe, daß die Analysen zu kurz dauerten und daß die analytische Situation nie vollständig (ohne Nebenübertragungen) auf eine Zweierbeziehung zwischen Analytiker und Analysand eingeschränkt werden konnte, so daß ein Rivalitäts- oder Autoritätskonflikt mit dem Analytiker noch vermieden wurde. Zum Teil müssen wir dem Einwand recht geben. Es ist möglich, daß etwelche verinnerlichte aggressive Strebungen gar nicht mobilisiert wurden. Andererseits haben wir mehrmals erlebt, daß ein Rivalitätskonflikt erst als (verschobene) Kastrationsangst, als Furcht von der Frau verlassen zu werden, phantasiert, dann gedeutet, in einem kurzen, heftigen, aggressiven Konflikt mit dem Analytiker oder einer Nebenfigur erlebt und damit erledigt wurde, ohne daß eine Aggressionsneigung zurückblieb.

Besonders auffallend waren die spontanen Phantasien von zwei Jünglingen im Pubertätsalter, die zum Teil auch die Übertragung bestimmten. Sadomasochistische Phantasien, die genau dem sogenannten negativen Ausgang des Oedipuskonflikts entsprachen, ließen auf eine heftige Rivalitätsaggression und auf verinnerlichte sadistische Wünsche, den Rivalen zu kastrieren oder zu töten, schließen. Doch gelang es mit nur ganz geringer Hilfe in unglaublich kurzer Zeit, die Aggression bewußt zu machen; dies führte nicht zu Angst oder einem Schuldgefühl, sondern zu einer sofortigen Hebung des Selbstgefühls, zur erneuten Zuwendung zur Gruppe oder verstärkte die Neigung, eine Identifikation mit dem Analytiker vorzunehmen.

Leider verfügen wir nicht über genügend genaue Beobachtungen über die Äußerungen der Aggression im Kindesalter. Säuglinge hört man nie weinen oder schreien. Kleinkinder (um das dritte Lebensjahr, nach der Abstillung) machen anscheinend eine Trotzphase durch: Aktivität, eigene

Willensakte und Meinungsverschiedenheiten gehen mit heftigen verbalen und tätlichen Zornesausbrüchen einher, die aber außerordentlich rasch abklingen. Es ist wegen unserer dürftigen Beobachtungen nicht leicht zu sagen, ob dieses rasche Abklingen der aggressiven Stimmung mehr auf das freundliche undramatische Reagieren der Umwelt (der anderen Kinder und der Erwachsenen, die vor allem Ablenkung anbieten) zurückzuführen ist, oder ob weniger Neigung besteht, trotziges Verhalten fortzusetzen. Kinder, bis zur Pubertät, raufen oft, wobei wir den Eindruck hatten, daß es sich meist um wenig ernsthafte Rangkämpfe handelt, deren Austragung mit üblichen Wortstreiten und Hänseleien nicht zu Ende zu bringen sind. Auffallend ist, wie rasch diese oft sehr heftigen Raufereien abklingen und wie fair die Beteiligten und die Zuschauer dabei sind.

Es kommt vor, daß Erwachsene plötzlich im Zorn ein Kind oder einen jüngeren Erwachsenen schlagen; sie beschränken sich aber meist auf Wortstreite, die nach sehr kurzer Zeit abklingen und oft in harmlose Witze übergehen. Die Dogon werden sehr böse, wenn die halbwüchsigen Ziegenhüter es nicht verhindern, daß die Ziegen Schäden in ihren Gärten verursachen. Sie schwören dann, irgendeinen Ziegenhirten zu verprügeln, wenn sie den für den Schaden Verantwortlichen nicht erwischen – damit die anderen besser aufpassen, begnügen sich aber mit einem kräftigen Fluch, wenn sie einen der Sünder treffen. Strafen, die aus der europäischen Erziehung nicht wegzudenken sind, kommen in der traditionellen Erziehung der Dogon nicht vor.

Viel eindrücklicher als die zahlreichen Äußerungen unmittelbarer Aggression sind für den Europäer zwei Umstände: die anscheinende Unfähigkeit der meisten Dogon, eine chronische Aggression für längere Zeit festzuhalten (als Projektion, Ressentiment oder aggressive Spannung), und die zahlreichen sozialen Regeln und Einrichtungen, wie man Streitigkeiten vermeiden oder schlichten muß.

Innerhalb der Kleinfamilie gilt die Regel, daß ein Mann seine beiden Frauen genau gleich behandeln muß und keine bevorzugen darf. Ein Wortstreit oder gar eine Schlägerei zwischen Eheleuten führt dazu, daß die Frau den Mann verläßt. Eheliche Zwistigkeiten sind nicht selten, obzwar Neid (zwischen den beiden Frauen) keine große Rolle zu spielen scheint. Die zahlreichen Schlichtungsrituale (durch den Familienältesten, den Rat der Alten, den Binupriester, den Schmied) sind nicht immer wirksam. Trennung wird einer chronischen Streitsituation vorgezogen.

Auffallend ist, daß zur Schlichtung von Streitigkeiten zwischen gleichgeschlechtlichen Mitgliedern der Großfamilie, insbesondere zwischen »Brüdern«, viel weniger ritualisierte Einrichtungen vorhanden sind. In dieser hierarchischen Organisation, die sich in immer weiteren Kreisen über das Dorf, den Stamm und das ganze Volk erstreckt, ist kein Dogon dem anderen gleich. Eine wechselseitige Identifikationsneigung (in der man dem älteren Bruder unterlegen, dem jüngeren übergeordnet ist) erlaubt es offenbar, die Rivalität zu überbrücken. Wir hatten den Eindruck, daß diese bleibende Neigung der Niederschlag von rasch wechselnden »Identifikationen mit dem Aggressor« ist, die sich bald nach der Abstillung, die mit dem ödipalen Konflikt zusammenfällt, einstellen. Einer anderen Dynamik folgt die horizontale Identifikation mit den Kameraden der Altersklasse, die als Gruppe die bedürfnisbefriedigende Mutter ersetzt. Die Mitglieder der gleichen Altersklasse sind austauschbare, mit zielgehemmter homosexueller Libido besetzte »identische« Identifikationsfiguren. Diese und andere typischen Vorgänge, die wir ausführlicher dargestellt haben [8], ersparen rivalisierende Aggressionen. Dabei ist der Wechsel von der einen zur anderen (identifikatorischen) Beziehungsform, zum Beispiel von der »hierarchischen« zur »horizontalen« Reihe, der wichtigste Abwehrvorgang.

Wo aber bleibt die Rivalitäts-Aggression?

Erfolgreiche Rivalen im Liebesleben werden eher bewundert als gehaßt. Ein gewisser Zorn gilt manchmal der Frau, die nichts oder nichts mehr von einem wissen will. Ein zeitweiliger Ehebruch oder eine vorübergehende Untreue hat keine emotionellen Folgen. Einen Schutz für das Selbstgefühl stellt wahrscheinlich die Einrichtung dar, daß der Vater (ältere Bruder) oder die »Kameraden« als Werber auftreten und nie der Liebhaber allein. Der Verlust einer Frau, oder gar eines Kindes wird sehr bedauert, aber sozusagen nie dem Rivalen übelgenommen.

Wenn der »Bruder« einen (physisch oder seelisch) im Stich läßt, wird Libido von ihm abgezogen. Die Enttäuschung führte oft dazu, daß er ganz fallen gelassen wird und man sich einer anderen Person zuwendet. Manchmal werden nur die Erwartungen aufgegeben. Ein älterer Bruder einer unserer Dogonpartner hatte Geld aus der Gemeindekasse gestohlen, die der jüngere zu verwalten hatte. Um weitere Ungelegenheiten zu ver

---

8 Morgenthaler – Parin (138); Parin – Morgenthaler – Parin-Matthèy (143).

meiden, gab der Jüngere sein Amt auf, das ihm viel Prestige gebracht hatte, und nahm dem Bruder hinfort nichts mehr übel.

Kein Dogon verstand meine auf Ressentiment beruhende Abneigung gegen die Gendarmen, die bis vor neun Jahren im Dienst der Kolonialmacht und aus Korruptheit zahlreiche Grausamkeiten begangen hatten. Die Dogon selber hatten keinen Grund mehr zu Gegenaggressionen, sobald die Grausamkeiten aufgehört hatten.

Aber nicht nur die anale Verarbeitung der Aggression (Retentivität), auch der projektive Umgang mit der Aggression ist, anders als bei vielen anderen afrikanischen Völkern, nicht stark ausgebildet. Ein angetönter Rivalitätskonflikt wird in der Regel zuerst verleugnet, dann manchmal für kurze Zeit, gleichsam versuchsweise, projektiv verschoben – bald aber werden die Projektionen korrigiert, und nach einem Zornausbruch ist alles vergessen.

Dauerhafte Projektionen aggressiver Tendenzen (auf »die Frauen«, auf das Nachbarvolk der Peul, auf Rechtsbrecher) sind die Voraussetzung für zahlreiche Rituale. Auch die Rache oder Bösartigkeit der getöteten Tiere und verstorbenen Menschen wird – so kann man aus zahlreichen religiösen und profanen Ritualen ablesen – reichlich in kollektiven Riten und gelegentlich mit individuellen Reinigungszeremoniellen beschwichtigt. Sei es, daß diese Einrichtungen überaus wirksam sind oder daß sie sich länger erhalten haben, als sie eine psychologische Funktion erfüllen mußten: Wir konnten beobachten, daß projizierte Aggression (deren Folgen abgewehrt werden müssen) sozusagen keine Rolle spielt, daß die identifikatorische libidinös befriedigende Teilnahme an den gemeinsamen Ritualen weitaus den greifbarsten Gewinn für die Teilnehmer bringt.

Daß man bei den Dogon mit Rechtsbrüchen (Diebstählen, Totschlag) rechnet, beweist ihr genaues Rechtssystem. Priesterrichter und verschiedene Körperschaften (Familienälteste, Rat der Ältesten) üben neben den schlichtenden richterliche Funktionen. Es hat sich in ihrer Kultur aber kein Strafsystem oder Polizeisystem herausgebildet; die projektive Aggressionserwartung hatte offenbar keine soziale Organisation zur Folge. Wenn eine Familie einen Rechtsbrecher oder »Faulpelz« (wie arbeitsscheue Neurotiker genannt werden) unter ihren Mitgliedern hat, kann er wohl einmal ermahnt oder sogar verprügelt werden; diese Maßnahmen aber zu planen, zu wiederholen oder gar zu Strafen (wie Gefängnis oder Ausstoßung) zu greifen, käme den Dogon ganz unsinnig vor.

Das Volk der Dogon hat sich trotz seiner geographischen und ethnischen Kohärenz nie als souveräner Staat konstituiert. Nach dem Mythus und der Geschichte handelt es sich um eingewanderte »Freigelassene« eines der im Mittelalter in der Nachbarschaft gelegenen Königreiche, die fliehen konnten und sich seither im unzugänglichen Felsgebirge von Bandiagara verteidigt haben. Die Dogon waren, wiederum nach ihren Mythen und, soweit man diese zurückverfolgen kann, nach ihrer Geschichte, immer einem stärkeren Volk tributpflichtig. Kam ein stärkerer Gegner, verständigten sie sich über den zu leistenden Tribut. Erst wenn das herrschende Volk die Abgabe von Sklaven verlangte, wurden die Dogon rebellisch und wehrten sich in blutigen Kriegen. Der Verlust von Familienangehörigen schien kollektiv (wie heute individuell) als eine Bedrohung empfunden worden zu sein, gegen die man sich zur Wehr setzen mußte.

Jene Kriege, von denen die letzten noch in der direkten Erinnerung älterer Leute fortleben, scheinen sich von europäischen Kriegen emotionell sehr zu unterscheiden. Wie bei uns erzählt man gerne von kriegerischen Handlungen; ob dabei geprahlt wird, wissen wir nicht. Sehr auffällig ist, daß man von sich selber und von den verehrtesten Helden auch Feigheiten und gar nicht ruhmvolle Handlungen erzählt. Für die Dogon ist das Kriegsziel nicht die Unterwerfung oder Vernichtung des Gegners; sie sind nur bestrebt, den früheren gerade noch erträglichen Zustand wiederherzustellen: zum Beispiel wieder Getreide als Kopfsteuer zu zahlen, aber keine Sklaven mehr liefern zu müssen. Stärkere Gegner werden bewundert. Einen Krieg gegen Stärkere zu führen gilt als dumm und verächtlich. Dem Hogon (Priesterrichter), der die Verteidigung gegen die ins Land eindringenden französischen Eroberer leitete, nimmt man seine Rolle nur deshalb historisch nicht sehr übel, weil er ja nicht wissen konnte, wie stark der Eindringling war. Es gibt für die Dogon keinen vernünftigen Grund, einen Kampf, der keinen Erfolg mehr verspricht, fortzusetzen. Allerdings gibt es bei ihnen auch keinerlei pazifistische Ideen. Wenn ein Kampf materiellen Erfolg verspricht, mag man es ruhig versuchen; nur muß man sich davor hüten, an einen Stärkeren zu geraten, der sich rächen könnte. Seltsam muten daneben die zahlreichen und noch sehr lebendigen Bräuche an, die der Abfuhr aggressiver Spannung mit anderen Volksgruppen zu dienen scheinen, wie die »Spottverwandtschaft« mit dem Brudervolk der Bozo – für die auch ein strenges Tötungs-Tabu gilt.

Wir müssen die Frage offen lassen, ob die Einrichtungen, die für den erwachsenen Dogon in der traditionellen Sozietät gelten, zu einer so suffizienten Verarbeitung der Aggression dienen, daß nur ein Minimum auszutragender Feindseligkeit übrigbleibt, oder ob bereits die Triebentwicklung die unschädliche Abfuhr und Ablenkung der Rivalitäts-Aggression anbahnt, indem der Prozeß der Verinnerlichung der Aggression vermieden wird. Wir neigen dazu, in der besonderen Triebentwicklung innerhalb der traditionellen Familienerziehung den bestimmenden Faktor zu sehen.

Dieses aus einzelnen Eindrücken zusammengesetzte Bild nimmt keine Rücksicht auf die Nachteile der besonderen Triebentwicklung, die wir den Dogon zuschreiben. Zahlreiche Faktoren der Persönlichkeitsentwicklung, der Charakterbildung und des sozialen Lebens haben wir nicht verfolgt.

Für die psychoanalytische Theorie ist es jedoch nicht selbstverständlich, daß eine soziale Anpassung ohne oder mit geringer Verinnerlichung der aus der Rivalität entstehenden Aggression möglich ist. Auf diese Fragestellung müssen wir uns im folgenden beschränken, wenn wir versuchen, die Ergebnisse unserer Untersuchungen metapsychologisch zu beschreiben, weil allein schon unsere Beobachtungen nicht ausreichen, um ein abgerundetes Bild zu geben.

Für jenen Bereich sozialer Anpassung, für den Aggression (als Triebregung) einen Störfaktor darstellt, scheint der Satz Gültigkeit zu haben, der besagt, daß das Maß neutralisierter Energie, die dem Ich zur Verfügung steht, das Maß der Anpassung bestimmt. Das gilt wahrscheinlich auch für die von uns untersuchten Dogon.

Der Begriff der Verinnerlichung ist, metapsychologisch betrachtet, vieldeutig [9]. Die Internalisation bezieht sich auf die Verinnerlichung von Regulationsvorgängen, die in früheren Entwicklungsstadien für die Beziehungen zur Außenwelt galten. Die Identifikation führt zur (meist reversiblen) Verinnerlichung bestimmter Eigenschaften, die das Vorbild hat, mit dem man sich identifiziert. Die Inkorporation ist ein Vorläufer der Identifikation und umschreibt eine Triebaktivität, die aus der oralen Phase der Triebentwicklung stammt. Es handelt sich dabei um einen Verinnerlichungsvorgang, bei welchem libidinöse und aggressive Strebungen gleichzeitig auf dasselbe Objekt und Ziel steuern. Von allen Formen der Verinnerlichung wird die Introjektion als Begriff am unterschiedlichsten ge-

9 Hartmann – Loewenstein (90).

faßt. Die Verinnerlichung durch Introjektion besagt vor allem, daß das Introjekt zum dauernden und integrierenden Bestandteil des Über-Ich wird [10].

Wir haben mit der Verinnerlichung von Rivalitäts-Aggression die Aufrichtung eines Introjektes, nämlich jenes der väterlichen Autorität, gemeint. Wir mußten annehmen, daß bei den Dogon im Ablauf der ödipalen Phase der Wunsch, den Vater zu beseitigen und die Mutter zu besitzen, eine ungleich geringere Rolle spielt als bei uns – wenn er überhaupt wirksam sein sollte. Daraus haben wir geschlossen, daß ein eigentliches Introjekt im Über-Ich fehlt, das Über-Ich eine rudimentäre Ausbildung erfährt und mehr als Clangewissen wirkt als ein der eigenen Person zugehörendes psychisches System. Einer solchen Auffassung widerspricht es nicht, daß auch die Dogon im Verlaufe ihrer Entwicklung zahlreiche Verinnerlichungen vornehmen, denen auch Abkömmlinge aggressiver Triebregungen unterliegen. Die Neutralisierung aggressiver Triebenergie durch angeborene Hemmungsmechanismen im Ich kann allein schon als Verinnerlichungsprozeß beschrieben werden [11].

Nach diesen Vorbemerkungen läßt sich unsere Frage neu formulieren: Wie kann das Dogon-Ich eine ausreichende – nach unseren Beobachtungen große – relative Unabhängigkeit von den Trieben und Objekten (autonome Ichfunktionen) aufrechterhalten, ohne im Über-Ich ein dauerndes Introjekt aufzurichten und zu integrieren, welches das Ich gegen die Wiederkehr gefährlicher Triebregungen und gegen die Neubesetzung der frühen infantilen Objekte sichert?

Strukturell betrachtet scheinen sich die sekundär autonomen Ichfunktionen – unter allen Funktionen der drei psychischen Systeme Ich, Es und Über-Ich – von den unseren am meisten zu unterscheiden. Während bei uns die autonomen Ichfunktionen festgefügter Bestand des Ich sind und zu den dauerhaften Introjekten in enger Beziehung stehen (Funktionswandel, Sublimierung usw.), scheinen sie bei den Dogon einen labilen, fluktuierenden Ich-Bestand darzustellen. Eine solche Behauptung scheint dem zu widersprechen, daß wir autonome Funktionen gewöhnlich als besonders stabil und dienstbar beschreiben. Wie kann es einen Sinn geben – fragt man – in dieser Weise von den autonomen Funktionen des Ich zu sprechen?

10 Freud (65).
11 Hartmann (87).

Unsere weiteren Ausführungen sollen sich darauf beschränken, diese Frage zu beantworten.

Wir haben an anderer Stelle [12] ausführlich dargelegt, daß das Ich der Dogon die ursprünglichen oralen Eigenschaften beibehält. Es ist nicht fähig, feste Gegenbesetzungen auszubilden, kann aggressive und libidinöse Triebregungen gleichzeitig auf dasselbe Objekt richten, das heißt, ambivalente Gefühlsregungen konfliktfrei nebeneinander bestehen lassen. Die der oralen Trieborganisation eigene Leichtigkeit, die Objekte auszutauschen, mit ihnen zu partizipieren und in wechselseitige Identifikationen zu treten, macht sich bei den Dogon in sehr hohem Maße geltend. Die in zahlreichen Varianten wirksamen wechselseitigen Identifikationen sind die hauptsächliche Abwehrleistung ihres Ich, welche die bei allen Libidobesetzungen mitschwingende aggressive Beimischung ermäßigt.

Die Aufschiebbarkeit von Triebbefriedigung ist entsprechend der oralen Organisation des Ich sehr gering [13]. Die für die Objektbeziehung, insbesondere für die Konstanz derselben so bedeutsame Frustrationstoleranz ist wenig ausgebildet. Doch alle diese Ichfunktionen, Aufschiebbarkeit von Triebbefriedigung, Frustrationstoleranz und auch jene Funktionen des Ich, die im Dienst der sozialen Anpassung stehen, sind in erstaunlich hohem Grade vorhanden. Die Dogon haben sich die Unabhängigkeit von den Objekten erworben, als sie beim Ausgang des Oedipuskonfliktes die Mutter als Objekt aufgegeben und sich dafür identifikatorisch in die Gruppe der Kinder eingeordnet haben. Aber auch der Vater wird als Objekt nicht festgehalten oder wie bei uns in der Form der Introjektion der Autorität des Vaters im Über-Ich verinnerlicht. Die Rivalität wird durch die beschriebenen wechselnden Identifikationen abgewehrt. Damit ist die erste Voraussetzung für die Möglichkeit, die Beziehungen zu den Objekten zu neutralisieren, gegeben. Die den Objekten geltenden und aus dem Es sich anmeldenden Triebwünsche finden einen Zugang zum Ich, gerade wegen seiner oralen Organisation. Zur Zeit der oedipalen Konflikte hat die Reifung dieser Organisation einen solchen Grad erreicht, daß ein Umgang mit den realen Befriedigungsmöglichkeiten einigermaßen differenziert ist. Der Gruppe der Kinder wenden sich jetzt libidinöse und aggressive Regungen zu, die einen hohen Grad von Anpassung ermöglichen. Wir sprechen bei

12 Parin – Morgenthaler (142).
13 Rapaport (150).

den Dogon von autonomen Funktionen insofern, als die aggressive und libidinöse Energie nicht zu Konflikten im Ich führen. Autonom sind aber ihre Ichfunktionen nur insoweit, als es die Umwelt auch weiterhin ermöglicht, die erreichte Organisation aufrechtzuerhalten. Eine Einengung auf die Beziehung zu einer Einzelperson muß vermieden werden. Stellt sich doch eine solche Beziehung her, setzt eine starke Abwehr ein. Diese Abwehr ist gegen das Objekt und nicht gegen die Triebregung gerichtet. Natürlich erleidet in diesem Zustand die Autonomie des Ich eine beträchtliche Einschränkung. Wenn die Gruppe verlorengeht, gehen auch die Identifikationsmöglichkeiten verloren, die die wichtigsten Anpassungsleistungen gewährleisten. Aus diesem Grunde sind die autonomen Ichfunktionen nur dann stabil, wenn die Sozialorganisation garantiert, daß adäquat reagierende Identifikationsfiguren vorhanden sind und nicht ein einzelnes Objekt eine solche Besetzung von Libido oder Aggression gewinnt, daß sich die Beziehung auf diese einschränken muß.

Man kann die folgende Hypothese für die Entstehung dieser Verhältnisse annehmen: Auf der Höhe des Oedipuskonfliktes wird die Introjektion der Autorität einer (strafenden) Vaterfigur aktiv vermieden [14]. Es setzt ein mächtiger Abwehrimpuls ein, der sich in der Identifikation mit der Gruppe auskristallisiert und die Kastrationsangst fortan auf die Frau verschiebt, wobei – nach oralem Muster – eine Angst, »verlassen zu werden«, entsteht. Der Sinn solcher Vermeidung eines Introjektes läge im Bestreben, die bereits weit ausdifferenzierte orale Ichorganisation zu sichern und aufrechtzuerhalten. Diese hat in Anbetracht der frühkindlichen Entwicklung sowohl ein zureichendes Maß an Befriedigung gebracht, als es auch ermöglicht, mit der Rivalitäts-Aggression durch partizipative und identifikatorische Gegenbesetzungen fertig zu werden. Die Aufrichtung eines Introjektes im Über-Ich würde zu einer pathologischen Desintegration der Ichorganisation führen. Das Objekt der Rivalitäts-Aggression müßte bei seiner Verinnerlichung mit oraler, destruktiver Aggression belegt wer-

---

14 Aufgrund von Beobachtungen an anderen Völkern Westafrikas haben wir beschrieben, daß die seelische Entwicklung über Initiation andere Wege geht als jene über Introjektion. Bei Völkern, deren Initiationsriten im Leben des einzelnen und der Sozietät eine hervorragende Rolle spielen, richten sich die Kräfte, die die Initiation lebendig erhalten, gegen die Introjektion einer väterlichen Autorität. (F. Morgenthaler, Initiation und Introjektion. Vortrag in der Schweiz. Gesellschaft für Psychoanalyse, 28. 9. 1957.)

den [15]. Bei uns führt die Verinnerlichung von Aggression, insbesondere von Rivalitäts-Aggression, die aus dem Oedipuskomplex stammt, tatsächlich zu günstigen Voraussetzungen für eine adäquate soziale Anpassung. Freud (58, 59, 62) war der Ansicht, das Über-Ich binde in der Hauptsache die destruktiven Regungen und bilde geradezu den vorbestimmten, automatisch zur Verfügung stehenden Kanal für die Entladung der Aggression, soweit diese nicht nach außen abgeführt werden kann. Von hier ist die bekannte Hypothese der Triebentmischung abzuleiten, nach der die aggressive Energie dem Über-Ich, die libidinöse dem Ich zur Verfügung stehen soll [16].

Für die Dogon-Persönlichkeit, die eine Ichentwicklung anderer Art durchläuft, gelten unter den gleichen triebhaften Voraussetzungen andere Gesetzmäßigkeiten. Da im Über-Ich kein Introjekt aufgerichtet wird, das die destruktiven Regungen bindet, kann auch Aggression nicht gestaut, chronifiziert werden. Die aggressiven Regungen, die nicht nach außen entladen werden können, erfahren in den wechselseitigen Identifikationen eine weitgehende Neutralisierung, ohne daß bei dieser Art der Ichentwicklung eine Triebentmischung abzuleiten wäre. Eine der auffälligsten Auswirkungen dieser Ichorganisation kann so beschrieben werden, daß es möglich ist, eine sehr haltbare soziale Anpassung zu gewährleisten, obschon es nicht zu einer nennenswerten Verinnerlichung von Rivalitäts-Aggression kommt. (Die Dogon haben zweifellos eine hochdifferenzierte eigene Kultur aufzuweisen; unsere Ausführungen lassen sich nicht ohne große Veränderungen auf andere afrikanische Völker übertragen.)

Ob das Schicksal der Aggression beim Durchlaufen der Trieb- und Ichentwicklung im Gesellschaftsgefüge der Dogon oder bei uns ein Spezialfall ist, bleibt eine offene Frage. Die Nachteile, die sich aus der einen oder anderen Entwicklungsgeschichte ergeben, sind schwer zu beurteilen. Betrachtet man den Umgang der Dogon mit dem Phänomen des Krieges, scheinen viele Hinweise dafür zu sprechen, daß die unvermeidlichen Äußerungen kollektiver Aggression weniger unbeherrschbaren, irrationalen, aus dem Unbewußten stammenden Einflüssen unterliegen als die der meisten abendländischen Völker. Die Nachteile unserer »introjektiven Art«, mit schwer lösbaren Aggressionsproblemen umzugehen, sind wahrscheinlich

15 In entsprechenden Situationen treten kannibalistische Phantasien auf.
16 Freud (59).

folgenschwerer als jene, die wir bei den Dogon beobachtet haben, die den Nachteil einer unlösbaren Verkettung an ihre begrenzte Gesellschaftsstruktur hinnehmen müssen.

Zusammenfassung

Mit Lorenz anerkennen die Autoren, daß zahlreiche Ausformungen und Schicksale der Aggression im Tierreich als der Rahmen von Erscheinungen angesehen werden können, in dem sich die aggressiven Äußerungen der Menschen eintragen lassen. Dennoch wird an der psychoanalytischen Trieblehre festgehalten und kurz diskutiert, daß die angelegten und zur Reifung kommenden Instinkte des Menschen für die wichtigsten Bereiche des instinktabhängigen Verhaltens nicht wirksam werden können, bevor sie eine komplizierte, von der Umwelt abhängige Entwicklung durchgemacht haben, die wir Triebentwicklung nennen.

Für die psychoanalytische Erforschung von Gruppenphänomenen wird der folgende Satz abgeleitet: Die psychoanalytische Erforschung des individuellen Unbewußten kann zu Aufschlüssen führen, die das kollektive Handeln verständlich machen. Dabei ist anzumerken, daß das individuelle Unbewußte weitgehend von den Personen und den Gruppen der Umwelt bestimmt worden ist und daß das kollektive Handeln das Ergebnis der Triebentwicklung und Triebabwehr von Individuen ist, die im Kollektiv in ganz bestimmte Beziehungen zueinander treten.

An den psychoanalytischen Auffassungen über das wichtigste Beispiel kollektiver Aggression, dem Phänomen des Krieges, wird zu zeigen versucht, welche Leistungen der Kultur zugeschrieben werden, um Aggressionen mehr oder weniger dauerhaft zu unterdrücken, und es wird darauf hingewiesen, in welcher Richtung diese Unterdrückung mißlingen kann.

Zum Unterschied von der Verinnerlichung der Aggression durch die Introjektion des Über-Ich, welche in der abendländischen Kultur zur Hemmung der intraspezifischen Aggression bzw. der Rivalitäts-Aggression dient, wird ein Beitrag aus der psychoanalytischen Beobachtung von Angehörigen eines westafrikanischen Volkes geleistet.

Zuerst wird geschildert, welches Bild sich die Autoren vom Verlauf des oedipalen Konfliktes bei Angehörigen dieses Volkes gemacht haben. Die besonderen Vorbedingungen und die von der unseren abweichende Dynamik wird mit den Folgen für das spätere Schicksal und die Verarbeitung der Rivalitäts-Aggression in Zusammenhang gebracht. Die sich daraus ergebenden Qualitäten und Schicksale der Aggression werden geschildert, indem die Abweichungen von der bei uns normalen Entwicklung betont werden: Da das Kind zu Beginn der phallischen Phase seiner Mutter nicht als Objekt gegenübersteht, von ihr innerlich nicht getrennt ist, wenden sich seine oralen Wünsche an die Gruppe der Geschwister. Das erhaltene Bedürfnis zur Partizipation und Einverleibung hat die Folge, daß die strafende Autorität des Vaters als Rivale nicht introjiziert wird, sondern daß die zärtlichen Strebungen vor den aggressiven überwiegen. Die Rivalitäts-Aggression wird zum Teil abgelenkt, zum Teil vermieden und tritt hinter den identifikatorischen Bedürfnissen zurück. Im späteren Leben spielt verdrängte Aggression und Schuldgefühl keine große Rolle, abgelenkte Aggression und Vergeltungsfurcht eine größere.

Diese Verhältnisse werden durch eine Aufzählung von Beobachtungen belegt, die zum Teil in den eingeleiteten Analysen gemacht wurden, zum Teil aber typische Verhaltensweisen und Erlebnisformen der Untersuchten in verschiedenen Lebenssituationen sind. Diese impressionistische Zusammenstellung wird mit weiteren typischen Einzeltatsachen aus dem sozialen Verhalten in verschiedenen größeren Sozialkreisen ergänzt, und schließlich wird geschildert, wie sich nach Ansicht der Autoren die Ergebnisse ihrer Untersuchungen metapsychologisch beschreiben lassen.

Ausgehend von der Frage, wie das Ich der Untersuchten von Trieben und Objekten relativ unabhängig werden kann, ohne ein Introjekt im Über-Ich aufzurichten, wird die Meinung vertreten, daß der Unterschied zu uns am deutlichsten an den sekundär autonomen Ichfunktionen sichtbar wird. Diese Hypothese wird einerseits durch die Folgeerscheinungen der oralen Organisation im Ich und andrerseits durch die charakteristische Entwicklung der Objektbeziehungen gestützt. Beim Ausgang des Oedipuskonfliktes erlangt das Ich die Unabhängigkeit von den Objekten, indem diese durch ausdifferenzierbare, wechselseitige Identifikationen abgelöst werden. Die libidinösen und aggressiven Regungen, die sich auf die Gruppe konzentrieren, erreichen frühzeitig einen hohen Grad von Anpassung, weil der Umgang mit den realen Befriedigungsmöglichkeiten schon zur Zeit der oedipalen Konflikte einigermaßen differenziert ist. Die Autonomie der Ichfunktionen ist aber von der Art der Sozialorganisation abhängig, nämlich daß nicht ein einzelnes Objekt mit Libido oder Aggression so stark besetzt wird, daß sich die Beziehung auf dieses einschränken muß.

Bei der genetischen Betrachtung dieser Verhältnisse wird die Hypothese vertreten, daß auf der Höhe des Oedipuskonfliktes die Aufrichtung eines Introjektes durch Einsetzen eines mächtigen Abwehrimpulses vermieden wird, der sich in der Identifikation mit der Gruppe auskristallisiert. Bei der Diskussion dieses Prozesses wird besonders darauf hingewiesen, daß das Objekt der Rivalitäts-Aggression bei seiner Verinnerlichung mit oraler destruktiver Aggression belegt werden müßte, wodurch es zur Desintegration der erreichten Ichorganisation käme.

Die Autoren kommen zum Schluß, daß es möglich ist, eine sehr haltbare soziale Anpassung zu gewährleisten, obschon keine nennenswerte Verinnerlichung von Rivalitäts-Aggression stattfindet.

Hans Kunz

Zur Problematik der Aggression

Für die Beantwortung der Frage, welche Rolle die in jedem Menschen schlummernde Aggressivität im Bemühen, zu den Mitmenschen und zur Umwelt ein mehr oder weniger erträgliches Verhältnis zu gewinnen, spielen möge, dürfte es nicht belanglos sein, ob man ihr, der Aggressivität, einen spontan-endogenen oder einen reaktiven Charakter zuschreibt. Von vornherein läßt sich vermuten, daß gerade *ihr* Anteil unter den die Anpassung an Verhaltensformen und -normen erschwerenden und störenden Faktoren erheblich sein wird, da sie sich überwiegend gegen Mitmenschen, weniger gegen Tiere und Dinge und gegen den Aggressionsträger selbst richtet. Wenn sie nun, ähnlich wie Hunger und Durst, von Zeit zu Zeit ohne ausreichende provozierende Situationen nach Entäußerung drängt und, daran aus irgendwelchen Gründen gehindert, einen Intensitätszuwachs erfährt, dann scheint es weniger leicht zu fallen, ihrer Herr zu werden, als wenn sie an andere Antriebe gekoppelt auftritt und deshalb zahlreichere surrogative Abfuhrmöglichkeiten bestehen. Die Stillung von Hunger und Durst läßt sich wohl eine Weile aufschieben oder auf halluzinatorisch-illusionäre Weise bewerkstelligen; aber dann erzwingen beide mit elementarer Gewalt ein sie einigermaßen adäquat befriedigendes Tun, soll es nicht zu einer schweren Gefährdung des Daseins oder zum Tod kommen. So könnte es sich auch mit der Aggression verhalten, falls ihr, wie den nutritiven Bedürfnissen, eine endogene Spontaneität mit entsprechender sich steigernder Vehemenz zukäme: auf die Länge wäre ihr Durchbrechen nicht zu umgehen. Schon um dieser für die Lebenspraxis fatalen Konsequenz auszuweichen, wird man eher jener Auffassung recht geben wollen, die der menschlichen Aggressivität prinzipiell nur eine Reaktivität einräumt. Allein das ist ein von Grund aus verfehltes Argumentieren. Außerdem involviert die Reaktivität eines Antriebes keineswegs eo ipso eine Minderung seines Wirkgewichtes. Endlich zeigt die Sexualität, der wir trotz aller exogen-situativen Beeinflussungen wohl eine endogene Spontaneität zubilligen müssen, daß diese nicht notwendig eine Unvermeidbarkeit der Befriedigung in sich schließt. Daher müssen wir die Frage nach der spontanen oder reaktiven Natur der Aggressionen innerhalb des menschlichen Bereiches allein von den beobachtbaren Fakten her, nicht von theoretischen Annahmen oder pragmatischen Wünschen aus zu beantworten versuchen. Indessen sollten wir uns zunächst noch darüber verständigen, was wir unter der Aggressivität bzw. Aggression begreifen wollen.

Das Wort »Aggression« leitet sich vom lateinischen *aggredi*, angreifen, ab [1]. In dieser Bedeutung wird der Ausdruck heute im alltäglichen und zumal politischen Sprachgebrauch verwendet. Jedoch scheint es uns irreführend zu sein, ihm bedenkenlos zu folgen und etwa auch den mit den Wendungen: eine Aufgabe »angreifen« oder eine Bergbesteigung »in Angriff nehmen« gemeinten Tatbeständen ohne weiteres aggressive Antriebe zu unterstellen. Damit würde der Wortsinn in der Richtung einer intensiven, Widerstände überwindenden, gegebenenfalls Schwierigkeiten aufsuchenden geistigen und motorischen Aktivität ausgeweitet und seiner Spezifität beraubt. Diese Spezifität sehen wir darin, daß sich das aggressive Gehaben – äußere es sich in Handlungen oder beim Menschen lediglich in Phantasien und Plänen – *betont gegen die phänomenale und funktionale Integrität der fremden Objekte (und des Aggressionsträgers) richtet*. Unter der phänomenalen Integrität verstehen wir bei Lebewesen ihren im Augenblick des auf sie bezogenen Angriffs bestehenden körperlichen Zustand, bei leblosen Dingen die entsprechende Beschaffenheit ihrer Oberfläche. Beide können an sich bereits irgendwie deformiert, also nicht mehr im strengen Sinne unversehrt sein; das Ausschlaggebende ist aber, daß die Aggression auf die Erweiterung der Deformation und schließlich auf die völlige Zerstörung der (lebendigen und leblosen) Gegenstände abzielt. Die funktionale Integrität meint in erster Linie die den angegriffenen Lebewesen selbst eignenden Antriebe, Strebungen, Bedürfnisse, wider deren Durchsetzung das aggressive Agieren angeht.

1 Dorsch (36), S. 7.

Zu dessen Wesen gehört u. E. das akzentuierte, sei es bewußt-absichtliche oder – zumal bei Tieren – unbewußt-impulsive Verletzen der jeweiligen Integrität des Begegnenden. Wenn z. B. ein Hund im spielerischen »Beißen« seinen Partner »unabsichtlich« verwundet, so scheint uns hier so wenig eine Aggression vorzuliegen, wie wenn ein abstürzender Felsblock eine Gemse erschlägt. Freilich wird man bei zahlreichen Beispielen menschlichen und tierischen Verhaltens hinsichtlich des darin wirksamen aggressiven Anteils zu keiner eindeutig begründbaren Beurteilung kommen und daher durchaus verschiedener Meinung sein können. Allein mit der Berufung auf solche – häufigen – Grenzfälle ließe sich schließlich jeder phänomenalen und begrifflichen Differenzierung im Bereich des kontinuierlichen, also nicht durch scharfe Trennungslinien gegliederten Erlebens und Verhaltens der Boden entziehen. Davon abgesehen scheint uns jedoch zwischen aggressiven und destruktiven Impulsen und Handlungen nur ein gradueller Unterschied zu bestehen: In der Zerstörung eines Lebewesens oder Dinges kommt es gleichsam an den Tag, worum es der Aggression letzten Endes geht. Und daran zeigt sich zugleich ihre Gegensätzlichkeit zur Anpassung: Während diese eine detaillierte Kenntnis der maßgebenden Eigenschaften des Begegnenden verlangt, genügt jener das Vertrautsein mit der Zerstörbarkeit des Seienden und mit den Mitteln ihrer aktiven Realisierung.

Der Sinn der – vielleicht nicht sonderlich glücklich bezeichneten – funktionalen Integrität der Objekte, auf deren Beschränkung und Verletzung das aggressiv-destruktive Reagieren aus ist, bedarf noch einer näheren Bestimmung. Wir möchten darunter nicht nur die mechanischen Funktionen der Maschinen usw. und die physiologischen Leistungen der Lebewesen, sondern auch die Gesamtheit der unser Dasein tragenden und sichernden Haltungen, Bedürfnisse, Wünsche, Wertungen, Intentionen verstanden wissen. Demgemäß können wir die Freiheit, das soziale Prestige, die Würde, die Gesinnung, die charakterliche Artung, den religiösen Glauben der Mitmenschen angreifen und zerstören, wobei es sich um mannigfaltige Aktqualitäten – Ironisieren, Bezweifeln, Abwerten, Bestreiten, Verwerfen, Verdammen u. a. – handelt, in denen das aggressiv-destruktive Moment mehr oder weniger verborgen bleiben kann. Man darf behaupten, daß alles irgendwie Gegebene zum Objekt aggressiver Regungen und Aktionen zu werden vermag, und das hängt offenbar mit ihrer willkürlichen Aktualisierungsmöglichkeit zusammen. Gewisse Affektzustände einerseits (Ärger, Wut, Haß, Furcht u. a.) und andererseits besondere Situationen (des Bedrohtseins, des Erschreckens, der Panik usw.) bewirken ihr Durchbrechen leichter als ausgeglichene Stimmungen und vertraute Lagen. Nicht zuletzt die jederzeitige willkürliche Aktualisierung aggressiv-destruktiver Handlungen veranlaßt uns, in den Bestand des Menschseins eine vermutlich angeborene Fähigkeit, die Aggressivität, aufzunehmen, die den einzelnen Angriffs- und Zerstörungsaktionen vorausliegt und sie ermöglicht. Dafür scheint die frühzeitige Manifestation, z. B. das Beißen und Schlagen des Kleinkindes, zu zeugen. Indessen bleibt dies eine ausschließlich auf einem Rückschluß beruhende Hypothese. Sie impliziert zwar die Spontaneität der Aggressionen im eigentlichen Sinne, d. h. ihr potentiell »freies« willentliches Hervorbringenkönnen, verweist aber gerade nicht auf eine endogene, dem Organismus innewohnende Rhythmik ihres Auftretens, wie die nutritiven und sexuellen Antriebe sie beim Menschen wenigstens noch in Andeutungen zeigen.

Wenn etwa Freud in der späten Gestalt seiner stets dualistisch gewesenen Theorie der Sexualität – als dem einen – die Aggressivität – als dem andern psychologisch faßbaren Triebkomplex – gegenüberstellte und der letzteren als fundierendes »biologisches Korrelat« den »Todestrieb« zuordnete, so wollte er wohl beiden eine im Organischen verwurzelte Gleichursprünglichkeit und Irreduzibilität einräumen. Die Endogenität der Geschlechtlichkeit, d. h. das letztlich von physiologischen Vorgängen bewirkte Durchbrechen der ihr entspringenden Antriebe und Wünsche war für Freud eine Selbstverständlichkeit, die – ungeachtet des Mitspielens umweltlicher Faktoren – eine wenn auch nicht ausgeprägte immanente Periodizität einschloß. Bezüglich anderer wiederkehrender Erscheinungen hat er auf einen supponierten »Wiederholungszwang« rekurriert, den er in einen nahen Zusammenhang mit dem Todestrieb brachte. Allein das blieb zum überwiegenden Teil Spekulation. Wir dürfen uns zur sachhaltigen Begründung nicht mehr darauf berufen, sowenig wie auf Freuds (68, S. 62) verführerische, obzwar keineswegs von vornherein verfehlte These: »Die wahrgenommenen Phänomene müssen in unserer Auffassung gegen die nur angenommenen Strebungen zurücktreten«, wenn es darum geht, die Stellung der Aggressivität innerhalb der menschlichen Antriebe zu klären. Wir konfrontieren sie also mit den sexuellen und nutritiven Bedürfnissen, die uns paradigmatisch für endogene, d. h. im organischen Geschehen spezifisch verankerte und sich von

Zeit zu Zeit auch unabhängig von situativen Anlässen manifestierende Triebe und Triebhandlungen zu sein scheinen. Ihre Beeinflußbarkeit durch soziale und willentliche Eingriffe spricht offensichtlich nicht gegen ihren primär endogenen Charakter, für dessen Bestimmung übrigens nicht notwendig auf somatische Prozesse zurückgegriffen werden muß: Es genügt, sie, die Triebe und Triebhandlungen, als dem Lebensablauf innewohnende und ihm entspringende, aber nicht von ihm abgehobene Ereignisse zu kennzeichnen. Treten nun aggressiv-destruktive Impulse und Äußerungen auch in dieser Weise auf?

Das läßt sich in der Tat nicht ohne weiteres bestreiten. Sehen wir von den »aggressionsenthemmenden« Wirkungen psychotischer Zustände und gewisser pathologischer Gehirnprozesse ab, deren Beanspruchung als Zeugnisse endogener Aggressionen fragwürdig bleibt, so ist etwa an das anscheinend unmotivierte Auftreten zerstörerischen Verhaltens kleiner Kinder, an die in Märchen, Mythen, Tag- und Nachtträumen erscheinenden Zerstückelungsmotiven und an die beharrlichen suizidalen Antriebe bei Melancholischen zu denken, die schon Federn als die »Wirklichkeit des Todestriebes« angesprochen hatte. Alle diese Beispiele scheinen uns die endogene Spontaneität der Aggressionen, die also von der willentlichen Spontaneität unterschieden werden muß, nicht zwingend zu belegen.

Was zunächst das kindliche destruktive Gebaren betrifft, so bemerkte Straus (175, S. 111) seinerzeit folgendes dazu: »Gewiß, das kleine Kind bemächtigt sich dadurch der Gegenstände, daß es sie zerstört. Wenn aber ein junger Hund, mit dem wir das kleine Kind hier vergleichen dürfen, ein wertvolles Möbel annagt oder einen kostbaren Teppich zerpflückt, so hat er wohl seine Leistungsfähigkeit des Beißens und Grabens an diesen Gegenständen versucht, geübt, betätigt. Wir dürfen jedoch nicht ernstlich behaupten, daß er sich aggressiv gegen das Möbel oder den Teppich verhalten habe. Denn das Möbel ist für ihn nur ein Stück Holz, in das man beißen kann, der Teppich eine Deckfläche des Bodens, die zum Graben bestimmt ist. Der Teppich und das Möbel, wie sie dem Besitzer wertvoll sind, existieren für ihn nicht. Nicht anders liegt es bei der Aggression des Kindes; sein Bemächtigen ist in den meisten Fällen ein Zerstören, weil es noch keine andere Form der Kommunikation mit den Dingen hat, und weil ihm die Dinge nur in der Ordnung des Zerbrechlichen oder Unzerbrechlichen als Betätigungsmöglichkeit seiner Kraft erscheinen. Das Zerstören ist noch die einzige ihm zugängliche Form seines Wirkens auf die

Dinge; seine Freude am Zerstören ist Freude an seinem Wirken.« Aber Straus mußte sich von Binswanger (14, S. 167) sagen lassen: »So einfach liegen die Dinge keineswegs, und der Vergleich des Kindes mit einem jungen Hund ist daher ganz unzulässig.« Er erwähnt die Äußerung einer Kranken in ihrem dritten Lebensjahr, die den »neronischen« Zug des frühinfantilen Zerstörungstriebes eindrücklich dokumentiert. An der Häufigkeit von im eigentlichen Sinne aggressiven und destruktiven Aktionen und wohl auch Phantasien vom frühen Kindesalter an läßt sich kaum mehr zweifeln. Allein wie weit sie wirklich endogen-spontan und wie weit reaktiv – sei es auf offensichtliche oder der Beobachtung verborgene Situationen – auftreten, das ist oft nur schwer oder gar nicht zu entscheiden. So gut wie sicher kommen auch »aufgeschobene«, d. h. während des aktuellen Anlasses aus irgendwelchen Gründen zunächst unterbliebene und erst später »nachgeholte« Aggressionen vor, die um so leichter den täuschenden Eindruck eines endogen-spontanen Durchbruchs erwecken, als die sie jetzt »provozierenden« Gelegenheiten manchmal in keinem einsichtigen Zusammenhang mit der ursprünglichen angriffsauslösenden Situation stehen. Diese Bedenken sind u. E. auch im Hinblick auf die scheinbar endogen-spontanen Aggressions- und Destruktionsmanifestationen in den Märchen, Mythen, Tag- und Nachtträumen und in der Melancholie am Platz, abgesehen davon, daß die Herleitung eines Verhaltens aus einem jeweils postulierten entsprechenden »Trieb« zwar bequem, naheliegend und stets »einleuchtend«, aber kurzschlüssig ist und möglicherweise adäquatere Erklärungen aus dem Zusammenwirken mehrerer Faktoren und Bedingungen von vornherein unterbindet. Dennoch möchten wir das Vorkommen endogen-spontaner Aggressionen und Destruktionen um ihrer selbst willen und ohne Anlehnung an andere Antriebe nicht prinzipiell leugnen, sondern die Möglichkeit solcher offen lassen. Eindeutige Zeugnisse dafür sind im menschlichen Bereich allerdings noch nicht beigebracht worden.

Gesetzt jedoch, sie ließen sich in Zukunft nachweisen, dann würde damit das Faktum in keiner Weise tangiert, demgemäß die überwiegende Zahl menschlicher aggressiv-destruktiver Handlungen einen reaktiven Ursprung hat. Von einem solchen sprechen wir auch dort, wo Angriff und Zerstörung aufgrund willentlicher Absichten erfolgen, die ihrerseits im Dienste anderer nicht-aggressiver Bedürfnisse stehen. Überblickt man daraufhin den Ablauf eines durchschnittlichen Alltags im engen Familienkreis und im Leben der Völker, dann zeigt sich: Am häufigsten sind es auf Widerstände stoßende Wünsche, Antriebe, Strebungen mannigfachster Art – Verlangen nach Ruhe, Stille, Bewegung, Spiel, Unterhaltung, Schutz, nach Macht, Rache, Besitz, Ansehen, sexueller Befriedigung, Essen, Trinken, Schlaf usw. –, die in aggressive Reaktionen umschlagen oder umschlagen können. Man kann diesen Sachverhalt auch so wie Biran (17, S. 20) formulieren, der wohl allzu sehr verallgemeinernd schreibt, Aggression sei »kein Ziel für sich selbst..., sondern ein Mittel und Weg zur Erreichung der verschiedensten Ziele«. Jenes Umschlagen eines frustrierten drängenden Bedürfnisses in eine kürzer oder länger dauernde aggressive Verstimmung – in ihrer häufigsten und mildesten Form nennen wir sie »Verärgerung« – läßt sich oft genug als unmittelbarer Erlebnisbefund introspektiv konstatieren und am fremden Gebaren beobachten: Wenn mich während der Vorbereitung eines geplanten Ausfluges ein unangemeldeter Besucher daran hindert, ihn zeitig genug anzutreten, erfahre ich das die Vorfreude vergällende Aufkommen der Verärgerung; es bedarf einer kleinen Anstrengung, sie ihn nicht merken zu lassen. Und wenn ein ruhig seines Weges gehender Mann von einem bissigen Hund angefallen wird, setzt er sich zur Wehr, d. h. sein Gehen schlägt in ein aggressives Reagieren um. In beiden Fällen handelt es sich um feststellbare und zugleich gedeutete Fakten, nicht um eine »Aggressions-Frustrations-Hypothese« (Dollard). Eine solche läge etwa in der Behauptung vor, daß *alle* Aggressionen *nur* aus Frustrationen resultieren – und das wird sich empirisch schwerlich erweisen lassen.

Bezüglich der Häufigkeit stehen u. E. also die im eigentlichen Sinne reaktiven Aggressionen und Destruktionen, d. h. diejenigen, welche auf verhinderte Bedürfnisbefriedigungen mannigfacher Art hin erfolgen, mindestens in Friedenszeiten an erster Stelle. Den zweiten Rang nehmen jene ein, die mit andern Antrieben und Tendenzen mehr oder weniger verknüpft sind, z. B. mit unspezifischem Expansionsdrang, Eroberung bewohnten Landes, Rodung der Wälder zur Holzgewinnung, Nahrungsbeschaffung, Freiheitsberaubung, Bestrafung usw. Um die darin angestrebten Ziele zu erreichen, sind aggressive und destruktive Aktionen manchmal unvermeidlich, obwohl der Akzent nicht auf ihnen liegt und es demgemäß verfehlt wäre, das ganze Verhalten rundweg als aggressiv-destruktives anzusprechen. Schließlich gibt es beim Menschen willentlich-spontane, nicht endogen-unmotivierten Drangzuständen entspringende An-

griffs- und Zerstörungshandlungen um ihrer selbst willen, etwa das Ab-
schlagen von Blütenköpfen auf einem Spaziergang, das sicher gelegentlich den »unbewußten Sinn« eines surrogativ-symbolischen »Kastrierens«
besitzt. Sie – als Manifestation der eigentlichen, vielleicht spezifisch
»menschlichen Bosheit« – scheinen uns, wenn wir von ihrem befehlsmä-
ßigen Vollzug in Kriegen und Vernichtungslagern absehen, trotz der radikalen »Verdorbenheit« der »menschlichen Natur« am seltensten zu sein.
Aber das mindert ihre Relevanz keineswegs – im Gegenteil: Erst die willkürliche Spontaneität und die Reaktivität der Aggressionen einschließlich
der damit verknüpften Merkmale läßt ihre von Freud zunächst lange ver-
kannte und später um so entschiedener unterstrichene Ubiquität begreiflich erscheinen. Warum beharren dann er und eine Anzahl anderer Analytiker auf ihrer mit der Sexualität gleichursprünglichen Endogenität,
nicht beachtend, daß die dafür in Anspruch genommenen vermeintlichen empirischen Belege fragwürdig bleiben? Wir sehen zwei Motive
wirksam, die beide spekulativer Art sind.

Zahlreiche aggressiv-destruktive Aktionen gegen Lebewesen führen un-
bestreitbar deren Tod herbei. Da der Mensch imstande ist, den eigenen und
den fremden Tod zum Gegenstand des Wissens, Denkens, Vorstellens,
Deutens, Wünschens, Fürchtens und Handelns, also zu einem psychologischen Objekt zu machen, liegt es nahe, diesen – sagen wir – vergegenständlichten mit dem faktischen, sich ereignenden, je singulären Tod zu
identifizieren. Aber nicht nur identifiziert werden die beiden Sachverhalte,
außerdem wird der faktische Tod zum »Ziel« oder »Resultat« eines ihn
gewissermaßen hervorbringenden oder wenigstens herbeiführenden »Triebes«, mithin einer psychophysischen Aktivität umgedeutet, wofür scheinbar die suizidale Fähigkeit spricht. Allein der Unterschied zwischen dem
wirklich geschehenden und dem von seelisch-geistigen (intentionalen)
Akten vergegenständlichten – im Falle des Selbstmordes überdies von
ihnen mittelbar »realisierten« – Tod ist nicht minder radikal wie der
zwischen dem Matterhorn in den Walliser Alpen und dem Venusberg des
Minnesängers Tannhäuser. Desgleichen folgt aus der Tatsache, daß für
unser Erfahren im faktischen Tod die ganze Lebendigkeit endet, keineswegs ein triebmäßiges oder intentionales Beteiligtsein an seiner »Herbei-
führung«, wie die Konzeption eines Todestriebes es supponiert. Es war
deshalb kein Zufall, wenn die von Freud an der Geschlechtlichkeit herausgestellten Kriterien des Triebes bzw. der Triebhandlung bei genaue-

rem Zusehen für den Todestrieb gar nicht mehr gültig waren, wie wir das früher zu zeigen versucht haben [2]. Der sich ereignende, von jedem zu sterbende Tod umfaßt zwar auch das seelische und geistige Erleben, jedoch überragt er es an geschehender Mächtigkeit und wird nicht von ihm hervorgebracht. Daß zerstörende Akte zu töten vermögen, verleiht ihnen so wenig wie den lebensvernichtenden Naturkatastrophen eine immanente, auf den Tod gerichtete triebhafte Tendenz. Doch können wir hier nicht näher auf diese Probleme eingehen.

Außer der verfehlten Identifizierung des »endogenen«, d. h. dem Lebensablauf innewohnenden und dessen Richtung bestimmenden wirklichen Todes mit dem objektivierten Tode spielte bei Freuds Konzeption der Aggressivität als eines »Urtriebes« vermutlich auch die Postulierung einer ihr entsprechenden, der Libido analogen spezifischen »Energie« eine Rolle [3]. Mitscherlich (134, S. 653) hat gewiß recht, wenn er schreibt: »Das Energiemodell ist äußerst brauchbar für die Verständigung«; problematischer scheint uns schon die Fortsetzung der These zu sein: es »erlaubt die genaue Bezeichnung beobachtbarer Vorgänge (etwa die Rücknahme einer Gegenbesetzung) und enthält den Aspekt des *Geschehens*, der *Aktivität*«. Ist die »Rücknahme einer Gegenbesetzung« wirklich ein »beobachtbarer« Vorgang bzw. dessen »genaue Bezeichnung«? Das, mittels dessen wir fremde Objekte, den eigenen Körper und Körperteile bzw. deren Repräsentanzen »besetzen«, sind libidinöse und aggressive Energien oder Energiequanten einschließlich ihrer »desexualisierten« und »neutralisierten« Abwandlungen. Sie hat bislang noch niemand beobachtet, d. h. als qualitativ und quantitativ unterscheidbare Gegebenheiten wahrgenommen. Beide, die Besetzung und ihr Mittel, sind hypothetische Gedankengebilde, was keineswegs besagt, daß ihnen nicht reale psychophysische Prozesse entsprechen könnten; nur kennen wir diese nicht. Ein hypothetisches Gebilde in Mitscherlichs Beispiel stellt auch die »Rücknahme« der Gegenbesetzung dar. Was daran beobachtbar ist, sind auf Partner oder auf den eigenen Leib bezogene Verhaltungen und Erlebnisse unterschiedlicher Art, denen wir jene energetischen Vorgänge unterlegen. Daß das grundlos geschieht, möchte ich nicht behaupten; denn schließlich drängt sich bereits in der Alltagserfahrung der Eindruck einer für die Individuen jeweils

2 Vgl. H. Kunz (115), S. 47 ff.
3 Zur Kritik der energetischen Hypothesen in der Psychoanalyse vgl. neuerdings Keller (109), S. 42 ff.

kennzeichnenden und im Alter abnehmenden »Lebensenergie« auf. Jedoch manifestiert sie sich ausschließlich »in« oder »hinter« den mannigfachen qualitativ differenzierten seelisch-geistigen Aktionen und Abläufen, ohne sich als solche fassen oder gar messen zu lassen. Bezüglich des empirisch konstatierbaren Gehaltes ist Freuds Libidobegriff seit den rund sechzig Jahren seines Bestehens keinen Schritt über seine bloß gedankliche Zuordnung zu beobachtbaren Verhaltens- und Erlebnisweisen hinausgekommen. Um so leichter fiel es, dem bevorzugten, »nur angenommenen«, deshalb willfährigen Konzept die nötigen Möglichkeiten zu insinuieren, zumal damit ein Zusammenhang mit der physikalischen Energetik und ihrem Ansehen bewahrt schien. Allerdings ist gerade jenes Moment, das der physikalischen Energetik die große Relevanz ermöglicht und gesichert hat: die Meßbarkeit der Energien, in der Psychoanalyse völlig ausgefallen. Unmerklich traten an die Stelle der ursprünglich gemeinten Fakten die supponierten Modellvorstellungen, die in der Tat eine bequeme Verständigung erlauben. Es fragt sich freilich, welche Rolle dabei der »Wortmagie« zufällt: mittels der Namen verständigen wir uns zum Beispiel jederzeit über gemeinsame Bekannte; aber niemand wird behaupten, daß sie etwas über die Eigenart der Namenträger aussagen.

Im Hinblick auf die den Aggressionen unterlegten Energie bewegten sich die ihr zugedachten Möglichkeiten in einem bescheideneren Rahmen. Diese Energie konnte sich etwa, analog der »Desexualisierung« der Libido, »neutralisieren« (Hartmann), d. h. ihre primär aggressive »Qualität« oder »Bedeutung« einbüßen. Daß sich so ein genetischer Zusammenhang beispielsweise zwischen einem zunächst aggressiv-unangepaßten und einem gesteuerten Agieren kurz formulieren läßt, soll nicht bestritten werden. Allein daraus ergibt sich keine Notwendigkeit, den beiden aufeinander folgenden Verhaltensgestalten eine vorerst aggressiv qualifizierte und dann neutralisierte Energie zuzuschreiben. Letzten Endes läuft die psychoanalytische Energetik ohnehin auf eine keineswegs unvermeidliche gedankliche Verdoppelung hinaus, die zwar einerseits terminologische Vorteile bietet, andererseits sich aber nicht von der Erfahrung her legitimieren läßt. Außerdem bringen Modellvorstellungen stets die Gefahr mit sich, die in ihnen – sagen wir – »abgebildeten« Tatbestände zu verdrängen oder wenigstens zu nivellieren. Das scheint uns auch bei Mitscherlich der Fall zu sein, wenn wir ihm die durch das Energiemodell nahegelegte Gleichsetzung des »Geschehens«- mit dem »Aktivitäts«-aspekt nicht mißverstehend unterschieben. Zwischen Aktivität und Geschehen gibt es sicher häufig keine Grenzlinien, doch ändert das an ihrer fundamentalen Verschiedenheit nichts, die sich nicht zuletzt hinsichtlich des Todes bzw. Sterbenmüssens und des Suizids zeigt. Die Möglichkeit des letzteren räumt uns die aktive Entscheidung ein, dem Sterbenmüssen dagegen, das überdies sowohl den Fremd- wie den Selbstmord fundiert, nicht umgekehrt, bleiben wir als der unsern Lebensablauf beherrschenden Macht ausgeliefert. Die Umdeutung des Sterbens zu einem »Aktus des Lebens« (Scheler) oder in ein »Sterbenkönnen« im Sinne eines »Vermögens« (Heidegger, Berlinger) wird seinem Geschehenscharakter sowenig gerecht wie Freuds Rückbindung des faktischen, nicht nur des vergegenständlichten Todes an einen ihn hervorbringenden Todestrieb. Daß die diesem und seinen psychischen – sei es rein aggressiven, sei es mit libidinösen Strebungen vermischten sadistisch-masochistischen – Manifestationen supponierte spezifische Energie die Unterscheidung zwischen der Aktivität und dem Geschehen im ganzen menschlichen Erlebens und Gebarens nicht fördert, ist nicht verwunderlich, sondern bestätigt die simplifikatorische Tendenz der energetischen Modellkonstruktionen.

Übereinstimmend mit Freud ist auch Lorenz für die Ursprünglichkeit der Aggressionen eingetreten. Er behauptet etwa: »An der instinktiven, triebmäßigen Natur der menschlichen Aggression wird kaum jemand ernstlich zweifeln« (126 a, S. 23). Als Mitbegründer der vergleichenden Verhaltensphysiologie[4] liegt ihm die Annahme einer irgendwie physiologisch faßbaren reaktions- oder aktionsspezifischen Energie besonders nahe, doch konnten bislang lediglich ethologische, nicht nervöse oder chemische Momente beigebracht werden. Unter jenen stehen die rhythmische Wiederholung und die Schwellenerniedrigung der aggressionsauslösenden »Reize« an erster Stelle. Auf sie beruft sich denn auch Lorenz in seiner ›Naturgeschichte der Aggression‹ (125) mehrfach, in welcher er der »Spontaneität der Aggression« ein eigenes, obzwar angesichts der Wichtigkeit des Themas auffallend kurzes Kapitel widmet[5]. Noch überraschender sind seine wenigen Beispiele, welche beweisen sollen, »daß der Aggressionstrieb ein echter, primär arterhaltender Instinkt ist«, dessen Spontaneität »ihn so gefährlich macht«[6]. Diese dem menschlichen Bereich entnommenen Bei-

4 Vgl. G. Tembrock (179).
5 Lorenz (125), S. 77 ff.
6 Ebd. S. 79 f.

spiele – die von Zeit zu Zeit einen Krach mit den Dienstmädchen vom
Zaune brechende, schon etwas mythisch gewordene Tante, die Ärger- und
Wutausbrüche in Kriegsgefangenschaft, der Expeditionskoller [7] – belegen
nämlich keineswegs eine endogene rhythmisierte Wiederkehr aggressiver
Verstimmungen, sondern sind exogen bedingte »Stauungserscheinun-
gen«, die auch in weniger extremen Situationen auftreten. Lorenz hat
dies freilich auch gesehen, aber die nächstliegende und u. E. zutreffende
Deutung des Sachverhaltes verfehlt – und zwar vermutlich aus zwei
Gründen: Einerseits ist er von der äußerlichen Ähnlichkeit der durch Frustrationen bewirkten mit den endogen bedingten Schwellenerniedrigun-
gen der aggressionsauslösenden Umstände irregeführt worden. Andrerseits lassen sich vielleicht die hemmungsbedingten Aggressionsstauungen
und -durchbrüche *physiologisch* gar nicht anders erklären, als wie Lorenz
es versuchte. Die in seinen Beispielen angedeuteten Situationen verlangen
von den darin verstrickten Individuen eine gewisse gegenseitige Rücksichtnahme, d. h. einen Verzicht auf die unmittelbare Entäußerung der
kleinen, im Zusammenleben dank der unerläßlichen Versagungen unvermeidlich entstehenden Verärgerungen und Enttäuschungen. Bei der Tante mag es die Abhängigkeit von den Dienstboten zur Bewältigung des
Haushaltes gewesen sein, die sie jeweils bewog, ihre Unzufriedenheit mit
den Leistungen der neuen Dienstmädchen eine Weile zu unterdrücken,
wozu noch der Mangel geeigneter Gelegenheiten, den Ärger anderswo
»los«zuwerden, kommen konnte. Dieser selbe Mangel ergibt sich auch für
die auf engstem Raum längere Zeit zusammengepferchten Menschen (Ge-
fangenenlager, Polarexpeditionen u. a.): Es fehlen ihnen die uns zur Verfügung stehenden Möglichkeiten, uns für von der einen Seite auferlegte
Beschränkungen surrogativ an andern Partnern zu »rächen«. Diese Deutung beruht auf zwei Voraussetzungen, die uns beide in der Erfahrung
begründet zu sein scheinen: 1. können leise Enttäuschungen, Verärgerungen, Unzufriedenheiten, d. h. aggressiv getönte Verstimmungen bei der
Frustration *aller* Bedürfnisse entstehen; und 2. wohnt solchen Verstimmungen stets die Tendenz zu entsprechenden Entäußerungen inne. Ihre
dauernde oder doch häufig wiederholte, so oder anders motivierte Unterdrückung führt u. a. zu Stauungszuständen, die sich dann in inadäquaten
Situationen und gegen unbeteiligte Mitmenschen entladen, so den täu-

7 Ebd. S. 87 f.

schenden Eindruck eines endogen bedingten Spannungszustandes (wie etwa bei längerem Ausbleiben der sexuellen Befriedigung) erweckend.

Anders dürfte der Fall bei den von Lorenz (126 a, S. 13 f.; 125, S. 85 ff.) angeführten Cichlidenpaaren liegen. Hier scheint in der Tat eine endogene Aggression vorzukommen, falls nicht doch bislang übersehene situative Momente mitspielen, die ihre reaktive Auslegung erlauben. Allein diese Beobachtungen an den Buntbarschen rechtfertigen keineswegs ihre Verallgemeinerung. Denn das aggressive Verhalten tritt auch bei den Tieren, wie bei uns, weitaus am häufigsten entweder an andere Aktionen – Beutefang, Verteidigung der sozialen Rangstelle, des Reviers, der Jungen, des Partners, Rivalitätskämpfe usw. – angelehnt oder gegen Hinderungen des Agierens auf. Das entspricht wohl auch der »objektiven Arterhaltung«, wenn man schon dergleichen Spekulationen Raum gewähren will. Würden z. B. die Abwehraggressionen wie die echten Instinkthandlungen stets nur durch endogene Faktoren determiniert, dann könnte sich dies nachteilig für die besagte Arterhaltung auswirken. Davon abgesehen sprechen anscheinend manche Beobachtungen dafür, daß sich Tiere ebenfalls etwa für früher erlittene Neckereien »rächen«, d. h. gestaute, »aufgeschobene« Angriffe nachträglich abreagieren können. Desgleichen mag bei ihnen auf solche Weise auch gelegentlich ein chronisch gewordener Aggressionszustand entstanden sein. Und schließlich wird man in diesem Zusammenhang an eigenartige »Prägungsvorgänge« – ich verwende den Ausdruck nicht im präzisen, unlängst von Schutz (158 a, S. 50 ff.) geklärten Sinne der Nachfolge- und der sexuellen Prägungen – denken dürfen, wofür ich kurz zwei Beispiele anführen möchte.

Ein im Basler Zoo lebendes Kolkrabenpaar hat in bereits ausgewachsenem Alter außer einigen anderen häufigeren Besuchern auch mich zu seinem »Rivalen« erkoren. Stehe ich vor seinem Käfig, so balzt das Männchen auch außerhalb der Brutzeit in der Regel – etwas weniger häufig das Weibchen – und schreitet in Imponierhaltung längs des Gitters, das Weibchen wegdrängend, hin und her. Das letztere dagegen hackt gelegentlich eindeutig gegen mich, ohne daß ich ihm dazu jemals einen »realen Anlaß« geboten hätte. Es scheint also eine aggressive Abwehrhaltung auf mich »übertragen« zu haben. – Beim zweiten Fall handelt es sich um eine ebenfalls im Basler Zoo mit einem (anscheinend impotenten) Mandrillmännchen und zwei Mandrillweibchen zusammenlebende Mantelpavianäffin, die wahrscheinlich durch die vorhin erwähnten Neckereien

von seiten vieler Besucher in eine leicht erregbare Abwehrstellung geraten
ist. Zu mir hat sie ein gewisses Vertrauensverhältnis gewonnen; jedenfalls
»begrüßt« sie mich öfters durch Hinhalten der Hand, Züngeln und Grun-
zen – ein Gebaren, das allerdings jederzeit in einen Angriff umzuschlagen droht. Dieser wird sofort ausgelöst, wenn meine Frau mir ihre Hand
auf die Schulter legt, was die Äffin vermutlich als Aggression »versteht«
und wodurch sie vielleicht zu einer Art »Partnerverteidigung« provoziert
wird.

Die beiden Beispiele sollen lediglich das *wahrscheinliche* Vorkommen
von situationsbedingten Aggressionen bei Tieren illustrieren, die dennoch
von der Situation allein her nicht recht »verständlich«, aber auch nicht
endogen bestimmt sind, sondern wohl überdies auf späten »Prägungen«
oder »Übertragungen« dunkler Herkunft beruhen.

Ohne das Auftreten endogener Aggressionen bei Tieren grundsätzlich
bestreiten zu wollen, scheinen sie für die unvoreingenommene Beobachtung doch recht selten zu sein. Lorenz' Berufung auf sie als Beweis für die
spontane Aggressivität ist daher unzulänglich. Dessenungeachtet müssen
wir seiner These vorbehaltlos – den Einbezug der Aggressivität also ausgenommen – beistimmen, dergemäß es eine »völlig irrige Lehrmeinung«
sei, »daß tierisches wie menschliches Verhalten überwiegend *re*aktiv und,
wofern es überhaupt angeborene Elemente enthalten sollte, doch durch-
wegs durch Lernen veränderlich sei«. Er macht dafür in erster Linie ein
»Mißverständnis an sich richtiger demokratischer Prinzipien« verantwortlich. »Dazu kommt, daß durch viele Jahrzehnte die Reaktion, der ›Reflex‹,
allein das Element des Verhaltens darstellte, dem die ernst zu nehmenden
Psychologen ihre Aufmerksamkeit widmeten, während alle ›Spontaneität‹
des tierischen Verhaltens die Domäne vitalistisch eingestellter, das heißt
stets ein wenig mystischer Naturbetrachter war.«[8] Wir selber haben
zum Verständnis der Mißdeutung des spontanen Geschehens als reaktives
auf geistesgeschichtliche und methodische Motive hingewiesen[9], doch lassen wir diese Angelegenheit jetzt auf sich beruhen. Uns scheint allein
schon der faktische Ablaufcharakter alles Lebendigen seine restlose Reduktion auf Reaktionsreihen, die an ihm freilich stets beteiligt sind, aus-
zuschließen.

8 Lorenz (125), S. 81.
9 Vgl. Kunz (116), S. 69 ff.

Es gibt an den aggressiv-destruktiven Phänomenen noch andere Züge, die gegen ihre Endogenität sprechen, wenn man sie mit den an letzterer partizipierenden sexuellen und nutritiven Antrieben vergleicht. Diese sind einer besonderen Befriedigung fähig, die ihren dynamischen Drangcharakter zeitweise beseitigt; die sie absättigenden Handlungen lassen sich nicht beliebig oft wiederholen. Demgegenüber erlaubt das aggressiv-destruktive Agieren eine »endlose« Fortsetzung, der lediglich durch die umfassende, keine spezifischen Satisfaktionsqualitäten enthaltende Ermüdung Schranken gesetzt sind. Sodann können nur eine begrenzte Anzahl von Gegenständen als Nahrung und als Objekte geschlechtlicher Betätigungen dienen, während alles Begegnende der möglichen Zerstörung ausgesetzt bleibt. Endlich besteht zwischen den nutritiven und sexuellen Aktionen einerseits und den oralen und genitalen Organzonen andererseits ein unverkennbares, wenngleich sich teilweise überschneidendes Zuordnungsverhältnis. Den Aggressionen und Destruktionen jedoch scheint der menschliche Erfindungsgeist ein unbegrenztes Instrumentarium zur Verfügung stellen zu können und zu wollen, obwohl uns bereits von Natur aus mannigfaltigere aggressiv-destruktive Entäußerungsmittel als den Tieren eignen. Das alles veranlaßt uns zu den drei folgenden abschließenden Bemerkungen.

Lorenz (125, S. 37 ff.) und andere Ethologen haben überzeugend gezeigt, daß die im präzisen Sinne verstandenen angeborenen invarianten Instinkthandlungen von fixierten merkmalsarmen gegenständlichen und situativen Konfigurationen ausgelöst werden (wobei wir die Appetenz und die mitwirkenden erlernten Aktionen unberücksichtigt lassen). Das trifft gewiß zumal auch für intraspezifische Aggressionen bei manchen Tierarten zu, keineswegs aber für den Menschen. Sowohl das völlige Fehlen der unser aggressives Benehmen zwanghaft hervorrufenden und hemmenden Schemata oder positiv formuliert: die unbegrenzte Vielfalt der es provozierenden Objekte und Situationen wie die ihm eignende Willkürlichkeit sprechen eindeutig gegen seinen von Lorenz behaupteten »instinktiven«, »triebmäßigen« Charakter. Damit entfällt auch sein die Gefährlichkeit betonendes Argument: »Die Spontaneität des Instinktes ist es, die ihn so gefährlich macht. Wäre er nur eine *R*eaktion auf bestimmte Außenbedingungen, was viele Soziologen und Psychologen annahmen, dann wäre die Lage der Menschheit nicht ganz so gefährlich, wie sie tatsächlich ist. Dann könnte man grundsätzlich die reaktions-auslösen-

den Faktoren erforschen und ausschalten.«[10] Wir sehen gerade umgekehrt in der beliebigen, jederzeit aktualisierbaren, keiner triebhaft-affekti-
ven Unterstützung bedürftigen, obzwar oft davon erregten und begleite-
ten Willkür des angreifenden und zerstörenden Tuns das ihm innewohnende Verhängnis verwurzelt. Vielleicht wirkt in der Lorenzschen These
die weit verbreitete, aber verfehlte Meinung nach, dergemäß nur oder
doch vorwiegend das »Irrationale«, »Elementare«, »Urtümliche« die
größte Gefährdung berge und zeitige. Allein schon die Existenz der Atombombe widerlegt diesen Irrtum und wäre Anlaß genug, den – freilich ver-
borgenen – Beziehungen zwischen dem Denken, der Rationalität und
der dem Menschen immanenten Destruktivität nachzusinnen[11]. Außerdem dürfen in diesem Zusammenhang die primär oder sekundär gegen
sich selbst gerichteten, »verinnerlichten«, sich – wie Freud gezeigt oder
wenigstens wahrscheinlich gemacht hat – als Gewissensbisse, Schuldgefühle, Zwangsimpulse, depressive Verstimmungen u. a. manifestieren-
den aggressiven Regungen nicht übersehen und in ihrem Wirkungsgewicht
unterschätzt werden. Im übrigen sollten die Biologen und Psychologen
der Versuchung widerstehen, sich die populäre Rolle des »Retters der
Menschheit« anzumaßen – sie bleibe den großen und kleinen Propheten
und Politikern überlassen, obgleich die Hoffnung gering ist, daß sie ihr
gewachsen sein werden.

Wie alles Begegnende und Vorgestellte können auch die aggressiv-destruktiven Erscheinungen so oder anders taxiert werden. In der Regel be-
werten wir sie negativ und sehen in ihnen etwa die Bekundungen »des
Bösen«. Indessen handelt es sich dabei um einen Bereich, der jenseits jeder sich ihrer Schranken bewußten biologischen und psychologischen Forschung liegt, wie noch immer am eindrücklichsten aus dem ersten Stück
der Schrift Kants über die »Religion innerhalb der Grenzen der bloßen
Vernunft« und aus Schellings Freiheitsabhandlung zu lernen ist. Reden
Biologen und Psychologen *als Wissenschaftler* vom Bösen, so ist das gleichermaßen absurd, wie wenn sie etwa die paulinische Deutung des Todes
als der »Sünde Sold« übernehmen wollten.

Für die hier vertretene, ausschließlich auf die Erfahrung sich berufende
und keinerlei pragmatischen Absichten dienende Auffassung, derzufolge

10 Lorenz (125), S. 79 f.
11 Vgl. Baeyer-Katte (4), S. 686 ff.

das aggressiv-destruktive Verhalten bei Menschen und Tieren zum geringsten Teil – wenn überhaupt – aus endogenen, rhythmisch wiederkehrenden Antrieben entspringt, stellt sich die Frage nach einer spezifischen, d. h. auf die Aggressionen bezogenen Anpassung an die mitweltlichen Gegebenheiten, Forderungen und Erwartungen nicht [12]. Deshalb dürfen wir auf entsprechende Erörterungen verzichten, die ohnehin zuerst die mannigfachen Bedeutungen des Wortes »Anpassung« klären müßten.

12 Vgl. Mitscherlich (130), S. 523 ff.

Nachwort

Unser Weg einer Sammlung von Wissen und Hypothesen über die menschliche Aggression hat uns naturgemäß oft an deren phylogenetische und ontogenetische Wurzeln geführt. Das Unternehmen kann nicht damit abgeschlossen werden, die Vielheit der Gedanken in einer Zusammenfassung zu reduzieren oder in eine Ordnung zu zwingen, die zwar als handliches Denkmodell sich empfehlen, aber die Unruhe zu früh besänftigen könnte. Das würde der Absicht, welche diesem Gedankenaustausch zugrunde lag, widersprechen. So werden die Bemühungen um eine Analyse des Phänomens unbefriedbarer menschlicher Aggression, und darüber hinaus unausrottbarer menschlicher Grausamkeit, mit einigen aktuellen Erscheinungen dieser Art in Zusammenhang gebracht, um gleichsam probeweise unser Wissen anzuwenden.

Der Forscher, der sich über Aggression ausläßt, tut zweierlei: er nimmt an der Durcharbeitung und Strukturierung von Wissen teil; dabei vermittelt er Stoff, der nicht zuletzt auch in der Selbsterfahrung prüfbar ist. Zugleich vermehrt er aber auch die Besorgnis und das Gefühl der Ohnmacht, weil alles Wissen um die Aggression noch nicht die höchst pragmatische Frage beantwortet, wie man es anstellen könnte, dieses Wissen in der Praxis – das heißt in der Erziehungspraxis – umzusetzen. Wenn einige tausend Menschen die Gedanken dieses Buches aufnehmen, so werden dabei hauptsächlich Eulen nach Athen getragen: das Buch werden vor allem Leser aufschlagen, die sich der Aggression bewußt sind; gerade wegen ihres Problembewußtseins suchen sie weitergehende Antworten. Wer aber vermittelt den Milliarden Menschen das Bewußtsein dafür, daß es ihre eigene Aggressivität ist, die sie in die Beobachtung einschließen müßten, um zu friedlicheren Lösungen im Gruppenleben zu kommen?

Solange die Möglichkeit besteht, daß eigene Aggression auf Außen-
gruppen projiziert und als deren Gefährlichkeit erlebt werden kann, werden die Konflikte innerhalb menschlicher Gesellschaften und zwischen ihnen nie jenen Grad der Entschärfung erfahren, der es möglich macht, sie
mit konstruktiver Intelligenz zu schlichten.

Dies, so scheint es dem Autor, ist der politisch entscheidende Gewinn
des Symposiums: es hat die Existenz einer primären Destruktivität als
Triebanlage sehr wahrscheinlich gemacht und damit eine *vis a tergo* der
Konfliktsphären benannt – aber auch einen Hinweis gegeben, welches
Prinzip, wenn überhaupt eines, ihre Abschwächung besorgen könnte. Das
Vertrauen, daß gesellschaftliche Veränderungen allein eine Milderung
menschlicher Sitten mit sich bringen könnten, muß im Rückblick auf die
Geschichte als trügerisch gelten. Diese heilsamen Veränderungen werden
wegen unserer Triebkonstitution nicht gelingen; jedenfalls nicht ohne
weiteres, infolge schierer Hoffnung. Erst die Wahrnehmungsfähigkeit für
die eigene Aggressivität verspricht eine Änderung der Lage und enthebt
uns der Aufgabe, beim nächsten Ausbruch kollektiver Zerstörungslust wieder einmal eine Hoffnung auf die Belehrbarkeit des Menschen begraben
zu müssen.

Die Kette fruchtloser Versuche, das »sogenannte Böse« (also die primäre Destruktivität) zu überwinden, hat Verwirrung hinterlassen. Wir
können sie mit Hilfe des metapsychologischen Modells inhaltlich etwas genauer aufhellen, als es mit älteren Mitteln zur Erklärung menschlichen
Verhaltens möglich war. In ›Die Zukunft einer Illusion‹ erinnert Freud an
»den betrübenden Kontrast zwischen der strahlenden Intelligenz eines gesunden Kindes und der Denkschwäche des durchschnittlichen Erwachsenen«.[1] Auf dem Weg der angeblichen »Reifung« ist offenbar auch dieser
Verfall einer Ichleistung – Intelligenz im Umgang mit der Realität – zustande gekommen. Nehmen wir an, daß primärer Narzißmus und primäre
Destruktivität zwei korrespondierende Eigentümlichkeiten des Menschen-
kindes sind, beide lassen sich als sozial feindlich bezeichnen. Angewiesen auf intensive mitmenschliche Hilfe wegen seiner langdauernden physischen Hilflosigkeit ist dieses Kind doch zugleich rücksichtslos zerstörerisch in Tat und Phantasie.

Alle Kulturen, denen es gelang, Aggression in größerem Umfang zu

---

1 S. Freud, Ges. Werke, Bd. XIV. London, Imago Publ. 1946, S. 370.

sozialisieren und die Mittel dazu zu institutionalisieren – durch welche Art von »Schule« auch immer –, setzen frühzeitig mit Methoden an, welche das Kind zwingen, sich Gebote, die gegen seine (primäre) Destruktivität gerichtet sind, anzueigenen und zu verinnerlichen. Gegen diese Erziehungsmethode wäre wenig einzuwenden, wenn sie nicht gleichzeitig das Ich lähmte. So sind jedenfalls bisher in der Breite die Erziehungspraktiken verlaufen; es kam den Gesellschaften nicht darauf an, ein *absolutes Denkgebot* zu verwirklichen, sondern ungleich stärker einen absoluten Gehorsam, der es erlaubt, menschliches Verhalten in der Öffentlichkeit einigermaßen voraussehbar zu gestalten.

Das fragende Ich ist in der Tat der kritische und schließlich auch kritikfähige Gegenspieler seiner selbst, und zwar dort, wo dieses Ich um der Selbsterhaltung willen Abwehrmechanismen einsetzt und unterhält. Was jedoch an Anpassung gefordert wird, sind nicht nur die unerläßlichen Verzichte auf den Genuß narzißtischer Befriedigungen, seien sie libidinöser oder destruktiver Art. Jeder Mensch wächst in eine hierarchisch strukturierte Gesellschaft hinein, in der Privilegien verankert sind. Privilegien bilden sich aus den Rangkämpfen der Rivalitätsaggression, sie werden, so gut es den »Stärkeren« gelingt, ritualisiert und als quasinatürliche Voraussetzungen des sozialen Daseins überliefert. Herbert Marcuse [2] hebt deshalb hervor: »Das Über-Ich setzt somit nicht nur die Forderungen der Wirklichkeit durch, sondern auch die einer verflossenen Wirklichkeit.« Das kritische Ich begegnet solchen Forderungen mit Skepsis. Es »entlarvt« den nicht mehr angemessenen Vorrang. Nicht selten mischt sich bald, unbemerkt, in diese treffende Realitätsanalyse erneut destruktives Luststreben. So daß dann nicht nur für die Rechte der »Ausgebeuteten«, sondern auch aus Neid, Grausamkeit, Intoleranz etc. für die Privilegien neuer »Klassen« gekämpft wird – für das Privileg nämlich, diese bisher verweigerten Gefühle haben und ausagieren zu dürfen, was regelmäßig einschließt, daß man sie den alten Herrschaftsgruppen nunmehr verweigert.

Dieser Einschlag von (primär) destruktiver Aggression in das »fortschrittliche«, »aufgeklärte« Handlungsprogramm schärft und verengt die Konfliktssphäre zugleich. Schärft: weil Rivalitätsaggression neue Rivalität produzieren muß; zur Regulation dieses Reizreaktionsmusters ist kaum die kritische Vernunft vonnöten. Verengt: weil die Beimengung von unbe-

2 H. Marcuse, Eros und Zivilisation. Stuttgart, Klett 1957, S. 40.

merkt (unbewußt) bleibender Destruktivität die Fähigkeit zur Toleranz zunächst aufhebt. Gerade der Revolutionär, der für weiteren Spielraum der Kritik, für Aufhebung von sozial gesetzten Denkhemmungen kämpft, muß intensive Schuldgefühle entwickeln, wo er phylogenetisch älterem Lustgewinn aus Machtgenuß anheimfällt. Das schafft Schuldgefühle, die er nach bekanntem Muster, vornehmlich durch Projektion, abwehrt. Unter diesem unbewußten Prozeß beginnt das gute Argument sich über die Kraft seiner Geltung hinaus zu verabsolutieren; nur die eigene Ideologie enthält schließlich noch Werte. Die Rechthaberei beginnt, und das totale Unrecht des Gegners wird zur evidenten Tatsache. Der historisch immer wieder durchlaufene Weg von der Revolution in die privilegierte Machtausübung, sprich Unterdrückung um der eigenen Vorherrschaft willen, wäre nicht ein so zwanghaftes Geschehen gewesen, läge ihm nicht die unbewußte Abwehr von Schuldgefühlen zugrunde.

Diese These kann nur dann Zustimmung finden, wenn zweierlei vorausgesetzt und in die Hypothese eingebracht wird: 1. die Wirksamkeit einer primär destruktiven Aggression samt der permanenten Aufgabe, ihren Ansprüchen gerecht zu werden; 2. die Existenz von erbgenetisch angelegten Ichkernen und einer vielleicht relativ früh entstehenden konfliktfreien Zone im Ich. Das letztere bedeutet, daß auch dort, wo keine Verbalisierung im Sinne einer hochdifferenzierten revolutionären Ideologie – etwa des Marxismus – erfolgte, im Ich ein mehr oder weniger deutliches Gefühl von Recht oder Unrecht in der Beanspruchung eines Herrschaftsvorteils besteht. Dieses Gefühl muß, wo es sich zum Schuldgefühl entwickelt, abgewehrt werden. Weil die Privilegien in der Gesellschaft regelhaft nicht von Individuen, sondern von Gruppen beansprucht werden, die sich in gleichlaufenden Erziehungsprozessen ein Einigkeitsgefühl entwickelt haben, ist es keineswegs ratsam, ihnen zu widersprechen. Nun ist aber das Schuldgefühl ein persönliches Erlebnis; es ist überaus eindrucksvoll zu sehen, wie in verschiedenen Kulturen verschiedene Anteile der Motivationen, unter denen man schuldhaft gehandelt hat, ins Bewußtsein gelangen dürfen. Die nicht reflektierbaren und damit auch nicht befriedeten Anteile veranlassen dann sowohl die Wendung der Aggression gegen die eigene Person wie die Entlastung durch Projektion.

Zunächst erscheint es als eine Aufgabe von unausdenkbarer Schwierigkeit, den Milliarden reflexionsungeübten Menschen die Wirkungsweise ihrer aggressiven Bedürfnisse insoweit bewußter zu machen, daß sie selbständigere, weniger von infantilen Über-Ich-Direktiven geleitete Entschlüsse fassen können. Sicher kommt man dieser Aufgabe nur auf zwei Wegen näher: durch Verringerung des Hungers und der physischen Not, die jede differenzierte psychische Entwicklung abschneiden; und zweitens durch ein Bildungssystem, in welchem neben der Sachbildung die Affektbildung [3] eine bisher ungekannte Bedeutung erhält.

Es ist leicht auszudenken, wie durch eine Förderung des kritischen Denkens Denkhemmungen entgegengearbeitet werden könnte: Aber es bleibt unklar, wie dies in einer von Not und Unfreiheit aller Art gequälten Menschheit geschehen soll, einer Menschheit, zu deren wenigen Freuden, an denen jedermann teilhaben kann, der Haß auf Feinde gehört – ein Haß, der der eigenen Destruktivität auf dem Wege der Projektion Befriedigung verschafft.

Es ist aber in diesem Zusammenhang eine ernsthafte Frage zu stellen, um einem billigen Pharisäertum zuvorzukommen. Nehmen wir als aktuelles Beispiel China und seinen Konflikt mit Rußland. Dieser Ideen- oder Rivalitäts- oder Hegemonialstreit ist gewiß für den Außenstehenden nicht in allen Einzelheiten durchschaubar. Trotzdem erlauben die Methoden, mit denen er ausgetragen wird, einige Schlüsse. Von Chinas Seite aus erscheint die russische Regierung als »revisionistische Renegaten-Clique« mit »räuberisch-aggressiven Absichten«; als »revisionistische Sozial-Imperialisten«. Ihre Mitglieder sprechen nicht, sie »brüllen«; sie denken nicht, sondern befleißigen sich »Sophistereien«, benützen »Gangster-Logik«. Wenn man sie entlarvt, dann entdeckt man »eingefleischte faschistische Aggressoren«.

Um diesen Jargon auf rationaler Ebene zu verstehen, müßte man wissen, was mit »revisionistisch« gemeint ist, was ein Renegat in bezug auf welchen Glauben ist, was einen »Imperialisten« kennzeichnet und was einen Sozial-Imperialisten etc. Aber darauf kommt es eben nicht an. Was angestrebt wird, ist nicht rationale Verständigung, sondern *Feindmarkierung*. Der Bauer in der Provinz Sinkiang, aber auch die Hunderttausende, die die Aufmärsche in Peking und anderen Städten formieren, wissen vom Krieg mit Japan, was »Imperialisten« sind, nämlich unversöhnliche Feinde. Sie wissen, daß Rußland und China ursprünglich eine gemeinsame Lehre verbunden hat. Wenn aus den »Freunden« nun aus Gründen, die nicht nur für uns, sondern ganz sicher auch für die chinesische Bevölkerung

3 Vgl. A. Mitscherlich, *Auf dem Weg zur vaterlosen Gesellschaft*. München, Piper 1963, S. 31 ff.

undurchsichtig bleiben, »Feinde« werden, dann kann dies der Bevölkerung nur dadurch klargemacht werden, daß der neue Feind mit dem alten dessen tatsächliche Grausamkeit man erfahren hat, in Deckung gebracht wird. Und das geschieht auf dem Wege einer systematischen sprachlichen Feindmarkierung. Die unablässige Wiederholung »revisionistische Renegaten-Clique« in offiziellen Verlautbarungen schafft ein nicht schwankendes Bild von einem Urfeind, auf welches die im Binnenraum des eigenen Staates nicht integrierbare Aggression sich projizieren läßt. An einer gottverlassenen Insel im Ussuri entfacht sich dann die Territorial-Aggression des »Bis hierher und nicht weiter«, die wechselseitig zur Projektion auf den bösen Feind aùfruft. Denn von der russischen Gegenseite her wird mit gleichem Vokabular geschossen.

Was uns nach dem Tuchatschewski-Prozeß, nach der Stalin-Aera, nach der Verwandlung von Trotzki und Slanski in den Abschaum der Menschheit wie eine furchtbare Krankheit, ein bösartiger Massenwahn erscheint, ist zunächst aber als ein erstrebter psychischer Homogenisierungsprozeß, als die Setzung gezielter Denkhemmungen zu verstehen. Unser Beispiel ist aktuell, dem Prinzip nach von offenbar zeitloser Wirksamkeit; sie könnte genausogut an Beispielen aus dem Religionsstreit früherer Jahrhunderte belegt werden. Was hier geschieht, ist die Lähmung des kritischen Ich bei gleichzeitiger Erregung der Affekte – ein strategisches Manöver, das in unseren Tagen wahrscheinlich völlig kühl geplant und zu einem Ritualisierungsvorgang ausgebaut wird.

Freuds Erkenntnis, daß die Einsetzung eines Führers oder einer gemeinsamen Idee anstelle des Ideal-Ich die Massenglieder untereinander fester verbindet, gilt naturgemäß nicht nur für das kollektiv libidinös besetzte Objekt, sondern – nicht weniger – für das gemeinsame Haßobjekt, das Anti-Ideal-Ich. Erst das Zusammenwirken beider: die Vergottung Maos und die Verteufelung der russischen Führer, um bei unserem Beispiel zu bleiben, bringt den gewünschten hohen Grad der Lenkbarkeit hervor. Pharisäisch wäre es, diesen gewiß »reaktionären« Vorgang der Einstampfung individueller Regungen und kritischer Gedanken bei der Vereinheitlichung einer bisher sprichwörtlich uneinigen, nur an den Sippenbanden interessierten Bevölkerung pauschal zu verdammen. Zweifellos kennen wir bessere Formen des libidinösen Zusammenschlusses, und wir versuchen, wenn es hoch kommt, Eigenaggression von Fremdaggression einigermaßen verläßlich zu trennen. Aber ist es irgendeiner Kultur, irgendeinem Sozialisierungsmodus gelungen, eine Population als ganze zu solch differenzierten Ich-Leistungen zu führen? Gibt es eine Sozialstruktur »menschlichen« Niveaus für zweihundert, fünfhundert, siebenhundert Millionen Menschen? Haben wir bereits Massenmedien solcher Vollkommenheit, daß sie unablässig die dissenting opinions verbreiten, um jedermann zu einem Denkaufwand zu veranlassen und dazu, die am weitesten führende Problemlösung herauszufinden? Keine Rede davon: wir haben solche Instrumente der Ich-Entwicklung, der Denkaufforderung für alle nicht; weder wir selbst noch andere. Vielmehr regredieren wir in der »freien Welt« in einer Art negativer Selbstkontrolle immer weiter zur alternativlosen Übereinstimmung. Bis 1918 galt im europäischen Bereich zwischen Frankreich und Deutschland jener Jargon, der heute die Feindschaft Rußland–China beherrscht. Modifiziert fand er auch während des Kampfes der Arbeiterklasse Europas um die Grundrechte Anwendung. Die Affektlage, die gegenwärtig die Beziehung der beiden größten Mächte Asiens beherrscht, ist uns also keineswegs unbekannt.

Aber, so fragen wir, ehe wir dieses Buch zuklappen, wie wird es möglich sein, Aggression zu individuieren, so daß das Individuum sie nicht nur als eine Woge erlebt, die es von außen erfaßt, sondern zuweilen auch als eine Regung, die – vielleicht aus nichtigem Anlaß, vielleicht aus gar keinem – spontan in ihm entsteht? Wird dieser einfache Schritt von der Projektion in das nüchterne Geständnis, selbst aggressiv zu sein, besonders wenn die eigenen Interessen auf dem Spiele stehen, in Zukunft leichter zu tun sein? Im Augenblick spricht, was die Hauptkonfliktzonen und die entscheidenden Akteure betrifft, sehr wenig dafür. Die Dimension der Aufgabe ist unfaßlich, überwältigend. Jene Sozialisierungstaktiken, die eine einfache Kollektivierung im Psychischen ermöglichen, also jene Kollektivierungsmethoden, die zu Denkhemmungen und Wahngewißheiten über den jeweiligen »Feind« führen, werden mit allen Mitteln ausgebaut und als der einzig mögliche Weg zur Unifizierung der Massen bezeichnet. Wir sehen zunächst keinen anderen Weg, der den erprobten Techniken der Massenbildung überlegen wäre. Es fehlt die Voraussetzung; die Vorstellung, daß die Entwicklung der kritischen Fähigkeiten ebenfalls Lust bereiten kann.

So kommen wir nicht über die stoische Empfehlung hinaus, einmal erworbene Ich-Positionen in unserer Kultur um keinen Preis wieder aufzugeben. Mehr wäre also auch aus dieser Sammlung von Stellungnahmen zum Aggressionsproblem nicht zu destillieren. Die Bemühung um den Ausbau der Ich-Positionen liegt auf dem Weg in eine Zukunft. Da wir wissen, daß es von unseren Entscheidungen abhängt, welche der verschiedenen, denkbaren Zukünfte Wirklichkeit wird, fragt es sich, ob jene, die eine Stärkung des Ich wünscht, die erwählte Zukunft sein wird. Für diese ungewisse Reise empfiehlt sich, die Einstellung Freuds nachzulesen in einem Brief aus dem ersten Weltkrieg (vom 30. Juli 1915) an Lou Andreas-Salomé[4]: »Ich kann nicht Optimist sein, unterscheide mich von den Pessimisten, glaube ich, nur dadurch, daß mich das Böse, Dumme, Unsinnige nicht aus der Fassung bringt, weil ich's von vornherein in die Zusammensetzung der Welt aufgenommen habe.«

Alexander Mitscherlich

---

4 S. Freud, Briefe 1873–1939, Frankfurt, Fischer 1960, S. 308.

Bibliographie

1a Abraham, A., Versuch einer Entwicklungsgeschichte der Libido. Leipzig–Wien–Zürich, Internat. Psychoanalyt. Verlag 1924.

1b Adorno, Th. W., Zum Verhältnis von Soziologie und Psychologie. In: Sociologica 1, 1955.

2a Adorno, Th. W. – E. Frenkel-Brunswick – P. J. Levinson – R. N. Sanford, The Authoritarian Personality. New York, Harper 1950.

2b Alexander, F., Irrationale Kräfte unserer Zeit. Stuttgart, 1946.

2c Allport, G. W., The Nature of Prejudice. Cambridge, 1954.

3 Argelander, H., Das Erst-Interview in der Psychoanalyse. In: Psyche 21, 1967.

4 Baeyer-Katte, W. v., Das Zerstörende im Denken. In: Stud. Gen. 17, 1964.

5 Baeyer-Katte, W. v., Das Zerstörende in der Politik. Heidelberg, Quelle & Meyer 1958.

6 Bateson, F. – R. L. Birdwhistell – H. W. Brosin – F. Fromm-Reichmann, Body Motion. In: N. McQuown (Hrsg.), The Natural History of an Interview. New York, Gruner & Stratton 1968. Erstveröffentlichung: Chicago, Chicago Univ. Press 1960.

7 Bateson, F. – R. Birdwhistell – H. W. Brosin – F. Fromm-Reichmann – C. Hockett, The Natural History of an Interview, hrsg. v. N. McQuown. New York, Gruner & Stratton 1968.

8 Becker, A. M., Zur Typenbildung der Psychopathie. In: Nervenarzt 30, 1959.

9 Bender, L. – P. Schilder – S. Keiser, Studies in Aggressiveness. In: Gen. Psychol. Mon. 15, 1936.

10 Bennis, G. W. – u. a., Interpersonal Dynamics. Homewood/Ill., Dorsey Press 1964.

11 Berkowitz, L., Aggression. A Social Psychological Analysis. New York, 1962.

12 Berne, E., The Structure and Dynamics of Organizations and Groups. Philadelphia, Lippincott Co, 1963

13 Binding, K., Die Normen und ihre Übertretung. Bd. I. Leipzig, [2]1890.

14 Binswanger, L., Ausgewählte Vorträge und Aufsätze. Bd. II. Bern, Francke 1955.

15 Bion, W. R., Experiences in Groups. In: Human Relations I–IV, 1948–1951; auch: London, Tavistock Publ. 1951.

16 Bion, W. R., Group Dynamics. A Review. In: Int. J. Psa. 33, 1952.

17 Biran, S., Melancholie und Todestriebe. München–Basel, Reinhardt 1961.

18 Bonaparte, M., Mythes de guerre. Paris, Presses Univ. de France 1950.

19 Bradford, L. P. – J. Gibb – K. Benne (Hrsg.), T-Group Theory and Laboratory Method. New York, Wiley 1964. Deutsche Übersetzung erscheint voraussichtlich 1969 im R. Hobbing Verlag, Essen.

20 Brocher, T., Gruppendynamik und Erwachsenenbildung. Braunschweig, Westermann 1967 (= Reihe: Theorie der Erwachsenenbildung, hrsg. von H. Tietgens).

21 Brocher, T., Über averbale Kommunikation. In: Psyche 21, 1967.

22 Brown, J. F., A Modification of the Rosenzweig Picture Frustration Test to Study Hostile Interracial Attitudes. In: J. Psa. 24, 1947.

23 Bühler, Ch., Kindheit und Jugend. Leipzig, Hirzel 1928.

24 Buxbaum, E., Activity and Aggression. In: Am. J. Orthopsychiat. 17, 1947.

25 Buxbaum, E., Transference and Group Formation. Psa. Stud. Child 1, 1945.

26 Cartwright, D. – A. Zander, Group Dynamics. Research and Theory. New York, Harper 1953. Deutsche Übersetzung erscheint 1969 im R. Hobbing Verlag, Essen.

27 Clausewitz, C. v., Vom Kriege. Berlin, Dümmler 1905, zuerst 1832.

28 Colson, E., The Makah Indians. Manchester, Manchester Univ. Press 1953.

29 Dahrendorf, R., Gesellschaft und Freiheit. München, Piper 1961.

30 Davies, J. O. F., Operational Research in Nursing. In: G. McLachlan (Hrsg.), Problems and Progress in Medical Care. London, Oxford Univ. Press 1964.

31 Davies, J. O. F., Reflections on the Reasons for and Implications of Nursing Research. In: G. McLachlan (Hrsg.), Problems and Progress in Medical Care. London, Oxford Univ. Press 1964.

32 Deutsch, F., Analytic Posturology. In: Psa. Quart. 21, 1952.

33 Deutsch, F., Instinctual Drives and Intersensory Perception. In: R. Loewenstein (Hrsg.), Drives, Affects and Behaviour. New York, Int. Univ. Press 1953.

34 Deutsch, H., Selected Problems of Adolescence. With Special Emphasis on Group Formation (= Psa. Stud. Child, Monogr. 3, 1967).

35 Dollard, J. – N. E. Miller, Personality and Psychotherapy. An Analysis in Terms of Learnig, Thinking and Culture. New York, McGraw – Hill 1950.

36 Dorsch, F., Psychologisches Wörterbuch. Hamburg, Meiner – Bern, Huber 71963.

37 Erikson, E. H., Einsicht und Verantwortung. Die Rolle des Ethischen in der Psychoanalyse. Stuttgart, Klett 1966.

38 Erikson, E. H., Der junge Mann Luther. München, Szczesny 1964.

39 Erikson, E. H., Kindheit und Gesellschaft. Stuttgart, Klett 1961.

40 Erikson, E. H., The Problem of Ego-Identity. In: G. Klein (Hrsg.), Psychological Issues. New York 1959 (ursprünglich in: J. Am. Psa. Ass. 4, 1956); dtsch.: Identität und Lebenszyklus. Frankfurt, Suhrkamp 1967.

41 Erikson, E. H., Das Problem der Identität. In: Psyche 10, 1956/57.

42 Erikson, E. H., Das Traummuster der Psychoanalyse. In: Psyche 10, 1955.

43 Ezriel, H. A., A Psychoanalytic Approach to Group Treatment. In: Brit. J. Med. Psychol. 23, 1950.

44 Fenichel, O., The Psychoanalytic Theory of Neurosis. New York, Norton 1945.

45 Fenichel, O., Spezielle Neurosenlehre, Bd. II. Berlin, Internat. Psychoanalyt. Verlag 1932.

46 Festinger, L., Informal Social Communication. In: Psychol. Rev. 57, 1950.

47 Festinger, L. – S. Schachter – K. Back, Social Pressures in Informal Groups. A Study of a Housing Community. New York, Harper 1950.

48 Fishman, J. – F. Solomon, Youth and Social Action. In: Am. J. Orthopsychiat. 33, 1963.

49 Flavell, J., The Developmental Psychology of Jean Piaget. Toronto–New York–London, v. Norstrand 1963.

50 Fornari, F., La Psychanalyse de la Guerre. Paris, Presses Univ. 1964.

51 Foster, G.M., Traditional Cultures and the Impact of Technological Change. New York, Harper 1962.

52 Freud, A., Discussion of Dr. John Bowlby's Paper. In: Psa. Stud. Child 15, 1960.

53a Freud, A., Das Ich und die Abwehrmechanismen. Wien, Internat. Psychoanalyt. Verlag 1936.

53b Freud, A., The Ego and the Mechanisms of Defence. New York, Internat. Univ. Press 1946.

54a Freud, A., Child Observation and Prediction of Development. In: Psa. Stud. Child 13, 1958.

54b Freud, A., Notes on Aggression. In: Bulletin of the Menninger Clinic 13, 1949; auch in: The Yearbook of Psychoanalysis. New York, 1951.

55 Freud, A. – S. Dann, An Experiment in Group Upbringing. In: Psa. Stud. Child. 6, 1951.

56 Freud, S., Drei Abhandlungen zur Sexualtheorie. In: Ges. Werke, Bd. V. London, Imago Publ. 1942 (1905).

57 Freud, S., Abriß der Psychoanalyse. In: Ges. Werke, Bd. XVII. London, Imago Publ. 1946 (1938).

58 Freud, S., Die endliche und die unendliche Analyse. In: Ges. Werke, Bd. XVI. London, Imago Publ. 1946 (1937).

59 Freud, S., Das Ich und das Es. In: Ges. Werke, Bd. XIII. London, Imago Publ. 1946 (1923).

60a Freud, S., Jenseits des Lustprinzips. In: Ges. Werke, Bd. XIII. London, Imago Publ. 1946.

60b Freud, S., Jenseits des Lustprinzips. In: Ges. Schriften, Bd. VI 1925.

61 Freud, S., Massenpsychologie und Ich-Analyse. In: Ges. Werke, Bd. XIII. London, Imago Publ. 1946 (1921).

62 Freud, S., Neue Folge der Vorlesungen zur Einführung in die Psychoanalyse. In: Ges. Werke, Bd. XV. London, Imago Publ. 1946 (1933).

63 Freud, S., »Psychoanalyse« und Libidotheorie. In: Ges. Werke, Bd. XIII.
   London, Imago Publ. 1946.

64 Freud, S., Das Unbehagen in der Kultur. In: Ges. Werke, Bd. XIV. London,
   Imago Publ. 1946 (1930).

65 Freud, S., Der Untergang des Ödipuskomplexes. In: Ges. Werke, Bd. XIII.
   London, Imago Publ. 1947 (1924).

66 Freud, S., Warum Krieg? In: Ges. Werke, Bd. XVI. London, Imago Publ.
   1946 (1932).

67 Freud, S., Zeitgemäßes über Krieg und Tod. In: Ges. Werke, Bd. X. London,
   Imago Publ. 1946 (1915).

68 Freud, S., Vorlesungen zur Einführung in die Psychoanalyse. In: Ges. Werke,
   Bd. XI. London, Imago Publ. 1948.

69 Freud, S., Zur Einführung des Narzißmus. In: Ges. Werke, Bd. X. London,
   Imago Publ. 1940.

70 Frijling-Schreuder, E. C. M., Capita selecta uit de kinder- en Jeugd-
   psychiatrie. Zeist 1963.

71 Fromm, E., Escape from Freedom. New York, Jarrar and Rinehart 1941.

72 Geiger, Th., Ideologie und Wahrheit. Eine soziologische Kritik des Denkens.
   Stuttgart–Wien, Humboldt 1953.

73 Gero, G., The Concept of Defense. In: Psa. Quart. 20, 1951.

74 Glover, E., Symposion on the Therapeutic of Results of Psychoanalysis. In:
   Int. J. Psa. 18, 1937.

75 Glover, E., War, Sadism and Pacifism. Further Essays on Group Psychology
   and War. London, Allen and Unwin 1947.

76 Gluckman, M., Gossip and Scandal. In: Current Anthropology 14, 1963.

77 Goffman, E., The Presentation of Self in Everyday Life. New York, Doubleday 1964; dtsch: Wir alle spielen Theater. München, Piper 1969.

78 Grinberg, L., Relations between Psychoanalysts. In: Int. J. Psa. 44, 1963;
   spanisch: Revista Psicoanal. 17, 1960.

79 Grinberg, L. – M. Langer – R. Rodrigué, Bildung einer Gruppe. In: Psyche
   13, 1959.

80 Grinberg, L. – M. Langer – R. Rodrigué, Psychoanalytische Gruppentherapie
   (Hrsg. W. Kemper). Stuttgart, Klett 1960.

81 Hartmann, H., Comments on the Psychoanalytic Theory of the Ego. In: Psa.
   Stud. Child 5, 1950.

82 Hartmann, H., Comments on the Psychoanalytic Theory of Instinctual Drives. In: Psa. Quart. 17, 1948; auch in: Essays on Ego Psychology. New York,
   Internat. Univ. Press 1964.

83 Hartmann, H., Contribution to the Metapsychology of Schizophrenia. In:
   Psa. Stud. Child 8, 1953; auch in Essays on Ego Psychology, New York,
   Internat. Univ. Press 1964.

84 Hartmann, H., Ego Psychology and the Problem of Adaption. New York,
   Internat. Univ. Press 1958.

85 Hartmann, H., Essays on Ego Psychology. New York, Int. Univ. Press 1964.

86a Hartmann, H., Ich-Psychologie und Anpassungsproblem. In: Int. Z. Psa. u. Imago 24, 1939.

86b Hartmann, H., Ich-Psychologie und Anpassungsproblem. In: Psyche 14, 1960.

87 Hartmann, H., The Mutual Influences in the Development of Ego and Id. In: Psa. Stud. Child 7, 1962.

88 Hartmann, H., On Rational and Irrational Action. In: Psychoanalysis and the Social Sciences. New York 1947.

89 Hartmann, H. - E. Kris - R. M. Loewenstein, Notes on the Theory of Aggression. In: Psa. Stud. Child 3/4, 1949.

90 Hartmann, H. - R. M. Loewenstein, Notes on the Superego. Psa. Stud. Child 17, 1962.

91 Hartnack, J., Wittgenstein und die moderne Philosophie. Stuttgart, Kohlhammer 1962.

92 Hediger, H., Die Bedeutung der Flucht im Leben des Tieres und in der Beurteilung tierischen Verhaltens im Experiment. In: Naturw. 25, 1937.

93 Hediger, H., Ergebnisse tierpsychologischer Forschung im Zirkus. In: Naturw. 26, 1938.

94 Heimann, P., Notes on the Theory of the Life and Death Instincts. In: Developments in Psycho-Analysis. London, Internat. Psycho-Analytical Library and Hogarth Press 1952.

95 Heintz, P., Einige theoretische Ansätze zu einer Soziologie der kriminellen Angriffe gegen die Person. In: Mschr. Krim. 39, 1957.

96 Heiss, R., Allgemeine Tiefenpsychologie. Bern–Stuttgart, Huber 1956.

97 Hentig, H. v., Die Erpressung. In: Zur Psychologie der Einzeldelikte. Bd. 4. Tübingen, Mohr 1960.

98 Hentig, H. v., Die Strafe. 2 Bde. Berlin–Göttingen–Heidelberg, Springer 1955.

99 Herlin, T. - R. Dunphy, The Dimensions of Member Satisfaction in small Groups. In: Human Relations 17, 1964.

100 Higgin, G. W. - H. Bridger, The Psychodynamics of an Intergroup Experience. In: Human Relation 17, 1964.

101 Hoffer, W., Defensive Process and Defensive Organisation: Their Place in Psychoanalytic Technique. In: Int. J. Psa. 35, 1954.

102 Hoffer, W., Ein Knabenbund in einer Schulgemeinde. Wien, Internat. Psychoanalyt. Verlag 1922.

103 Hoffer, W., Medicine since Freud. In: Int. J. Psa. 35, 1954.

104 Hoffer, W., Mouth, Hand and Ego-Integration. In: Psa. Stud. Child 3/4, 1949; dtsch.: Mund, Hand und Ich-Integration. In: Psyche 18, 1964.

105a Hollingshead, A. - F. C. Redlich, Social Class and Mental Illness. A community Study. New York, Wiley 1958.

105b Horkheimer, M., Geschichte und Psychologie. In: Z. f. Soz. Forsch. 1, 1932.

106 Horwitz, M., The Recall of Interrupted Group Tasks: An Experimental Study of Individual Motivation in Relation to Group Goals. In: Human Relations 6, 1953.

107 Jacques, E., Measurements of Responsibility. London, Tavistock Publ. 1956.

108 Joffe, W. G. – J. Sandler, Kommentare zur psychoanalytischen Anpassungs-
psychologie mit besonderem Bezug zur Rolle der Affekte und der Repräsen-
tanzwelt. In: Psyche 21, 1967.

109 Keller, W., Das Selbstwertstreben. München–Basel, Reinhardt 1963.

110 Kelsen, H., Society and Nature. London, Univ. of Chicago Press 1946.

111 Kiell, N., The Universal Experience of Adolescence. New York, Internat. Univ.
Press 1964.

112 Knowles, M. u. H., Introduction to Group Dynamics. New York, Internat.
Univ. Press 1959.

113 Kohut, H., Formen und Umformungen des Narzißmus. In: Psyche 20, 1966.
(Original: Forms and Transformations of Narcism). In: J. Am. Psa. Ass. 14, 19.

114a Kortlandt, A., Aspects and Prospects of the Concept of Instinct. In: Arch.
Néerland. Zool. 11, 1955.

114b Kuiper, P. C., Die seelischen Krankheiten des Menschen. Stuttgart, Klett
1968.

115 Kunz, H., Die Aggressivität und die Zärtlichkeit. Bern, 1946.

116 Kunz, H., Über den Sinn und die Grenzen des psychologischen Erkennens.
Stuttgart, Klett 1957.

117 Lampl de Groot, J., Die Zusammenarbeit von Patient und Analytiker in der
psychoanalytischen Behandlung. In: Psyche 21, 1967.

118 Lantos, B., Die zwei genetischen Ursprünge der Aggression und ihre Beziehungen zu Sublimierung und Neutralisierung. In: Psyche 12, 1958.

119 Leeds, Violence and War with Clinical Studies. In: Science and Psychoanalysis 6, 1963.

120 Lewin, K. – R. Lippit – R. White, Patterns of Aggressive Behavior in Experi-
mentally Created »Social Climates«. In: J. Soc. Psychol. 10, 1939.

121 Lippit, R., An Experimental Study of Authoritarian and Democratic Group
Atmospheres. In: Univ. of Iowa Stud. in Child Welfare 16, 1940.

122 Loeb, F. F., The Microscopic Film Analysis of the Function of a Recurrent
Behavioral Pattern in a Psychotherapeutic Session: The Fist. In: J. Nerv.
Ment. Desease 146, 1968.

123 Loeb, F. F., The Psychoanalytic Implications of a Frame by Frame Film
Investigation of Grasping as a Communication signal. In: Psa. Quart. (im
Erscheinen).

124a Loeb, F. F. – W. S. Condon, Micro Synchronizing with Film. Unveröffent-
lichtes Manuskript des Western Psychiatric Institute, Univ. Pittsburgh/Penn-
sylvania 1964.

124b Lorenz, K., Ganzheit und Teil in der tierischen und menschlichen Gemeinschaft. In: Stud. Gen. 3, 1950; auch in: Über tierisches und menschliches Verhalten. Bd. II. München, Piper 1965.

125 Lorenz, K., Das sogenannte Böse. Zur Naturgeschichte der Aggression. Wien,
Borotha–Schoeler 1963.

126a Lorenz, K., Über das Töten von Artgenossen. Dortmund, o. J. [1955].

126b Menninger, K., The Vital Balance. New York, The Viking Press 1963; deutsche Ausgabe: Das Leben als Balance. München, Piper 1968.

127 Menzies, J. E. P., A Case Study in the Functioning of Social Systems as a Defense against Anxiety. A Nursing Service in a General Hospital. In: Human Relations 13, 1960.

128 Meyers, J. K. – L. Bean (mit M. P. Pepper), A Decade later: A Follow-up of Social Class and Mental Illness. New York, Wiley 1968.

129 Miles, M. B., Learning to work in Groups. New York, Columbia Univ. Press 1959. Deutsche Übersetzung erscheint vorraussichtlich 1969 im R. Hobbing Verlag, Essen.

130 Mitscherlich, A., Aggression und Anpassung I/II. In: Psyche 10, 1956/57; 12, 1958/59.

131 Mitscherlich, A., Auf dem Weg zur vaterlosen Gesellschaft. Ideen zur Sozialpsychologie. München, Piper 1963.

132 Mitscherlich, A., Pubertät und Tradition. In: L. von Friedeburg (Hrsg.), Jugend in der modernen Gesellschaft. Köln, Kiepenheuer und Witsch 1965.

133 Mitscherlich, A., Das soziale und das persönliche Ich. In: Köln. Z. Soz. Sozialpsychol. 18, 1966.

134 Mitscherlich, A., Über die Behandlung psychosomatischer Krankheiten. In: Psyche 18, 1964/65.

135 Money-Kyrle, R. E., The Development of War. In: Brit. J. Med. Psychol. 16, 1937.

136 Money-Kyrle, R. E., Psychoanalysis and Politics. London, Duckworth 1951.

137 Morgenstern, O., Spieltheorie und Wirtschaftswissenschaft. Wien–München, Oldenbourg 1963.

138 Morgenthaler, F. – P. Parin, Typical Forms of Transference among West Africans. In: Int. J. Psa. 45, 1964.

139 Mühlmann, W. E., Chiliasmus und Nativismus. Berlin, Reimer 1961.

140a Münsterberger, W. – I. A. Kishner, Interkultureller Konflikt und Psychose. In: Psyche 22, 1968.

140b Nicolson, H., Vom Mandarin zum Gentleman. München, 1957.

141 Pareto, V., System der allgemeinen Soziologie. Stuttgart, Enke 1962.

142 Parin, P. – F. Morgenthaler, Ego and Orality in the Analysis of Westafricans. In: Psa. Stud. Soc. 4, 1964.

143 Parin, P. – F. Morgenthaler – G. Parin-Matthèy, Die Weißen denken zuviel. Psychoanalytische Untersuchungen bei den Dogon in Westafrika. Zürich, Atlantis 1963.

144 Parsons, T., The Structure of Social Action. London, Glencoe ²1949.

145 Pearson, G., Adolescence and the Conflict of Generations. New York, Norton 1958.

146 Teilhard de Chardin, P., The Phenomenon of Man. London, Collins 1959.

147 Piaget, J., Psychologie der Intelligenz. Zürich, Rascher 1948.

148 Pullmann, E., Die euphemistischen Ausdrücke für »betrügen« und »lügen« im Französischen. Phil. Diss., Wien 1953.

149 Radbruch, G., Rechtsphilosophie. Stuttgart, Koehler 1950.

150 Rapaport, D., Die Struktur der psychoanalytischen Theorie. Stuttgart, Klett o. J. (= Beiheft zu ›Psyche‹); Originaltitel: The Structure of Psychoanalytical Theory: A Systematizing Attempt. In: S. Koch (Hrsg.), Psychology. A Study of Science I. Vol. 3, New York, McGraw Hill 1959.

151 Rice, K., Learning for Leadership. London, Tavistock Publ. 1965.

152 Rosenbaum, J. B., Groupicide. In: Psa. Rev. 54, 1967.

153 Rosenzweig, S. – H. J. Clark – M. S. Garfield – A. Lehndorf, Scoring Samples for the Rosenzweig Picture Frustration Study. In: J. Psychol. 21, 1946.

154 Sandler, J., On the Concepts of Superego. Psa. Stud. Child 15, 1960.

155 Schachter, S. – N. Ellertson – D. McBride – D. Gregora, An Experimental Study of Cohesiveness and Productivity. In: Human Relations 4, 1951.

156 Scheidlinger, S., Psychoanalysis and Group Behavior. New York, Norton 1952.

157 Schein, E. H. – W. Bennis, Personal and Organizational Change through Group Methods: The Laboratory Approach. New York, Wiley 1965.

158a Schutz, F., Sexuelle Prägung bei Anatiden. In: Z. Tierpsychol. 22, 1965.

158b Scott, J. P., Aggression. Chicago 1959.

159 Sherif, M., A Study of some Social Factors in Perception. In: Arch. Psychol. 27, 1935.

160 Sherif, C. W. – M. Sherif (Hrsg.), Attitude, Ego-Involvement and Change. New York, Wiley 1967.

161 Sherif, M. – C. W. Sherif, Groups in Harmony and Tension. New York, Harper 1953.

162 Singer, M. – L. Wynne, Thought Disorder and Family Relations of Schizophrenics. III. Methodology Using Projective Techniques. In: Arch. Gen. Psychiat. 12, 1965.

163 Singer, M. – L. Wynne, Thought Disorder and Family Relations of Schizophrenics. IV. Results and Implications. In: Arch. Gen. Psychiat. 12, 1965.

164 Sofer, C., The Organization from Within. London, Tavistock Publ. 1961.

165 Spitz, R. A., Aggression: Its Role in the Establishment of Object Relations. In: Drives, Affects, Behavior. New York, Internat. Univ. Press 1953.

166 Spitz, R. A., The Derailment of Dialogue (Stimulus Overload Action Cycles and the Completion Gradient). In: J. Am. Psa. Ass. 12, 1964.

167 Spitz, R. A., Die Entstehung der ersten Objektbeziehungen. Stuttgart, Klett 1957. Original in: Rev. Franç. Psa. 1954.

168 Spitz, R. A., The first year of life. New York, Internat. Univ. Press 1965.

169 Spitz, R. A., Life and the Dialogue. In: H. Gaskill (Hrsg.), Counterpoint. New York, Internat. Univ. Press 1963.

170 Spitz, R. A., Nein und Ja. Stuttgart, Klett (Psyche, Beiheft).

171 Spitz, R. A., Vom Säugling zum Kleinkind. Naturgeschichte der Mutter-Kind-Beziehungen im ersten Lebensjahr. Stuttgart, Klett 1967. Originalausgabe: The first Year of Life. A Psychoanalytic Study of Normal and Deviant Development of Object Relations. New York, Internat. Univ. Press 1965.

172 Stegmüller, W., Das Wahrheitsproblem und die Idee der Semantik. Wien, Springer 1957.

173 Stierlin, H., Conflict and Reconciliation. New York, Doubleday 1969.

174 Stock, D. - H. A. Thelen, Emotional Dynamics and Group Culture. New York, N. Y. Univ. Press 1958.

175 Straus, E., Geschehnis und Erlebnis. Berlin, Springer 1930.

176 Sutherland, J. D., Exploration in Group Relations. In: E. Trist (Hrsg.), Leicester Conference 1959. Leicester, Univ. Press 1960.

177 Szondi, L., Schicksalsanalyse. Wahl in Liebe, Freundschaft, Beruf, Krankheit und Tod. Basel, Benno & Schwabe 1948.

178 Szondi, L., Triebpathologie, Bd. II. Bern, Huber 1956; Abstr.: Psyche 11, 1957.

179 Tembrock, G., Verhaltensforschung. Jena, Fischer ²1964.

180 Thelen, H. A. - W. Diekermann, Stereotypes and the Growth of Groups. In: Educational Leadership 6, 309, 1949.

181 Tinbergen, N., Instinktlehre. Berlin–Hamburg, Parey 1952.

182 Topitsch, E., Ideologie. In: Staatslexikon. Recht - Wirtschaft - Gesellschaft. Freiburg, Herder 1959.

183 Topitsch, E., Vom Ursprung und Ende der Metaphysik. Wien, Springer 1958.

184 Waelder, R., Basic Theory of Psychoanalysis. New York, Internat. Univ. Press 1960.

185 Waelder, R., Die Grundlagen der Psychoanalyse. Stuttgart, Klett - Bern, Huber 1963.

186 Weber, M., Gesammelte Aufsätze zur Wissenschaftslehre. Tübingen, Mohr 1922.

187 Weber, M., Soziologie - Weltgeschichtliche Analysen - Politik. Stuttgart, Kröner 1956.

188 Weber, M., Wirtschaft und Gesellschaft. Tübingen, Mohr 1956.

189 Williams, W. M., The Sociology of an English Village: Gosforth. London, Routledge and Kegan 1956.

190 Wittgenstein, L., Philosophische Untersuchungen. Frankfurt, Suhrkamp 1960.

191 Wolff, P. H., The Developmental Psychology of Jean Piaget and Psychoanalysis. In: Psychol. Iss., Monogr. 5, 1960.

192 Wynne, L. - M. Singer, Thought Disorder and Family Relations of Schizophrenics. I. A Research Strategy. In: Arch. Gen. Psychiat. 9, 1963.

193 Wynne, L. - M. Singer, Thought Disorder and Family Relations of Schizophrenics. II. A Classification of Forms of Thinking. In: Arch. Gen. Psychiat. 9, 1963.

194 Zilboorg, G., Das Problem der ambulatorischen Schizophrenien. In: Psyche 11, 1957.

Kurzbiographien

(Diese Vita-Texte über die Autoren spiegeln – nicht aktualisiert – den Kenntnisstand von 1969, der Zeit der Erstausgabe des Bandes.)

Dr. med Alois Moritz Becker wurde 1918 in Waidhofen (Niederösterreich) geboren. Studium der Medizin in Wien, Promotion 1947. Danach Ausbildung an der Psychiatrisch-Neurologischen Universitätsklinik Wien bis 1953, ab 1958 psychoanalytische Ausbildung an der Wiener Psychoanalytischen Vereinigung. Facharzt für Neurologie und Psychiatrie in Wien, daneben Tätigkeit an einer psychotherapeutischen Ambulanz für Jugendliche. Praktische und theoretische Arbeiten zur Behandlung und Rehabilitation jugendlicher Delinquenten, außerdem Lehranalytiker der Wiener Psychoanalytischen Vereinigung.

Veröffentlichungen: u.a. Zur Gliederung des Überichs, 1956; Möglichkeit und Grenzen des Vergleichens von menschlichem und tierischem Verhalten, 1958. Außerdem zahlreiche Aufsätze in Fachzeitschriften.

Dr. phil. Harold Lincke wurde 1917 in Zürich geboren. Studium der Chemie und Biochemie in Zürich. Nach mehrjähriger Tätigkeit als wissenschaftlicher Assistent an der Universitätsklinik in Zürich ließ er sich als Psychoanalytiker ausbilden. Lincke ist Mitglied der Schweizerischen Gesellschaft für Psychoanalyse.

Veröffentlichungen: u.a. Aufsätze über biochemische und psychoanalytische Themen in Fachzeitschriften.

Professor Dr. med. Pieter C. Kuiper wurde 1919 in Soest geboren. Studium der Medizin, der Psychiatrie und der Philosophie in Utrecht. Promotion 1948. Danach zehn Jahre Dozent in Groningen, seit 1961 Inhaber des Lehrstuhls für Psychiatrie und Psychopathologie an der Universität Amsterdam.

Veröffentlichungen: u. a. Die seelischen Krankheiten des Menschen, 1968; On being genuine and other essays, 1968. Außerdem zahlreiche Aufsätze in Fachzeitschriften.

Professor Dr. med. Alexander Mitscherlich wurde 1908 in München geboren. Er studierte zunächst Geschichte und Philosophie, dann Medizin in München, Prag, Berlin, Zürich und Heidelberg. Promotion zum Dr. med. 1941, Habilitation für Neurologie 1946. Erster Inhaber des neu geschaffenen Lehrstuhls für Psychoanalyse und Psychosomatische Medizin an der Universität Heidelberg; desgleichen Direktor der dortigen Psychosomatischen Universitätsklinik. Seit 1959 außerdem Direktor des Sigmund-Freud-Instituts in Frankfurt a. M. 1967 Berufung auf den Lehrstuhl für Psychologie (insbesondere Psychoanalyse und Sozialpsychologie) der Universität Frankfurt a. M. Gegenwärtig Vizepräsident der Internationalen Psychoanalytischen Vereinigung. 1969 Verleihung des Friedenspreises des Deutschen Buchhandels.

Veröffentlichungen: u. a. Vom Ursprung der Sucht, 1947; Freiheit und Unfreiheit der Sucht, 1948; Medizin ohne Menschlichkeit, 1962; Krankheit als Konflikt, 1967; Die Unwirtlichkeit unserer Städte. Anstiftung zum Unfrieden, 1967; Die Unfähigkeit zu trauern. Grundlagen kollektiven Verhaltens (mit M. Mitscherlich), 1967; Auf dem Wege zur vaterlosen Gesellschaft. Ideen zur Sozialpsychologie, Neuausgabe 1968; Die Idee des Friedens und die menschliche Aggressivität, 1969; Versuch, die Welt besser zu bestehen, 1970; Thesen zur Stadt der Zukunft, 1971. Ferner eine große Zahl von Aufsätzen, vor allem in Fachzeitschriften.

Dr. med. Paula Heimann wurde 1899 in Danzig geboren. Studium der Medizin in Königsberg, Berlin, Frankfurt a. M. und Breslau. Sie spezialisierte sich als Fachärztin für Psychiatrie und Neurologie in Heidelberg und Berlin; psychoanalytische Ausbildung in Berlin. 1933 emigrierte sie nach London. Sie ist dort neben der klinischen Arbeit u. a. in der Britischen Psychoanalytischen Vereinigung und in verschiedenen administrativen Komitees tätig.

Veröffentlichungen: u. a. Sublimation in Relation to Internalisation, 1942; Counter-Transference, 1950 und 1960; On some Defence Mechanisms in Paranoid States, 1952; Contribution to Re-Evaluation of the Oedipus-Complex. The Early Stages, 1952; Problems of Training Analysis, 1954; Dynamics of Transference Interpretations, 1956; Bemerkungen zur Sublimierung, 1959; Notes on the Anal Stage, 1962; The Curative Factors in Psycho-Analysis, 1962; Bemerkungen zum Arbeitsbegriff in der Psychoanalyse, 1966; The Evaluation of Applicants for Psycho-Analytic Training, 1968; Gedanken zum Erkenntnisprozeß des Psychoanalytikers, 1969.

Professor Dr. med. et phil. Helm Stierlin wurde 1926 in Mannheim geboren. Studium der Medizin und Philosophie in Heidelberg, Zürich und Freiburg. 1951 Promotion zum Dr. phil., 1955 zum Dr. med. Psychoanalytische Ausbildung in den USA, psychiatrische Arbeiten an Kliniken in den USA und in der Schweiz, Lehrtätigkeit an der Washington School of Psychiatry, an der University of Dunedin (Neuseeland) und an der John Hopkins University in Baltimore. Stierlin ist Leiter der psychotherapeutischen Abteilung im Adult Branch des National Institute of Mental Health in Maryland.

Veröffentlichungen: u. a. Der gewalttätige Patient. Eine Untersuchung über die von Geisteskranken auf Ärzte und Pflegepersonen verübten Angriffe, 1956; Conflict and Reconciliation. A Study in Human Relations and Schizophrenia, 1969. Außerdem zahlreiche Aufsätze in Fachzeitschriften.

Professor Dr. med. Fritz C. Redlich wurde 1910 in Wien geboren. Promotion 1935 in Wien. Nach mehrjähriger Tätigkeit in Wiener und in amerikanischen Kliniken wirkt er seit 1942 als Professor für Psychiatrie an der Yale-University.

Veröffentlichungen: u. a. zahlreiche Aufsätze in Fachzeitschriften.

Professor Dr. med. René A. Spitz wurde 1887 in Wien geboren. Studium der Medizin in Budapest, Berlin, Lausanne; Promotion 1910 in Budapest. 1932–1938 Lehrstuhl am Institut für Psychoanalyse der Universität Paris, 1940 an der State-University von New York; 1947–1950 Gastprofessur am College der Stadt New York; 1940–1956 Lehrstuhl am Psychoanalytischen Institut der Universität New York, seit 1956 außerdem Lehrtätigkeit an der School of Medicine an der University of Colorado, am Institut für Psychoanalyse in Chicago und am Psychoanalytischen Institut in Denver. Ehrendoktorwürden der Universitäten Genf und Chicago.

Veröffentlichungen: ca. 162 Veröffentlichungen, u. a. Hospitalism, 1945; Anaclitic Depression, 1946; Smiling Response, 1946; Autoerotism, 1949; No and Yes. The Beginnings of Human Communication, 1957 (deutsch: Nein und Ja. Die Ursprünge der menschlichen Kommunikation, Beiheft z. ›Psyche‹); Genetic Field Theory of Ego Formation, 1959; First Year of Life, 1965; Vom Säugling zum Kleinkind. Naturgeschichte der Mutter-Kind-Beziehungen im ersten Lebensjahr, 1967.

Professor Dr. med. Tobias Brocher wurde 1917 in Danzig geboren. Studium der Philosophie, Psychologie, Soziologie ud Medizin an den Universitäten Berlin und Kiel, Promotion 1942 in Berlin. 1954–1963 Leiter des Stuttgarter Instituts für Psychotherapie; 1962 Gast des Tavistock Institute of Human Relations in London; 1963–1968 Leiter der sozialpsychologischen Abteilung am Sigmund Freud Institut; 1958–1968 Vorsitzender der Deutschen Gesellschaft für Psychotherapie und Tiefenpsychologie; 1968–1970 Lehrstuhl für Psychiatrie an der Universität Pittsburgh; 1969/70 Sloan Professor an der Menninger Foundation/USA.

Veröffentlichungen: u. a. Gewissen und Symptom, 1955; Die soziale Wirkung funktioneller Störungen, 1957; Eine kleine Elternschule, 1960; Vorurteile – Erforschung und Bekämpfung, 1965; Ideologie, Legende und Wirklichkeit in der Erziehung, 1965; Gefährdete Demokratie, 1966; Das Ich und die Anderen in der Familie und Gesellschaft, 1967; Der Kranke in der modernen Gesellschaft (mit A. Mitscherlich, O. von Mering, K. Horn), 1967; Gruppendynamik und Erwachsenenbildung, 1968; Prävention in den sozial-medizinischen Berufen, 1969. Außerdem zahlreiche Aufsätze in Fachzeitschriften und 25 Fernsehfilme zur Jugendentwicklung und zur Psychologie des Alltags.

Dr. phil. Edith Buxbaum wurde 1902 in Wien geboren. Sie promovierte in Wien 1925 und studierte anschließend Psychoanalytik am Wiener Institut. 1935–1937 Dozentin für pädagogisch orientierte Psychoanalyse. Lehrtätigkeit am New York Psychoanalytic Institute und an der New School for Social Research, New York City, außerdem an der Bank Street Cooperative School for Teachers der Columbia University. Sie ist Psychotherapeutin am Seattle Psychoanalytic Institute und Clinical Associate Professor der Abteilung Psychiatrie an der University of Washington.

Veröffentlichungen: u. a. Your Child Makes Sense. A Guidebook for Parents, 1949 (als Paperback: Understanding your Child, 1962); Troubled Children in a Troubled World, 1970. Außerdem zahlreiche Aufsätze in Fachzeitschriften.

Dr. med. Paul Parin, geboren 1916. Studium der Medizin in Graz, Zagreb und Zürich. Promotion 1943 in Zürich, wo er sich anschließend als Neurologe und Psychoanalytiker ausbilden ließ. Seit 1952 Privatpraxis in Zürich. Seit 1954 führt er zusammen mit Frau Goldy Parin-Matthey und Dr. med. Fritz Morgenthaler ethnopsychologische Studien in Westafrika durch.

Veröffentlichungen: Bis 1952 Aufsätze in Fachzeitschriften über chirurgische, neurologische und psychiatrische Themen, seit 1952 über psychoanalytische Themen und seit 1957 ethnopsychologische Arbeiten, u. a.: Die Weißen denken zuviel. Psychoanalytische Untersuchungen bei den Dogon (Westafrika), 1963; Fürchte deinen Nächsten – wie dich selbst. Psychoanalyse und Gesellschaft am Modell der Agni in Westafrika, 1971.

Dr. med. Fritz Morgenthaler wurde 1919 in Bern geboren. Studium der Medizin in Zürich, Promotion zum Dr. med. 1948, Ausbildung zum Spezialarzt FMH für Neurologie und zum Psychoanalytiker in Zürich und Paris. Seit 1954 führt er mit Dr. Paul Parin ethnopsychologische Forschungen in Westafrika durch. Morgenthaler ist u. a. Leiter des Psychoanalytischen Seminars Zürich, des Unterrichtsausschusses in Zürich sowie Redaktor des Bulletins der Schweizerischen Gesellschaft für Psychoanalyse.

Veröffentlichungen: u. a. Psychoanalytische Technik bei Homosexualität, 1961; Psychodynamic aspects of defence with comments on technique in the treatment of obsessional neuroses, 1966; Introduction to panel on disturbances of male and female identity as met with in psychoanalytic practice, 1969; Aspekte der Anwendung der Psychoanalyse, 1969. Außerdem zahlreiche Vorträge und Aufsätze in Fachzeitschriften, u. a. Beiträge zu den Bulletins 1–8 der Schweizerischen Gesellschaft für Psychoanalyse, 1965–1969. – In Zusammenarbeit mit Paul Parin: Die Weißen denken zuviel, 1963; Typical forms of transference among Westafricans, 1964; Considérations psychoanalytiques sur le moi de groupe, 1967 [siehe Parin].

Professor Dr. phil. Hans Kunz wurde 1904 in Trimbach (b. Olten) geboren. Er studierte zunächst Jurisprudenz, dann Psychologie, Philosophie und Psychiatrie in Basel und Heidelberg. Kunz ist Ordinarius für Psychologie und philosophische Anthropologie an der Universität Basel.

Veröffentlichungen: u. a. Die Aggressivität und die Zärtlichkeit, 1946; Die anthropologische Bedeutung der Phantasie, 1946; Über den Sinn und die Grenzen des psychologischen Erkennens, 1957; Die Wahnhaftigkeit des Menschen und die Gewißheit des Todes, 1970. Außerdem zahlreiche Aufsätze zu psychologischen, psychopathologischen, philosophischen und botanischen Themen in Fachzeitschriften.